国家社科基金一般项目“侵权类民刑交叉案件的法律责任研究”（18BFX118）最终研究成果

侵权类民刑交叉案件的法律责任研究

张红昌　著

知识产权出版社
全国百佳图书出版单位
—北京—

图书在版编目（CIP）数据

侵权类民刑交叉案件的法律责任研究/张红昌著．—北京：知识产权出版社，2023.12
ISBN 978-7-5130-9093-3

Ⅰ．①侵…　Ⅱ．①张…　Ⅲ．①民法—研究—中国 ②中华人民共和国刑法—研究
Ⅳ．①D923.04 ②D924.04

中国国家版本馆 CIP 数据核字（2023）第 240613 号

责任编辑：韩婷婷　　**责任校对**：谷　洋
封面设计：乾达文化　　**责任印制**：孙婷婷

侵权类民刑交叉案件的法律责任研究

张红昌　著

出版发行：知识产权出版社有限责任公司　　**网　　址**：http://www.ipph.cn
社　　址：北京市海淀区气象路 50 号院　　**邮　　编**：100081
责编电话：010-82000860 转 8359　　**责编邮箱**：176245578@qq.com
发行电话：010-82000860 转 8101/8102　　**发行传真**：010-82000893/82005070/82000270
印　　刷：北京建宏印刷有限公司　　**经　　销**：新华书店、各大网上书店及相关专业书店
开　　本：720mm×1000mm　1/16　　**印　　张**：18.5
版　　次：2023 年 12 月第 1 版　　**印　　次**：2023 年 12 月第 1 次印刷
字　　数：325 千字　　**定　　价**：99.00 元

ISBN 978-7-5130-9093-3

前言

PREFACE

“没有行为，就没有犯罪”是耳熟能详的刑法格言。[①] 同理，就行为后果而言，“没有行为，就没有法律责任”也是当然的解释结论。[②] 根据规范对象的范畴不同，我国法律体系大体包含刑法、民法、行政法等部门法。其中，民法即调整平等主体之间民事权利义务关系的法律规范，现实生活中常见的合同、婚姻等即属于民法的调整范畴。与此相对，刑法则是规定犯罪及其法律后果（主要是刑罚）的法律规范。[③] 简言之，什么行为是犯罪，应当判处何种刑罚，即属于刑法的规范范畴。

民法与刑法的规范范畴及规范方式之差异，固然可在理论上作出较为清晰明确的解读，但是这并不意味着民法与刑法属于两个彼此毫无关联的规范领域。一方面，刑法是其他法律的保障法，“其他法律”自然也包含了民法。[④] 某些严

---

① 法律不禁止思想，思想不是法律规制的对象，只有行为才是法律规制的对象，法律是行为规范而不是思想规范。参见张明楷：《刑法格言的展开》，北京大学出版社 2013 年版，第 201 页。

② “法律责任”的定义存在“义务说”与“后果说”的争论。有见解认为我国当前法律责任的概念界定及理论体系都存在诸多缺陷，主张将法律责任界定为：因特定法律事实使某主体承担不利后果的法律依据。其理由在于，尽管法律责任包含不利后果的因素，但并不等同于不利后果本身。参见李拥军：《法律责任概念的反思与重构》，《中国法学》2022 年第 3 期，第 239 页。但是，本书主张法律责任的核心在于“不利后果”。法律责任系违法行为所导致，由责任主体来承担。

③ 张明楷：《刑法学》，法律出版社 2021 年版，第 17 页。

④ 刑法旨在对第一次规范（民法规范、行政法规范等）所保护的法益进行强有力的第二次保护，是对不服从第一次规范的行为规定科处刑罚的第二次规范。参见张明楷：《刑法学》，法律出版社 2021 年版，第 17 页。

重违反民法规范、侵犯合法民事权益的违法行为，若依据民法无法作出有效规制，则往往属于刑法调整的范畴，需要动用刑法来予以规制。[①] 另一方面，司法实践中涌现出相当数量的案件需要考虑民法与刑法的同时适用。例如对他人人身权益实施侵害的伤害行为，可能同时又触犯刑法而构成犯罪。又如，对他人财产权益实施侵犯的某个民事违法行为或许符合特定财产犯罪的犯罪构成，需要运用刑法对其是否构成犯罪作出评价。

具体事案同时关涉民法与刑法的适用之时，人们常常使用“刑民交叉”或者“民刑交叉”之概念。[②] 其实，“刑民交叉”也好，“民刑交叉”也罢，此种概念的使用重点在于突出该类案件具有区别于其他事案的特殊性：同时关涉刑法与民法的适用。当然，对于如何理解“同时关涉”刑法与民法的适用，可能存在不同的认识。有见解认为，一个案件只有同时涉及刑事和民事法律关系，可以分为刑事案件与民事案件办理，才能构成刑民交叉案件。就法律责任而言，有关案件行为人由于同时违反刑事法律和民事法律，可能要分别承担刑事责任与民事责任，即产生责任聚合与承担问题，但涉案行为人并非必然要承担双重责任。例如，有的案件可能存在刑事犯罪嫌疑，但经过最终评判只应认定为民事法律行为。刑民交叉案件主要可以划分为三种类型：（1）刑事案件与民事案件在法律事实上存在完全重合或者部分重合的；（2）刑事案件与民事案件的法律主体存在完全重合或者部分重合的；（3）刑事案件与民事案件之间存在一定关联性，导致在适用程序、认定证据、明确责任等方面存在相互影响的。[③] 有观点主张，刑民交叉包括三种情形：第一，形式上看似民事法律行为，实质上属于刑事犯罪行为；第二，形式上看似刑事犯罪行为，实质上属于民事法律行为；第三，刑事犯罪关系和民事法律关系的交织。在一个案件中，客观上存在刑民这两种不同的法律关系，并且这

---

① 之所以说“往往”属于刑法调整的范畴，而非“必然”属于刑法调整的范畴，是因为某些理应作为犯罪来规制的行为，立法机关尚未将其作为犯罪规定在刑法条文中，依据罪刑法定原则不能将其作为犯罪来处理。质言之，应然意义上的犯罪与刑法条文所规定的实然犯罪之间并非完全等同，可能存在某些冲突。另外，刑法被认为具有对民法的保障属性，只有当民法不能充分保护某种利益或者不足以抑制某种危害行为时，才需要动用刑法加以保护。刑法规范在一定程度上是立法者的最后手段。参见［德］汉斯·海因里希·耶塞克、托马斯·魏根特：《德国刑法教科书》，许久生译，中国法制出版社 2001 年版，第 3 页；朱铁军：《刑民实体关系论》，上海人民出版社 2012 年版，第 65 页。

② 有见解认为，“法律中的定义是危险的”“法律不规定精确的定义”。参见张明楷：《刑法格言的展开》，北京大学出版社 2013 年版，第 4 页。

③ 陈兴良、卢宇蓉、赵宝琦：《刑民交叉案件：争议难点与司法处理》，http://news.jcrb.com/jxsw/201908/t20190819_2037930.html，访问日期：2020 年 6 月 8 日。

两种法律关系纠缠交织在一起。① 有论点倡导，民刑交叉案件存在以下三种情形：第一，一个行为造成两种以上的损害结果，分别需要提起刑事和民事两种诉讼予以保护救济。也就是说，该情形属于事实上的竞合或者说属于一因多果的典型。第二，多个行为或者事由共同造成一个损害后果，但行为人之间并无共犯关系，而是应当分别承担相应的刑事与民事责任。该情形属于事实上的牵连或者说属于“多因一果”的适例。第三，犯罪行为或者其后续处置行为直接引发民事纠纷，使得刑事民事诉讼相继发生。该情形属于事实延展或者“因犯罪而继发民事诉讼的类型”②。有结论声称，刑民交叉包括以下类型：第一，犯罪起因行为与民事法律行为的竞合；第二，犯罪预备行为与民事法律行为的竞合；第三，犯罪实行行为与民事法律行为的竞合；第四，事后返还行为与民事法律行为的竞合；第五，赃物处分行为与民事法律行为的竞合。③

与上述肯定“刑民交叉”这一概念表述具有合理性相对，更有见解对“刑民交叉”或者“民刑交叉”这一概念的使用提出疑问与批评。质疑者认为，“如果一个所谓的概念的外延漫无边际，或者每个人完全可以从不同意义上使用这个概念，那么这个概念在刑法学中便没有存在的余地。刑民交叉概念正是如此”④。批评者之所以质疑“刑民交叉”这一概念的使用，主要基于两点理由。首先，一般所指称的刑民交叉，是指某个事案既涉及刑事法律关系，又涉及民事法律关系，并且相互之间存在交叉、牵连、影响。“由于绝大多数刑事案件都会涉及民事法律关系，既然如此，刑民交叉概念的外延就没有边际，一旦外延没有边际，对这个概念的使用就没有意义”。其次，不同论者对刑民交叉所指称的对象并不相同。可见，该概念的使用既没有固定的对象，也没有将个人所感知的事物的共同本质特点抽象出来，故可以认为“没有从感性认识上升到理性认识”，民刑交叉并不会比民刑关系具有更多的含义。故“刑民交叉”不具有特定的机能与作用。⑤

“概念体系的建立，是人类沟通系统最基本的工程。”⑥ 诚然，何为“民刑交叉”或者“刑民交叉”，不同主体对此的理解与解读可能存在差异，甚至

---

① 陈兴良：《刑民交叉案件的刑法适用》，《法律科学》2019 年第 2 期，第 164-167 页。
② 黄祥青：《刑民交叉案件的范围、类型及处理原则》，《法律适用》2020 年第 1 期，第 61 页。
③ 杜邈：《刑民交叉型诈骗犯罪的司法认定》，《中国刑事法杂志》2020 年第 3 期，第 39 页。
④ 张明楷：《刑法学中的概念使用与创制》，《法商研究》2021 年第 1 期，第 17 页。
⑤ 张明楷：《刑法学中的概念使用与创制》，《法商研究》2021 年第 1 期，第 17 页。
⑥ 许玉秀：《当代刑法思潮》，中国民主法制出版社 2005 年版，第 61 页。

在特定案件与特定问题上产生对立与冲突。“当人们使用一个涵义过于宽泛、内容没有精确界定的术语，却未对其中包含的不同意思加以区分时，混淆就产生了，大多数争论皆源于此。”① “民刑交叉”既非固有的、真正的法律概念，亦非法律上的相关概念。从应然的立场出发，固有的、真正的法律概念，系借以将法条的内容作为概念形成之对象的概念：属于这类概念的有具体的主观法（权利）、法律义务、法律关系、法律制度等概念；法律上相关的概念，则是据以构造制定法构成要件的概念，例如盗窃罪情形中的“非法占有目的”“他人的可移动物”等。② 尽管“民刑交叉”概念所意指的范畴与案件类型在理解上并非完全一致，但就现有对“民刑交叉”的相关解读来看，其无非是意指特定案件同时关涉民法与刑法的适用。③ 质言之，民刑交叉案件与只需考量民法规范的单纯民事案件不同，也与其他与民法规范毫无关联的犯罪案件有异，该类案件的法律适用需同时考虑到民法与刑法两个法域。只不过，有的论者从大处着眼，从宏观上将所有需同时考量民法与刑法两个法域的案件都认定为民刑交叉案件；有的论者则从小处出发，将其中明确违反两个法域必然同时承担两种法律责任的案件才认定为民刑交叉案件。依据后者，一个行为只有在违反民法属于民事违法行为的同时又触犯刑法构成犯罪，才属于刑民交叉。若据前者，当特定行为构成民事违法行为的同时又显然成立犯罪时，当属典型的民刑交叉案件。但是，还有某些违反民法的民事违法行为是否同时触犯刑法构成犯罪尚存疑问，其在适用民法的同时亦须考量刑法的适用。由于该类案件的处理也必须同时考量到民法与刑法两个法域，故也属于民刑交叉的范畴。

---

① ［美］本杰明·N.卡多佐：《法律的成长　法律科学的悖论》，董炯、彭冰译，中国法制出版社2002年版，第19页。

② ［德］拉德布鲁赫：《法哲学导引》，雷磊译，商务印书馆2021年版，第10页。拉德布鲁赫认为，法律上相关的概念并非为法律科学所新创，而是继受自其他知识领域或生活。但其并非一概照搬，而是根据法律的立场予以更清晰、更严格或更宽泛的理解，或者进行改造——例如我们可以想一想生活中的“占有”的概念和法律中“占有”的概念之间的区别。固有的、真正的法律概念要么取自实在法（例如“购买”或“质权”的概念），要么在逻辑上先于对实在法的任何科学认知，它们是人们对实在法进行科学理解时必须运用的工具，因而不属于任何具体的实在法本身，而适用于任何可想象得到的法。但它们在内容上是不确定的，也非自然法规范，而是纯粹的形式概念。它们不是对法律实践问题普遍有效的回答，而是人们针对任何法都有权提出的问题，假如要将它认知为法的话。参见［德］拉德布鲁赫：《法哲学导引》，雷磊译，商务印书馆2021年版，第10页。

③ 有见解认为，概念规定因为它的内容越是稀薄，反正可能性就越低。因此，使用这个概念规定的理论说服力在事实上就可能变得越高。参见［日］伊东研祐：《法益概念史的研究》，秦一禾译，中国人民大学出版社2014年版，第9页。

本书采取广义的立场，只要某个案件在触犯民法规范的同时又需要适用刑法予以评判，即属于民刑交叉案件。其理由在于：首先，某些违反民法的行为需要同时考量其是否触犯刑法构成犯罪。尽管同时触犯两种法律规范构成民事违法且犯罪的行为属于典型的民刑交叉案件，但是不应忽视某些行为是否明确属于犯罪难以判定。“民法典并非由每项本身完整无缺并且剔净所有刑法内容的民法汇集而成。刑法典亦非（因为我们已经看到它不可能）由每项不仅本身完整无缺而且剔净所有民法内容的惩罚性法律汇集而成。民法典将主要由纯粹的说明性内容构成。这些说明性内容各自所属的命令性内容，在这同一部法典即民法典中是找不到的，在一种摆脱了所有惩罚性法律混合物的纯净状态中也找不到，而是见于刑法典，见于一种合成状态，以前面说明过的方式包含在同样多的相应的惩罚性法律之中。因而，刑法典将主要由惩罚性法律构成，包括全部民法的命令性内容。此外，大概还会见到不属于民法而属于惩罚性法律的各种说明性内容”①。虽然学界对绝大多数民事违法案件是否同时触犯刑法构成犯罪可得出较为明确的结论，但是对部分案件是否同时构成犯罪以及构成何种具体犯罪仍存在激烈争议。甚至在法院作出有罪的刑事判决之后，仍然面临质疑甚至否定。以具有代表性的许霆案件为例，许霆在明知卡内余额只有 100 多元的情况下，在自动柜员机上输入取款 1000 元，结果柜员机果真吐出 1000 元现金，且经过查询后发现账户内只扣了一元。其重新实施了一次操作，也取得同样的吐钞和扣款效果。彼时，许霆意识到自动柜员机出了故障，在余额不足的情况下能够每次取款 1000 元现金且只在账户中扣除一元。于是，许霆在自动柜员机上疯狂取款 20 多万元并潜逃，后银行发现异常向公安机关报案。本案经由媒体披露后，引起社会广泛关注和讨论。有的说，本案构成盗窃罪；有的讲，本案构成侵占罪；有的评，本案构成诈骗罪；有的论，本案仅属于民法上的不当得利，不构成犯罪。② 尽管最后法院以盗窃罪对许霆作出了刑事判决，但反对有罪判决主张此类行为

---

① ［英］边沁：《道德与立法原理导论》，时殷弘译，商务印书馆 2000 年版，第 375、376 页。

② 有关许霆案的相关争论，可参见张明楷：《许霆案的刑法学分析》，《中外法学》2009 年第 1 期，第 30 页；刘明祥：《许霆案的定性：盗窃还是信用卡诈骗》，《中外法学》2009 年第 1 期，第 57 页；梁根林：《许霆案的规范与法理分析》，《中外法学》2009 年第 1 期，第 5 页；顾培东：《公共判意的法理解析——对许霆案的延伸思考》，《中国法学》2008 年第 4 期，第 167 页；赵秉志、彭新林：《关于许霆案件的法理问题思考》，《刑法论丛》2008 年第 2 期，第 236 页。

仅属于民事不法行为的见解也有力存在。[①] 又如，向他人借款时存在欺骗因素并且导致事后无法还款的事案，是否属于诈骗罪或者其他诈骗类犯罪也是极具争议性的问题。同一类型的事案，受害人到公安机关报案后，一方面，有的经公安机关审查后认为该案仅属于普通民事违法行为，只能通过民事诉讼等手段来维护权益；有的经公安机关审查后认为该案已经触犯刑法构成犯罪，应当追究刑事责任并通过立案开启刑事诉讼程序。另一方面，就进入刑事诉讼程序的案件而言，有的一审被判决成立诈骗犯罪，被告人上诉之后二审却判决无罪或者经申诉后被判无罪；有的一审被判无罪后，二审被判决成立诈骗罪；还有的一审、二审及审判监督程序所作出的结论完全不同。可见，尽管这些案件或许可能被判无罪，但其罪与非罪的判定本身即充满争议，该无罪判决是否绝对合理尚存疑问。退而言之，即便某些案件经过严格评判之后认定其确实没有构成犯罪，仅属于民事违法行为而已，该类案件也属于民刑交叉案件的范畴。毕竟，此类案件与单纯的民事违法案件还是存在极其重大的差异，亦需动用刑法对案件作出分析与评价。由此而观之，不能将非典型的民刑交叉案件排除在外。既然该类案件具有构成犯罪的嫌疑，需要动用刑法对其是否构成犯罪作出评判，本身就是一个案件同时适用刑法与民法的过程。也即，不能以得出了不构成犯罪的结论就否定刑法适用过程。其次，将同时触犯民法与刑法的典型民刑交叉案件之外的其他牵涉刑法评价的事案也纳入民刑交叉范畴，符合"民刑交叉"的概念使用功能。由此而观之，"民刑交叉"概念的提出有其现实理由。[②] 质言之，人们之所以提出"民刑交叉"这一概念，在于这些案件具有自身的独特性。其不仅与危害公共安全犯罪等刑事犯罪存在本质性差异，而且不同于纯粹的民事违法案件。其不仅需要依据民法规范对其民事责任作出分析，而且应动用刑法对其是否构成犯罪予以判断。尤其是，在确认其构成犯罪的情形下，还需要对其民事责任与刑事责任作出评判。

由此而观之，"民刑交叉"这一概念所指称范畴上的论争，差异仅在于有的系从广义上来解读，有的则是从狭义上来解析，并不会产生诸如批评者所

---

① 参见张赞宁：《许霆案的要害在于罪与非罪——质疑许霆案有罪判处》，《南京医科大学学报（社会科学版）》2008年第2期，第115页；朱如曾：《愿区区十七万元成为社会进步的推动费——许霆无罪以及许霆案正确判决的深远意义》，《西部法学评论》2008年第2期，第12页。

② "民刑交叉"这一概念不仅在我国刑法理论与司法实践中被广泛运用，在日本等国刑法中也被使用。例如日本学者土本武司所著的《民事と交错する刑事事件》（立法书房1997年版），即是研究刑事与民事交错案件的权威专著。

指出的存在“外延就没有边际”问题。无论对“民刑交叉”作出何种解读，其所划定的“民刑交叉”案件范畴都关涉民法与刑法的适用。也即，只有需要同时关涉到刑法与民法适用的案件，方能被冠之以“民刑交叉”。如同没有人会把根本无须考虑刑法适用的纯粹民事违法案件认定为“民刑交叉”，自然也没有人会将与民法适用毫无关联的其他刑事犯罪案件纳入“民刑交叉”的范畴。可见，“民刑交叉”有其特定的内涵与外延，只有同时关联刑法与民法适用的案件才属于“民刑交叉”，只不过存在广义与狭义的解释维度差异而已。

值得注意的是，法律中并没有“民刑交叉”或者“刑民交叉”的语词，为何理论研究上及司法实务中经常提及这一概念？是否如批评者所指出的，“民刑交叉”并不一定比“民刑关系”具有更多的内涵呢？其实，“民刑交叉”或“刑民交叉”，其都是意指特定案件之上存在刑法与民法适用的交叉，也即需要同时考虑到民法与刑法的适用。此类案件不同于纯粹的民事违法案件或者与民法无关的其他刑事犯罪案件，故存在思维方法、处理途径等诸多因素的特殊性。以常见的故意伤害为例，行为人将受害人打伤后，鉴于其伤害行为侵犯了受害人的人身权利，理应承担相应的民事赔偿责任。另外，需要以对伤情的司法鉴定结果为根基判定其伤害行为是否构成故意伤害罪，在伤害行为造成受害人轻伤二级及以上伤害后果的情况下，司法机关应依法追究其刑事责任。不仅如此，司法机关在追究刑事责任的过程中，往往需要考量行为人承担民事责任的情况，以准确评估其刑事责任以便采取相应的诉讼措施。例如，在伤害行为造成受害人轻伤二级的情况之下，如果行为人对受害人作出了积极的民事赔偿、取得受害人及其家属的谅解并获得了谅解书，司法机关往往会基于行为人的积极表现对行为人作出诸如取保候审的非羁押性措施。若犯罪嫌疑人、被告人及其辩护人欲申请取保候审，司法机关在面对取保候审申请或作出羁押必要性审查之时，往往会重点考察行为人是否已经对受害人及其家属作出积极赔偿并且取得谅解书。在当前大力倡导“可关押可不关押的不要关押、可诉可不诉的不诉”的背景下①，司法机关甚至在行为人作出积极民事赔偿并取得受害人及其家属谅解的情况下，对于部分轻微刑事案件作出不起诉或者撤案等相关终结案件的措施。可见，之所以使用

① 2019年，最高人民检察院提出对案涉民营企业负责人“依法能不捕的不捕、能不诉的不诉、能不判实刑的就提出适用缓刑建议”；2020年1月，全国检察长正式会议提出“少捕慎诉慎押”要求；2021年7月，最高人民检察院在全国检察机关开展为期6个月的羁押必要性审查专项活动；2021年11月，最高人民检察院颁发《人民检察院羁押听证办法》；2021年12月，最高人民检察院发布首批5起检察机关贯彻“少捕慎诉慎押”刑事司法政策典型案例。

"民刑交叉"这一概念，在于对此类案件的办理具有不同于其他案件的特殊性和复杂性。

当然，至于是应使用"民刑交叉"的概念还是当采用"刑民交叉"的表述，目前尚无定论。其实，"民刑交叉""刑民交叉"，其所表达的含义并无本质性差异，差别仅在于表述有异而已。与日常生活中较多使用"刑民交叉"的表述不同，本书更倾向于使用"民刑交叉"这一概念。本书之所以使用"民刑交叉"并非意图标新立异，而是因为相对于"刑民交叉"而言，"民刑交叉"更契合法律体系的架构及法治思维的要求。质言之，民法、行政法等都属于普通的法律规范，刑法属于民法、行政法等普通规范的保障法。对于较轻微的违法行为，只需动用民法等基本法律规范予以规制即可。"现行刑法典上作为财产罪处罚的行为，只不过是对财产的不法侵害或者侵害危险的一部分。该处罚范围是断片的，即便存在对财产的侵害、危险，委由私法的规制以及救济。运用刑罚禁压的，限定为极其重大的不法，是谦抑法益保护原则的要求。"[①] 对于严重的违法行为，在民法、行政法等基本法律规范无法作出有效规制的场合，就需要动用刑法来予以规制。有鉴于此，使用"民刑交叉"而非"刑民交叉"，将民法置于刑法的前面，符合其在法律体系中的地位与架构。另外，与"刑民交叉"相比，"民刑交叉"由于将民法置于刑法的前面，可提醒理论研究人员尤其是司法工作人员在判定某个行为的法律属性时，应当先判定依据民法是否可作出充分的调整和支配。倘若得出否定回答则应再依据刑法条文判断其是否构成犯罪，而不可反其道行之。也即，不能以某个事案具有严重的社会危害性为由，首先从刑法上去挖掘触犯刑法构成犯罪的可能性。特别是当部分犯罪行为与民事违法行为之间的关键差别在于主观罪过时，倘若先从刑法出发判定构成犯罪的可能性，则容易造成司法工作人员先入为主，并且为了搜寻存在类似"非法占有目的"主观罪过的相关证据而制造冤假错案。可见，与"刑民交叉"相比，"民刑交叉"更符合判断的逻辑性，更适应法治思维的要求。

至于批评者所提出的"民刑交叉"不具有比"民刑关系"更多的含义[②]，是否确实如此，值得商榷。诚然，"民刑关系"的讨论主题是民法与刑法的关

---

① ［日］山中敬一：《刑法各论》，成文堂2009年版，第226页。

② 有见解认为"交叉"一词存在许多问题，不能用"刑民交叉"语词作为概念的内涵，而应用"刑民关联案件"这一概念。参见蔡福华：《刑民关联案件的法理展开》，法律出版社2022年版，第12页。

系，其与“民刑交叉”所指称案件的范畴之间存在高度融合，故在处理“民刑交叉”案件时，往往需要以民刑关系所涵盖的基本理论、基本框架等为指导。但是，“民刑关系”以“关系”为基点，所需要探讨的问题主要围绕民法与刑法的界限、特定行为的民法评价与刑法评价的异同等论点。例如，日本刑法学者佐伯仁志与民法学者道垣内弘人以问题对谈为形式的《刑法与民法的对话》即讨论民刑关系的经典著作，其主要围绕“寄托的现金”“存款”等问题而展开。[①] 可见，“民刑关系”的重点在于“关系”的探讨，而且往往集中于在实体法范畴内的探究。与此相对，“民刑交叉”所关注的重点在于某个或者某类案件同时涉及刑法与民法的适用，鉴于此类案件具有不同于其他案件的特殊性与复杂性，如何正确处理此类案件成为“民刑交叉”的重点。质言之，要探讨如何处理“民刑交叉”案件，很多场合需要运用民刑关系的基本原理和知识体系等作为指导，但是“民刑交叉”所探讨的议题又不限于民刑关系。特别是，“民刑交叉”不仅探讨民法与刑法的实体性议题，还会关涉民法与刑法适用的程序性问题。因此，“民刑交叉”所指称含义的丰富性、复杂性远远超越“民刑关系”。因此，主张“民刑关系”可以取代“民刑交叉”的观点难以得到认同。

刑法理论及司法实务中之所以高度关注“民刑交叉”，有其现实的理由和根据。[②]“法学当首先负担起一个现实科学的任务，即理解法律规则的事实有效性和社会控制效能”，“法学不仅应研讨法律规范的内容，还包括其目标、适用形式和作用”[③]。具体而言，民刑交叉案件不仅具有多发性、常见性，且其存在民法与刑法的交叉因素，故其具有自身的特殊性与复杂性，理应成为法学理论研究、司法实务中应重点关注的问题。此点也正是本课题研究以“民刑交叉”作为选题基点的重要原因。本书之所以对民刑交叉案件冠以“侵权类”，在于突出民刑交叉通常源于“权利侵害”。也即，违反民法的根源在于侵害了特定主体的民事权益，且涉嫌犯罪的理由也在于该种民事侵权行为

① 参见［日］佐伯仁志、道垣内弘人：《刑法与民法的对话》，于改之、张小宁译，北京大学出版社 2012 年版。

② 几乎所有重要的刑法理论家都会被支撑刑法的理论假设与刑法社会实践之间的大量脱节所困扰……如果刑法所提供的唯一内容只是那些被分解的宽泛的概括性的东西，那么矛盾和不一致就一定会产生。参见［英］威廉姆·威尔逊：《刑法理论的核心问题》，谢望原、罗灿、王博译，中国人民大学出版社 2015 年版，第 5 页。

③ ［德］阿图尔·考夫曼、温弗里德·哈斯默尔：《当代法哲学和法律理论导论》，郑永流译，法律出版社 2013 年版，第 460、476 页。

造成了法益侵害。[①] 出于表述简洁的需要，除非特殊说明，本书将“民刑交叉案件”与“侵权类民刑交叉案件”在等同意义上使用。当然，“侵权类民刑交叉案件”所牵涉的范畴过于广泛，无论是对于国家社科基金研究项目的选题而言，还是对于研究计划的具体开展来说，必须以“民刑交叉”作为基点作出适当的限定。也即，应当围绕“侵权类民刑交叉案件”某个方面的相关问题展开研究才具有合理性和可行性，所展开的研究具有针对性和价值性。因此，本书特别以法律责任作为研究关键点，探究侵权类民刑交叉案件的法律责任。质言之，本书之所以选择以法律责任作为研究重点，系因侵权类民刑交叉案件最重要最核心的问题即在于，如何准确评判并依法追究包括民事责任、刑事责任在内的法律责任。从大处着眼，侵权类民刑交叉案件法律责任包括两个方面的问题：实体法角度的刑事责任评判及程序法（诉讼法）角度的刑事责任追究。当然，对上述两个方面的区分仅仅是粗略的划分，毕竟两者互相交织，无法截然区分开来。司法机关在办理某个侵权类民刑交叉案件的过程中，就不能说其中某个只是实体法问题，另外某个仅系程序法问题。尽管如此，整体上从实体法与程序法两个方面对侵权类民刑交叉案件法律责任所牵涉的问题作出区分，是出于推进理论研究及利于处理实务问题的需要。例如，侵权类民刑交叉案件首先需要探讨的问题是，某些触犯民法的民事侵权行为是否同时构成犯罪，该问题主要是实体性问题。再如侵权类民刑交叉案件中民事责任的承担是否对刑事责任的判定有影响及具有何种影响，主要也是实体性问题。又如，在侵权类民刑交叉案件的办理过程中，是先追究其民事责任而后再判定其刑事责任，还是先追究其刑事责任而后再判定其民事责任，包括如何促进法律责任的有效追究，这些主要是程序性问题。有鉴于此，本书主要从实体性问题、程序性问题两个方面来对侵权类民刑交叉案件的法律责任展开研究。正如最高人民检察院的卢玉容检察官所指出的，“办理民刑交叉案件的难点和争议主要集中在刑民界限、责任承担、程序适用和追赃挽损及执行问题”[②]。

---

① 某些侵权行为，即便没有民法上的损害赔偿责任，也不意味着没有违反民法，只不过需要承担其他民事法律责任。有见解认为，以杀人的意思向他人使用枪支射击，但是子弹被打偏了。在刑法上构成犯罪，系应当科处刑罚的行为。但是，在民法上，既然子弹被打偏，就不是违法行为，不产生损害赔偿责任。该种观点将损害赔偿责任等同于民事责任，显属不当。参见［日］山口厚、井田良、佐伯仁志：《理论刑法学の最前线Ⅱ》，岩波书店 2006 年版，第 50 页。

② 陈兴良、卢宇蓉、赵宝琦：《刑民交叉案件：争议难点与司法处理》，http://news.jcrb.com/jxsw/201908/t20190819_2037930.html，访问日期：2020 年 6 月 18 日。

有见解指出，民刑交叉案件之所以难办，是因为刑法学长期以来试图区分刑事犯罪与民事违法，并认为，“民法上的民事欺诈概念，并没有将合同诈骗排除在外，而是包含形式上的合同诈骗行为”，“民事欺诈与合同诈骗不是交叉关系，而是包容关系”，合同诈骗只是民事欺诈中的特殊类型。既然如此，就不能讨论二者之间的区别或者界限。① 其实，民刑交叉案件难办的根本原因，并不在于试图区分刑事犯罪与民事违法。毕竟，刑事责任的承担以行为构成犯罪为前提，并且以刑罚作为主要实现形式。司法实践中重视罪与非罪界限划分的做法本身无可厚非，并且理所当然。只要特定犯罪之上存在罪与非罪、此罪与彼罪界限的模糊，就会存在办案的困难。更何况，民刑交叉案件还牵涉其他关联性问题，因此该种案件的办案难度往往会超越普通事案。“法条的内容存在疑问，而且不管采用哪一种解释都不违反罪刑法定原则的情形，即便在刑法领域，也是大量存在的。”② 从整体上说，民刑交叉案件之所以难办，除了在罪与非罪、此罪与彼罪之间通常存在争议，还涉及同一个案件中民事责任与刑事责任的关联性问题。特别是，后者既涉及法律责任评判的实体性问题，还牵涉法律责任追究的程序性问题。

本研究课题主要分五个部分，第一，侵权类民刑交叉案件法律责任的范畴划定；第二，侵权类民刑交叉案件法律责任追究的管辖；第三，侵权类民刑交叉案件民事责任承担对刑事责任评判的影响；第四，侵权类民刑交叉案件民事责任承担对刑事责任评判影响的评价体系；第五，侵权类民刑交叉案件法律责任的追究模式。从研究结构上看，在第一部分划定侵权类民刑交叉案件法律责任范畴的基础上，探究侵权类民刑交叉案件法律责任追究的合理管辖，并在解析民事责任承担对刑事责任评判影响的基础上试图构建民事责任承担对刑事责任评判影响的评价体系。最后，探讨侵权类民刑交叉案件法律责任的追究模式。本研究课题所包含的五个研究部分不仅内容较多，而且横跨刑法与民法两个法域，尤其是部分研究内容要体现出创新性与实用性，复杂性和艰难度可想而知。期待本研究课题能够为侵权类民刑交叉案件法律责任追究的相关问题提出合理实用的见解。

---

① 张明楷：《刑法学中的概念使用与创制》，《法商研究》2021 年第 1 期，第 18 页。

② ［日］平野龙一：《刑法的基础》，黎宏译，中国政法大学出版社 2016 年版，第 178 页。

CONTENTS

目　录

第一章

侵权类民刑交叉案件法律责任的范畴划定

第一节　侵权类民刑交叉案件法律责任范畴的传统划定

一、侵权类民刑交叉案件法律责任范畴传统划定的基本观点

“民刑交叉”通常可得用来指代民法与刑法的规范范畴之间会存在部分模糊甚至重叠之处，故“交叉”一词特用以描述民法与刑法之间所存在的一种规范范畴交合或者交叉的状态。与此同时，“民刑交叉”作为限定词来指称具体案件之时，“民刑交叉案件”即用来意指特殊的案件类型。该类案件具备有别于普通民事违法案件或其他刑事案件的特性，其不仅应依民法追究民事法律责任，而且须根据刑法来判定其是否构成犯罪并在其构成犯罪的情形下评判其刑事责任。探究侵权类民刑交叉案件法律责任，首先需要迫切解决的问题是：如何划定民刑交叉案件民刑法律责任的范畴。也即，首先需要明确，何种侵权行为在触犯民法相关规定的同时，又构成了刑法上的犯罪。“厘清互涉案件中民事不法和刑事犯罪的边界是办理刑民交叉案件的难点之一。”① 以在民事活动中采用欺诈手段为例，在涉案金额达到法定追诉标准的前提下，是否同时又触犯了刑法，是需要重点明确的问题。例如“在办理涉诈骗犯罪案件中，如何正确厘清刑事诈骗与民事欺诈的界限，即相应案件是归入刑事诉讼范畴还是纳入民事案件，一直是刑事司法实践中的难点”②。

---

① 陈兴良、卢宇蓉、赵宝琦：《刑民交叉案件：争议难点与司法处理》，http://news.jcrb.com/jxsw/201908/t20190819_2037930.html，访问日期：2020年6月18日。

② 陈兴良、卢宇蓉、赵宝琦：《刑民交叉案件：争议难点与司法处理》，http://news.jcrb.com/jxsw/201908/t20190819_2037930.html，访问日期：2020年6月18日。

（一）法律责任范畴传统划定的理论解读

侵权类民刑交叉案件法律责任范畴的传统划定主要侧重于对民刑分界的讨论，并且主要以民法与刑法的界限互相排斥作为主要思维。国内对于民刑交叉案件法律责任界限划分的成果较为丰富，代表性论文有陈兴良的《民事欺诈和刑事欺诈的界分》（《法治现代化研究》2019年第5期）、周光权的《“刑民交叉”案件的判断逻辑》（《中国刑事法杂志》2020年第3期）、夏勇的《刑法与民法——截然不同的法律类型》（《法治研究》2013年第10期）、田宏杰的《刑民交叉研究：理论范式与实践路径》（《交大法学》2023年第1期）、时延安的《刑民交叉案件的处理：类型与规则》（《交大法学》2022年第5期）。代表性专著有刘明祥的《财产罪专论》（中国人民大学出版社2019年版）、于改之的《民刑分界论》（中国人民公安大学出版社2007年版）、朱铁军的《刑民实体关系论》（上海人民出版社2012年版）、陈航的《民刑关系基础理论研究》（商务印书馆2020年版）、童德华、李文主编的《刑法现代化：刑民交叉问题研究》（中国法制出版社2022年版）、王志祥的《民事赔偿与刑事责任》（中国政法大学出版社2021年版）、刘凤科的《刑法在现代法律体系中的地位与特征》（人民法院出版社2007年版）、孙学华的《合同民刑交叉法律问题研究》（中国人民公安大学出版社2016年版）、蔡福华的《刑民关联案件的法理展开》（法律出版社2022年版）、陈灿平的《刑民实体法关系初探》（法律出版社2009年版）、夏伟的《刑民交叉的理论构造》（法律出版社2020年版）、何帆的《刑民交叉案件审理的基本思路》（中国法制出版社2007年版）、徐彰的《刑民交叉视野下的民间借贷问题研究》（法律出版社2018年版）、于世忠的《刑法与民法交叉问题研究》、杨兴培的《犯罪的二次性违法理论与实践——兼以刑民交叉类案件为实践对象》（北京大学出版社2018年版）、蔡福华的《刑民关联案件的法理展开》（法律出版社2022年版）等。

民刑交叉案件法律责任范畴传统划定的立场认为，民法与刑法所调整的领域完全不同，尽管两者之间无法划定出类似于数字般绝对清晰明确的界限，“一般违法行为与刑事犯罪缺乏清晰可见的界限”①。以办理欺诈案例为例，“对于特定行为究竟属于民事违约行为还是有关诈骗犯罪，是属于对于人身、财产利益的侵权行为还是有关犯罪行为，尽管有时标准明晰，但很多具体情

① 张明楷：《妥善对待维权行为 避免助长违法犯罪》，《中国刑事法杂志》2020年第5期，第19页。

形仍然需要在民事补偿（赔偿）体系与刑事惩罚体系之间比较、权衡”①。但不可否认的是，“犯罪类型中的违法性必须是质与量都具备适于科处刑罚的行为”②。“民法从权利义务角度为市场经济的参与者提供管理、决策的共同规则；刑法以严厉的否定性评价排斥违法经济行为的存在以保障市场经济的运行”③，故两者之间还是存在本质性差异。有鉴于此，探寻并明确民事责任（民法）与刑事责任（刑法）的界限，是法律工作者特别是刑事法律工作者所应坚守的重要理念。鉴于民法属于规制一般违法行为的普通法律规范，故在民法相关问题的分析与研判中，一般不会讨论到其关联犯罪之间的界分问题。与民法中上述状况不同的是，刑法在讨论某些犯罪尤其是与民法关联密切的经济犯罪、财产犯罪之时，鉴于刑事犯罪与某些民事违法行为之间具有高度的相似性和模糊性，特别是某种侵权行为在触犯民法的同时是否又确实违反了刑法的相关规定也是需要认真对待的问题，故在对相关犯罪展开司法认定解析时不能回避其与普通民事违法行为之间的界限。

侵权类民刑交叉案件最为集中的领域即为经济犯罪、财产犯罪，理论界在相关犯罪的解读中需要重点解读普通民事违法行为与犯罪的界限。大体而言，在经济犯罪、财产犯罪的篇章中论及侵权类民刑交叉案件中刑法与民法规制的界限，主要探讨如下问题：

首先，刑法与民法规制范畴的界限。

众所周知，人类社会早期，刑法与民法并没有被严格区分。不过，在社会发展的进程中两者所具有的社会机能差异性慢慢显现出来，故在立法上呈现出逐渐走向分离独立的轨迹。④ 有鉴于此，无论是理论研究上还是司法实践中，主张刑法与民法的规制范畴存在界限，强调刑民分界的观点成为主流。只要查阅我国现有关涉刑民交叉或者刑民关系的相关著述即可发现，刑法与民法规制范畴的界限通常系民刑交叉案件中重点探究的问题。例如我国很多

---

① 刘凤科：《刑罚在现代法律体系中的地位与特征》，人民法院出版社2007年版，第6页。

② ［日］日高义博：《违法性的基础理论》，张光云译，法律出版社2015年版，第5页。

③ 郭宁：《现代刑法的生存空间》，知识产权出版社2013年版，第29页。

④ 张晋藩先生认为，中国古代法律呈现出“诸法并存、民刑有分”的特点。参见张晋藩：《中国法律的传统与近代转型》，法律出版社1997年版，第310-313页。应当认为，尽管中国古代法律中也存在调整民商事活动的法律规范，并不等于已经形成了民法这一法律部门。部门法不是某类法律规范的简单堆积，要形成部门法必须具备该部门的应有元素。参见陈航：《民刑关系基础理论研究》，商务印书馆2020年版，第26页。另外，刑民之所以在近代能够分立，是建立在市场经济内在需求、市民社会与政治国家分野以及公法和私法区分的基础上的。参见朱铁军：《刑民实体关系论》，上海人民出版社2012年版，第18页；张明楷：《法益初论》，商务印书馆2021年版，第803页。

学者认为，“犯罪是侵犯国家利益和社会利益的行为，国家有权力依照刑法对犯罪人实施刑事制裁。侵权行为属于侵犯私人权益的违法行为，关注的是被害人所受损害的赔偿问题，不属于刑法领域”①。“刑民界限问题作为实践中刑民交叉案件的难点和争议之一，是厘清案件性质的基础，进而决定了案件的走向，因此对于刑民界限的区分十分必要与重要”②。

不仅如此，国外法学理论界亦颇为注重刑法与民法规制范畴的界限。例如日本即有学者认为，“历来认为，调整个人与个人之间的关系的民法，和调整国家和个人之间关系的刑法之间具有以上区别，民事责任和刑事责任，基本上也是具有各自的领域，而且正在试图将它们严格区分开来”③。“从民法的机能出发‘所产生的损害的负担应该由谁负责’……刑法则是以对犯罪科处刑罚为目的”④。“刑法由于是施加刑罚这种严峻的制裁，在依赖刑法以外的法规法益保护不充分的场合，作为法益保护最后手段登场（刑法的补充性）。例如债务不履行导致对方财产损害也不能作为犯罪处罚。契约当事人之间的利益，原则上由民法保护即充分，由刑法给与财产保护应当被限定在例外的场合”⑤。因此，“有必要确认刑法的界限”⑥。德国学者也认为，“刑罚通常是国家对罪犯人身权利进行的最严厉的干预。因此，只能在其他手段，比如民法或者行政法的法律应急手段失败后，才能采用刑罚”⑦。

其次，以是否具有“非法占有目的”作为财产犯罪等犯罪行为与普通民事违法行为的界限。

无论是论及盗窃罪、诈骗罪、抢劫罪等以侵害财物占有为特征的夺取型犯罪，还是研析以侵占他人财物为内容的侵占罪，刑法理论在探究相关犯罪时往往会特别指出上述犯罪中所蕴含的“非法占有目的”。理论上通常认为，“非法占有目的”是盗窃罪等夺取型犯罪、侵占罪等侵占财产型犯罪区别于普

---

① 王志祥：《民事赔偿与刑事责任》，中国政法大学出版社 2021 年版，第 11 页。

② 童德华、李文主编：《刑法的现代化：刑民交叉问题研究》，中国法制出版社 2022 年版，第 318 页。

③ ［日］曾根威彦：《刑法学基础》，黎宏译，法律出版社 2005 年版，第 251 页。

④ ［日］山川一阳：《犯罪と民法》，现代法律出版 2003 年版，第 3 页。

⑤ ［日］大塚裕史：《刑法各论の思考方法》，早稻田经营出版株式会社 2003 年版，第 27 页。

⑥ ［日］船山泰范：《刑法の役割と过失犯论》，北树出版株式会社 2007 年版，第 11 页。

⑦ ［德］冈特·施塔拉腾韦特、洛塔尔·库伦：《刑法总论Ⅰ——犯罪论》，杨萌译，法律出版社 2004 年版，第 36 页。另参见［德］约翰内斯·韦塞尔斯：《德国刑法总论》，李昌珂译，法律出版社 2008 年版，第 6 页。［德］克劳斯·罗克辛：《德国刑法学　总论》（第 1 卷），王世洲译，法律出版社 2005 年版，第 23 页。

通民事违法行为的重要区别。[①] 例如周光权教授在其所著《刑法各论讲义》的“侵犯财产罪”中即指出，盗窃罪的成立之所以要确定非法占有目的，“一方面，强调必须通过相当长时期才能确定非法占有目的，是为了使一时使用行为与盗窃罪相区分。行为人以一时使用的意思取走他人财物，在不使财物发生质变或者减低经济价值的条件下加以使用，很快返还的，其对占有虽有侵害，但被害者的占有、使用只是暂时受到了侵害，其所受损失较小，有时还可以推定为其承诺同意，对其损失给与民事上的补偿即为已足，不能以盗窃罪处理”[②]。又如，侵占罪即是将代为保管的他人财物等处于自己占有之下的将他人财物非法占为己有的行为，区别于普通民事侵权行为的重要标志是行为人具有“非法占有的目的”。值得注意的是，尽管理论上对于“非法占有目的”的必要性存在争论[③]，但是非法占有目的所包含的“排除意思”与“利用意思”确实是成立财产犯罪尤其是占有型犯罪所必须具备的要素。质言之，“排除意思”即排除他人对财物的控制支配而建立起自己或者第三人控制支配的意思。其在财产罪犯罪构成中的重要意义在于，借用该因素可得将临时盗用等行为排除在犯罪的成立范畴之外。所谓“利用意思”，即通过对财物施加利用得以获取相关利益的意思。其在刑法中的重要意义在于，利用意思是夺取型犯罪区别于毁坏型犯罪的关键因素。[④] 鉴于“非法占有目的”所包含的“排除意思”与“利用意思”对于判定财产犯罪成立具有重要意义，故在财产犯罪的理论研讨中，行为人是否具有“非法占有目的”往往成为判定犯罪成否的关键依据。

最后，在财产犯罪、经济犯罪等具体犯罪的解析中以犯罪构成为根基着

---

① 当然，财产罪中的“非法占有目的”还具有区别于盗窃罪等财产犯罪与故意毁坏财物罪的功能。我国刑法中的故意毁坏财物罪作为典型的毁弃犯罪，其主观意图在于将财物予以损毁从而造成财物价值的减少或者灭失。

② 周光权：《刑法各论讲义》，清华大学出版社 2003 版，第 92 页。

③ 有关刑法中“非法占有目的”的争论，参见张明楷：《论财产罪中的非法占有目的》，《法商研究》2005 年第 5 期；刘明祥：《刑法中的非法占有目的》，《法学研究》2000 年第 2 期；刘宪权、吴允峰：《论金融诈骗罪中的非法占有目的》，《法学》2001 年第 7 期；何荣功：《非法占有目的与诈骗案件的刑民界分》，《中国刑事法杂志》2020 年第 3 期；付立庆：《论金融诈骗罪中的非法占有目的》，《法学杂志》2008 年第 4 期；徐凌波：《金融诈骗罪非法占有目的的功能性重构——以最高人民检察院指导案例第 40 号为中心》，《政治与法律》2018 年第 10 期；陈璇：《财产犯罪中非法占有目的要素之批判分析》，《苏州大学学报（法学版）》2016 年第 3 期；尹晓静：《财产犯罪中的非法占有目的之否定——“侵害占有、建立占有”客观分析之提倡》，《政治与法律》2011 年第 11 期。

④ 具体参见张红昌：《论可罚的使用盗窃》，《中国刑事法杂志》2009 年第 5 期；张红昌：《财产罪中规定非法占有目的的质疑》，《中南大学学报（社会科学版）》2009 年第 6 期。

重论及罪与非罪的界限。

“在不同的国家，民事不法与刑事不法的界限是完全相异的，在大多数国家，刑法的范围是相当窄小的，并且……它的范围通常随着社会进步而扩大。”① 财产犯罪、经济犯罪属于典型的民刑交叉类犯罪，刑法教科书、专业性学术论文以及案例分析等在解析具体犯罪的犯罪构成及司法认定之时，往往对相关犯罪与民事违法行为之间的界限重点着墨。例如在解析诈骗罪时，为了消除诈骗罪认定上的误区，往往需要解析诈骗罪的犯罪构造。从诈骗罪的犯罪本质出发，除行为对象与行为人的故意与目的之外，诈骗罪（既遂）在客观上必须表现为一个特定的行为发展过程：行为人实施欺骗行为→对方陷入或者继续维持认识错误→对方基于认识错误处分（或交付）财产→行为人取得或者使第三者取得财产→被害人遭受财产损失。② 依此，只有符合该种犯罪构造的行为才属于刑法中的“诈骗”。理论上除对刑法中“诈骗”的范畴作出行为构造的描述之外，还对诈骗罪中是否需要“财产损失”这一要素，以及如何认定“财产损失”展开了探讨与分析。毋庸置疑，侵犯他人财产的行为构成犯罪，必然需要造成财产损失。易言之，只有通过侵害他人财产的行为造成了实际的财产损失，才能构成财产犯罪。只不过，学界对以何种标准作为衡量财产损失的根据存在一定的争议。③ 王作富先生在其所主编的《刑法分则实务研究》一书中对贷款诈骗罪的犯罪构成予以剖析后，特别在“贷款诈骗罪的司法认定”中解析“贷款诈骗罪与非罪的界限”。该书认为，贷款诈骗罪与非罪的界限主要在于两点：行为人是否具有“非法占有贷款的目的”、诈骗的贷款是否达到“数额较大”。在把握这一界限时，尤其应注意划清贷款诈骗与借贷纠纷的界限。在借贷关系中，借款人是否到期还款付息要受很多因素的影响，其中既有主观上的因素，也有客观上的因素。要

---

① J. Austin，Lectures on jurisprudence，p. 417. 转引自郭宁：《现代刑法的生存空间》，知识产权出版社 2013 年版，第 29 页。

② 张明楷：《诈骗犯罪论》，法律出版社 2021 年版，第 8 页。另参见张明楷：《法益初论》，商务印书馆 2021 年版，第 826 页；张红昌：《诈骗罪处分意识的构造》，《海南大学学报（社会科学版）》2011 年第 3 期。

③ 参见张明楷：《诈骗犯罪论》，法律出版社 2021 年版，第 293–361 页；付立庆：《财产损失要件在诈骗认定中的功能及其判断》，《中国法学》2019 年第 4 期；蔡桂生：《论诈骗罪中财产损失的认定即排除——以捐助、补助诈骗案件为中心》，《政治与法律》2014 年第 9 期；王腾：《财产犯罪财产损失评价体系研究——以对价型诈骗为蓝本》，南京师范大学 2011 年博士学位论文；冯春萍、张红昌：《财产罪中财产损失的现代展开——兼论刑法与民法的界限》，《江西社会科学》2013 年第 12 期。

正确认定其是贷款诈骗还是一般的借贷纠纷，主要应从多个方面来考察。① 日本学者本江威憙的丛书《民商事と交错する经济犯罪》即深入研究了民法中的代理行为、无效行为、不动产物权变动与经济犯罪成立的问题。例如因实施表见代理造成财产损失的，何种场合构成背任罪。②

（二）司法实践的立场

探寻民法与刑法规制范畴的界限（普通民事违法行为与犯罪行为的界限），不仅是刑法理论重点探讨的课题，亦是司法实践中处理类似问题所需重点注重的方向。也即，司法实务也极为重视普通民事违法行为与犯罪行为之间界限的划分。就司法实务而言，对民刑交叉案件法律责任范畴的划定主要体现在最高人民法院、最高人民检察院所出台的司法解释以及司法机关办理民刑交叉案件的相关司法案例。

首先，最高人民法院、最高人民检察院就侵权类民刑交叉案件所关涉的民事责任与刑事责任的界限问题出台了相关司法解释。

针对司法实践中处理民刑交叉案件所呈现出的诸多疑问，最高人民检察院、最高人民法院（以下简称“两高”）出台的司法解释中即对民刑交叉案件所关涉的部分问题提出了指导意见。最为常见的是，司法解释会在其所规定的内容中明确指出需要注意犯罪行为与民事违法行为的区别。例如2001年1月21日最高人民法院发布的《全国法院审理金融犯罪案件工作座谈会纪要》中明确指出，金融诈骗犯罪都是以非法占有为目的的犯罪。在司法实践中，认定是否以非法占有为目的，应当坚持主客观相一致的原则。不仅如此，《纪要》还特别说明，要严格区分贷款诈骗与贷款纠纷的界限。对于合法取得贷款后，没有按规定的用途使用贷款，到期没有归还贷款的，不能以贷款诈骗罪定罪处罚；对于确有证据证明行为人不具有非法占有的目的，因不具备贷款的条件而采取了欺骗手段获取贷款，案发时有能力履行还贷义务，或者案发时不能归还贷款是因为意志以外的原因，如因经营不善、被骗、市场风险等，不应以贷款诈骗罪定罪处罚。

又如最高人民法院关于盗窃汽车、偷开汽车如何处理的司法解释，也提出了同样的立场。2013年最高人民法院、最高人民检察院《关于办理盗窃案件适用法律若干问题的解释》第十条明确指出，偷开他人机动车的，按照下列规

① 王作富：《刑法分则实务研究（中）》，中国方正出版社2010年版，第572页。

② ［日］本江威憙：《民商事と交错する经济犯罪Ⅰ》，立花书房1994年版，第193页。

定处理：（一）偷开机动车，导致车辆丢失的，以盗窃罪定罪处罚；（二）为盗窃其他财物，偷开机动车作为犯罪工具使用后非法占有车辆，或者将车辆遗失导致丢失的，被盗车辆的价值计入盗窃数额；（三）为实施其他犯罪，偷开机动车作为犯罪工具使用后非法占有车辆，或者将该车辆遗失导致丢失的，以盗窃罪和其他犯罪数罪并罚；将车辆送回或者未造成丢失的，按照其所实施的其他犯罪从重处罚。该司法解释是“两高”专门针对司法实践中偷开机动车是否构成财产犯罪以及何种情形下可构成财产犯罪作出的具体规定。依据该司法解释，偷开机动车后，如果将车辆送回或者未造成丢失的，该偷开机动车的行为不能构成盗窃罪。反之，若偷开机动车后，非法占有该车辆或者将车辆遗失导致丢失的，则构成盗窃罪。①

其次，司法机关在处理相关事案时也注重犯罪行为与相关民事违法行为之间的界限。

中国裁判文书网等专业网站上拥有丰富的司法案例资源，只要开启搜索引擎，即可获取关涉民刑交叉的司法案例。通过检索相关的民刑交叉司法案例不难发现，注重犯罪行为与普通民事违法行为的界限是司法实务中的普遍做法。近年来在现实生活中引起社会高度关注、法律工作者讨论热烈的案件，例如“吴英非法集资案”“许霆案”等，讨论的焦点都集中于犯罪嫌疑人的行为是构成犯罪，抑或仅仅是民事纠纷。②

以司法实务中存在激烈争议的欺诈（欺骗）型案件为例，判定单纯的民事诈欺与刑法上诈骗类犯罪的界限，是司法实践中需谨慎处理的问题。海南省高级人民法院（2018）琼刑终 177 号刑事判决书披露，海口市中级人民法院认定，1995 年 7 月至 1996 年 7 月，被告人魏麒仁虚构北京圣荣科技实业公司（以下简称圣荣公司）开发可视电话机、高强性能锂电池等科技项目资金不足的事实，要求中国农业银行长城信托投资公司房地产部副经理张某为其

---

① 该项规定是否完全合理，值得研究。依据司法解释，行为人盗开机动车的行为是否构成犯罪，完全取决于盗开机动车之后其所实施的行为。质言之，如果说对于盗开机动车之后将其非法占为己有的情形，从整体上将其评价为盗窃罪尚存在理论解释的合理之处，那么将行为人盗开机动车后是否将车辆遗失导致丢失作为是否构成盗窃罪的决定性原因，则明显不当。其原因在于：一方面，某个行为是否构成犯罪，应以行为当时的状况为依据来判定。就盗开机动车来说，应当以行为人当时盗开机动车的各种主客观因素作出综合性判断，而不能仅凭事后的某个因素来决定犯罪的有无。另一方面，盗开机动车之后，车辆是否遗失导致丢失属于“偶然因素”。将盗开车辆的犯罪成立与否寄托于车辆是否遗失导致丢失这种“偶然因素”，显属不当。参见张红昌：《论可罚的使用盗窃》，《中国刑事法杂志》2009 年第 5 期。

② 徐彰：《刑民交叉视野下的民间借贷问题研究》，法律出版社 2018 年版，第 62 页。

项目开发借款。1995年6月某日，张某在海口市嘉陵大厦约见海南中强实业开发公司总经理李某1，称被告人魏麒仁正在北京开发可视电话机、高强性能锂电池项目，目前资金不足，提出借款人民币2000万元至3000万元，并承诺贷款支持中强公司在北京的花枝危改项目。中强公司于1995年7月24日、1996年5月23日、6月6日、7月10日先后四次共将人民币1300万元转给圣荣公司。借款期限到期后，中强公司多次催促魏麒仁还款。被告人魏麒仁多次找借口推托，避而不见。1996年10月，魏麒仁指使公司职员金某冒充北京优尼克晶体器件有限公司法人代表作为担保人，与中强公司签订《资金拆借协议书》。1997年10月，圣荣公司副总经理李某2为应付中强公司追债将一张伪造的面额为人民币500万元的商业承兑汇票背书转让给中强公司。1999年4月，张某又将一张面额为20万元的空头转账支票交给中强公司。基于上述认定的事实，海口市中级人民法院于2003年12月27日作出（2003）海中法刑初字第117号刑事判决。法院宣判后，原审被告人魏麒仁不服，提出上诉。海南省高级法院于2005年1月10日作出（2004）琼刑终字第48号裁定，以事实不清、证据不足为由发回原审法院重新审理。海口市中级人民法院于2006年8月7日作出（2005）海中法刑重字第3号刑事判决，以合同诈骗罪判处被告人魏麒仁无期徒刑，剥夺政治权利终身，并处罚金人民币十万元。宣判后，原审被告人魏麒仁不服，提出上诉。海南省高级人民法院经过审理之后认定，圣荣公司与中强公司之间的借款合同纠纷是基于圣荣公司在生产经营过程中出现流动资金不足而发生。根据《刑法》第224条的规定，合同诈骗罪是以非法占有为目的，在签订、履行合同的过程中，使用欺骗手段，骗取对方当事人财物的行为。该罪的犯罪构成不仅要求被告人有欺骗、故意隐瞒行为，还必须具有非法占有的主观故意。纵观本案，现有在案证据不能证实魏麒仁虚构了涉案项目导致中强公司产生错误认识，也不能证实魏麒仁故意隐瞒了圣荣公司的资产情况导致中强公司借款给圣荣公司，亦不能证实魏麒仁有故意逃避债务的行为，更不能证实所借款项被魏麒仁个人占有，其主观上具有非法占有的故意。因此，本案认定魏麒仁构成合同诈骗罪的事实不清，证据不足。魏麒仁及其辩护人关于圣荣公司与中强公司的借款为民间借贷行为，本案是民事纠纷的上诉理由及辩护意见成立。原判认定上诉人（原审被告人）魏麒仁构成合同诈骗罪的事实不清，证据不足，应予以纠正。遂判决撤销海口市中级人民法院（2005）海中法刑重字第3号刑事判决，宣告上诉人（原审被告人）魏麒仁无罪。

二、侵权类民刑交叉案件法律责任范畴传统划定受重视的理由

侵权类民刑交叉案件法律责任范畴传统划定之所以特别强调民事责任与刑事责任的分界，主要在于以下理由：

第一，民事责任与刑事责任具有完全不同的性质。

顾名思义，民事责任是对违反民法的行为所应承担的法律后果，刑事责任则是对触犯刑法的行为所应承担的法律责任。我国台湾地区著名学者王泽鉴即认为："刑事责任同民事责任各有其目的，前者在于对行为予以报应，并防止将来侵害的发生，后者在于填补被害人的损害，平复过于侵害的结果，二者在发生规范竞合时，可以并行不悖。"① 民事责任之所以与刑事责任存在差异，主要在于民事责任和刑事责任所针对的问题迥然有异。

在分析刑法与民法的差异时，日本学者前田雅英明确指出，刑事法的主要着眼点在于"为了包含被害人在内的全体国民的利益，是否应该科处刑罚?"这一问题，即调整全体与个体的利益。而民法是以调整个人与个人的利益为基本原理的。可以说刑事法具有与民事法相对照的性质。② 前田教授上述对刑法与民法着眼点的论述，可谓精确指出了刑法与民法所针对问题的不同。质言之，民法以调整平等主体之间民事权利义务关系为内容。与此相对应，民事责任是平等主体之间因违反民法所应承担的法律责任。该种法律责任区别于行政法律责任等其他法律责任的关键之处在于，一方面，是否追究民事法律责任必须以当事人的主观意愿为根据。也即，只有当事人愿意追究对方民事法律责任的，才会存在民事法律责任追究这一事实。反之，倘若当事人在自身民事权益遭受侵害之后，根本不愿意追究甚至完全放弃追究对方的民事法律责任，则不会启动民事法律责任的追究程序。正是在这一点上，"司法的被动性"在民事法律责任的追究中得到了最生动的呈现。③ 另一方面，民事责任的具体追究，也应遵从受害人的意志。也即，在民事责任的追究过程中，受害人可以随时变更甚至放弃自己的权利主张。例如债务人向债权人有息借

---

① 王泽鉴：《民法学说与判例研究（第一册）》，中国政法大学出版社 1998 年版，第 371 页。

② ［日］前田雅英：《刑法总论讲义》，曾文科译，北京大学出版社 2017 年版，第 4 页。

③ 虽然在行政诉讼和刑事诉讼中，也必须通过向法院提起诉讼才能使案件进入审理程序，但行政诉讼仅仅是行政法律责任追究的途径之一，并且行政诉讼只不过是行政行为当事人对行政机关所作出的特定行政行为不服所获得的救济途径而已。倘若行政相对人存在违法行为，行政机关在追究其法律责任之时，便可依据《行政处罚法》等行政法律规范予以追究。刑事诉讼中，检察院作为公诉机关必须向法院提起公诉，法院才能展开审理。但法院的审判仅仅是刑事诉讼中的一个特定阶段而已，

款10万元后到期不返还的，债权人可以选择讨要，也可以选择放弃。债权人在向法院提起诉讼之后，可以主张免除利息，也可以要求债务人只返还部分本金，甚至可以放弃权利主张撤回起诉。[①] 以追究民事责任、解决民事争议为内容的民事诉讼区别于行政诉讼尤其是刑事诉讼的一个重要因素在于，调解系民事诉讼中的重要环节。在因离婚而起诉的民事案件中，调解甚至是不可或缺的环节。既然是调解，那就说明双方可以讨价还价，只要双方能达成协议并且该协议不具备损害国家或者第三人利益等法律所禁止的情形，该调解协议就为法律所认可。经由法院调解达成的调解协议可以获得与法院判决书同等的法律效力，在相对人不履行调解协议的情况之下，另一方可以请求法院强制执行。与此相对，行政诉讼特别是刑事诉讼，原则上对调解是予以排斥的。细言之，行政诉讼中除行政补偿、行政赔偿以及自由裁量权行使这三类案件可以调解之外，其他行政诉讼案件一律不允许调解。刑事诉讼则从根本上旗帜鲜明地反对、排斥调解。民事责任追究与刑事责任追究产生差异的重要原因在于，民事责任所对应的民事权益之上具有主体的自我决定性。也即，民法属于私法，民事权益属于主体可得自由处分的权益。只要不违反法律的强制性的规定，民事权益主体即可对其权益作出自由的处分。但是，刑法属于公法领域，刑事责任的追究以行为人构成犯罪为前提。鉴于犯罪具有严重的社会危害性，本质上属于以孤立的个人反对统治阶级的斗争，故刑事责任的追究必须在公安机关侦查终结后由检察机关代表国家向法院提起公诉。可见，刑事责任的追究属于国家追究而非权利主体追究，受害人无权与侵害人就刑事责任的承担作出任何处分。概而观之，“刑法的价值取向与民法的技术化倾向导致了刑事案件与民事案件应当具有不同的社会意义：前者应当表达一种否定的社会伦理评价，而后者应当保持社会中立性”[②]。

第二，民事责任与刑事责任具有完全不同的内容。

（接上注）

并非刑事诉讼的全部。当前，“以审判为中心”的刑事诉讼改革正在全面推进。之所以要突出法院审判的重要性、强调刑事诉讼应当“以审判为中心”，是因为审判在原有的刑事诉讼中并没有占据主导地位，并没有成为刑事诉讼的中心。刑事诉讼中，虽然也允许以当事人提起自诉的方式启动刑事责任的追究，但自诉案件仅仅限于法定的极少数情形。

① 撤回起诉的方式有多种，行为人既可以以书面方式向法院提出撤诉请求，也可以采取在无正当理由的情形下拒不到庭或者中途退庭的方式实现撤诉的法律效果。

② 刘凤科：《刑法在现代法律体系中的地位与特征》，人民法院出版社2007年版，第8页。

民事责任是因为违反民法的相关规定所应承担的相关法律责任，其主要以赔礼道歉、赔偿损失等为内容。故在实施某种民事违法行为侵害他人权益的场合，应依据民法相关规定承担相应民事责任。与此相对，刑事责任是因为触犯刑法规范构成犯罪而应承担的法律责任，其主要以刑罚作为内容。依据我国刑法，刑罚包括主刑与附加刑。主刑包括拘役、管制、有期徒刑、无期徒刑、死刑；附加刑则包括罚金、没收财产、剥夺政治权利、驱逐出境。行为人若触犯刑法构成了犯罪，则应当依据《刑法》相关法条承担相应的责任。从民事责任与刑事责任的内容上看，民事责任主要侧重民事权益的补偿，不会涉及人身强制等内容。与此相对，刑罚的内容则具有鲜明的惩罚性质，且主要以人身强制为内容。即便附加刑中有罚金、没收财产等以经济性措施为内容的刑罚，其主要的目的也在于通过对违法行为人施加财产性惩罚以达到惩罚犯罪进而预防犯罪的目的。从民事责任与刑事责任所包含的具体内容来看，两者的严重程度无疑不同，以刑罚为主要表现形式的刑事责任在所有的法律责任中最为严厉。不仅如此，刑事责任与民事责任的强制性也存在差异。如前所述，在民事责任的追究过程中，当事人之间可以采用达成执行和解等多种形式。与此相对，刑事责任则具有高度的强制性。正因为民事责任与刑事责任在内容与形式上存在本质性差异，故侵权类民刑交叉案件的法律责任追究有必要明确除民事责任之外，是否还存在刑事责任。“国家要运用各种手段管理社会，国家的威信来源于处理各种事项的妥当性，而处理各种事项的妥当性既取决于目的的正当性，也取决于手段的正当性。”①

第三，民事责任与刑事责任的目的不同。

民事责任主要表现为，受害人遭受权益侵害后，司法机关在评估受害人所受损失的基础上通过经济赔偿等法定形式以实现损失弥补、权利恢复等目的。有鉴于此，民事责任的目的往往被认定为具有“修复”“弥补”等性质。正是由于民事责任的目的在于弥补、修复等，司法机关在裁量民事责任之时，往往首先需要对行为所造成的损害进行评估。易言之，只有确定了具体损害后果的情形，才能以此为基础评判民事责任的大小。或许有见解认为，民法中的民事责任并不完全以财产损失等具体损害后果为基础，定金之类的违约金就是显例。质言之，民法上定金之类违约金的约定及其适用并不以造成现实的财产损害为前提。即便没有造成任何财产损失，在发生违约行为的场合，

① 张明楷：《刑法格言的展开》，北京大学出版社 2013 年版，第 172 页。

也应依照约定承担违约责任，只要该种约定不违反法律的强制性规定。其实，定金之类的违约金也是双方以约定形式通过合意达成的“损失”。民法属于私法，以意思自由为原则，只要双方的约定不违反法律的强制性规定，民法就予以充分尊重。既然双方以定金等形式约定了违约责任，属于双方真实意思表示，在一方违约的情况下，即应当依照约定承担违约责任。与此相对，刑事责任以刑罚作为主要形式，故刑事责任的目的可以理解为刑罚的目的。“根本不可能存在这样的情况，即立法者将特定行为规定为犯罪，却并未因而表现出预防此类‘犯罪’行为的意愿与目的。因此，预防似乎成为首要且唯一普遍的惩罚目的。”[①] 我国刑法理论亦将预防犯罪作为刑罚目的，只不过根据预防的对象不同将其分为一般预防与特殊预防。所谓一般预防，即以社会上没有触犯犯罪的普通大众为预防对象。也即，预防社会上一般的人，使其不要触犯刑法构成犯罪。所谓特殊预防，是以已触犯刑法的犯罪分子作为预防对象，使其不要再次触犯刑法构成犯罪。[②] 当然，刑罚目的与刑罚功能紧密相连，实现刑罚目的需要刑罚功能的发挥。刑罚功能主要表现为三个方面，从犯罪人着眼，刑罚功能主要包括消灭、教育和改造。从社会一般公民着眼，刑罚功能主要包括威慑、鼓励。所谓威慑，即通过制定、适用刑罚，使公民明确刑罚的严重性而不敢触犯刑法；所谓鼓励，即通过制定、适用刑法，令公民知晓犯罪行为的危害性及法律后果的严重性，从而鼓励公民与犯罪行为作斗争。从受害人及其家属着眼，刑罚功能主要表现为安抚。鉴于民事责任与刑事责任具有不同的目的，故在相异目的指导下具有不同的内容。

第四，刑事责任出于刑法谦抑性的指引。

民事责任系违反民法所应承担的法律责任。鉴于民法以调整平等主体之间的民事权利义务关系为内容，在行为人违反民法规范侵害他人权益的场合，行为人需要承担主要以损害赔偿等为内容的民事法律责任。如前所述，民法以意思自由、公序良俗等为基本原则，故民事责任的追究在很大程度上需要尊崇当事人的意思自由。“有法定从法定，无法定从约定”成为民法尤其是合同法领域的重要处理原则，只要不突破法律强制性规定的范畴，双方当事人可得事先约定民事责任的内容与形式。只有在当事人没有事先约定的情况下，

---

① ［美］霍姆斯：《法律的生命在于经验——霍姆斯法学文集》，明辉译，清华大学出版社 2007 年版，第 122 页。

② 日本学者城下裕二认为，特殊预防目的，是通过刑罚的保安、威慑与再社会化功能实现的。参见［日］城下裕二：《量刑基准の研究》，成文堂 1995 年版，第 133 页。转引自张明楷：《刑法学》，法律出版社 2021 年版，第 674 页。

才依照法律规定判定民事责任。不仅如此，民事责任的追究要在很大程度上要根据当事人自己的意思来确定。例如被侵权的一方去法院起诉时，需要向法院提出具体的诉讼请求。法院的诉讼过程也围绕当事人的诉讼请求为中心来展开，判决也以支持或者否定诉讼请求作为结论。可见，不仅民事责任的内容以民事权利义务为根基，而且其追究等都在很大程度上遵循当事人的意思自由。与此相对，刑事责任具有完全不同于民事责任的内容与属性。如前所述，刑事责任以刑罚为主要形式，刑罚又以对犯罪人的人身实施强制甚至剥夺生命为内容，故其在所有的法律责任中最为严重。不仅如此，刑事责任具有国家强制性，原则上不允许存在任何调解或者和解的空间。当然，说刑法原则上不允许调解或者和解，并不意味着否认犯罪嫌疑人或者被告人通过真诚赔礼道歉、赔偿损失等途径取得被害人及其家属的谅解。毕竟，“刑事和解”作为一项重要制度，为当今多数国家刑事诉讼理论与实务所接受。尽管如此，“刑事和解”在刑事诉讼中所能适用的空间极其有限。除少数法定类型的事案可以适用刑事和解之外，绝大多数案件不存在适用刑事和解的空间。另外，刑事和解的法律效果有限。不能因为双方达成了刑事和解，就想当然地认为可以免于刑事处罚甚至否定犯罪的成立。在可以适用刑事和解的案件中，双方当事人达成的刑事和解在绝大多数案件中可以作为从轻或者减轻处罚的根据。在犯罪嫌疑人、被告人触犯刑法的情形之下，即应严格依照刑法评判其刑事责任进而裁量刑罚。“刑法不仅是善良公民的大宪章，也是犯罪人的大宪章。”严格依据刑法追究刑事责任，也是罪刑法定原则的应有之义。刑法调整的是犯罪行为，刑事责任的承担以刑罚为主要内容和形式，并且刑罚以严重的强制性惩罚为内容。“刑罚之界限应该是内缩的，而不是外张的，而刑罚该是国家为达其保护法益与维护法秩序的任务时的最后手段，能够不使用刑罚，而以其他手段亦能达到维持社会共同生活秩序及保护社会与个人法益之目的时，则务必放弃刑罚手段。”① 鉴于刑法所规制的仅仅限于具有严重社会危害性的行为且刑事责任最为严重，故刑法必须维持谦抑的性质。也即，只有在行为确实具有实质的严重社会危害性，才能考虑适用刑法的可能性。如此，特别需要透过形式层面从实质上来解析刑法条文的含义。值得注意的

① 林山田：《刑罚学》，台湾商务印书馆 1985 年版，第 128 页。转引自张明楷：《刑法格言的展开》，北京大学出版社 2013 年版，第 171 页。

是，在罪与非罪的认定之上经常牵涉形式解释和实质解释的对立。① 所谓形式解释，即偏重于从刑法条文的字面含义出发对条文规定作出分析和解读。与此相对，实质解释是从行为的社会危害性程度、处罚的必要性等实质性要素出发来对刑法条文作出解析。形式解释的主要理由是罪刑法定原则，并且其对实质解释的批评主要也在于实质解释忽视了刑法条文的重要性、存在违反罪刑法定原则的危险从而造成侵犯人权的危害后果。实质解释的主要理由即刑罚处罚的正当性与合理性。② 刑法所规制的行为必须是具有严重社会危害性的行为，故而只有社会危害性达到严重程度的行为才有必要作为刑法规制的对象进而对其适用刑罚。有鉴于此，刑事责任的判定必须以谦抑性为指导。

第二节 侵权类民刑交叉案件法律责任传统范畴的疑问

传统立场对侵权类民刑交叉案件法律责任注重民事责任与刑事责任的划分，强调必须重视民事责任与刑事责任的界限。但是，以张明楷教授为代表的部分学者提出了有别于传统法律责任范畴划定立场的见解，其主要从民刑交叉案件所牵涉的法域之间存在包容关系而非排斥关系作为理由，对传统立场质疑与批评。大体而言，侵权类民刑交叉案件法律责任传统范畴所遭受的疑问主要表现为两点：首先，侵权类民刑交叉案件法律责任的判定是否应以刑法谦抑性为指导？其次，侵权类民刑交叉案件是否存在民事责任与刑事责

---

① 有关实质解释与形势解释的论争，具体参见张明楷：《实质解释论的再提倡》，《中国法学》2010 年第 4 期；陈兴良：《形式解释论与实质解释论：事实与理念之展开》，《法制与社会发展》2011 年第 2 期；苏彩霞：《实质的刑法解释论之确立与展开》，《法学研究》2007 年第 2 期；劳东燕：《刑法解释中的形式论与实质论之争》，《法学研究》2013 年第 3 期；刘艳红：《走向实质的刑法学——刑法方法论的发端、发展与发达》，《中国法学》2006 年第 5 期；杨兴培：《形式解释论与实质解释论的透析和批评》，《法学家》2013 年第 1 期；欧阳本祺：《走出刑法形式解释与实质解释的迷思》，《环球法律评论》2010 年第 5 期；程红：《形式解释论与实质解释论对立的深度解读》，《法律科学》2012 年第 5 期；周详：《刑法形式解释论与实质解释论之争》，《法学研究》2010 年第 3 期。本书认为，刑法上形式解释与实质解释的争论，主要并不在于是否违反罪刑法定原则。其实，实质解释的展开有其必然的前提，即在刑法条文可能含义射程的基础上，从实质的角度对条文作出分析和解读。可见，实质解释是在坚持罪刑法定原则的基础上主张从刑罚处罚的必要性、正当性以及保护法益等多重因素出发对条文作实质性、合理性的解读和分析。

② 日本学者前田雅英认为，结论的合理性、妥当性必须优先于逻辑的整合性。犯罪论本身也正在变得更加重视具体的妥当性。参见［日］前田雅英：《刑法总论讲义》，曾文科译，北京大学出版社 2017 年版，第 19 页。

任的具体界限？

一、侵权类民刑交叉案件法律责任判定与刑法谦抑性的疑问

民刑交叉案件属于极为常见又颇为复杂的类型。一方面，民刑交叉案件在总体案件中占据相当大的比例。另一方面，民刑交叉案件由于同时涉及民法与刑法的评价及适用，故其相较于纯粹的刑事案件而言更具繁杂性。司法实践中，对民刑交叉案件法律责任的评判常常绕不开有关罪与非罪的争议。

案例一：2019 年 8 月 14 日 22 时许，被告人刁某将自己的摩托车停放在迤萨镇莲花路大明星 KTV 门口时，因该车无号牌被民警依法查扣。次日 12 时，刁某到交警大队处理自己被查扣的摩托车时，因工作人员已经下班而未处理，便想私自将车骑回家中。于是刁某先回到家中拿上备用钥匙，又邀约被告人郭某、李某、陶某一起来到交警大队，四人合力将被扣摩托车抬出扣押物品保管区，然后刁某用备用钥匙启动后将摩托车骑走。经认定，被盗摩托车价值人民币 2700 元。

案例二：2017 年 4 月 7 日 10 时许，被告人刘某为擅自取回被海珠区交警部门依法查扣的电动三轮车而至本市海珠区鹭江牌坊附近的违法车辆查扣点，趁无人注意之机利用钥匙将车开走，后被执勤民警汪某某等人发现追截。被告人刘某为顺利逃脱而实施暴力反抗，用钥匙划伤民警汪某某及协管员陈某某（经鉴定，二人损伤未达轻微伤）。随后，被告人刘某被抓获。

上述两个案例具有共同性，都系行为人作为所有权人将处于国家机关控制之下的财物非法擅自取回。只不过，前者单纯非法取回财物，后者在非法取回财物的过程中被民警发现后对其使用了暴力。然而，司法机关对同属于将处于国家机关控制下的财物非法擅自取回的行为作出了迥然不同的判定结论。刁某由云南省红河哈尼族彝族自治州中级人民法院以（2020）云 25 刑终 244 号刑事判决书判定为盗窃罪。刘某则被广东省广州市海珠区人民法院以（2017）粤 0105 刑初 1132 号刑事判决书判定为妨害公务罪。也即，前者非法擅自取回财物的行为被法院判定为盗窃罪，但后者的同种行为则被法院直接忽略，仅以对民警实施暴力为由判定其构成妨害公务罪。

公平正义是司法所应追求的价值和目标。在刑事司法实践中，同种事案理应受到同种法律评判。毕竟，“对刑事司法制度的信赖性而言，与其他案件相比的公平性最为重要”①。尽管有见解质疑，认为“人们总是习惯于认为现

---

① ［日］前田雅英：《刑法总论讲义》，曾文科译，北京大学出版社 2017 年版，第 18 页。

实生活中有大量相同的案件，其实不然"①，"'相同'是从来没有真正有的"②。诚然，如同世界上没有两片完全相同的树叶，司法实践中也不可能存在两个完全相同的事案。然而，这并不妨碍我们可以透过个案差异去探寻其在犯罪构造、行为性质等方面的共同性。以杀人为例，"用刀刺入他人心脏也好，让他人喝下氰化钾也好，用绳子勒死他人也好，尽管行为的外在形态不同，我们还是能将这些都认识为'是杀人行为'"③。连批评者本人也强调"分析案件时，要善于找类似或者稍微有点差别的案件来比较"④。可见，具体事案的细节差异无法作为否定行为属性可能存在共同性的理由。"相同的案例得到相同的判决，不同的案例得到不同的判决，这正是公平的内涵。"⑤

部分民刑交叉案件法律责任的评判上不仅存在罪与非罪的激烈争论，且不同立场的支持者为了论证某个判定结论的合理性，纷纷提出己方的理由和根据。毋庸置疑，不同见解及理论立场的对决，有利于形成学术流派。"学派之争可以使刑事司法客观公正。刑法理论对刑事司法具有重大指导作用，理论的深入必然导致刑事司法的进步。"⑥ 不过，鼓励学术争鸣、支持立场交锋，并不等于倡导所有事案都须存在多样化的判定结论。质言之，学术争鸣、立场交锋的目的，是深化认识以使判定结论更趋科学合理。当前，民刑交叉案件法律责任评判争论的焦点，多集中于"本权说"与"占有说"、"违法一元论"与"违法多元论"等。但是，在办理民刑交叉事案的过程中往往更需要审视，民刑交叉案件法律责任的判定是否应以刑法谦抑性为指导？倘若在此问题上能够得出肯定结论，那么民刑交叉案件的判定与刑法谦抑性之间存在何种关联？又当如何运用该种关联性以促进法律责任判定结论的妥当性？

刑法作为以犯罪与刑罚为特定内容的法律，具有不同于民法等普通法律规范的两个重要属性：保护范畴的广泛性及谦抑性。所谓保护范畴的广泛性，

---

① 张明楷：《刑法分则的解释原理》，中国人民大学出版社 2011 年版，第 13 页。

② ［德］亚图·考夫曼：《法律哲学》，刘幸义等译，五南图书出版有限公司 2011 年版，第 122 页。

③ ［日］宗冈嗣郎：《犯罪论与法哲学》，陈劲阳、吴丽君译，华中科技大学出版社 2012 年版，第 12 页。

④ 张明楷：《刑法的私塾》（之二），北京大学出版社 2017 年版，第 17 页。

⑤ 我国台湾地区学者许玉秀认为，对判决公平的需求，当然不仅仅存在于欧陆法律体系。英美法律体系主要依案例累计法律规则，在案例累计的过程中，透过案例的求同存异，必然形成一套犯罪认知体系，否则援引旧例判断的程序无法进行。因为要说出有何前例可循、为何可依某例和为何必须另创新例时，都必须说明案例之间的同异。参见许玉秀：《当代刑法思潮》，中国民主法制出版社 2005 年版，第 61-62 页。

⑥ 张明楷：《刑法的基本立场》，商务印书馆 2019 年版，第 10 页。

意指刑法的保护范畴比民法等其他普通法律规范广泛。细言之，民法等普通法律规范仅仅调整某一方面或某一领域的法律关系，例如民法仅调整平等主体之间的民事权利义务法律关系。但是，刑法所调整的范畴非常广泛，包含了危害国家安全、危害公共安全、侵犯财产权利等诸多方面。故而，民法等普通法律规范所调整的法律关系，基本属于刑法的保护范畴。有鉴于此，刑法被认为是其他法律的保障法。“刑法在根本上与其说是一种特别法，还不如说是其他一切法律的制裁力量。”① 刑法的谦抑性，是说尽管其他普通法律规范的保护事项也被纳入刑法保护范畴，但是它们在具体的保护领域等方面存在本质区别。也即，民法等普通法律规范所调整的事项，仅仅是危害程度比较轻微的普通违法事案。而刑法所调整的事项，则是具有严重社会危害性的事案。“刑法由于施加刑罚这种严峻的制裁，在依据刑法以外的法规范对法益保护不充分的场合，作为法律保护的最后手段登场。”② 可见，行为所具有的危害性是否达到了严重程度，是刑法与民法等其他法律规范规制范畴的关键界限。“刑法或者刑罚，作为解决问题的‘最后手段’，只有在用较少损害利益的方法无法解决问题的场合，方开始动用它。关于刑法的这一性质，称为刑法的补充性。刑法规范以民法等法律中所反映出的社会规范为前提的特性，称为刑法的二次规范性。”③

“保护的手段多数存在，刑罚是制裁手段中最严厉的，而且其社会成本也大（常被比喻成副作用强的药），因此，使用刑罚应该限于其他制裁手段不充分的场合。这就是刑法的补充性和谦抑性。这个表述不仅要知道，更重要的是在进行解释和立法时总是意识到刑法的补充性和谦抑性。”④ 刑法的谦抑性固然众所周知，但民刑交叉案件的办理是否应以刑法谦抑性为指导，是刑事司法实务以及刑法理论研究理应重点关注的问题。

长期以来，民刑交叉案件法律责任判定与刑法谦抑性的关联性问题并未受到应有重视。不过，张明楷教授在其所著《刑法学》等著作中，就该关联性问题作了专门性分析，旗帜鲜明地表达了否定性立场。“刑法的谦抑性既是立法原理，也是指导司法工作人员解释刑法、适用刑法的原理，但它不是处

---

① ［法］卢梭：《社会契约论》，何兆武译，商务印书馆 2003 年版，第 63 页。

② ［日］大塚裕史：《刑法各论の思考方法》，早稻田经营出版株式会社 2003 年版，第 27 页。

③ ［日］松宫孝明：《刑法总论讲义》，钱叶六译，中国人民大学出版社 2013 年版，第 10–11 页。

④ ［日］佐伯仁志：《刑法总论的思之道 · 乐之道》，于佳佳译，中国政法大学出版社 2017 年版，第 9 页。

理个案的规则。”[①] 并且为了论证否定性立场的合理性，其提出了如下理由：第一，侵犯人身、财产的案件，几乎都可以在民法上找到处理根据。如果主张具体事案的办理应当贯彻谦抑性，则所有的事案都必须首先考虑能否适用民法等基本法律规范以解决争端，但是司法实务中并非都是如此。第二，如果认为具体事案的办理必须先考虑能否按民法等基本法律规范处理，则会导致所有的事案必须先适用民事诉讼程序，其后才适用刑事诉讼程序。但是大多数案件并非必须都适用两种诉讼程序，且与刑事附带民事诉讼制度的运行相违背。第三，倘若所有具体事案的处理都必须首先考虑基本法律规范适用的规制效果，则会引发刑法私法化的负面效应，损害刑法的安定性与公平性。

从上述的疑问与批评意见可以看出，在侵权类民刑交叉案件的办理过程中，传统立场尽管没有旗帜鲜明地以刑法谦抑性作为指导规则，不过长期的理论研究与司法实务颇为注重刑事责任与民事责任的界限。鉴于刑法具有民法保障法的特性，故在理论分析与司法评判中，容易以刑法的谦抑性为依据对民刑交叉案件法律责任作出分析与评判。故批评者针对以刑法谦抑性作为民刑交叉案件法律责任判定依据的立法提出怀疑与批评。从批评与怀疑意见来看，其主要理由有四点：

首先，谦抑性系刑事立法原则而非刑事司法原则。

尽管刑法的谦抑性众所周知，但是该原则是否适用于刑法从立法到司法的所有领域，学界存在疑问。批评者认为，刑法的谦抑性仅是刑事立法原则而非刑事司法原则。质言之，刑法与民法等基础性法律具有本质性差异，更由于刑法所具有的刑罚严重后果，故刑法所调整的范畴仅是民法等基本法律规范无法作出有效规制的领域。亦即，刑法所规范的领域应当是民法等基本法律规范不足以规制的范畴。有鉴于此，立法机关在制定法律规范的过程中应当以谦抑性为指导，以促进立法尤其是刑事立法的科学性，避免刑法过多地将触角伸入原本应由民法等基本法律规范规制的范畴。[②] 毋庸置疑，刑事立法应当以刑法的谦抑性为指导。不过，谦抑性是否也属于刑事司法的指导原则，值得思考。在办理民刑交叉案件的过程中，传统立场注重刑事责任与民

---

① 张明楷：《刑法学》，法律出版社 2021 年版，第 847 页。

② 当然，强调刑事立法的谦抑性，是否意味着在刑事立法活跃的新时代必须坚持消极的刑法观，学界对此存在争论。消极的刑法观主张，立法机关不应当积极地通过刑事立法增设新罪，不能扩大犯罪圈。参见谢望原：《谨防刑法过分工具主义化》，《法学家》2019 年第 1 期；刘艳红：《我国应该停止犯罪化的刑事立法》，《法学》2011 年第 11 期。积极的刑法观则认为，刑法必须适应社会快速发展的实际，应通过积极的刑事立法扩大刑法处罚范围。参见张明楷：《刑法学》，法律出版社 2021 年版，

事责任的界限，如此会导致将谦抑性作为刑事司法的指导原则。在追究刑交叉案件法律责任的过程中，极易以刑法的谦抑性作为评判的指导原则。批评者认为，刑法的谦抑性仅属于刑事立法的基本原则而非刑事司法的基本原则。也即，谦抑性只能适用于刑事立法领域而不可延伸至刑事司法实践。在批评者看来，尽管民刑交叉案件具有自身的特殊性，往往需要同时适用民法与刑法，但是也不能成为需要以谦抑性作为判定犯罪成立与否以及刑事责任评判的重要理由。也即，刑法的适用应坚持罪刑法定原则而非谦抑性。质言之，为了防范犯罪认定及刑罚裁量的恣意性，刑事司法必须严格遵守刑法条文的明确规定。之所以强调罪刑法定在刑事司法中的重要地位和作用，主要是为了减少刑事司法的人治以促进刑事司法的法治。众所周知，现代意义上的刑事法治是从资本主义上台之后才逐渐建立并发展起来的。在封建社会，尽管通常也有成文的刑法并且也有适用刑法的机关及人员，但是封建刑法所具有的恣意性、残酷性、不平等性等缺陷，成为社会发展的重要阻碍。故资产阶级上台后，在刑事司法领域推行罪刑法定。罪刑法定的重要意义在于，它使得刑事司法工作人员对于犯罪的认定以及刑罚的裁量必须而且只能以刑法条文的具体规定为依据。具体到民刑交叉案件，尽管其同时涉及民法与刑法的适用，因而存在民事责任与刑事责任的交织，但是也不能因此为由主张在刑事责任的评判之上以谦抑性为指导原则。质言之，对于一个需要同时适用民法与刑法的事案来说，对民事责任的判定当依据民法典，对刑事责任的评判应依据刑法。

既然谦抑性只是刑事立法的基本原则而非刑事司法的基本原则，则在适用刑法具体评判刑事责任的过程中，必须严格依据刑法条文的具体规定对刑事责任作出评判。

其次，在民刑交叉案件法律责任的判定上倡导谦抑性会导致所有的民刑交叉案件都必须先适用民法。

（接上注）

第29页；付立庆：《论积极主义刑法观》，《政法论坛》2019年第1期；梁根林：《刑法修正：维度、策略、评价与反思》，《法学研究》2017年第1期；周光权：《转型时期刑法立法的思路与方法》，《中国社会科学》2016年第3期。折中的刑法观则倡导，刑事立法既要充分考虑到打击犯罪的需要，又必须采取特别谨慎、稳健的态度，始终将刑法对经济社会的干预限制在一定的范围，在对罪名和刑罚的设定上，都应当适度，防止刑罚的扩大适用。参见孙国祥：《新时代刑法发展的基本立场》，《法学家》2019年第6期；黄云波、黄太云：《论稳健性刑法立法观》，《中国刑事法杂志》2019年第3期。本书赞同积极的刑法观，理由在于社会快速发展成为增设部分新罪的重要理由，只不过犯罪的设立必须以刑法及刑罚的属性为根据，不能过于迷恋刑法及刑罚的作用。

刑法的谦抑性是指刑法通常作为规范社会的最后手段，只有当民法、行政法等基本法律规范不能对案件作出充分有效规制的场合才需要动用刑法。民刑交叉案件由于关涉民法与刑法的适用，需要同时评判其民事责任与刑事责任。在批评者看来，如在民刑交叉案件的办理过程中以谦抑性作为刑事司法的基本原则，则会导致所有的民刑交叉案件都必须先适用民法。质言之，既然谦抑性的意思是，只有民法、行政法等基本法律规范无法作出有效规制的情形才能考虑刑法的适用，并且民刑交叉案件需要同时考量民法与刑法的适用，那么就必须先适用民法，通过民法的适用来评判其效果。如此一来，只有通过适用民法确实无法对案件作出有效规制时，才会考虑到适用刑法的可能性与必要性。批评者认为，以刑法谦抑性为指导的该种逻辑推理明显不符合司法实践。在民刑交叉案件办理实务中，虽然不能否认民事责任与刑事责任存在关联性，但民事责任的裁定与刑事责任的评判完全是独立运行的，刑事责任的评判并不受民事责任裁定的牵制，甚至在部分民刑交叉案件中，司法机关直接进入刑事司法程序追究刑事责任。概而言之，在民刑交叉案件中，既然民事责任的裁定并非刑事责任评判的前置程序，刑事责任的追究系独立运行，那么就不应认为民刑交叉案件法律责任的追究必须依据刑法谦抑性的要求来推进。如此一来，刑法的谦抑性就不是民刑交叉案件办理的指导原则。

再次，在民刑交叉案件法律责任的判定上倡导谦抑性会与现行的诉讼制度相背离。

与上点相对应，若主张在民刑交叉案件法律责任的追究过程中必须坚持刑法的谦抑性，则会造成民法适用在前而刑法适用在后的局面。刑法的谦抑性要求必须是民法、行政法等基本法律规范无法对案件作出有效规制的情形，才具有适用刑法追究刑事责任的可能性。依此，对民刑交叉案件法律责任的追究程序，就不一定必须符合谦抑性的要求。既然在适用刑法之前必须先行判断适用民法是否可对民刑交叉案件作出有效规制，那么要求所有的民刑交叉案件必须首先适用民事诉讼程序成为理所当然。批评者认为，若将谦抑性作为办理民刑交叉案件的指导原则，则会导致所有的民刑交叉案件都要先行经过民事诉讼程序方能进入刑事诉讼程序。然而，要求所有的民刑交叉案件都必须先后经过两种诉讼程序，明显违背常理。况且，刑事诉讼法中的刑事附带民事诉讼，正是为了同时解决民刑交叉案件中的民事责任与刑事责任而设立的。特别是，在刑事附带民事诉讼中，对民事责任的追究仅仅是在刑事诉讼过程中附带处理的。也即，对民刑交叉案件法律责任的追究，在诉讼程序上并非必须先经由民事诉讼，而后才进入刑事诉讼，因而其并不符合谦抑性所蕴含的程序性先后的限制性要求。

最后，在民刑交叉案件法律责任的判定上倡导谦抑性会导致刑法的私法化。

刑法谦抑性的核心在于，具体案件若依据民法、行政法等基本法律规范即可作出有效规制的情形，则不存在适用刑法的可能性与必要性。倘若在民刑交叉案件中倡导谦抑性，则会导致应以民事纠纷的处理结果来作为是否适用刑法的前提。质言之，如果民事纠纷可以依据民法取得较好的规制效果，则意味着以民法等基本法律规范可得取得较好的规制效果。反之，若民事纠纷无法根据民法取得较好的规制效果，则意味着存在适用刑法的必要性与正当性。所谓民事纠纷是否可以依据民法取得较好的规制效果，往往需要根据受害人遭受民事权益侵害后的权益修复状态作为标准，尤其是应当以受害人的主观意愿为基准。之所以得出上述结论，在于民事纠纷具有不同于行政纠纷、刑事犯罪认定的重要特点。该种特点主要展现为：民事纠纷或争议的解决，主要以受害人的主观意愿为基准。在民事纠纷发生后，行为人通过实施民事赔偿、赔礼道歉等行为，若能令受害方感到满意，则意味着依靠民法已经获得了较好的规制效果。反之，若行为人无法依靠实施民事赔偿等手段使受害方感到满意，则显示依据民法无法对此作出有效规制，因而存在进一步适用刑法的可能性。尽管判断是否构成犯罪必须依据刑法的具体条文，但行为人是否可以依据民法承担相应的民事责任令受害方满意成为检验适用民法能否取得有效的规制效果进而适用刑法的关键性因素。如此一来，某个侵权民事行为是否可得适用行为进而判定其成为犯罪主要依赖于事发后的“案外事实”，显属不当。

二、侵权类民刑交叉案件法律责任传统界分的疑问

民事责任、刑事责任所依据的民法与刑法具有何种关系？不同的人认识不一。英国法学家莫里斯认为：“民法不是自足的：它需要刑法赋予它最终的制裁。因而，刑法保护民法所使用的社会设施：财产权、契约、义务和物。”① 与此相对，意大利刑法学家帕瓦多尼则主张，“刑法只有依附于行政

① ［英］韦恩·莫里斯：《法理学》，侯建等译，武汉大学出版社 2002 年版，第 206 页。

法、民法等其他部门法，并作为其他部门法的补充才可能存在”①，从而否定刑法作为法律部门的独立性。不过，认为刑法具有调整对象的独特性、主张刑法属于独立的法律部门，是主流观点和多数人的立场。例如德国学者迈耶认为，虽然刑法具有二次规范的性质，是制裁法的一部分，但是，所有的法都是以强制力来保护法益的，在这一点上，刑法与民法没有任何区别，二者是保护法益的手段不同：一个是民法，一个是刑法。因此，虽然某个刑法规范可能保护特定的民事关系，但在制度上、逻辑上并非必然如此。刑法是否应从属于民法，只是合目的性的问题，但这并不是合目的的。当然，刑法与民法在结局上必须调和，但刑法并不将各项民法制度作为犯罪构成要件的基础。②

传统刑法理论与刑事司法实践重点关注刑事责任与民事责任的界限，有见解对此提出批评。在批评者看来，民刑交叉案案件之所以难办，是因为刑法学长期以来试图区分刑事犯罪与民事违法。“民法上的民事欺诈概念，并没有将合同诈骗排除在外，而是包含形式上的合同诈骗行为”，“民事欺诈与合同诈骗不是交叉关系，而是包容关系”，合同诈骗只是民事欺诈中的特殊类型。既然如此，就不能讨论二者之间的区别或者界限。③ 根据批评意见，部分案件事实具有多重属性，常常牵涉多项法律规范，以不同的法律规范为指导归纳、评价案件事实，无疑会得出彼此有异的判定结论。据以指导的法律规范不同，对案件事实得出的结论显然有异。由此不能认为，只要在民法上得出了案件事实属于民事欺诈的结论，就不能从刑法上得出案件事实构成合同诈骗罪的结论。批评者反复强调，民事违法与刑事犯罪的界限是一个假问题。所谓合同诈骗罪与民事欺诈的界限，实际上只能是诈骗罪与不构成诈骗罪的民事欺诈的界限。于是，问题便在于：以什么为标准将民事欺诈中构成合同诈骗罪的行为挑选出来以犯罪论处。④ 另外，就存在包容关系的二者之间讨论区别是没有任何意义的。正因为不能发现二者的区别（只有对立关系才存在区别），所以刑法学试图借助“刑民交叉”的概念来解决所谓“难办”的案件是不可能成功的，只能导致问题更加混乱不堪。⑤ “所谓民事违法与刑事犯

① ［意］杜里奥·帕瓦多尼：《意大利刑法学原理》，陈忠林等译，中国人民大学出版社 2004 年版，第 4 页。

② Vgl. H. Mayer，Die Untreue im Zusammenhang der Vermogcnsvcrbrochen，1926，S. 116f.

③ 张明楷：《刑法学中的概念使用与创制》，《法商研究》2021 年第 1 期，第 18 页。

④ 张明楷：《刑法学中的概念使用与创制》，《法商研究》2021 年第 1 期，第 19 页。

⑤ 张明楷：《刑法学中的概念使用与创制》，《法商研究》2021 年第 1 期，第 20 页。

罪的界限，基本上是一个假问题。因为民事违法与刑事犯罪的关系大体上相当于财物与汽车的关系，我们不可能讨论二者之间有什么界限，只能承认汽车属于财物。司法工作人员在认定行为成立刑事犯罪后，通常不必再追问该行为是否属于民事违法行为。民事违法与刑事犯罪之间也可能是一种交叉关系。”甚至有见解认为，“不应将民刑的界分当作绝对化的教条”①。

从上述对传统立场所倡导民刑界分的批评来看，传统理论主张刑法与民法属于交叉关系并注重民法与刑法规范的领域界分，而批评者认为该种立场不仅存在逻辑上的错误，还容易导致司法认定的误区。针对批评者就传统立场所倡导的刑法与民法之间关系的认识可以作出如下解读：

第一，传统立场所倡导的民刑界分存在逻辑上的错误。

针对传统立场所倡导的“民刑交叉”认定刑法与民法属于交叉关系，批评者认为交叉关系的主张存在逻辑上的错误。以诈欺类案件为例，“民法上的民事欺诈概念，并没有将合同诈骗排除在外，而是包含形式上的合同诈骗行为”，合同诈骗只是民事欺诈中的特殊类型。既然如此，就不能讨论二者之间的区别或者界限②。概而言之，批评者对传统立场的批评包括如下几点理由：

首先，民事违法行为与犯罪行为并非彼此排斥。

鉴于传统立场倡导“民刑交叉”的概念并且注重民刑规范领域的差异由此注重民事违法行为与犯罪行为之间的界限，在批评者看来该种推理过程与推理结论存在错误。一方面，民事违法行为与犯罪行为并非彼此排斥，故以民刑法域相互排斥为基础所作出的推断存在严重逻辑错误。细言之，传统立场认为民事违法行为与犯罪行为之间存在彼此排斥的关系，因而民刑法域之间的关系可谓“非此即彼”。但是，批评者认为该种推理的根基存在错误且推理过程不可取。传统立场在认定民刑交叉案件不构成犯罪时常常阐述的理由即“本案不构成犯罪，因为该案属于民事违法行为”。毋庸置疑，该种理由存在重大缺陷。正如批评者所指出的，案件属于民事违法行为就可以成为否定犯罪成立的理由吗？例如持刀将他人砍伤造成轻伤二级后果的，持刀砍人的行为无疑也属于民事违法行为③，难道仅因该行为属于民事违法行为就可以成为否定其成立犯罪的理由？无论是因涉嫌构成犯罪但最后确定不构成犯罪的

---

① ［日］佐伯仁志：《制裁论》，丁胜明译，北京大学出版社 2018 年版，第 213 页。

② 张明楷：《刑法学中的概念使用与创制》，《法商研究》2021 年第 1 期，第 18 页。

③ 无疑更属于行政违法行为，该种场合涉及民事法律责任、行政法律责任与刑事责任。不过，本书重在探究刑民交叉，故行政法律责任不在本研究课题的讨论范围。

民刑交叉案件还是判定同时构成犯罪的民刑交叉事案，行为人所实施的危害行为都违反民法构成民事违法行为，只不过有的又同时构成犯罪，有的不构成犯罪。特别是，同时构成犯罪的典型民刑交叉案件，行为人所实施的危害行为既系民事违法行为又属于犯罪行为，岂能把危害行为属于民事违法行为作为否定犯罪成立的理由。因此，传统立场强调民事违法行为与犯罪行为的界限并主张民法与刑法规制范畴的差异，将此作为办理民刑交叉案件的理论依据显属不当。另一方面，传统立场基于上述以危害行为属于民事违法行为为由否定犯罪成立，无疑也会导致错误的解释结论。也即，作为推理前提的理论依据存在错误，故难以得出科学合理的解释结论。在批评者看来，既然刑法条文对具体犯罪作出了具体规定，因而判定犯罪成立的直接依据即特定的刑法条文。易言之，只要具体危害行为符合特定条文的犯罪构成，即可判定该行为构成犯罪。反之，即便具体行为具有严重社会危害性，只要其无法契合任何刑法条文，就只能认定该行为无罪。可见，刑法具体条文及其所蕴含的犯罪构成，是判定犯罪成立的基本依据，以此得出的解释结论具有科学合理性。至于民法以及民事责任的判定，并非犯罪成立判定所必须考量的因素。当然，将某种行为解释为犯罪或者非犯罪应当追求解释结论的科学合理性，但是该种解释推论应当以罪刑法定原则为前提。也即，只有在遵守刑法条文的可能含义射程范围内才能就具体条文的含义、个罪构成要件的具体内容以及具体事案的刑法适用结论展开刑法解释。因此，解释结论的科学合理性应以罪刑法定原则为前提。即便刑法中的某个条文存在缺漏，也不妨碍直接依据刑法所确定的犯罪构成要件判断犯罪成立的可能性。“法典和制定法的存在并不使法官显得多余，法官的工作也并非草率和机械。会有需要填补的空白，也会有需要澄清的疑问和含混，还会有需要淡化——如果不是回避的话——的难点和错误。”① 刑法条文中的部分缺漏可通过刑法解释来填补。退而言之，即便某些缺漏无法通过刑法解释予以填补，但鉴于罪刑法定原则在刑事司法中的重要性，所得出的适用结论不可超出刑法条文的含义范畴。有鉴于此，在办理民刑交叉案件的过程中，对行为是否构成犯罪的判定应直接严格依据刑法条文。民刑交叉案件中民事责任与刑事责任之间固然具有高度关联性，并且对犯罪成立与否的判定往往需要以民法中的相关规定为根基，但民事违法行为与犯罪行为之间截然对立，不能将行为属于民事违法行为作为否定犯罪成立的重要理由。

---

① ［美］本杰明·卡多佐：《司法过程的性质》，苏力译，商务印书馆 1997 年版，第 4 页。

其次，民事违法行为与犯罪行为之间属于包容关系而非交叉关系。

传统立场倡导“民刑交叉”，注重民事违法行为与犯罪行为界限的划分，但是批评者认为“民刑交叉”只是表明某些案件可能需要同时追究民事法律责任与刑事法律责任，并且过于强调民事违法行为与犯罪行为之间因交叉关系而需注重的界限不仅存在难度而且没有现实意义，因而存在缺陷。一方面，尽管传统立场强调民事违法行为与犯罪行为之间的界限，并且单纯的民事违法行为与犯罪行为之间的界限尽管在多数场合可得探寻，但是在部分事案中存在极大的难度。甚至可以认为，部分事案中单纯的民事违法行为与犯罪行为之间不存在明确清晰的界限，这也是司法实务中民刑交叉案件难办的原因。以闻名全国的许霆案、梁丽案等典型事案为例，对于其是否构成犯罪、构成何种犯罪，学界存在激烈争议。另一方面，强调民事违法行为与犯罪行为之间存在交叉关系没有任何现实意义。在批评者看来，无论将该种案件表述为民刑交叉还是刑民交叉，都只是表明某种行为在违反民法的同时可能触犯刑法构成犯罪，因而需要在明确民事责任的同时评价其在刑法上的属性以确定其是否构成犯罪。但是，传统立场在处理民刑交叉案件之时过于强调民事违法行为与犯罪行为之间的界限，将其作为办理民刑交叉案件的基本理念没有现实意义。质言之，传统立场直面民刑交叉案件时需要对行为是否构成犯罪作出判定结论，虽然从理论上说强调犯罪与民事违法行为之间的界限无可厚非，重视刑法与民法规范法域之间的差异也理所应当，但该种思维对于民刑交叉案件的办理无法发挥积极性作用。如前所述，姑且不论强调民事违法行为与犯罪行为界限的立场存在逻辑错误，民刑交叉案件中除了需要评判民事法律责任还需要就犯罪成立与否及具体刑事责任作出具体判定结论。诚然，部分案件中不涉及犯罪的单纯民事违法行为与犯罪行为之间存在较为清晰的界限，例如不涉及犯罪的单纯伤害行为与属于犯罪的故意伤害行为，主要以是否造成轻伤二级及以上危害后果作为分界线。不过，部分案件中不涉及犯罪的单纯民事违法行为与犯罪行为之间不存在细致明确的界限，因而在罪与非罪的问题上容易产生争议。司法实践中，民刑交叉案件中的诸多争论就是围绕罪与非罪而产生的。有鉴于此，在民刑交叉案件中过于强调民事违法行为与犯罪行为之间的界限无益于解决其法律责任的追究问题。

第二，主张刑法与民法之间具有交叉关系具有重大弊端。

针对传统立场主张民刑交叉案件中民法与刑法之间具有交叉关系并且应当重视民事违法行为与犯罪行为的界分，批评者认为刑法与民法之间并非交叉关系而是包容关系。一方面，主张民法与刑法之间具有交叉关系存在重大弊端。在批评者看来，传统立场基于民刑交叉关系注重民刑界分往往将行为人属于民事违法行为作为否定构成犯罪的理由，但是某个危害行为属于民事违法行为并不能成为否定犯罪成立的理由。因而以所谓的民刑界分作为办理民刑交叉案件的基本思路并不利于解决民刑交叉案件法律责任的追究问题。另一方面，认定民法与刑法之间具有包容关系对于促进民刑交叉案件的办理具有重要意义。在批评者看来，与其以民刑交叉为由注重民事违法行为与犯罪行为的界限，不如倡导民法与刑法之间的包容关系。质言之，倡导刑法与民法之间具有包容关系不仅符合民法与刑法之间的逻辑关系，而且以该种立场作为处理民事违法行为与犯罪行为之间的关系的依据具有积极的司法意义。

首先，在民事违法行为与犯罪行为的关系上倡导包容关系符合刑法与民法的逻辑关系。

传统立场倡导民法与刑法之间具有交叉关系，而批评者认为与其坚持民法与刑法的交叉关系，不如主张民法与刑法之间具有包容关系。质言之，某个违反民法的危害行为，如果同时触犯刑法则又构成犯罪。反之，若没有触犯刑法，则不涉及犯罪与刑罚。可见，某个行为是否构成犯罪，与该行为违反民法属于民事违法行为之间没有必然联系。也即，某个民事违法行为既可能同时触犯刑法构成犯罪，也可能并不成立刑法上的犯罪。从法律逻辑的基本原理出发，违反民法的同时又触犯刑法构成犯罪的事案仅仅属于民事违法行为中较为特殊的一部分。可见，民刑交叉案件完全隶属于民事违法案件。因而，认定民刑交叉案件与民事违法行为之间属于包容关系，符合民法与刑法的逻辑关系。

其次，在民事违法行为与犯罪行为的关系上倡导包容关系有利于促进民刑案件的处理。

如前所述，传统立场以民刑交叉案件存在民法与刑法规制的交叉为根基，过于强调民事违法行为与犯罪行为之间的界限。但是，注重民刑界分容易导致将行为属于民事违法行为作为否定犯罪成立的理由。尤其是在部分民刑交叉案件中并不存在清晰明确的刑民界限。司法实践中，某些民刑交叉案件中存在罪与非罪的激烈争论。可见，寻求普通民事违法行为与犯罪行为之间的界限，在部分事案中存在较大的难度。有鉴于此，批评者认为寻求民事违法行为与犯罪行为之间的明确界限在某些案件中极其困难甚至不可能。因此，以民刑交叉案件中存在的民刑交叉现象为由过于注重民法与刑法规范范畴的分界，不仅没有理论与实务意义，而且容易产生弊端。相反，在民刑关系上倡导包容关系并以此指导司法实践，能够对该类案件的科学合理处理起到重要作用。质言之，认定民法与刑法属于包容关系，即主张民刑交叉案件与普通民事违法案件并非排斥对立关系，而应认为民事违法行为与又同时构成犯罪的案件之间属于包容与被包容的关系。以民法与刑法规范范畴之间的包容关系为指导，一方面，不能将行为属于违法行为作为否定行为成立犯罪的理由。另一方面，判断行为是否构成犯罪应当以行为是否符合特定犯罪条文的犯罪构成作为标准。也即，若能确定危害行为符合特定犯罪条文的犯罪构成，则应认定其构成犯罪。反之，如果无法认定行为符合特定刑法条文的犯罪构成，则应否定犯罪的成立。可见，倡导刑民包容关系，能够摆脱民法判断的拘束和牵连，直接以刑法条文作为判定犯罪的依据，无疑有利于促进民刑案件的处理。

第三节　侵权类民刑交叉案件法律责任范畴的反思与重构

在侵权类民刑交叉案件法律责任的范畴划定的问题上，传统立场所倡导与坚持的刑民界分遭受质疑。因此，面对怀疑与批评，需要慎重审视侵权类民刑交叉案件中民事责任与刑事责任的范畴，并在此基础上通过理论的扬弃提出更为科学的结论。本书认为，侵权类民刑交叉案件法律责任牵涉民事责任与刑事责任，其范畴的划定涉及三个疑问：民事责任与刑事责任的界限、民刑交叉案件中刑事责任评判的谦抑性、民刑交叉案件中民法与刑法的关系。因此，侵权类民刑交叉案件法律责任范畴的反思与重构也以此三个问题为核心。鉴于侵权类民刑交叉案件中民事责任与刑事责任的界分已在本章第一节专门展开探讨并得出了结论，故本节在业已形成的判定结论上就民刑交叉案件中刑事责任评判的谦抑性、民刑交叉案件中民法与刑法的关系两个问题展开研析，并在此基础上就侵权类民刑交叉案件法律责任范畴提出本书观点。

一、侵权类民刑交叉案件法律责任评判的刑法谦抑性贯彻

（一）侵权类民刑交叉案件法律责任判定与刑法谦抑性的关联性

既然谦抑性意指刑法须坚守克制，那么对侵权类民刑交叉案件，只有民法等基本法律规范无法取得令人满意的规制效果时，才有必要适用刑法。并且，无论是从法律适用的经济性考量还是从刑法等法律规范的表述来看，我

们不可能要求司法实务中的每个事案都应首先考虑能否适用民法等基本法律规范。可见，张明楷教授对刑法谦抑性的整体性解读无疑具有合理性。但是，上述关于刑法谦抑性的相关解读，能否作为否定民刑交叉案件法律责任评判与刑法谦抑性之间存在关联性的依据，不无疑问。特别是，其所提出的以下三点理由，能否作为否定关联性的根据，亦值得商榷。

第一，现实中并非每个民刑交叉案件都必须首先考虑能否适用民法解决争端系出于生活经验等理由。

诚然，侵犯人身、财产的案件确实几乎都可以在民法上找到处理根据。刑法谦抑性的核心在于只有民法等基本法律规范无法取得令人满意的规制效果时才适用刑法，但是由此并不意味着对于所有具体个案都必须优先考虑能否适用民法等基本法律规范。质言之，刑法的谦抑性与现实中并非每个民刑交叉案件都必须首先考虑能否适用民法解决争端之间根本不存在矛盾。以赵某盗窃王某 10 万元为例，在对该案法律责任进行评判时，即根本不必首先依照民法、行政法等基本法律规范来认定其法律属性。也即，本案只需直接根据刑法的相关法条来判定其是否构成犯罪即可。之所以能够直接得出这种判定结论，是因为我们通过长期生活经验的积累，已经完全知晓盗窃 10 万元属于危害极其严重的行为，民法当然无法对其作出有效规制，故应依据刑法来作出相应的刑事处罚。如同在犯罪构成的司法运用中，并非每个案件都要严格依据犯罪构成的完整框架对每个具体事案作出判断，但是不可由此否定犯罪构成的重要性。同理，并非所有民刑交叉案件都必须首先考虑能否适用民法解决争端，因为其中大部分判定结论为公众所知悉因而没有必要生搬硬套，但是并不能由此否定民刑交叉案件法律责任评判与刑法谦抑性之间存在关联性。

第二，是否必须首先考虑能否适用民法解决争端与刑事附带民事诉讼程序的适用无关。

强调对任何案件都必须首先考虑能否按照民法等其他法律处理，并非要求所有的民刑交叉案件都优先适用民事诉讼程序，更不可能限定只有在适用民事诉讼程序无法取得理想的规制效果时才适用刑事诉讼程序。之所以主张在处理民刑交叉案件之时原则上首先应当考虑能否按照民法等其他基本法律规范处理，是为了防止把那些适用民法等基本法律规范即足以处理的事案判定为刑事案件。强调首先应当考虑能够按照民法等其他法律处理，并非限定必须通过诉讼程序的先后来评判。以行为人持刀将受害人砍伤为例，只要受害人的伤情经鉴定为轻伤二级或以上，即可知该种行为的危害性已经达到严重程度，民法无法对此作出有效规制。反之，公安机关在接到报案后，若经鉴定确认其伤情仅为轻微伤，则可知该种情形只需依据民法等即可作出有效的规制和处理。可见，主张首先应当考虑能否按照民法等其他法律处理，并非要求所有的个案都必须先行经由民事诉讼程序。有鉴于此，倡导在评判民刑交叉案件法律责任时首先考虑能否按照民法等其他法律处理，自然与刑事附带民事诉讼制度不相违背。刑事附带民事诉讼程序属于刑事诉讼法的重要内容，其宗旨在于在追究刑事责任的过程中附带解决民事责任问题。在办理案件的过程中，若司法机关经过初步评判可确认相关行为的危害性已经达到了严重程度需要追究刑事责任，即可启动刑事诉讼程序，并将刑事附带民事诉讼的相关事宜告知受害人及其家属。如果受害人及其家属提起，即可启动刑事附带民事诉讼。可见，要求司法机关在处理民刑交叉等案件时，应当首先考虑依据民法等基本法律规范是否足以作出有效规制、取得较好的规范效果，与刑事附带民事诉讼制度之间并不存在任何矛盾冲突。

第三，处理民刑交叉案件时首先考虑使用基本法律规范能否做出有效规制不会导致刑法的私法化，也不会损害刑法的安定性与公平性。

具体事案的办理，首先考虑能否按照民法等其他法律处理，从而得出适用民法等基本法律规范能否作出有效规制的处理结论，并不会引发刑法私法化的负面效应，也并不会损害刑法的安定性与公平性。否定论者以故意杀人罪举例：若行为人事后对受害人家属作出令其满意的巨额补偿，由于受害人家属对此很满意，决定不向司法机关告发，故可以不追究行为人的刑事责任。反之，倘若行为人杀人后没有补偿能力，受害人家属在没有得到补偿的情况下非常不满意，要求必须追究其刑事责任。如此一来，杀人案件的刑法适用即完全受限于案外事实。但是，否定论者的相关解析不能令人信服。首先，民刑交叉案件中民事责任的追究无法取代刑事责任。以上述事案为例，甲杀害乙后，其拿出 100 万元补偿受害人家属，即便乙的家属很满意，也只能作为故意杀人罪的刑罚裁量情节而已，不可作为阻却刑事责任追究的根据。可见，故意杀人罪的司法适用，取决于行为人所实施的杀人事实而非行为人事后是否对受害人及其家属作出补偿。其次，刑法的主要着眼点在于“为了包含被害人在内的全体国民的利益，是否应该科处刑罚？”这一问题，即调整全体与个人的利益。而民法是以调整个人与个人的利益为基本原理的。可以说刑事法具有与民事法相对照的性质。[①] 并且，“民法保护的侧重点在于利益本身，法律运转的目标在于补偿损失，使其恢复到损害发生前的利益状态；而刑法则倾向于惩罚，关注的是法益受到侵害的程度，以及给犯罪人与侵害相适应的惩罚”[②]。可见，刑法与民法具有本质性差异，不仅调整范畴不同，调整方式也存在重大差异。有鉴于此，即便某个行为人通过民事赔偿等手段使得受害人及其家属很满意，只要其符合特定犯罪的构成要件，就应依据刑法追究其刑事责任。由此而观之，受害人对民事赔偿很满意，并不等同于行为人通过民事责任的承担能够满意地解决刑事责任问题。也即，受害人满意并不能简单地等同于民法的处理结果令刑法满意。

谦抑性是刑法的基本属性，其贯穿于刑事立法、司法的全过程，因而是处理具体事案的基本规则。张明楷教授之所以认定谦抑性不是处理具体事案的规则，其主要理由在于：在以罪刑法定原则为指导对刑法条文的具体犯罪构成作出合理解释的背景下，只要危害行为符合特定犯罪构成就应追究行为人的刑事责任。该理由对罪刑法定原则的推崇固然科学合理，但是判定某个民刑交叉案件符合犯罪构成应当以犯罪论处，必须具备一个极其明确的前提：在罪刑法定原则的指导下，能够对具体民刑交叉案件的行为属性作出清晰合理的解释结论。质言之，虽然部分民刑交叉案件中犯罪与普通民事违法之间的界限较为清晰，对其行为属性的判断不存在疑问，故对于适用普通法律规范能否作出有效规制可得作出明确的结论，但是，部分民刑交叉案件中对行为属性的判定却存在罪与非罪的重大分歧，“对法条的内容存在疑问，而且不管采用哪一种解释都不违反罪刑法定原则的情形，即便在刑法领域，也是大量存在的”[③]。故在作出判定结论之时必须以刑法的谦抑性为指导，只有民法等普通法律规范确实无法作出有效规制的情形，方能在遵循罪刑法定原则的前提下作出刑法上的判定结论。

之所以认为刑法的谦抑性也是处理具体个案的规则，对民刑交叉案件法律责任作出评判结论之时必须首先考虑能否依照民法等普通法律规范作出有效规制，其理由在于以下两点。

第一，刑法与民法的规制界限并非完全泾渭分明。

虽然从理论上可以认为，刑法与民法属于两个完全不同的法域，彼此之

---

① ［日］前田雅英：《刑法总论讲义》，曾文科译，北京大学出版社 2017 年版，第 4 页。

② 郭宁：《现代刑法的生存空间》，知识产权出版社 2013 年版，第 78 页。

③ ［日］平野龙一：《刑法的基础》，黎宏译，中国政法大学出版社 2016 年版，第 178 页。

间应当有明确的界限。“民法是调整平等主体之间的人身关系和财产关系，凡是调整平等主体之间人身关系和财产关系的法律均纳入民法中。但是，刑法是法律体系中的例外，不是根据调整社会关系的范围，而是根据法律调整方法来划分的，凡是采用刑罚方法来调整某种社会关系的就可以纳入刑法的领域。就调整的社会关系而言，刑法和其他法律是有重合的。”① 更何况，“民事部门和刑事部门区分的界限并不非常清晰”②。司法实践中，存在大量“罪与非罪、此罪与彼罪之间的界限难认定的临界案例”③。部分民刑交叉案件法律责任的判定上存在罪与非罪的激烈争论，即生动呈现了此点。在民刑规制界限极其清晰的场合，对于犯罪成立与否的判定通常不存在争议。如果对于具体民刑交叉案件是否构成犯罪极易判断，则该种判定即可说明适用民法等普通法律规范能否作出有效规制，其本身即是刑法谦抑性呈现于个案的过程。反之，在民刑规制界限较为模糊的情形下，对于适用民法等普通法律规范能否对具体个案予以有效规制会存在重大争议。在此状况下应当以刑法谦抑性为指导反复斟酌适用民法等普通法律规范是否可得作出有效规制。只有通过比较分析等确信适用民法等普通法律规范无法作出有效规制的场合，才有适用刑法的可能性。倘若在该场合，根本不考虑刑法的谦抑性，直接以行为符合特定刑法条文为由判定成立犯罪，则往往会导致所得出的判定结论存在疑问。

第二，对判定犯罪的刑法条文不可简单地作形式化解读。

张明楷教授指出，只要以罪刑法定原则为指导对刑法条文规定的犯罪构成能够作出合理解释，行为人所实施的具体危害行为符合特定犯罪构成，即应依据刑法追究其刑事责任。该种见解尽管在逻辑上具有合理性，但对刑法所规定的犯罪构成作出合理解释并非易事。特别是当部分解释者习惯于对刑法条文作形式化解读时，容易导致扩大化的不合理解释结论。对民刑交叉案件法律责任的评判，不可简单以形式上符合特定刑法条文规定为由判定犯罪成立。这不仅由于“任何解释都不可能是形式的，形式的解释没有任何意义”④，更因为若在罪与非罪的判定上缺乏刑法谦抑性的指引，极易将形式上符合犯罪构成但又缺乏严重社会危害性的行为判定为犯罪。

---

① 陈兴良：《口授刑法学》，中国人民大学出版社 2010 年版，第 22 页。

② ［英］边沁：《论一般法律》，毛国权译，上海三联书店 2008 年版，第 266 页。

③ ［日］佐伯仁志：《刑法总论的思之道·乐之道》，于佳佳译，中国政法大学出版社 2017 年版，第 25 页。

④ 张明楷：《刑法的私塾》，北京大学出版社 2014 年版，第 13 页。

概而言之，既然肯定谦抑性是法律解释的指导性原则，那么就应当认为它也是指导个案处理的具体原则。毕竟，法律解释也是将抽象的法律规范适用于具体事案的过程。只要承认法律解释关联具体个案并且认为谦抑性是法律解释的指导原则，那么就必须承认谦抑性也是指导个案处理的具体原则。

（二）体系与问题交融下民刑交叉案件谦抑性的具体展开

既然谦抑性也是处理个案所须坚守的重要准则，那么办理民刑交叉案件时应以刑法谦抑性为指导，以作出科学合理的判定结论。司法实务中，将刑法谦抑性贯彻于民刑交叉案件的具体办理过程应当从以下两个方面来展开。

首先，应对民刑交叉案件中的谦抑性树立科学合理的认识。

民刑交叉案件中的谦抑性，无疑是刑法谦抑性在民刑交叉案件中的具体呈现。也即，在民刑交叉案件中论及谦抑性，应以刑法的谦抑性为准则。有别于纯粹的刑事案件，民刑交叉案件一般同时关涉刑法与民法的适用，特别是往往存在民法与刑法的高度融合，因此，在对民刑交叉案件法律责任作出判定结论时，首先应当考量适用民法等基本法律规范能否予以有效规制。“惩罚的正义性是建立在这样一个简单的原则上的：一切人都有责任采取能够想到的各种手段来防止有害于社会安宁的罪恶，但必须首先根据经验或推理，肯定一切比较温和的办法都不足以应付这种紧急事态”①。民刑交叉案件只有在民法等基本法律规范无法作出有效规制、不能充分解决问题的情形下，才具有适用刑法的可能性。尤其是，若对民刑交叉案件法律责任的判定存在重大争议，应反复斟酌并慎重评判适用刑法的必要性。

主张在民刑交叉案件法律责任的评判上重视刑法谦抑性指引，一方面，并不意味着将明显构成犯罪的行为排除在刑法规制的范畴之外进行非犯罪化处理；另一方面，也并非主张只要具体事案形式上符合特定犯罪构成，就一律认定为犯罪追究刑事责任。

当前，强调在民刑交叉案件中注重刑法谦抑性指引，须警惕一种误区：以存疑有利于被告人替代刑法谦抑性。我国台湾学者陶龙先生指出：“所谓严格解释指两种情况：在条文明晰而其文字并无疑义时，法院对其解释与适用应正确客观，取真实而平常之解释为其意义。当对条文产生疑问时，则就两处或多种合理看法中，取其最有利于被告人之意义而适用之，在此法则下，

① ［英］葛德文：《政治正义论》（第二、三卷），何慕李译，商务印书馆1980年版，第563页。

伦理解释或扩张解释之说，似无可取之处。”[①] 也有观点主张，“各种解释都是允许的，但最终都要服从于一个解释原则：有利于被告”[②]。此类见解的合理性值得商榷。“如果对被告人的责任具有重要意义的事实得不到证明，就适用存疑时有利于被告的原则。与此相反，在法律的解释具有多种可能性时……在对法规范的解释存在疑问的场合，法院不是选择最有利于被告的解释，而是必须选择正确的解释”[③]。也即，存疑有利于被告人的原则仅仅适用于刑事诉讼中案件事实认定存在争议的情形。其理由在于，刑事诉讼中案件事实证据必须达到确实、充分的唯一性程度，才能依此判定犯罪成立。即便行为人存在犯罪嫌疑，倘若现有证据不能排除合理怀疑，也只能作出否定犯罪事实的结论。质言之，如果仅因行为人具有实施犯罪的嫌疑，在案件事实存在争议的情形下即认定犯罪成立，无疑会造成冤假错案，从而造成严重侵犯人权的危险与后果。可见，存疑有利于被告人、疑罪从无，是人权保障原则在刑事司法领域的具体要求和呈现。与此相对，民刑交叉案件中犯罪成立与否判定的争议则属于法律适用的疑问，系法律规范适用过程中司法机关对于具体事案适用何种特定法律规范及条款的争议。之所以出现该种现象，是因为判定主体基于不同的解释立场采用不同的解释方法会导致差异化的解释结论。既然法律适用疑问的本质系法律解释争议，对此应在多种解释结论的比较衡量中探寻最为科学合理者而非选择对被告人最为有利者。[④] 例如，对于一个是否构成故意杀人罪存在争议的事案，若肯定成立犯罪的解释结论最为合理，则无疑不能选择对被告人而言最为有利的无罪解释结论。由此观之，存疑有利于被告人只能针对刑事案件事实的认定而无法应用于法律适用的疑问。倡导在民刑交叉案件中注重刑法谦抑性指引，意指在判定案件法律属性之时必须首先考量适用民法等基本法律规范是否可得作出有效规制，只有在民法等基本法律规范无法有效解决问题的场合，才考量适用刑法的可能性与必要性。故而，民刑交叉案件法律责任判定上谦抑性的贯彻，与存疑有利于被告人不存在任何关联性。

其次，民刑交叉案件中谦抑性的贯彻应以体系与问题的交融为基础。

---

① 张明楷：《刑法分则的解释原理》，中国人民大学出版社 2011 年版，第 38 页。

② 邓子滨：《中国实质刑法观批判》，法律出版社 2009 年版，第 194 页。

③ 张明楷：《刑法分则的解释原理》，中国人民大学出版社 2011 年版，第 39 页。

④ 德国学者 Kohler 认为，法律解释不仅意味着寻找字句背后的意义，还意味着从字句所涵盖的各种不同的意义当中，选出正确的和决定性的意义。参见［德］齐佩乌利斯：《法学方法论》，金振豹译，法律出版社 2009 年版，第 70 页。

在对刑法谦抑性作出合理解读的基础上，如何在具体民刑交叉案件的办理中贯彻这一特性，是刑法理论界及司法实务界都应高度重视的议题。大体而言，对民刑交叉案件法律责任的追究贯彻刑法谦抑性，应当从体系与问题两个方面来展开。

第一，民刑交叉案件中谦抑性的贯彻应以体系为根基展开分析与判定。

以体系为根基是法学尤其是刑法学的重要理念与方法，日本学者宗冈嗣郎在其所著的《犯罪论与法哲学》一书中，即反复强调了体系性思考在条文分析及司法适用中的重要性。宗氏认为，“无论在什么样的学问领域，都有各种记述学问的体系……其实，不仅刑法中的犯罪论体系是一种范式，对刑法中相关问题的思考也必须从体系的角度作出解析和推导”①。体系化之所以在法学尤其是刑法领域具有异常重要的意义，原因主要在于，“没有体系就不可能有学问”②。“体系性秩序的贡献，是法律得到平等和理性适用的重要手段。”③ 质言之，对法学尤其是刑法学相关问题的分析以及具体事案的评判，都应以体系为基准来展开。一方面，只有以体系为基准，才能对刑法条文及犯罪构成作出科学合理的解析。“法律条文只有当它处于与它有关的所有条文的整体之中才显出其真正的含义，或它所出现的项目会明确该条文的真正含义。”④ “要确定一部制定法的含义，必须将制定法的安排作为一个整体，因为只有作为一个整体，我们才能将制定法看作指向某些总体性目的的设计的工具。”⑤ 另一方面，只有以体系为基准，才能对具体事案得出科学合理的判定结论。倘若就事论事，或者只是单纯依据个人的法感觉，就会因缺乏系统理论指引而致使判定结论碎片化。“从国民的视角来看，合理地确定‘应该科处刑罚的行为’这项工作必须公正、公平，犯罪论中必须保障法的安定性。为了防止犯罪而科处刑罚时，对个别案件的解决必须从整体出发进行考察以取得平衡。如果只是着眼于个案的处理，那么这种处理不仅会让接受刑罚的人抱有不满，而且也会令一般国民对刑罚制度产生不安，进而产生从根基上瓦解刑罚制度的危险性”⑥。

---

① ［日］宗冈嗣郎：《犯罪论与法哲学》，陈劲阳、吴丽君译，华中科技大学出版社 2012 年版，第 1 页。

② ［日］大谷实：《刑法讲义总论》，黎宏译，中国人民大学出版社 2008 年版，第 85 页。

③ ［德］克劳斯·罗克辛：《德国刑法总论：犯罪原理的基础构造》，王世洲译，法律出版社 2005 年版，第 127 页。

④ ［法］亨利·莱维·布律尔：《法律社会学》，许钧译，上海人民出版社 1987 年版，第 70 页。

⑤ ［美］罗伯特·萨默斯：《大师学述：富勒》，马驰译，法律出版社 2010 年版，第 206 页。

⑥ ［日］前田雅英：《刑法总论讲义》，曾文科译，北京大学出版社 2017 年版，第 18 页。

对民刑交叉案件法律责任的追究贯彻刑法谦抑性所强调的“体系”，包含两个维度。一方面，民刑交叉案件法律责任追究贯彻刑法谦抑性应以体系为根基，意指法律规范的具体适用、案件属性的判定应在“法律体系”的架构下展开。细言之，我国现有的法律规范共同构筑了整体法律体系，并且彼此之间形成系统性的规范架构。在该种体系架构下，不仅法律规范存在效力等级差异，且刑法与民法等法律规范之间形成了保障与被保障的关系。因此，在民刑交叉案件的办理过程中，应当注重刑法与民法在法律体系中的规制范畴差异、保障与被保障的地位属性等。一个具体事案只有在民法等基本法律规范无法作出有效规制的情形下，才有必要考量刑法规制的必要性。另一方面，民刑交叉案件中刑法谦抑性的贯彻应特别重视“体系解释”。在法律解释的多种方法中，体系解释是促进解释协调性的关键途径，更是避免解释结论碎片化的重要保障。“要实现刑法的正义性，就必须保持刑法的协调性。故‘使法律之间相协调是最好的解释方法’……体系解释意味着对刑法的解释不仅要避免刑法规范的矛盾，而且也要避免价值判断的矛盾。”① 有鉴于此，办理民刑交叉案件，对于相关刑法条文的解释以及针对具体事案的条文适用，应注重通过体系解释得出更具协调性的解释结论，从而减少甚至避免依靠直觉等对犯罪成否作出碎片化判断的现象。

前文所列举的两个案例，都系行为人将处于国家机关扣押之下的财物擅自取回，学界对是否构成犯罪即存在罪与非罪的重大争议。产生争议的一个极为重要的原因是，有些人往往习惯以自己的法感觉而非从体系出发运用相关刑法原理作出判定结论。质言之，有些人在面对民刑交叉案件时，往往倾向于先行判断该种情形是否具有严重社会危害性。倘若能够得出肯定结论，则会思考如何以符合刑法特定条款的形式将具体案件解释为犯罪以证实该种法感觉。但是，犯罪的判断不能依靠感觉（包含直觉）。这是因为不仅不同个体的法感觉会有偏差，而且法感觉由于缺乏实在的法理依据以致善变且显得空洞、缺乏说服力。“在确保法的安定性的同时，为了使得认定犯罪变得容易并排除恣意性，有必要进行分析性的思考。‘依靠直觉来判断犯罪是否成立’十分危险。无论如何，判断者的恣意性很容易变大。”② 例如，对于司法实践中带有盗窃因素的民刑交叉事案是否构成盗窃罪往往存在重大争议。无论是作为盗窃罪成立要素的“扒窃”还是“多次盗窃”，司法实务中的犯罪判定

① 张明楷：《刑法分则的解释原理》，中国人民大学出版社 2011 年版，第 57 页。

② ［日］前田雅英：《刑法总论讲义》，曾文科译，北京大学出版社 2017 年版，第 18-19 页。

常常面临疑问。尽管司法解释将“扒窃”认定为在公共场所或者公共交通工具上盗窃他人随身携带的财物的行为，但诸如趁在小卖店门口打麻将的人不注意，将停在麻将桌旁边电动车上的背包顺手牵羊拿走的行为，学界对于这种行为是否属于“扒窃”则意见不一。另外，是否可以完全不考虑盗窃数额甚至在行为人未盗窃到一分钱的情形下，只要其在两年内实施三次盗窃行为的，即可认定构成盗窃罪，也是极具争议性的问题。其实，既然刑法对盗窃罪设立了多个成罪条件，其在盗窃罪体系架构下即具有“等值”性。“体系解释是作为探求刑法内体系的整合性以及法秩序全体内体系的整合性而存在。”① “在刑法的适用中，应通过对体系的思考来解决问题。”② 也即，刑法对盗窃罪规定了五种具体情形，那么这些情形彼此之间应保持平衡性。无论是“多次盗窃”还是“扒窃”，必须具有至少大体等同于盗窃数额较大财物的社会危害性程度，方具有构成盗窃罪的可能性。倘若不以体系为基准，而以所谓的法感觉为依据，则很容易将普通盗窃行为与盗窃罪等同视之，这无疑与刑法谦抑性的要求相背离。可见，在民刑交叉案件的办理过程中，以体系为根基是刑法谦抑性得以实现的前提和基础。

第二，民刑交叉案件中刑法谦抑性的贯彻应针对具体问题。

在民刑交叉案件中贯彻刑法谦抑性，应以司法实务中的具体问题为导向。具体而言，应当特别针对罪与非罪所关涉的相关问题展开研判，以确认只有通过民法等基本法律规范无法作出有效规制的场合才有适用刑法的可能性与必要性。将刑法谦抑性贯穿于民刑交叉案件的法律责任评判，之所以还特别重视具体问题这一导向，缘于“法律思维不是完全以系统为中心，它更多的是以问题为中心”③。“体系性思考与问题性思考之间存在关联。一方面，为了排除判断者的恣意性，体系性的思考是必不可少的；另一方面，如果仅仅肯定体系其本身的价值并从该体系出发演绎地或者一刀两断式地解决各个问题，就有忽视包含于问题中的重要论点的危险。为了凸显各个问题中所具有的固有论点，问题性思考是必要的”④。

民刑交叉案件中贯彻刑法谦抑性所针对的“问题”，即构成犯罪的判定结

---

① ［日］关哲夫：《刑法解释の研究》，成文堂2006年版，第287页。

② ［日］浅田和茂：《刑法总论》，成文堂2019年版，第13页。

③ ［德］N.霍恩：《法律科学与法哲学导论》，罗莉译，法律出版社2005年版，第145页。

④ 日本学者平野龙一即认为，说服法官，所需要的不是抽象的理论，而是具有解决具体问题能力的解释，因此，站在法官的立场上，以如何完美地解决问题为中心的“问题思考”就很必要。以实用主义为基础的“问题思考”方法，是以问题能否得以最终解决，而不是以结果是否和犯罪论的构成

论及其体系性理由是否符合“只有适用民法等基本法律规范无法作出有效规制的，才考虑适用刑法”这一准则。质言之，判定者在民刑交叉具体事案上依据相关支撑性原理得出成立犯罪的判定结论后，必须以刑法谦抑性的内涵与要求重新进行审视。只有契合刑法谦抑性的结论及理由，结论才具有科学合理性。即便某种判定结论具有多种或者新的解释理由，或者其解释过程具有新颖性、独特性，只要最终结论不符合刑法谦抑性的内涵和要求，该判定结论便不能得到支持。可见，民刑交叉案件中刑法谦抑性所要求的以具体问题为导向，是以刑法谦抑性的内涵与要求对认定成立犯罪的相关结论、理由进行审查与检验。

司法实践中，“每个案件都需要有检察官与律师，同时由法官作出中立的判决。法官必须斟酌各种不同的观点”①。因为，“真理不是存在于孤立的个人心中，而是存在于人与人之间的互动、交往和对话之中”②。就民刑交叉案件而言，判定刑法谦抑性的符合性需要反复斟酌不同的判定结论及其理由。“将对各种相互竞争的解释论据的衡量和选择交给对正义的寻求这一目的去引导……在法律解释过程中，对正义结果的关注贯穿于论辩的始终。”③ “司法过程是一种妥协，一种矛盾与矛盾之间、确定性与不确定性之间、崇尚书面文字的拘泥字义与破坏规律及有序的虚无主义之间的妥协。”④ 并且，“法律的解释与适用也具有商谈的特点”⑤。

以前文所列举的事案为例，若财物（数额较大）处于国家机关控制支配之下，所有权人以非法手段将其擅自取回的，通常面临罪与非罪的判定结论。肯定成立犯罪的理由在于，只要财物处于他人（包括机关）控制支配之下，该种占有具即有独立的意义与价值，受到刑法保护。侵害该种财物之上的占有，即便是财物所有权人占有，也构成财产犯罪。尤其是，处于国家机关控制之下的财物受到刑法特殊保护。依据《中华人民共和国刑法》（简称《刑

（接上注）

体系一致为衡量标准的思考方法；是面向实践，从法政策的视角来验证裁判结果的妥当性，而不是以是否合乎特定学说的一贯性为判断标准的思考方法。参见［日］平野龙一：《刑法的基础》，黎宏译，中国政法大学出版社 2016 年版，译者序第 41 页；另参见［日］高桥则夫：《刑法总论》，李世阳译，中国政法大学出版社 2020 年版，第 54 页。

① 张明楷：《刑法分则的解释原理》，中国人民大学出版社 2011 年版，第 19 页。

② 高鸿钧：《清华法治论衡》（第三辑），清华大学出版社 2002 年版，第 20 页。

③ ［德］齐佩乌利斯：《法学方法论》，金振豹译，法律出版社 2009 年版，第 82 页。

④ ［美］卡多佐：《演讲录　法律与文学》，董炯、彭冰译，中国法制出版社 2005 年版，第 31 页。

⑤ 张明楷：《刑法分则的解释原理》，中国人民大学出版社 2011 年版，第 18 页。

法》，下文所及法律均为简称）第91条，国家机关管理、使用或者运输中的私人财产属于公共财产。依此，违章车辆被扣押后即处于国家机关的管理之下，属于《刑法》第91条所限定的“公共财产”。所有权人将处于国家机关管理之下的违章车辆非法擅自取回的，系非法侵害公共财产，理应构成财产犯罪。[①] 但另一方面，否定成立财产犯罪的理由主要在于，该种事案的实质危害并不在于擅自取回自己的财物，而是所有权人将财物擅自取回之后所实施的其他关联性行为。质言之，若所有权人非法将财物擅自取回后，并不以财物丢失等理由向国家机关提出索赔要求，则该行为只需依据民法等基本法律规范即可作出有效规制。反之，如果所有权人擅自取回财物后，以财物丢失为由向国家机关索赔的，在数额较大的情况下才具有刑法规制的必要性。尽管肯定将处于国家机关控制之下的财物擅自取回成立犯罪的见解有坚实的理论根据，甚至可以搬出《刑法》条文作为依据，但是该种结论是否符合刑法谦抑性的内涵与要求，不无疑问。质言之，所有权人之所以将处于国家机关控制支配之下的车辆擅自取回，通常只是为了避免缴纳罚款而已。若所有权人在该种观念的支配下只是擅自将车辆取回，则不存在现实的财产侵害。特别是，车辆价值一般价值较大，例如汽车动辄几十万元，一旦被判定为犯罪往往面临非常严重的刑罚后果，“适用‘数额特别巨大’将会导致罪刑失衡”[②]。“如果适用一种解释揭露的后果是……违法性与有责性重的行为被宣告无罪，而违法性与有责性轻的行为被宣告有罪，那么这种解释结论就是不协调的、非正义的，因而是不可取的。”[③] 其实，对于此类行为，在作出犯罪成立与否的判定结论时应首先考量适用民法、行政法等基本法律是否足以解决问题。既然所有权人将车辆等财物擅自取回，只是为了避免缴纳罚款等，并且事后也并不以车辆等丢失为由向国家机关索赔，则其危害性极小，只需适用民法等普通法律规范即足以作出有效规制。此种情形根本没有必要适用刑法，故认定该种场合成立财产犯罪的结论显属不当。

概而言之，谦抑性是刑法的基本属性。只要涉及罪与非罪的判定，就应以刑法的谦抑性为指导。只有适用民法等普通法律规范无法作出有效规制时，才存在适用刑法的可能性与必要性。“即便存在对财产的侵害或危险，应委任

---

① 张红昌：《财产罪中的占有研究》，中国人民公安大学出版社2013年版，第184页。

② 黄金富、黄曙：《盗窃、诈骗犯罪中的客体问题研究》，《中国刑事法杂志》2006年第6期，第33页。

③ 张明楷：《刑法分则的解释原理》，中国人民大学出版社2011年版，第70页。

私法的规制及救济。由刑罚施加禁压，应限定于极其重大的不法，这是谦抑的法益保护原则的要求。”① 在民刑交叉案件法律责任的判定中，应当将刑法的谦抑性贯彻其中。不仅需要以体系为根据，探求刑法谦抑性的理论支撑，更应该以刑法谦抑性的内涵与要求对罪与非罪的立场及理由展开审查和考量。

二、侵权类民刑交叉案件法律责任范畴的规范展开

在肯定了侵权类民刑交叉案件中民法与刑法对案件的规制存在谦抑性的适用空间之后，需要明确的问题是：侵权类民刑交叉案件中民法与刑法之间具有何种关系？传统立场主张民法与刑法之间存在交叉关系，并且注重在办理侵权类民刑交叉案件时重点明确民法与刑法规制的界限。针对传统立场关于侵权类民刑交叉案件中民法与刑法关系的见解及其处理模式，有新观点对此提出批评与怀疑。有鉴于此，我们需要对刑法与民法的关系展开反思与解析。

（一）侵权类民刑交叉案件中民法与刑法关系的疑问

针对传统立场所主张的民法与刑法之间属于交叉关系并且注重民法与刑法规范法域界限的观点及司法操作模式，新观点对此提出的怀疑与批评是否合理有力？质言之，侵权类民刑交叉案件法律责任追究的传统立场所面临的主要怀疑在于：一方面，传统立场通常以行为系民事违法行为作为否定成立犯罪的理由，但某行为系民事违法行为即可认定该行为不能成立犯罪吗？另一方面，传统立场在侵权类民刑交叉案件上重视民法与刑法规范范畴界限的划分，但存在该种必然性和合理性吗？是否有必要强调民法与刑法规范范畴的界限？

其一，危害行为系民事违法行为能否作为否定犯罪成立的理由？

传统立场在论证某个侵权类民刑交叉案件是否成立犯罪时，通常以危害行为系民事违法行为作为理由、根据。但是，反对者对此提出怀疑与批评，认为某个危害行为能否构成犯罪与其是否属于民事违法行为之间没有关联性，某行为属于民事违法行为不能作为否定犯罪成立的理由。表面上看，两种观点似乎完全对立，彼此否定。若深入研析则不难发现，两种见解争论的背后在于各自对民刑交叉案件中相关概念的运用有差异。传统立场之所以习惯将危害行为属于民事违法行为作为否定犯罪成立的理由，在于该理由所提及的

① ［日］山中敬一：《刑法各论》，成文堂2009年版，第226页。

"危害行为系民事违法行为"意指该行为系不触犯刑法、与犯罪无关的单纯民事违法行为。正因为此类行为单纯违反民法，故只需承担相应的民事责任即足矣。可见，传统立场在民刑交叉案件中作为否定犯罪成立理由所提出的"行为属于民事违法行为"特指仅违反民法的单纯民事违法行为。相反，反对者在民刑交叉案件上倡导包容关系，认为任何违反民法的行为都是民事违法行为。在违反民法的同时又触犯刑法构成犯罪的案件仅属于民事违法行为中较为特殊的部分，因而两者属于包容与被包容的关系。也即，民刑交叉案件为民事违法行为所包容。在此状况下以"危害行为属于民事违法行为"作为否定犯罪成立的理由，显然不当。

可见，传统立场的主张与反对者的怀疑之间并不存在原则性对立。其差别主要因各自对"危害行为属于民事违法行为"具有不同的理解。不过，反对者对传统立场提出的怀疑具有合理性。确实，如果从表述的逻辑推理来看，行为属于民事违法行为的确不可作为否定行为违反刑法成立犯罪的理由。因而，把某行为属于民事违法行为作为否定犯罪成立的理由，显然不妥。尽管该种表述的原意在于指出部分民事违法行为仅违反民法，不具有严重的社会危害性，并不牵涉犯罪与刑罚，只不过"行为属于民事违法行为"容易引发误解，不适宜作为否定犯罪成立的理由。质言之，作为否定犯罪成立理由的"某行为属于民事违法行为"，存在表述上的不严谨，导致出现逻辑上的纰漏。不仅容易使解释结论出现疑问，而且容易使论者陷入被动场面。从民法与刑法之间的关系来说，一个行为触犯民法只是表明其行为属于民事违法行为，应当依据民法承担民事法律责任。但是，该行为完全可能同时触犯刑法。刑法中的经济犯罪、财产犯罪就是典型。因此，切不可以"该行为触犯的是民法"来作为否定犯罪成立的理由。从表述的规范性和科学性而言，应当认为某些行为单纯触犯民法，仅属于民事违法行为，故从表述上应当以"该行为仅仅违反民法属于单纯的民事违法行为"作为否定犯罪成立的理由。

其二，传统立场在侵权类民刑交叉案件上重视民法与刑法规范范畴界限划分的必要性与正当性考察。

传统立场认为，对于民刑交叉案件而言，需要特别注重民法与刑法规制的界限。"如果直接考察行为是否符合刑法法条的罪状描述，是否侵害了刑法所希冀保护的法益，是否具有严重的社会危害性以至于达到了用刑罚科处的程度，就可能造成民事合法但刑事违法的结果，造成法秩序的混乱。"① "在

① 于世忠：《刑法与民法交叉问题研究》，厦门大学出版社 2018 年版，第 23 页。

全部手段中，刑法甚至只是应当最后予以考虑的保护手段，也就是说，只有在其他解决社会问题的首选——例如民事起诉、警察或者工商管理规定，非刑事惩罚，等等——不起作用的情况下，它才能允许被使用。”① 可见，强调刑法与民法规制的界限不仅具有必要性，而且具有合理性。

当然，“那些过去看来泾渭分明的分界，事实上是难以捉摸或模糊不清的，分割之墙根本不是密不透风或一成不变的”②。如何划分刑法与民法规制范畴的界限是刑法理论尤其是司法实务中的难题。有见解主张，在认定经济犯罪时刑罚应当保持谦抑谨慎的态度，不能轻易地将行为犯罪化，而应当充分考察行为所侵犯的法益。③ 因此，有的主张以法益侵害作为衡量标准，有的倡导以社会危害性作为衡量基准。我国传统刑法理论认为，犯罪行为与其他违法行为的区别并不在于是否具有危害性。因为只要触犯了法律，只要是违法行为，就具有社会危害性。只不过，犯罪行为与其他违法行为在社会危害性上具有程度上的差异。质言之，民事违法行为等普通违法行为具有一般的社会危害性，而犯罪行为则具有严重的社会危害性。

刑民交叉案件中刑法与民法规制范畴界限的划分，应以刑法条文为根据，同时参照民法的基本保护规定，在刑法谦抑性的指引下结合保护法益等诸多要素作出综合评判。以侵占他人财物为例，“既然刑法的目的是‘法益保护’、犯罪的本质系‘法益侵害’，那么刑法解释论上最重要的即检讨刑法处罚该当保护何种利益”④。不过，侵占罪保护法益的确定，应该以民法保护规定与基本原理为基础。有观点创造性地提出“侵占罪的保护法益是返还请求权”⑤。但是，请求权的典型构造是“谁得向谁，依据何种法律规范，主张何种权利”⑥，“请求权即为了维持、实现与贯彻这些基础权利而生成的、具有手段性与技术性的权利”⑦。返还请求权作为附属性的权利，并不存在独立的价值

---

① ［德］罗克辛：《德国刑法学总论》，法律出版社 2003 年版，第 23 页。

② ［美］本杰明·N. 卡多佐：《法律的成长　法律科学的悖论》，董炯、彭冰译，中国法制出版社 2002 年版，第 22 页。

③ 于世忠：《刑法与民法交叉问题研究》，厦门大学出版社 2018 年版，第 22 页。

④ ［日］大塚裕史：《刑法各论の思考方法》，早稻田经营出版株式会社 2003 年版，第 3 页。

⑤ 柏浪涛：《侵占罪的保护法益是返还请求权》，《法学》2020 年第 7 期，第 130 页。

⑥ 王泽鉴：《民法思维：请求权基础理论体系》，北京大学出版社 2009 年版，第 41 页。王泽鉴教授认为，当事人主张的请求权，依其内容，可归为六类：契约上给付请求权；返还请求权；损害赔偿请求权；补充及求偿请求权；支出费用偿还请求权；不作为请求权。参见王泽鉴：《民法思维：请求权基础理论体系》，北京大学出版社 2009 年版，第 55 页。

⑦ 陈航：《民刑关系基础理论研究》，商务印书馆 2020 年版，第 564 页。

与意义，故不属于刑法上的保护法益。侵占罪的核心在于将占有变为非法占为己有，也即变占有为非法所有，因此侵占罪的保护法益应该是财物所有权而非返还请求权。另外，刑法条文除了将侵占罪的核心描述为“非法占为己有”，还另行规定了“拒不返还的”。如何理解“拒不返还”，就决定了侵占他人财物犯罪判定结论的差异化。有见解认为“拒不退还”属于“非法占为己有”之外的必备因素，二者是“且”的关系。① 有观点主张“拒不退还”仅属于侵占罪中的“客观处罚条件”②。只有在行为人拒不返还的情形下，才对其施加刑罚处罚。有立场指出“拒不返还”与“非法占为己有”属于同一内容，都意在表达行为人将自己占有的他人财物非法占为己有。“非法占为己有”与“拒不返还”表达的是同一个含义：将自己占有的他人财物变为自己所有的财物。③ 上述解析中，主张“拒不返还”与“非法占为己有”属于同一内容的见解当属科学合理。首先，侵占行为的核心在于将处于自己占有之下的他人财物非法占为己有。“侵占行为，是指为了实现不法的自己所占有的他人之物的这一意思，而实施的一切行为。既可以是买卖、典当、赠与、设定抵押等法律行为，也可以是消费、侵吞（转为自己占有的行为）、拐走（拿着逃走）、扣留。”④ 可见，所谓“侵占”，就是指不伴随占有移转的“非法取得”（不伴随占有移转的取得罪）。侵占，是以非法的方法将他人之物或者公共之物据为己有（未必正式获得了所有权）。⑤ 也即，“侵占行为的实质是把自己占有之下的他人财物变为己有”⑥。既然如此，只要行为人实施了侵占行为，即造成了财物被侵占的危害后果，在具备主观罪过的情形下即足以成立犯罪。刑法之所以在侵占罪的条文中特别设置“拒不返还”，并非意在增添新的成罪事由或者刑事处罚事由，是因为将所有占有的他人财物非法占为己有通常表现为“拒不返还”。其次，退还与赔偿仅系侵占罪后续行为而已，对财物所有权侵害的判定没有决定性影响。行为人以出卖、赠与等形式将自己占有的他人财物变为不法所有后，即使后来将财物退还或者赔偿了被害人损失的，也具有值得科处刑罚的法益侵害性。“一方面，刑法将‘数额较大’规定

---

① 刘志伟：《侵占罪的理论与司法适用》，中国检察出版社 2000 年版，第 111 页。

② 柏浪涛：《构成要件符合性与客观处罚条件的判断》，《法学研究》2012 年第 6 期。

③ 张明楷：《刑法学》，法律出版社 2021 年版，第 1264 页。

④ ［日］西田典之：《日本刑法各论》，刘明祥、王昭武译，中国人民大学出版社 2007 年版，第 186 页。

⑤ ［日］松宫孝明：《刑法各论讲义》，王昭武、张小宁译，中国人民大学出版社 2018 年版，第 225 页。

⑥ 刘明祥：《财产罪专论》，中国人民大学出版社 2019 年版，第 266 页。

为构成要件要素，从司法实践来看，本罪‘数额较大’的起点远远超过了盗窃罪‘数额较大’的起点；将自己占有的数额较大财产变为不法所有的行为，已经严重侵害了他人的财产。另一方面，刑法对侵占罪规定了较轻的法定刑，如果在法定刑较低的情况下，对法益侵害性做过高的要求，会造成刑法的不协调。”① 财产犯罪与破坏社会市场经济秩序罪等犯罪不同，即在于犯罪行为实施过后行为人可以采取赔偿等方式弥补财产损失。如果以事后可得返还、赔偿为由否定成立财产犯罪，则大部分侵犯财产的行为便不能构成犯罪。例如，入室盗窃将他人财物盗窃回家后因为害怕被警察抓获，将财物又放回原处的。特别是，当该种行为不为受害人所察觉时，更不能以该种场合没有造成实质的财产性损害为由否定盗窃罪的成立。又如，骗取他人财物之后，主动与受害人达成协议将所骗取的巨额钱款退还给受害人的，也不能否定诈骗罪的成立。既然侵占罪的核心在于将所占有的他人财物非法占为己有，那么应该以行为人实施侵害财物所有权的行为与时机作为判断侵占罪成立的关键标准。至于事后行为人是否按照相关权利人的要求返还财物，则属于犯罪成立之后影响刑罚裁量的重要因素。质言之，判定犯罪须以行为当时的状况作为标准，“犯罪与行为同时存在”表达的就是该原理。将犯罪行为之后的状况纳入行为属性的判定范畴，无疑会导致判断的逻辑混乱、结论错误。

在侵权类民刑交叉案件上重视刑法与民法规范范畴界限的划分不仅属于刑法理论重点探究的课题，而且是司法实践中一以贯之的普遍做法。根据《刑法》及《刑事诉讼法》，面对刑民交叉案件，公安机关等司法机关只有在经过审查后确认有犯罪事实发生、需要追究刑事责任的情形，才能启动刑事诉讼程序。

（二）侵权类民刑交叉案件中民法与刑法关系的具体展开

传统立场主张民法与刑法之间存在规范范畴的交叉，即某些案件可能同时牵涉民法与刑法。故在处理该种类型的事案时，传统理论倾向于认定民法与刑法之间存在交叉关系。质言之，传统立场主张民法与刑法之间存在交叉关系的理由在于，部分案件同时涉及民法与刑法的适用，具有特殊性且往往具有高度的复杂性。由于需要同时考量民法与刑法的适用，故该类案件存在民法与刑法的交叉关系。但以张明楷教授为代表的质疑者认为民法与刑法之间的关系并非交叉而是包容。质疑者之所以主张民法与刑法之间并非简单的

---

① 张明楷：《刑法学》，法律出版社 2021 年版，第 969 页。

交叉关系，主要原因在于“交叉关系”的提出对于案件的解决并不具有实质性意义。也即，在质疑者看来，“交叉关系”的表述只是说明该类案件具有特殊性。从逻辑推理上说，民法与刑法之间存在包容关系。也即，以违反民法为基础的犯罪案件，仅属于民事违法行为中的一部分而已。换言之，同时又构成犯罪的违反民法的民事违法行为，属于整体民事违法行为中的一部分，故二者属于包容与被包容的关系。但是，该种见解的合理性与科学性值得商榷。

第一，刑法中的犯罪行为多种多样，涵盖了多种法域。刑法除与民法存在交叉之外，与行政法等其他普通法律规范之间也存在交叉。例如行政犯即存在行政法与刑法的交叉，故其往往被冠之以“刑行交叉”或“行刑交叉”。从法域构造上说，刑法是民法、行政法等其他普通法律的保护法。只不过刑法与这些普通法律的关键差别在于它们所调整的行为的社会危害性存在差异。倘若认为刑法与民法属于“包容”关系，则可能使人误以为刑法完全被民法所包容。可见，对于刑法与民法的关系，“包容”一词的使用是否绝对妥当值得商榷。

第二，传统立场以“民刑交叉”意指的需要同时考量到民法与刑法适用的情形，其中部分存在激烈争议的案件是否绝对构成犯罪，学界尚存在重大疑问，因而成为司法实务中的重点甚至是难点。质疑者所倡导的“包容关系”只能说明该类需要同时考量刑法适用的案件亦属于民事违法行为中的一部分而已。至于对民事违法行为可能同时违反刑法构成犯罪的案件应当如何处置，“包容关系”的主张并不能提供有效的处理路径。

第三，相较于“民刑包容”，将同时牵涉民法与刑法适用的案件表述为“民刑交叉”更有助于解析侵害非法财物等行为是否构成犯罪的疑问。

民刑交叉案件法律责任范畴划定通常面临的疑问是，财产犯罪的法益是否限于民法上具有权原的利益?① 民刑交叉案件司法实务中经常成为问题的，是侵害非法财物的行为是否构成民法上的侵权行为，又是否可得构成犯罪?毋庸置疑，该类事案的处理需要明确刑事责任的判定是否必须以民事责任的判定为前提和基础。或曰，在判定相关事案是否构成犯罪承担刑事责任时是否必须以民法上的相关规定为前提。是否可能存在下列情形：某行为在民法上并不构成违法，但是有可能触犯刑法构成犯罪。此点牵涉违法一元论与违法多元论的争论。② 例如某甲盗窃某乙的毒品，按照刑法理论通说，肯定构成

① 张明楷：《法益初论》，商务印书馆 2021 年版，第 737 页。

② 有关违法一元论与违法多元论，参见［日］前田雅英：《刑法总论讲义》，曾文科译，北京大学出版社 2017 年版，第 24 页。

盗窃罪，问题是该行为是否属于民法上的侵权行为。倘若认为该案属于典型的民刑交叉案件，在构成民事侵权的同时又触犯了刑法，那么受害人在司法机关追究刑事责任的同时也可以请求其承担相应的民事法律责任。又如，王某因想承揽某市政工程，想给主管市政事务的副市长行贿，但苦于不能直接接触副市长，而向该副市长的同学赵某提及此事，请求其向副市长打招呼，赵某满口答应。王某将200万元交给赵某，后赵某谎称已向副市长打过招呼。对于该案即存在关于定性的争论，一方面，该200万元钱款属于赃款，赵某在明知该钱款属于赃款的前提下将其占为己有，是否属于民法上的侵权行为？另一方面，其将用于行贿的欠款非法占为己有，是否构成刑法上的犯罪行为？

面对该类事案之时，需要明确：哪些事案仅仅属于民事违法行为？哪些事案在触犯民法规定属于民事侵权行为的同时又构成了犯罪行为？甚至有没有可能某些事案虽不构成民事侵权行为，但可能触犯刑法构成犯罪？倘若以“包容关系”认定该种情形属于民事违法行为中极其严重的构成犯罪的类型，或许可以主张“刑法的目的是保护法益，因此，刑法只能将违反这一目的的事态作为禁止对象；刑法所规定的构成要件，都是对违反保护法益目的事态所作的记述。既然如此，刑法上的违法性便与其他法律上的违法性存在区别。在财产犯罪理论中，刑法没有必要原封不动地以民法为基础确定犯罪的构成要件”①。“在各个不同的法律领域中，目的、法律效果各不相同，作为推导出效果的要件，违法性中存在差异也是理所当然的。各法律领域完成了独自的发展，分别产生了新的法律手段与效果，而新的法律领域也逐渐生成。”② 并且，注重探寻其构成民事违法行为的依据和理由，貌似系人为制造难题。但是，若在民法与刑法规范范畴之上倡导“交叉关系”则应厘清民法上亦构成违法的根据。既然交叉关系注重民法与刑法规范范畴的界分，并且以本书倡导的刑法谦抑性贯彻为基本立场，判定民刑交叉案件成立犯罪理应基于坚实的民法理由。质言之，倘若民刑交叉案件中没有充足的民事违法根据，则判定其成立犯罪难免存在疑问。在盗窃他人毒品的事案中，即有观点认为“根据法律规定，违禁品应当没收，归国家所有。因为盗窃毒品的行为侵犯的不是毒品持有人的所有权，而是国家对毒品的所有权，因而可以成为

① 张明楷：《刑法学》，法律出版社2021年版，第1220页。

② ［日］前田雅英：《刑法总论讲义》，曾文科译，北京大学出版社2017年版，第25页。

盗窃罪”①。但是，笔者对该观点的合理性存在疑问。当国家机关收缴、没收毒品之时，其并非以所有权人的身份来实施。并且，只有国家机关现实取得了毒品，才能取得对毒品的所有权。尤其是，如果认定国家对行为人持有的毒品具有所有权，那么行为人非法持有毒品就是非法占有国有财产，吸食毒品就是侵吞国有财产。该种结论显属不当。② 其实，毒品固属违禁品且法律禁止非法持有毒品，但持有人对毒品的占有即受民法与刑法双重保护。有见解认为，“民法上的占有基本上具有合法权原，没有合法权原的占有就没有占有之诉可言。因此，违禁品的占有人不能运用占有之诉保护其非法占有之违禁品”③。但是，没有合法权原的占有，只是意味着行为人无法通过占有之诉实现财物返还等救济，并不意味着该种占有状态不受民法保护。若认为只有具有合法权原的占有才属于民法上保护的占有，那么就意味着犯罪人对于赃物的占有、非法持有人对于毒品的占有、受托人对于非法委托物的占有，通通不受法律保护，他人可得随意侵害。该结论不仅背离常识，而且与最高人民法院、最高人民检察院（简称“两高”）出台的司法解释相冲突。2013 年 4 月 2 日“两高”《关于办理盗窃刑事案件适用法律若干问题的解释》即明确规定，盗窃毒品等违禁品，应当按照盗窃罪处理，根据情节轻重量刑。《民法典》“第五分编”中“第二十章 占有”对占有作了明确规定，尤其是第 462 条占有保护的方法。其中“对妨害占有的行为，占有人有权请求排除妨害或者消除危险”，既适用于有权占有，亦适用于没有权原的占有。日本福冈高等裁判所即在判决中指出，“他人的占有不必是基于权限的合法占有，尽管他人的占有是非基于权利的不法占有，认为该占有的事实上的状态是独立的，法益是相当的。”④（福冈高判昭和 40 年 11 月 12 日高检速报 961 号）

第四，强调民刑交叉案件注重民事责任与刑事责任的界限有利于贯彻刑法的谦抑性。

如前所述，对于民刑交叉案件而言，尽管在违反民法规范的行为同时触犯刑法构成犯罪的场合，也需要考量民事责任与刑事责任的关系。但是，对于民刑交叉案件来说，最为关键的即需要准确判定行为的属性，避免只需承

---

① 张军、姜伟、郎胜、陈兴良：《刑法纵横谈》（分则部分），北京大学出版社 2008 年版，第 227 页。

② 参见张明楷：《骗取自己所有但由他人合法占有的财物构成诈骗罪》，《人民检察》2004 年第 10 期，第 28 页。

③ 王世柱：《论刑法上的占有》，中国法制出版社 2018 年版，第 53 页。

④ ［日］大塚仁等编：《大コンメンタール刑法》（第 12 卷），青林书院 2003 年版，第 167 页。

担民事责任的单纯民事违法行为被认定为犯罪。相对于主张刑法与民法的关系为包容关系，强调民法与刑法之间具有交叉关系更有利于凸显民刑分界的重要性。质言之，强调民法与刑法规范的差异性，在办理民刑交叉案件的过程中注重普通民事违法行为与刑事犯罪之间界限的划定，对于准确评估案件属性乃至评定案件的法律责任都具有非常重要的意义。

第五，相较于包容关系所主张的彼此之间存在“包容与被包容”的关系，传统立场所主张的“交叉关系”能更为准确地反映民刑交叉案件所涵摄案件的特点以及办理该类案件时应重点关注的问题。也即，民刑交叉案件应重点关注民法与刑法规制范畴的界限，在刑法谦抑性指引下严格对案件作出刑法评价，只有在确实触犯刑法应承担刑事责任的场合才将其认定为犯罪并适用刑罚。反之，即便某种民事违法行为具有构成犯罪的可能性，倘若其并不具有实质的社会危害性，也不能将其认定为犯罪。

反对者之所以否定民事责任与刑事责任之间存在明确的界限，是因为其认为民事违法行为与犯罪行为之间属于包容关系而非交叉关系。其反复强调，民事违法与刑事犯罪的界限，基本上是一个假问题。因为民事违法与刑事犯罪的关系大体上相当于财物与汽车的关系。但是果真如此吗？如果说民事违法与刑事犯罪之间的关系相当于财物与汽车的关系，汽车属于财物的一种。那么由此可以推论说，刑事犯罪行为可以成为民事违法行为的一种。其意在表达，刑事犯罪行为属于民事违法行为的一部分，系民事违法行为中具有严重社会危害性的行为。但是，尽管可以认为民事违法与刑事犯罪之间具有包容关系，但不能认为刑事责任与民事责任之间具有包容关系。质言之，尽管民事违法行为与刑事犯罪行为之间在触犯的法律规范方面或许可以被认定包容关系，但刑事责任与民事责任之间确实存在界限。因而可以认为，刑事犯罪与不构成犯罪的民事违法行为之间也存在界限。

“由于一般违法与刑事犯罪缺乏清晰可见的界限，办案机关无论如何都可以讲出几点有罪的理由。”① 诚然，民事违法行为与刑事犯罪行为之间确实存在一些界限模糊的情形，这也是民刑交叉案件难办的重要体现。但是，民刑交叉案件之所以难办，系部分案件在罪与非罪的判定上存在重大争议，而非出于其他原因。易言之，民刑交叉案件难办，与主张采用广义上的民事违法行为概念从而认定民事违法与刑事犯罪之间属于包容关系，还是强调持狭义

① 张明楷：《妥善对待维权行为 避免助长违法犯罪》，《中国刑事法杂志》2020 年第 5 期，第 19 页。

上的民事违法行为概念从而认定民事违法与刑事犯罪之间属于交叉关系，没有任何关联。我们不能认为，主张民刑案件的“交叉性”、重视民法与刑法规范范畴的界限就会导致该种案件难办，而倡导民刑案件的“包容”忽视民法与刑法规范范畴的界限即不存在案件难办的问题。只要案件同时关涉刑法与民法的适用，特别是在罪与非罪的问题上存在重大争议，就会产生办案难的问题。如同刑法中的行政犯或者法定犯，鉴于其犯罪的认定同时关涉刑法与行政法两个法域，特别是必须以违反行政法律规范为前提，故也会在罪与非罪的判定上产生重大争议。

一般违法与刑事犯罪之间缺乏清晰可见的精确界限，并不能成为否定一般违法行为与刑事犯罪之间存在界限的理由。毕竟，法律规范的适用与数学等理工科知识的运用不尽相同。质言之，数学等理工科知识的运用，会极力追求数字的精确。但是，法律规范的适用系将抽象的法律规范适用于具体案件的过程，“没有哪项具体命题或条文是不证自明的”①，其会受到诸多因素的影响。这不仅是由于法律规范具有抽象性，而且具体事案之间也存在或多或少的差异。尤其是，判断者基于不同的立场，可能采用不同的运用方法，故而会得出不同的解释结论。例如，“法令承认提供的事实并根据事实来宣布指定的法律后果。但是事实并不是现成地提供给我们的。确定事实是一个充满着可能出现许许多多错误的困难过程”②。况且，法律适用并非完全依靠逻辑。主张“法律发展中唯一起作用的力量非逻辑莫属”的观点曾大行其道，认为我们能够按数学方式从某些行为公理中推导出既定的法律体系（例如我们的法律体系）。诚然，法律人的训练是一种逻辑训练。类推、辨析和演绎的过程，是法律人最得心应手的事情。司法判决所使用的语言最重要的是逻辑的语言。而且逻辑的方法和形式，正好迎合了每个人心目中对于确定性和对于恬静的向往。但是，确定性一般而言只是幻象，恬静也不是人的命数。潜藏在逻辑形式背后的判断，关乎相互竞争的各种立法性根据的相对价值和重要性，这判断固然经常是不明不白和浑然无觉的，却正是整个诉讼活动的根基和命脉之所系。③ 法律规范的适用存在相对明确的界限。应当认为，司法实践中的绝大多数案件，在其法律适用上并不存在疑问。真正成为问题的，是少部分在犯罪性质认定上存在激烈争论的案件。“我们一定不能让这些偶然且

---

① ［美］霍姆斯：《法学论文集》，姚远译，商务印书馆 2021 年版，第 161 页。

② ［美］罗克斯·庞德：《通过法律的社会控制》，沈宗灵译，商务印书馆 2010 年版，第 33 页。

③ ［美］霍姆斯：《法学论文集》，姚远译，商务印书馆 2021 年版，第 159-161 页。

相对罕见的事件蒙住了我们的眼睛，看不见有无数事件既不是含混不清，也没有冲突，更没有机会得出有分歧的判决。”[①] 即便如此，我们也不能认为，对民刑交叉案件法律责任的判断尤其是犯罪的判定可以随心所欲。相反，判断者必须以现有法律规定为根基，依据法律解释学基本原理作出科学合理的解释。通过不同见解及理由的交锋，使人们对于特定问题的看法更为趋同化。

① ［美］本杰明·卡多佐：《司法过程的性质》，苏力译，商务印书馆1997年版，第77页。

第二章

侵权类民刑交叉案件法律责任追究的管辖

第一节　侵权类民刑交叉案件法律责任追究的管辖现状

一、侵权类民刑交叉案件法律责任追究的管辖冲突及规范意义

（一）侵权类民刑交叉案件法律责任追究的管辖冲突

侵权类民刑交叉案件法律责任由于同时牵涉民事法律责任与刑事责任，故对其追究不同于单纯的民事案件，也有别于简单的刑事案件。[①] 鉴于民刑交叉案件法律责任的追究同时涉及民法与刑法两个法域，并且需要适用两种法律程序，因而既复杂又烦琐。[②] 办理民刑交叉案件的过程中，比较突出的问题是民刑交叉案件中追究法律责任时通常面临管辖的疑问。“公正的法治是正义的基本要求，正当的过程主要是通过程序来实现”[③]，案件程序则是从诉讼管辖开始的。可以说，管辖制度是司法公正的“第一道生命线。”[④] 或许有见解认为，既然民事诉讼法与刑事诉讼法已经对案件管辖作出了较为明确细致的规定，那么在办理民刑交叉案件的过程中，司法机关只需严格依照民事诉讼法与刑事诉讼法的相关规定来操作即可，似乎不存在管辖的疑问。这种观点貌似全面公允，却忽视了民刑交叉案件管辖过程中的分离和冲突。这些分离和冲突恰恰是侵权类民刑交叉案件办理过程中司法管辖经常面对且无法回避的问题。更重要的是，此类观点没有注意到民事管辖与刑事管辖规则的关系，

---

① 参见王亚明：《民刑交叉案件法院与公安衔接机制新探》，《社会科学家》2021 年第 1 期，第 98 页。

② 参见徐彰：《刑民交叉视野下的民间借贷问题研究》，法律出版社 2018 年版，序言第 2 页。

③ 约翰·罗尔斯：《正义论》，中国社会科学出版社 1988 年版，第 112 页。

④ 肖建国：《管辖制度与当事人制度重构》，《人民法院报》2004 年 2 月 11 日。

无助于问题的解决。

侵权类民刑交叉案件法律责任追究的管辖之所以在司法实践中成为难题，主要存在以下原因：

首先，侵权类民刑交叉案件中民事责任追究与刑事责任追究涉及两种诉讼程序。

为了提高案件办理效率特别是促进法律责任追究的公平性，我国《民事诉讼法》与《刑事诉讼法》对民事案件与刑事案件的管辖作出了较为具体的规定。如果案件属于纯粹的民事案件，则只需对照民事诉讼法中管辖的相关条文即可对案件管辖作出处理。若案件系简单的刑事案件，则依据《刑事诉讼法》中有关管辖的具体规定即可作出具体的适用结论。但侵权类民刑交叉案件与此不同，其需要同时适用民法与刑法两种法律规范，因而会涉及民事诉讼与刑事诉讼两种程序，无疑会牵涉两种管辖。但是，两部诉讼法对于管辖的规定存在较大差异，从而导致同一案件中民事责任追究所应适用的管辖规则与刑事责任追究所应适用的管辖规则之间通常存在不一致甚至冲突。质言之，诉讼管辖不仅包含法院受案的地域管辖、级别管辖与专门管辖，刑事诉讼管辖还涉及立案管辖。以诉讼程序中的地域管辖为例，民事诉讼法中的地域管辖主要以“原告就被告”为原则。尽管依据民事诉讼法，部分民事诉讼案件也可以由原告所在地法院管辖，例如联合运输合同纠纷案件甚至可以由运输始发地、目的地等与联合运输合同有关联的相关法院实施管辖，但是总体上仍然是以被告所在地作为法院实施地域管辖的依据。可见，“原告就被告”是民事诉讼中确定地域管辖的基本原则。[①] 与此相对，刑事诉讼中地域管辖的确定却注重危害行为。虽然部分案件中也能以被告人居住地等确定管辖，但以犯罪地作为确定管辖的最核心原则。[②] 当然，刑事诉讼中的犯罪地并非仅指危害行为实施地，还包括危害结果发生地。另外，就级别管辖来说，民事诉讼案件以基层法院实施管辖为原则，其他级别的法院管辖少量特殊案件。例如中级人民法院管辖的案件包含了重大涉外案件、本辖区内有重大影响的

---

① 张卫平：《民事诉讼法（第五版）》，法律出版社 2019 年版，第 109-110 页。当然，对于民事诉讼程序中的“原告就被告”基本原则是否具有合理性，学界存在争议，但本书无意介入。具体参见秦伟：《“原告就被告”原则的反思与重构——以当事人中心主义为视角》，《法学论坛》2009 年第 1 期，第 94-98 页；孙邦清：《为何原告就被告？——关于地域管辖为谁而设之辩》，《法学家》2011 年第 5 期，第 148-154 页。

② 参见陈光中：《刑事诉讼法（第七版）》，北京大学出版社、高等教育出版社 2021 年版，第 128-129 页。

案件以及最高人民法院确定由中级人民法院管辖的案件三类。可见，《民事诉讼法》关于级别管辖的规定，主要以案件属性、案件影响以及最高人民法院的指定为依据。与此相对，虽然刑事诉讼案件同样以基层法院管辖为原则，但中级人民法院管辖的案件只包含两类：危害国家安全、恐怖活动案件以及可能判处无期徒刑、死刑的案件。可见，《刑事诉讼法》中关于级别管辖的确定，主要着眼于危害行为的特殊性质以及可能判处的刑罚种类。因而，民事诉讼管辖与刑事诉讼管辖可能在级别管辖上并不一致。司法实践中实施故意杀人的案件，可能被判处无期徒刑或者死刑，一般由中级人民法院实施管辖。可是，受害人近亲属针对杀人行为提起的民事诉讼，不属于中级人民法院管辖范围，只能由基层人民法院管辖。另外，《刑事诉讼法》中还设定了特殊的立案管辖，对于公安机关、检察机关、法院在刑事诉讼中各自的受案范围作出了明确划定，致使刑事诉讼中的管辖复杂程度远远超越民事诉讼中的管辖。民事诉讼与刑事诉讼中确定管辖的基本准则与具体内容不同，会引发一个问题，即一个同时引起民事责任和刑事责任的危害行为，到底是依据《民事诉讼法》的相关准则来确定管辖还是根据《刑事诉讼法》的有关规定来确定管辖。可能存在下列状况，住所地为 A 地的行为人王某在 A、B、C 多地实施合同诈骗并且数额特别巨大，其中大部分行为在 B、C 两地实施。王某实施诈骗行为的对象除了来自 A、B、C 三地，还包括 D、E 等多地。本案属于典型的民刑交叉案件，其中追究民事责任的民事诉讼管辖固然可以确定为被告人王某所在地 A 中级人民法院。但以追究刑事责任为使命的刑事诉讼不仅需要确定地域管辖，还应明确级别管辖。可见，民刑交叉案件的“交叉”不仅体现为在规范法域范畴上具有交叉性，并且在法律责任追究的案件管辖上亦存在交叉。

其次，侵权类民刑交叉案件中民事责任与刑事责任之间具有极其紧密的联系。

民刑交叉案件中的管辖之所以成为问题，即在于行为人所实施的危害行为同时涉及两种法律责任，需要适用两种诉讼程序，并且两种法律责任之间存在极其紧密的联系。因此在处理民刑交叉案件的过程中，司法机关可能会基于两种法律责任之间极其紧密的联系而在管辖上出现争执与冲突。大体而言，司法机关在民刑交叉案件管辖之上的争执与冲突表现为两个方面：积极性冲突与消极性冲突。所谓积极性冲突，即几个有管辖权的司法机关都意图管辖该案件。所谓消极性冲突，即几个有管辖权的司法机关以多种理由推诿甚至拒绝对该案件实施管辖。① 以司法实践中常见的涉诈骗类民刑交叉案件为例，赵某作为甲企业负责人与个体工商户刘某之间存在长期的经济往来。某日赵某与刘某签订采购合同，刘某按照约定支付给赵某20万元货款，但赵某迟迟不发货。刘某多次催促无果后，经调查询问才发现赵某早已携款潜逃，刘某到当地公安机关报案。公安机关对刘某的报案经过审查后认为，尽管赵某收取刘某20万元货款后不发货并且携款出走，但鉴于赵某与刘某之间有长期稳定的经济往来，难以认定赵某的行为涉嫌诈骗类犯罪。由于双方签有采购合同，并且赵某与刘某之间的纠纷属于合同纠纷，故公安机关表示不能立案并要求刘某向法院提起民事诉讼。刘某向法院提起诉讼后，法院经过审查认定该案件涉嫌诈骗类犯罪，建议赵某向公安机关报案要求立案追究刑事责任。② 可见，正因为民刑交叉案件同时关涉刑法与民法的适用，其所引起的民事责任与刑事责任之间存在极为紧密的联系，故极易产生管辖的争议与冲突。

再次，侵权类民刑交叉案件中对刑事责任的追究往往占据主导地位。

民刑交叉案件所引发的民事责任与刑事责任，不仅从形式上看二者没有先后顺序的限制，并且对其法律责任的评价也不应存在高下之分。质言之，民事责任与刑事责任所对应的法律规范不同，各自的内容也存在根本性差异。两者原本属于不同的法域，只是因危害行为的实施同时引发两种法律责任并且彼此存在紧密联系。民事责任与刑事责任各自对应民事法律规范与刑事法律规范，刑法被认为是民法等法律的保障法。一个危害行为只有在民法等基本法律无法作出有效的规制时才需要动用刑法来予以规制。③ 因为刑法作为一种终极规范，其动用的后果往往是以对公民最重要的权利，即自由的剥夺为代价的。④ 有鉴于此，民法等处于基础地位的法律规范通常被称为“第一次法”，而刑法则被冠以“第二次法”“保障法”。⑤ 或许有见解认为，既然刑法具有民法等法律规范的保障法性质，那么相对于民法等基本法律规范而言，刑法无疑具备优势地位。民刑交叉案件所引发的民事责任与刑事责任，因刑

---

① 参见李晓明、李文吉：《跨国网络犯罪刑事管辖权解析》，《苏州大学学报（哲学社会科学版）》2018年第1期，第89页。

② 参见刘宪权、李振林：《集资类案件中的刑民交错现象及其归宿》，法律出版社2017年版，第14页。

③ 参见刘艳红：《民刑共治：中国式现代犯罪治理新模式》，《中国法学》2022年第6期，第36页。

④ 邓子滨著：《斑马线上的中国（第三版）》，法律出版社2016年版，第54-55页。

⑤ 参见［日］大塚仁：《犯罪论的基本问题》，冯军译，中国政法大学出版社1993年版，第14页；［日］泷川幸辰：《犯罪论序说》，王泰译，法律出版社2005年版，第2页。

法具有优势地位，似乎应该主张刑事责任追究的优先性、倡导刑事管辖的优先性。司法实务中，对刑事责任的追究在民刑交叉案件中通常占据主导地位。所谓占据主导地位，即司法机关在面对民刑交叉案件时，通常优先实施刑事管辖以追究行为人的刑事责任。在民刑交叉案件的司法实践中，一旦有些案件“涉嫌”刑事，许多基层人民法院习惯当即终结民事程序，或者中止审理，或者裁定驳回起诉，全案移送本地公安机关或者通知当事人向公安机关报案。至于“涉嫌”的依据则五花八门，标准也存在较大差异。公安机关正式通知、当事人起诉状描述的事实倾向、涉案纠纷人数等事实都可能成为“涉嫌”刑事问题的判断标准。① 无论“民转刑”的依据还有哪些，只要公安机关接收法院移送的案卷材料，就从事实上推定由公安机关代表国家公共利益，对失范秩序进行矫正，并对受害人进行公法层面的刑事替代性国家救济。② 不仅如此，若法院正在审理同时涉嫌犯罪的民事案件，公安机关或者其他侦查机关通常会以涉嫌犯罪为由，要求人民法院中止民事案件的审理并将案件移送至侦查机关。并且该种案件处理方式也被最高人民法院所认可。③ 最高人民法院、最高人民检察院、公安部于 1985 年 8 月 19 日联合发出的《关于及时查处在经济纠纷案件中发现的经济犯罪的通知》指出，“各级人民法院在审理经济纠纷案件中，如发现有经济犯罪，应按照 1979 年 12 月 15 日最高人民法院、最高人民检察院、公安部《关于执行刑事诉讼法规定的案件管辖范围的通知》，将经济犯罪的有关材料分别移送给有管辖权的公安机关或检察机关侦查、起诉，公安机关或检察机关均应及时予以受理”④。虽然该规定通常被认为要求司法机关以“先刑后民”的模式来作为处理民刑交叉案件的基本规则，但是该种模式自然对民刑交叉案件管辖的处理也具有重要影响。可见，在办理民刑交叉案件的过程中，审理其中民事纠纷的法院与追究刑事责任的公安机关等部门之间，也会对案件的管辖产生争议与冲突。

从表面上来看，民刑交叉案件是两种诉讼程序的互涉，究其根源，则是公、私法分野带来的民、刑两种权利（力）和责任分野的结果。质言之，民刑交叉案件处理过程中一种程序对另一种程序的影响往往表明国家对私益、

---

① 刘文斌、孟健：《跨辖区刑民交叉案件管辖权冲突研究——以民事欺诈与刑事诈骗互涉类案件为切入点》，《山东法官培训学院学报》2018 年第 4 期，第 80 页。

② 万毅：《刑事被害人诉讼权利保障若干问题研究》，《兰州学刊》2016 年第 12 期，第 127 页。

③ 刘卉：《刑民交叉案件：争议难点与司法处理》，《检察日报》2019 年 8 月 19 日，第 3 版。

④ 霍晓丹、赵波：《刑民交叉案件的司法处理原则与规则——以诈骗行为和民间借贷行为为例》，《社会科学动态》2021 年第 10 期，第 98 页。

公益两者保护上的倾向性。换言之，我国民刑交叉案件司法实践中的“先刑后民”处理原则，系由于刑事案件存在着维护公益的假设，“先刑”意味着在公益与私益的冲突中公益居优先地位，而这一命题在转换为程序语言时又演变为“公权优先”。或许有见解认为，理性的制度不能任由“倾向性”演变为“一边倒”，也即“公权优先”必须有底线和范围，否则容易导致公权力的恣意与擅断，更会助长过度依赖刑事手段解决社会纠纷的风气，使得纠纷解决日益“暴力化”，削弱民事诉讼在诉讼机制中的作用。[①] 但是，民刑交叉案件法律责任的追究之上确实存在刑事责任追究的主导性，因而容易存在民事诉讼管辖与刑事诉讼管辖的冲突。

最后，民刑交叉案件中犯罪判定的复杂性也增加了该类案件的管辖冲突。

民刑交叉案件中犯罪判定的复杂性不仅使得案件自身面临犯罪成立与否的重大疑问，而且导致追究犯罪的刑事管辖也面临争议，从而增加了民刑交叉案件的管辖冲突。以互联网民刑交叉案件为例，互联网的迅猛发展对人类生产、生活具有巨大影响。尤其是，以人工智能为主要形式的数字技术甚至带来了部分生产、生活方式的变革。“大数据是一场革命，将改变我们的生活、工作和思维方式。”[②] 随着近年互联网经济兴起，发生在全国范围内的跨辖区民事纠纷甚至涉嫌刑事犯罪案件层出不穷，这些案件的共同特点是犯罪嫌疑人（被告人）在某地拥有固定营业场所、员工、正规营业执照和税务凭证，并通过互联网向全国提供服务，一旦当事人之间因后续“履行不能”而发生纠纷，尤其出现当事人“跑路”的情况时，往往很难在短时间内区分相关案件究竟属于民事合同纠纷还是涉嫌刑事诈骗。[③] 由于犯罪判定的复杂性，尤其是在对是否构成犯罪存在重大争议的情形下，如何依法对案件实施管辖无疑存在难题。“部分刑事法律关系和民事法律关系相互交叉、相互影响的案件，致使司法机关在民刑交叉案件管辖这一法律纠纷‘入口’问题上争相立案或相互推诿。”[④] 即使是在公安机关系统内部，也可能存在不同辖区公安机关之间以及同一辖区公安机关内部不同支队之间基于罪与非罪或者对犯罪性

① 李蓉：《民刑交叉案件中管辖权异议制度探析》，《政治与法律》2010 年第 6 期，第 90 页。

② ［英］维克托·迈尔-舍恩伯格、肯尼斯·库克耶：《大数据时代——生活、工作与思维的大变革》，盛杨燕等译，浙江人民出版社 2013 年版，第 1 页。

③ 高艳东：《诈骗罪与集资诈骗罪的规范超越：吴英案的罪与罚》，《中外法学》2012 年第 2 期，第 431 页。

④ 印仕柏：《民刑交叉案件管辖问题研究》，《中国刑事法杂志》2009 年第 6 期，第 45 页。

质的不同认识，从而导致消极或者积极争抢管辖权的行为[①]，进而为当事人维权以及民刑交叉问题的有效解决再添新的挑战。[②] 退而言之，即便司法机关对民刑交叉案件已经实施管辖，对于该种管辖是否科学合理，往往也存在争论。例如，某公司因资金紧缺，其法定代表人授意经理将已经办理过抵押手续的公司房产伪造成预售房的名义提供给受害人抵押借款。一审法院认为该公司在资不抵债的情况下，以非法占有的目的欺骗受害人，骗取其财物，构成合同诈骗罪。二审法院认为，现有证据不能证明该公司对涉案款项具有非法占有目的，主要原因之一是该款项确实用于公司经营，且公司并未达到资不抵债、无力偿还借款的地步。[③] 以"一事不再理"原则、审判权一次用尽原理为理论前提，同一案件究竟属于刑事还是民事案件并最终由哪一法庭作出裁决，都体现最终定性上的逻辑唯一性、互斥性，并产生具有权威约束功能的"既判力"。[④] 实践中，无论从刑事案件转化为民事案件，还是从民事案件转化为刑事案件，其衔接机制都经常存在一个模糊的时空"间隙"，并非"非黑即白""非此即彼"，且案件发展方向也未必都按照理论假想推进。换言之，并非每个案件在初始阶段就能取得和法院最终定性一致的"唯一排他"的逻辑结果，否则大可省略侦查与审查监督等环节。[⑤] 由于案件定性标准差异以及转化衔接机制不畅，管辖权的积极或者消极冲突都成为现实可能，由此带来证据提取和保全、诉权保障等问题上的不确定性，甚至可能造成当事人难以挽回的经济损失，从而加剧公民对司法的不信任感。

（二）侵权类民刑交叉案件法律责任追究管辖的规范意义

在诉讼程序中，案件管辖的合理确定具有极其重要的意义。无论是民事诉讼还是刑事诉讼，管辖都是司法机关启动诉讼程序的关键标志，也是司法机关对案件追究法律责任的重要依据。鉴于管辖的重要性，《民事诉讼法》与《刑事诉讼法》不仅就司法机关对案件实施管辖作出了明确规定，还特别规定

---

① 参见张曙：《刑事诉讼中的管辖错误及其处理》，《法学家》2020 年第 3 期，第 118 页。

② 刘文斌、孟健：《跨辖区刑民交叉案件管辖权冲突研究——以民事欺诈与刑事诈骗互涉类案件为切入点》，《山东法官培训学院学报》2018 年第 4 期，第 79 页。

③ 参见山东省高级人民法院依法服务保障新旧动能转换重大工程十大典型案例之二：光某公司、丁某等合同诈骗二审改判无罪案。

④ 陈瑞华：《刑事诉讼中的重复追诉问题》，《政法论坛》2002 年第 5 期，第 115 页。

⑤ 刘文斌、孟健：《跨辖区刑民交叉案件管辖权冲突研究——以民事欺诈与刑事诈骗互涉类案件为切入点》，《山东法官培训学院学报》2018 年第 4 期，第 79 页。

了管辖的冲突处理原则。2019 年最高人民法院发布的《全国法院民商事审判工作会议纪要》第 129 条也对涉众型经济犯罪与民商事案件的程序处理规则进行了相关规定。[①] 民刑交叉案件中之所以强调法律责任追究管辖的重要性，主要有如下理由：

第一，管辖的合理划定是民刑交叉案件法律责任追究得以合法合理办理的前提。

无论是民事责任的判定还是刑事责任的追究，确定管辖是案件得以合理合法办理的前提。也即，只有合法合理确定了案件的管辖，才能令案件的办理得以“名正言顺”。普通的案件尚且如此，民刑交叉案件的办理更是如此。正如学者所言，“刑法不善，良民不被其害；然刑诉法不备，即良民不免受其害”[②]。若某个司法机关本来无权管辖民刑交叉案件，然其不依法退出案件管辖而是强行对案件予以管辖，即便案件最终的处理结论完美无瑕、无懈可击，但鉴于案件管辖违反法律规定，所得出的处理结论自然也应被推翻。管辖的正当性之所以越来越受到重视，在于其自身具有独立的价值与意义。质言之，在原有的观念中，“结果优先于程序”通常大行其道。通常认为，只要案件处理结果正确合理即可，即便程序具有其自身意义，但相对于结果而言只能处于次要地位。但是，随着社会的发展尤其是人们对法治、正义的认识进一步加深，程序自身所具有的独立价值与意义逐渐被挖掘出并且越来越受重视。[③] 换言之，刑事诉讼活动已经基本完成以“了解真相为本位”向“正当程序为本位”的观念转变。[④] 具体到诉讼程序中的管辖，无论是民事诉讼还是刑事诉讼，其管辖都依据特定的规则来划定，不可恣意操作。民刑交叉案件的复杂性远超单纯的民事违法案件及其他简单的刑事案件，其既涉及民事责任评判的案件管辖，也关涉刑事责任追究的案件管辖，尤其是两种法律责任追究的管辖之间通常存在冲突。在此状况下，倘若不能就民刑交叉案件法律责任追究的管辖提供合法合理的处理策略，则案件办理的合法性与合理性都会遭受质疑。可见，合理确定民刑交叉案件的管辖对于合理合法追究其民事责任与刑事责任具有极其重要的意义。

---

① 《最高人民法院关于印发〈全国法院民商事审判工作会议纪要〉的通知》（法〔2019〕254 号）。

② ［日］冈田朝太郎：《刑事诉讼法》，汪有龄译述，中国政法大学出版社 2012 年版，要旨第 1 页。

③ 参见庞正：《法治秩序的社会之维》，《法律科学（西北政法大学学报）》2016 年第 1 期，第 3 页。

④ ［日］松尾浩也：《日本刑事诉讼法（上卷）》，丁相顺译，中国人民大学出版社 2005 年版，第 14 页。

第二，管辖的合理确定有利于实现民刑交叉案件法律责任追究的办案效果。

“法律规范的制定并非单纯为了惩罚或报应，而应具有规范作用。”① 所谓具有规范作用，即法律规范应当充分发挥其对国民行为的指导和引领意义。“法规范是由统治人们行为的行为规范与当违反行为规范时将产生某种效果的制裁规范这两者构成的。”② 法律规范为国民提供行为规范，不仅体现在法律规范本身能够给行为提供规范引领，更有赖于法律规范的适用能起到行为规范的效果。质言之，法律规范的制定与运用，必须实现其成为公民行为导向的意义，令公民能够知晓行为自由的界限。不过，法律规范所具有的规范意义的实现，取决于双重因素。一方面，立法机关制定的行为规范必须科学合理，能充分激励“善”行为的同时抑制“恶”行为。也即，法律规范必须具有“惩恶扬善”之导向。若立法机关制定的某法律规范具有与“惩恶扬善”相反的功能与导向，则其正当性备受质疑。尽管历史上，“恶法亦法”曾有其市场，但现代社会中“恶法非法”理应成为立法领域的基本准则。有鉴于此，立法审查成为现代各国法治建设的重要内容。另一方面，更为重要的是，立法机关制定的法律规范出台后，法律适用的机制应当顺畅。“法律不是靠明确的条文来表现，而是在一个个案件的判决书中清晰地展示出来。”③ 也即，立法机关制定的科学合理的法律规范，应当得到有效的适用。法律的生命在于有效适用。一部再怎么完美无瑕的法律，倘若不能得到有效的适用，便不能充分发挥其规范引领作用。④ 可见，顺畅的法律适用机制是法律规范得以运用并实现其立法目的的重要渠道。尽管司法无法涵盖全部的法律适用，但是司法却是法律适用中极其关键的范畴。为了促进法律规范的有效运用，司法领域需要依据科学合理的诉讼规范，其中管辖即成为重要内容。就我国的《民事诉讼法》而言，其只是确定了纯粹民事违法案件法院管辖的基本准则。《刑事诉讼法》中的管辖规定也只是针对单纯的刑事案件。但是民刑交叉案件同时引发民事责任与刑事责任，既要评判其中的民事责任又要追究刑事责任。尤其是，在民刑交叉的诸多事案中，司法机关对行为人是否构成犯罪存在疑问，在此状况下司法机关基于对案件定性的分歧可能对案件管辖作出不同的

---

① 参见崔志伟：《积极刑法立法背景下前科消灭制度之构建》，《现代法学》2021年第6期，第162页。

② ［日］高桥则夫：《刑法总论》，李世阳译，中国政法大学出版社2020年版，第4页。

③ ［美］安东尼·刘易斯：《言论的边界》，徐爽译，法律出版社2010年版，第3页。

④ 何荣功：《我国轻罪立法的体系思考》，《中外法学》2018年第5期，第1202页。

判定结论，从而导致不同司法机关对于同类民刑交叉案件的管辖作出不同的处理。[①] 又如，民刑交叉案件中民事责任的评判与刑事责任的追究，如果主张刑事责任追究占据主导地位，那就意味着民刑交叉案件的管辖以刑事责任追究的管辖为准则，民事责任评判的管辖只能处于从属或者附属地位。但是，该种主张或者处理模式的正当性何在？存在何种法律根据？对于民刑交叉案件来说，既然其行为同时涉及民法与刑法的适用，无疑需要同时追究民事责任与刑事责任，但是以何种规则确定其管辖，成为追究民事责任与刑事责任的重要前提。

第三，管辖的合理确定可以有效规范司法机关对民刑交叉案件法律责任的追究。

如前所述，既然民刑交叉案件往往使得两种法律责任的追究关联在一起，由此会导致案件的办理面临民事责任追究的管辖与刑事责任追究的管辖呈现交织甚至冲突状态。在司法实践中，司法机关既有可能基于功利等缘由对案件管辖实施积极性争夺，也有可能出于避免矛盾冲突观念等对案件管辖实施消极性推脱。有鉴于此，司法实践中可能出现追究刑事责任的司法机关强行对民事责任追究实施干预，以实现动用刑事管辖达到对民刑交叉案件民事责任与刑事责任追究的目的。值得注意的是，尽管最高人民法院针对民刑交叉案件出台了相关规定，但该规定能否对司法机关对民刑交叉案件实现管辖进行有效指导尚存在疑问。探其缘由，一方面，最高人民法院所出台的规定只是强调人民法院在发现其所审理的经济纠纷所关联的案件中，如果与本案不是同一法律关系的案件，应当及时提交给刑事司法机关处理。[②] 可见，最高人民法院所出台的相关规定并没有对民刑交叉案件的管辖作出较为具体明确的指导。另一方面，鉴于司法实践中刑事责任追究具有的强制性，极易对民事责任的追究管辖产生不当影响力，最高人民法院所出台的相关规定并没有对此引起高度重视并就此作出具有指导性的具体意见。正由于民刑交叉案件管辖之上通常存在冲突，尚又缺乏明确的指导规定或指导意见，故在民刑交叉案件的管辖上极易出现争议与疑问。因此，以《民事诉讼法》《刑事诉讼法》这两部诉讼规范所包含的管辖规定为根基，结合民刑交叉案件民事责任及刑事责任追究所具有的特殊性，探究民刑交叉案件法律责任追究可行的有效管辖指导意见，可促进民刑交叉案件管辖的规范化，有效减少甚至避免案件管

① 王亚明：《民刑交叉案件法院与公安衔接机制新探》，《社会科学家》2021 年第 1 期，第 98 页。
② 赵子强、袁登明：《刑民交叉案件的诉讼模式问题研究》，《法律适用》2009 年第 2 期，第 2 页。

辖上的冲突或者推诿。

二、民刑交叉案件法律责任追究的管辖适用现状

民刑交叉案件由于同时涉及民事责任与刑事责任追究，横跨两个法域并且两种法律责任之间具有极其紧密的联系，因而两种法律责任的追究可能出现交织甚至冲突状况。就民刑交叉案件的司法实践来看，其管辖呈现出下列状况：

第一，涉众经济类民刑交叉案件与其他类型民刑交叉案件的管辖明显不同。

民刑交叉案件虽然在总体上表现为一个行为同时引发民事责任与刑事责任，但是在具体司法实践中不同类型的民刑交叉案件所呈现的管辖状态明显不同。具言之，民刑交叉案件总体上可以区分为涉众经济类民刑交叉案件与其他类民刑交叉案件。所谓涉众经济类民刑交叉案件，即民刑交叉案件不仅涉及经济纠纷，且受害人众多，尤其是涉案金额特别巨大。① 在司法实践中，涉众经济类民刑交叉案件主要以行为人诱导众多受害人投资、入股、购买理财产品等为主要表现形式。例如，行为人宣称不同的投资能够获得差异性的高利息或者购买特定理财产品可以获得高回报，众多受害人按照宣传内容实施投资行为或者购买行为之后，行为人携款潜逃，或者资金链断裂后受害人不能如期取得回报或者拿回投资成本。② 与此相对，所谓其他民刑交叉案件，指涉众经济型民刑交叉案件之外的其他民刑交叉案件。

涉众经济型民刑交叉案件一方面涉及经济纠纷，另一方面受害人众多，并且往往涉案金额特别巨大，故相较于普通民刑交叉案件具有自身的特殊性、复杂性。③ 该类案件发生后，面对违法犯罪人携款潜逃、涉案人数多尤其是尽管涉案金额特别巨大但可能现存资产所剩不多的局面，受害人会迫切采取多种手段意图挽回经济损失。其既可能向法院提起诉讼，也有可能与此同时向公安机关报案请求追究违法犯罪人的刑事责任，由此会导致该案法律责任追究民事管辖与刑事管辖的冲突问题。④ 在司法实践中，若受害人选择向公安机

① 参见广州市天河区人民检察院课题组：《互联网背景下的涉众型经济犯罪实证研究——以天河区人民检察院近年办理的相关案件为样本》，《法治论坛》2020 年第 1 期，第 270 页。

② 参见非法集资犯罪问题研究课题组：《涉众型非法集资犯罪的司法认定》，《国家检察官学院学报》2016 年第 3 期，第 99-101 页。

③ 张坚主编：《涉众型经济犯罪案件疑难问题研究》，法律出版社 2017 年版，第 5-7 页。

④ 张坚主编：《涉众型经济犯罪案件疑难问题研究》，法律出版社 2017 年版，第 21 页。

关报案由公安机关实施刑事管辖启动刑事诉讼程序，则无疑公安机关所实施的刑事管辖具有优先性。在此状况下，即便部分受害人已经向法院提起民事诉讼，法院也会作出中止案件审理的裁定，让位于公安机关实施的刑事管辖，等待案件的刑事判决生效后，才会继续启动民事诉讼的审理。若在公安机关通过立案实施刑事管辖的同时向法院提起民事诉讼，法院会以该案已由公安机关实施刑事管辖为由不予受理。只有在案件经法院作出生效刑事审判之后，法院才会立案受理。可见，涉众经济型民刑交叉案件的管辖体现出显著的刑事管辖优先性，但该种特殊的管辖安排在其他民刑交叉案件中并不存在。例如受害人被行为人砍成重伤后，其既可以先行向法院提起民事诉讼追究行为人的民事责任，也可以在刑事诉讼过程中提起附带民事诉讼，甚至可以在刑事判决作出后再选择向法院提起民事诉讼。

由此观之，涉众经济型民刑交叉案件法律责任追究的管辖极为特殊，表现为明显的刑事管辖优先性，因而与其他民刑交叉案件在法律责任追究管辖方面存在显著差别。由此，应当探寻对涉众经济型民刑交叉案件实施特殊管辖的缘由。也即，为何对该类案件实施特殊管辖？大体而言，涉众经济型民刑交叉案件的管辖之所以具有鲜明的刑事管辖优先性，主要基于下列理由：

其一，涉众经济型民刑交叉案件法律责任追究的管辖应考量社会稳定的因素。

涉众经济型民刑交叉案件不仅存在经济纠纷，并且受害人众多、涉案金额特别巨大。案发后为了尽力挽回经济损失，受害人可能会采取多种有力手段。涉众经济型民刑交叉案件的处理，存在社会稳定因素的考量。若处理不慎将会引发大量的社会问题，从而影响社会稳定。在涉众经济型民刑交叉案件法律责任追究的司法实践中，之所以实行刑事诉讼管辖的优先性，主要是基于由刑事管辖启动的刑事诉讼对于犯罪的追诉应当慎重且相较于民事诉讼具有更强的强制性。质言之，与追究民事责任的民事诉讼相比，以追究刑事责任为使命的刑事诉讼对于罪与非罪应当严格依法并且审慎作出判定结论。[①] 之所以作出该种限定，首先在于刑事诉讼以刑事责任追究为轴心，嫌疑人、被告人在被法院判定有罪的情形之下通常面临刑罚惩罚的严重后果，因而刑事诉讼的管辖及其程序的推进应严格依法并谨慎实施。其次，与民事诉讼由法院单一主导不同，刑事诉讼经由多个诉讼阶段，从应然角度而言法院

① 刑事诉讼以追究刑事责任为使命，并非倡导法院必须作出有罪判决，而是强调只有在犯罪嫌疑人、被告人确实触犯刑法构成犯罪的情形下才能依法定罪判刑。

所作出的最终评判结论应更具准确性。[①] 细言之，尽管法院在审判阶段占据主导地位并且最终的刑事判决由法院作出，但刑事诉讼在侦查阶段、审查起诉阶段分别由公安机关、检察机关主导。一个案件从经由立案实施刑事管辖到作出有罪判决，至少要经由公安机关、检察机关、法院三个机关的专业性审查，故而刑事诉讼的审查更为严格、处理更为谨慎。“处置此类案件不单是一个追究被告人刑事责任的问题，更多的是一个如何挽回被害人经济损失、维护社会稳定的问题。”[②] 具体到涉众经济型民刑交叉案件，由于受害人众多、涉案金额特别巨大，由公安机关优先实施刑事管辖，而后根据刑事侦查等诉讼阶段的审查结果来作出后续处理。例如对相关责任人员一律采取刑事强制措施，既有利于追回涉案财产，也能使受害人接受案件审查所确认的现实，从而有效维护社会稳定。

其二，民刑交叉案件法律责任的追究中刑事判决对民事诉讼具有约束力。

“法院作出的判决一经生效，便具有了相应的法律效力。”[③] 在法院判决所具有的多种效力之中，最为基础的当属既判力。既判力指法院的判决一经生效，不能任意撤销或者改变，其源于罗马法的“一案不二讼”，即原告诉权一经行使不能再次行使诉权，后来发展为“一事不再理”原则，属于民事诉讼法学基本理论范畴之一。[④] 有学者认为，当事人与法官应当受法院已生效判决的拘束，不得作出与该判决相矛盾的内容。[⑤] 日本学者兼子一等认为，“案件的终局判决对当事人及作为国家机关的法院产生拘束力，即使把同一事项作为问题再次于诉讼中提出，亦须以前面所作终局判决为基础”[⑥]。不仅如此，

---

① 我国刑事诉讼法设计不同的诉讼阶段是为了体现公安机关、检察机关、人民法院各自在侦查阶段、审查起诉阶段、审判阶段对于犯罪判定的筛选作用，以至最终经由法院作出的有罪判决经过层层筛选具有科学性和合理性。但是，该种制度设计的功能发挥有赖公安机关、检察机关、法院各自发挥其应有的作用。在原有的以侦查为中心的操作模式下，公安机关、检察机关、法院三者之间的关系被形容为公安机关做菜、检察机关端菜、法院吃菜，因而容易造成冤假错案。当前，以审判为中心的诉讼改革正在有力推进，其宗旨意在充分发挥法院作为刑事审判机关所应有的在犯罪判断上的独立性、自主性作用。

② 白云山等：《坚持打防并举，妥处涉众经济犯罪案件——北京市第二中级人民法院关于处置涉众经济犯罪案件的调研报告》，《人民法院报》2010 年 11 月 4 日，第 8 版。

③ 张卫平：《民事诉讼法》，法律出版社 2016 年版，第 421 页。

④ 参见贺辉、张鹏：《既判力视角下刑民交叉案件中的事实认定》，《法律适用》2020 年第 14 期，第 113 页。

⑤ 徐少波：《论民事裁定的既判力》，《法律科学（西北政法学院学报）》2006 年第 6 期，第 120 页。

⑥ ［日］兼子一、竹下守夫：《民事诉讼法》，白绿铉译，法律出版社 1995 年版，第 156 页。

民刑交叉案件中刑事判决对民事诉讼具有约束力，只不过应结合判决的类型和具体内容作出具体分析。一般而言，有罪的刑事判决对案件事实的认定对民事程序形成拘束力，例如法院在刑事判决中认定张三对李四存在故意伤害行为，在随后的民事诉讼中，该故意伤害事实就无须再证明。无罪的刑事判决通常基于案件事实不清、证据不足而导致指控不成立，或者被指控的犯罪事实被证实非被告人所为而认定无罪。基于前一种情形作出的无罪判决对民事程序不应有拘束力，原因在于民事证据的认定标准整体上低于刑事证明标准，因此，在相同的证据情形下，被告人在刑事程序中被认定为无罪的案件事实不代表在民事程序中不能被认定为侵权行为。而后一种情形下的无罪判决应当对民事程序具有相应的拘束力，法院可以直接根据刑事判决所认定的事实认定被告未实施相应的侵权行为。换言之，刑事判决中确定性的事实会对在后的民事诉讼产生拘束力①；至于刑事判决中否定性的事实，则需要依照民事程序和相应的标准另行具体判断。在涉众经济型民刑交叉案件中，主张刑事管辖的优先性，先由公安机关、检察机关、法院按照刑事诉讼法对案件分别实施侦查、审查起诉、审判，由此所查明的事实对后续的民事诉讼具有约束力，无疑对于促进该类案件的办理具有积极作用。

第二，民事侵权行为与犯罪行为具有相似性的情形存在以刑事管辖违法插手经济纠纷的风险。

民刑交叉案件以违反民法规范的同时又触犯刑法构成犯罪为典型，但是司法实践中所论及的民刑交叉案件也包含了固然违反民法规范但对于是否同时构成犯罪存在争议的事案。尤其是，司法实践中部分民事侵权行为与犯罪行为具有高度相似性，而经严格审查又确定无法构成犯罪。以罪刑法定原则为依据可知，该种行为没有触犯刑法，不能被认定为犯罪。② 但是，鉴于其与犯罪行为具有相似性，司法实践中即存在司法机关以该案涉嫌犯罪为由违法实施刑事管辖。例如，某甲为扩大企业生产急需资金 200 万元，多次向银行申请贷款无果，便找到某乙请求借款并且承诺支付年利息 15%。某乙经过实地考察认定某甲具有还款能力遂表示同意，但为了保险起见要求某甲提供担保。在某乙的反复要求下，某甲无奈拿出一本伪造的房产证交给某乙，某乙拿到房产证后将 200 万元借给某甲。某甲拿到借款后将该钱款部分投入企业改造，其他部分投入企业运营以及日常生活，不料赶上产能过剩、行业调整

① 邢会丽：《刑民交叉案件中刑事判决效力问题研究》，《河北法学》2019 年第 6 期，第 190 页。
② 参见［日］星野英一：《民法劝学》，张立艳译，北京大学出版社 2006 年版，第 47-48 页。

致使企业亏损严重、资不抵债。借款到期后，某乙要求某甲归还借款及利息，某甲表示亏损严重无力还款。某乙欲将其房产证下的房产通过提起民事诉讼获得救济，通过律师查询方知某甲所提交的房产证系伪造。某乙感觉被骗，遂向公安机关报案。公安机关以涉嫌诈骗罪为由实施刑事管辖，将某甲刑事拘留后申请检察院批准逮捕。某乙向公安机关控告某甲实施诈骗罪的理由在于：某甲许诺年利息15%，是以高利息作为诱饵实施诈骗；在某乙明确提出担保的要求下，使用伪造的房产证虚假担保；某乙所出借的200万元，某甲只将其中的40%用于企业改造，而其他款项用于日常消费尤其是大额餐饮费、礼物（含奢侈品）购买费用，故具有欺骗性；无法还款致乙遭受200万元及利息损失。某甲认为其向某乙借款的行为不能构成诈骗罪，并提出辩解理由：许诺年利息15%，是多次向银行申请贷款无果后急于得到借款的无奈之举；伪造房产证是因为某乙反复要求，其为了得到某乙的200万元借款迫不得已而为之；某乙出借的200万元，其中65%用于企业改造[①]，其他钱款用于企业日常经营，其中为了扩大业务必然用于支付餐饮费、购买礼物费用等；无法归还借款是因为遭遇产能过剩、行业调整等多种客观问题。参照2010年最高人民法院《关于审理非法集资刑事案件具体应用法律若干问题的法律解释》等司法解释的规定中关于“非法占有目的”的认定标准，若钱款不用于生产经营活动或者明显不成比例、肆意挥霍、携款逃匿等情形，即能认定行为人具有“非法占有目的”，结合该案某甲明显不具有诈骗故意，不能构成诈骗罪。[②] 但是从受害人或者司法工作人员的角度看来，行为人与受害人固然存在借款纠纷，但鉴于其行为中存在欺骗因素，故具有构成犯罪的可能性。尤其是，当受害人通过咨询律师后得知，诉讼维权不但存在程序上的烦琐，而且需要经过较长的实践过程[③]，即便能打赢官司，在行为人亏损严重的情况下，也很难挽回经济损失。在此情形下，受害人与公安机关沟通，通过公安机关刑事立案实施刑事管辖将行为人抓获并予以关押。行为人被关押后，为了争取对自身有利的法律后果，其家属必定通过“砸锅卖铁”等非常规手段筹措资金归还受害人。另外，司法实践中公安机关以民事纠纷涉嫌犯罪为名非法插手经济纠纷的事案也常见诸媒体。例如2017年宝利国际控股股东、实际控

---

① 之所以双方对钱款投资比例存在分歧，在于评估机构所出具的资产评估结论与实际支出存在差距。

② 伪造房产证的行为是否另行构成伪造国家机关印章罪等犯罪，另当别论。

③ 参见王晓东：《论〈北京反腐败宣言〉背景下的境外追逃追赃》，《法学论坛》2015年第6期，第116页。

制人兼董事长周某某为解决与“侄女婿”邹某某的经济纠纷，贿赂无锡市公安局国内安全保卫支队原支队长马某某、无锡市公安局经济犯罪侦查支队三大队原大队长钱某等人，将邹某某抓捕。担任邹某某案辩护律师的刘长此前对《每日经济新闻》记者表示，作为时任宝利国际高管的邹某某与时任宝利国际董事长周某某之间的个人纠纷，原本可以通过沟通或者协商的方式化解，但周某某涉嫌通过贿赂无锡市经济犯罪侦查支队民警等方式，违法动用刑事手段插手经济纠纷①。

造成公安机关以刑事手段非法插手经济纠纷的主要原因，不外乎出于情感关系、利益关系、政绩因素等多重因素的考量。② 例如受害人发现无法通过民事诉讼途径取回自己的投资款后，通过关系找到公安机关负责人，请求其通过刑事手段予以帮忙。公安机关负责人鉴于同学情面等因素，以行为人涉嫌诈骗犯罪为由予以立案，非法插手经济纠纷。司法实践中常见的司法机关领导干部近亲属投资后无法按期取回投资款的，领导干部通过非常规手段插手经济纠纷，其原因即存在经济利益关系。但是该种操作方式会导致一系列危害后果。这些司法乱象的发生，除了司法机关的地方保护主义观念，还与当事人对司法权的恶意利用有着重大关系。③

第三，可能存在恶意利用司法处置偏差的空间对民刑交叉案件实施管辖操作。

司法处置偏差，指不同地区司法机关对于同种事案作出不同处理。恶意利用司法处置偏差，意指故意利用该种司法处置的偏差，进而通过不同的管辖处理措施实现处理结果的差异化。毋庸置疑，“同案同判”是司法公平正义的必然要求。尽管最高人民法院对“同案同判”作出了具体指引，但是全国不同地区的法院对于同种事案所作的裁判结论并不完全相同。之所以出现不同地区的司法机关对于同种事案的裁判存在差异，不仅由于各地司法机关对于案件标准的评判标准可能不完全相同④，还因为不同地区特定违法犯罪行为的发案率显然有别，故而司法机关尤其是法院会考量多种因素对同种事案作出不同的判定结论。例如，某些边远山区条件恶劣，许多大龄男青年找不到

---

① 《贿赂“司法工作人员”插手经济纠纷　宝利国际原董事长周德洪一审获刑两年半》，https://www.163.com/dy/article/GP9AD5GI0512B07B.html，访问日期：2022年8月8日。

② 王金耀：《公安、检察机关不应插手经济纠纷》，《中国监察》2002年第17期，第53页。

③ 江必新、胡云腾等：《刑行民交叉疑难问题研究》，《中国法律评论》2021年第6期，第1页。

④ 司法实践中，地方法院对于复杂事案尤其是重大案件，一般都采取事先上报的方式听取上级法院对于案件的处理方法及结论。不同地区高级法院对于某些案件的判定标准和处理结论并不完全一致。

对象，致使当地收买被拐卖妇女的现象较为普遍。① 尽管公安司法机关对此心知肚明，但基于多种因素的考量并没有对该问题实施刑事管辖。又如，2015年12月，海口海关缉私局美兰机场分局在工作中发现，有7家外地公司经常从海南申报出口电子元器件至香港。由于海南并没有生产这些电子元器件的厂家，将货物通过海南口岸出口至香港，这种舍近求远的方式显得特别异常。随后，海口海关在对这些公司的调查中发现，他们出口的电子元器件的价格，比其他口岸出口的同类产品价格高报了500倍至1000倍。通过调阅数十万条的报关数据发现，这7家公司与全国195家外贸生产企业有关联，在海南口岸，他们的出口货物申报额达5.1亿元人民币，有通过虚假贸易骗取国家出口补贴款的重大嫌疑。② 因该案涉及经济领域犯罪，案情复杂且涉案地广，海口海关将线索移交公安机关。公安部经济犯罪侦查局指定海南省公安厅经济犯罪侦查总队管辖，组成专案组侦办此案。专案组发现，7家涉案公司是广东饶平人刘某、詹某、何某等为首的4个犯罪团伙为骗取国家出口补贴款，在江西、福建、浙江等地注册设立的。国家对于一些商品特别是电子元件的出口有一些奖励的措施。犯罪嫌疑人就利用国家的奖励政策，以及政策的一些漏洞疯狂地作案。自2014年1月至案发时，这些公司在全国16个省份32个口岸共申报出口额高达984亿元人民币。这7家公司并没有任何生产经营能力，也没有正常的贸易行为。其实就是空壳公司，目的也是使用高报出口、走私回流、虚假贸易的形式来骗取政府的补贴款。专案组通过各地银行调取了涉案公司的资金流水，发现他们在收取到各地政府的补贴款之后，集中将补贴款转到深圳的4家公司，再由深圳的4家公司通过地下钱庄转给实际控制人。地下钱庄情况复杂，人数非常庞大。本案由海南省公安厅侦查终结后，由海口市人民检察院以诈骗罪向海口市中级人民法院提起公诉，笔者作为辩护律师参与了该案的办理。在庭审中，数名被告人当庭对案件的刑事管辖提出怀疑。其所提理由主要有包括：其一，该案只是货物经由海口美兰机场被偶然发现而已，并没有在海南实施任何违法行为；其二，该案系当地政府在明知的情况下以获得出口数据作为奖励条件并且双方签订了数据奖励合同；其三，江西、浙江等地对于该种情形一般不作为犯罪处理。因此，数名被告

① 王和平、朱邦义：《关于陨阳山区拐卖人口犯罪问题的剖析》，《公安大学学报》1989年第3期，第69页。

② 《特大骗取国家补贴出口补贴款案告破：涉案金额984亿元》，https://www.163.com/money/article/CN01U7EP002581PP.html，访问日期：2022年8月8日。

人当庭质疑海口市司法机关对该案实施刑事管辖并请求将该案移送至江西当地。既然司法实践中不同地方对于同种行为的刑事管辖及犯罪判定存在差异，故可能存在犯罪嫌疑人恶意利用司法处置偏差的空间对民刑交叉案件实施管辖的操作。

第二节　侵权类民刑交叉案件法律责任追究管辖的问题

从前述民刑交叉案件法律责任追究管辖的现状可见，司法机关对于民刑交叉案件实施的管辖并不完全统一。尤其是，涉众经济型民刑交叉案件法律责任追究具有显著的刑事管辖优先性，且已经形成司法实践中常见的管辖处理模式。就司法机关侵权类民刑交叉案件法律责任追究所实施的管辖现状来看，无疑存在诸多疑问。

一、以涉众经济型民刑交叉案件为依据实施不同管辖处置的疑问

在民刑交叉案件的办理中，司法机关往往以案件是否属于涉众经济型民刑交叉案件为由对其实施不同的管辖。若所办理的事案系涉众经济型民刑交叉案件，司法机关通常采取刑事诉讼管辖优先性的处置方法。反之，若属于其他的民刑交叉案件，则不存在该种特殊的管辖处置。尽管司法机关实施特殊的管辖处置有其客观且现实的理由，但是否必然科学合理，值得商榷。大体而言，以“涉众经济型”区分民刑交叉案件并采取不同的管辖处置策略会面临如下疑问：

首先，涉众经济型民刑交叉案件法律责任的追究中，维护社会稳定并非采取特殊管辖的必然性理由。

涉众经济型民刑交叉案件受害人众多且涉案金额巨大，若处理不当，众多受害人可能会为了挽回经济损失采取一些非法手段，可能造成社会事件以致影响社会稳定，故似乎有必要针对此类案件实施特殊策略处置。但是，维护社会稳定即可成为该类案件实施特殊管辖处置的必然性理由吗？既然民刑交叉案件需要同时适用民法与刑法，即应当依法追究民事责任与刑事责任。即便出于维护社会稳定的意图对涉众经济型民刑交叉案件实施特殊的管辖处置，也难以达到维护社会稳定的实际效果。司法实践中，众多受害人遭受巨额经济损失之后，其最意欲获取的法律效果即尽力挽回经济损失。相对于经

济损失的挽回，行为人是否构成犯罪以及被判处何种刑罚，对于受害人来说仅仅处于次要地位。[①] 在此情形下实施特殊的管辖处置，倘若违法犯罪人及其家属能够通过筹措资金赔偿受害人损失以争取从宽处罚的法律效果，或许还有其现实的理由。问题是，司法实践中涉众经济型民刑交叉案件往往涉及众多受害人并且钱款数额巨大，且通常都是因为资金链断裂等原因导致严重资不抵债，在此情形下受害人基本不可能取回投资款等钱款。即便在此情形下实施特殊的管辖处置，受害人也难以甚至无法取回其原有投资款等钱款，故通过特殊的管辖处置难以有效解决问题。只不过通过特殊的管辖处置，经由刑事诉讼程序确认其行为构成了犯罪从而判处相应刑罚，或许能够达到平息民愤的目的而已。

其次，刑事判决对民事诉讼具有约束力难以成为涉众经济型民刑交叉案件实施特殊管辖的理由。

民刑交叉案件中刑事诉讼判决对民事诉讼具有约束力在理论上得到大力倡导并且在司法实践中也被广泛接受[②]，但将其作为对涉众经济型民刑交叉案件法律责任追究实施特殊管辖处理的理由，是否完全科学合理？之所以对其提出疑问，首先在于刑事诉讼判决是否对民事诉讼具有绝对必然的既判力？相较于民事诉讼，刑事诉讼不仅涵盖立案、侦查、审查起诉、审判五大诉讼阶段，并且先后历经公安机关、检察机关、法院三个诉讼机关的审查，但这并不能证明刑事诉讼判决不会发生错误。新闻媒体披露的刑事冤假错案以及司法实践中经由二审、再审推翻原先的有罪判决宣告被告人无罪，表明刑事诉讼判决也会出错。[③] 既然如此，不可要求民事诉讼判决必须接受刑事诉讼判决的拘束。况且，我国现有法律规范并没有就民刑交叉案件中刑事诉讼判决对民事诉讼的约束力作出具体规定，因而以此作为肯定涉众经济型民刑交叉案件中刑事管辖优先性的理由也缺乏法律依据。退而言之，即便肯定民刑交叉案件中刑事诉讼判决对民事诉讼具有约束力，也并不能将其作为涉众经济型民刑交叉案件采用差异化管辖处置的根据。细言之，若以该种约束力作为

---

① 王晓东：《论涉众型经济犯罪案件中的维权——以与维稳的衡平为视角》，《法学论坛》2017年第5期，第82页。

② 参见纪格非：《我国刑事判决在民事诉讼中预决力规则的反思与重构》，《法学杂志》2017年第3期，第31页；姚磊：《刑事诉讼条件研究》，《国家检察官学院学报》2018年第3期，第94页；龙宗智：《刑民交叉案件中的事实认定与证据使用》，《法学研究》2018年第6期，第3页；郝延婷：《集资诈骗案被害人权利救济的“刑民分立”研究》，《西南民族大学学报（人文社科版）》2020年第6期，第83页。

③ 经由媒体披露以及经由二审、再审改判无罪的案件，只是刑事诉讼中冤假错案的一部分。

涉众经济型民刑交叉案件的特殊管辖处置理由，那么其他民刑交叉案件也同时存在民事责任与刑事责任的追究，亦应依据该种约束力的要求采取刑事诉讼管辖先行的处置方法。也即，既然主张刑事诉讼判决对民事诉讼的约束力，民刑交叉案件中民事责任与刑事责任追究之间具有紧密关联性，那么所有的民刑交叉案件都应实施该种特殊的管辖处置方法，但现实并非如此。可见，刑事诉讼判决对民事诉讼具有约束力无法成为涉众经济型民刑交叉案件需要采用特殊管辖处置的理由。

再次，有利于对案件实施集中统一管理也难以成为对涉众经济型民刑交叉案件采取特殊管辖的理由。

司法实践中之所以按涉众经济型标准对民刑交叉案件实施分类并采取特殊的管辖处置，在于涉众经济型事案受害者人数众多，并且涉案金额巨大，尤其是受害人往往不在同一管辖区域。针对涉众经济型民刑交叉案件的特殊性、复杂性，通过实施特殊的管辖处置，先行启动刑事诉讼追究刑事责任，可获取对案件事实集中统一管理的优势。但是，该种优势并非涉众经济型民刑交叉案件必然采取特殊管辖措施的理由。一方面，“有利于对案件实施集中统一管理”的效果也可以通过采取民事诉讼先行管辖的处置来实现。涉众经济型民刑交叉案件发生后，法院针对该种案件可能存在较多受害人的状况，可采取发布公告等方式敦促受害人提起民事诉讼。为了便于对案件实施集中统一管理，可由上级法院采取指定管辖等管辖处置措施。可见，对涉众经济型民刑交叉案件不采取刑事诉讼先行的管辖处置，也能实现对案件的集中统一管辖。另一方面，涉众经济型民刑交叉案件在部分受害人先行报案，公安机关通过立案实施刑事管辖之后，或许才存在对该案实施集中统一处置的必要性。例如王某在甲省 A、B、C 市投资过程中实施集资诈骗行为，并且在乙省 D、E、F 市投资过程中也实施了同种集资诈骗行为。若甲省 A 市公安机关接到报案后，经过立案侦查发现受害人众多并且分布在不同管辖区域，那么在其他受害人没有到公安机关报案的情形之下，该市公安机关可以通过发布公告的方式对所有案件实施集中管辖。反之，若多地公安机关接到类似报案，要求对被告人追究刑事责任，则应当依据《刑事诉讼法》中管辖冲突的处理规定来确定具体的管辖机关。可见，以对案件实施集中统一管理为由对涉众经济型民刑交叉案件实施特殊的管辖处置，并不具有必然性。

本书认为，涉众经济型民刑交叉案件作为民刑交叉案件中的特殊类型，对其实施特殊的管辖处置，不仅存在上述疑问，还可能存在如下弊端：

第一，涉众经济型民刑交叉案件特殊管辖处置可能损害公民的民事诉讼权利。

纵观当下民刑交叉领域的理论研究，对于“先刑后民”的批判著述较多。其中较为有力的论点是“先刑后民”原则损害了公民的民事诉讼权利，过分强调公权优先、私权让位，这并不符合现代司法主张的公权与私权平等观念。[①] 民事法律规范有别于刑事法律规范的重要特点即在于，其以权利义务为核心，并且权利具有典型的自主选择性。所谓自主选择，是指行为人具有选择、实施乃至放弃的自由。以权利的本质为根基，只要权利的行使不违背法律的强制性，任何人即不得强制干涉。不仅民法中的实体性权利如此，民事诉讼中的诉权也是如此。所谓诉权，即行为人面对民事纠纷时，可得依法提起民事诉讼的权利。“诉权是现代法治社会中社会个体所享有的一种基本权利”[②]，其“在法治建设中占有基础性的地位，发挥着推动实现司法正义的常规性作用”[③]。诚如学者所言，“没有诉权，就没有法律”[④]。具言之，诉权的理论意义与实践意义主要体现在三个方面。其一，诉权作为当事人追求司法公正的基本权利，其实现与否直接关系到实体权利能否实现，也关系到权利质量的提升程度。[⑤] 其二，诉权在一定程度上可以作为管窥我国公民权利的司法救济保障问题的切入点。其三，诉权是一项基本人权，是每个人维护自身的独立人格和意志自由的基本需要。[⑥] 具体到民刑交叉案件，无论是涉众经济型民刑交叉案件还是其他的民刑交叉案件，都属于民刑交叉的范畴，需要同时追究民事责任与刑事责任。行为人选择先行去法院提起民事诉讼还是先行前往公安机关报案，都是受害人作为公民的基本权利。也即，受害人具有自我抉择的自由。既然如此，即应当尊重当事人的自我抉择，不可强制性将受害人提起的民事诉讼中止、终止，或者对于其提起的民事诉讼不予受理，而

① 参见陈兴良等：《关于“先刑后民”司法原则的反思》，《北京市政法管理干部学院学报》2004 年第 2 期，第 16 页；参见杨兴培：《刑民交叉案件中“先刑观念”的反思与批评》，《法治研究》2014 年第 9 期，第 68-69 页；参见陶加培：《论刑民交叉案件的程序处理》，《浙江工商大学学报》2022 第 6 期，第 152 页。

② 莫纪宏、张毓华：《诉权是现代法治社会第一制度性人权》，《法学杂志》2002 年第 4 期，第 3-5 页。

③ 任瑞兴：《诉权的权利属性塑造及其限度》，《当代法学》2020 年第 2 期，第 131 页。

④ 张文显：《法理：法理学的中心主题和法学的共同关注》，《清华法学》2017 年第 4 期，第 19 页。

⑤ 参见任瑞兴：《公民权利质量的意义之维》，《河南大学学报（社会科学版）》2019 年第 2 期，第 68-76 页。

⑥ 姜建明：《论作为基本人权的公民诉讼权》，《学海》2004 年第 2 期，第 78 页。

要求受害人必须配合公安机关先行实施管辖追究刑事责任。

应当认为，“先刑后民”的适用也许是处理民刑交叉案件的一般原则、重要原则，但是并非唯一原则，应当综合此类交织案件中民事纠纷与刑事犯罪之间的关联程度来综合考虑。质言之，只有在刑事处理结果对民事诉讼的启动有影响或者处理结果足以产生实质性的影响时，才应当“先刑后民”。实践中，如果公安机关、司法机关对民刑交叉案件处理不得当，则民事当事人的诉权等利益会受到侵害。例如行为人为了逃避民事责任，利用不正当手段人为制造出刑事犯罪的假象，拖延民事案件的审理或者被法院裁定驳回起诉，极大地损害了当事人的诉权。更进一步，如果刑事管辖恣意启动，那么会滋生地方保护主义。而从更深层次的角度来看，如果民事管辖对诉权的回应充满了权力的恣意，那么当事人的诉权在受到侵害时将“救济无门”。①

第二，涉众经济型民刑交叉案件特殊管辖处置为非法插手经济纠纷提供了方便及理由。

民事纠纷与刑事犯罪具有完全不同的性质。对于民事纠纷，应当依据《民事诉讼法》等民事法律规范来解决。相反，对于刑事犯罪，则应当由公安司法机关依据《刑事诉讼法》来追究刑事责任。民事纠纷有其特定的原因与性质，故民事纠纷的解决有其自身特性。以借贷纠纷为例，借款方当初向出借方提出资金借贷请求时，出借方应当预见可能出现的不能全部还款甚至无法还款的风险。其在同意将钱款出借给对方时，系对自身财产权利的处分以及出借风险的接受。根据诚实信用原则，借款方应当按照约定归还欠款。若借款方到期不归还欠款，出借方只能通过民事诉讼等方式实现权利救济。即便出借方采用了民事诉讼等多种民事纠纷处理手段寻求权利救济，倘若无法实现预期的救济目标，出借人也只能被迫接受事实。例如，针对借款人到期不返还欠款的行为，出借人向法院提起诉讼。尽管最终获得了胜诉的判决，倘若该胜诉判决无法执行，出借人也别无他法。当然，强调民事纠纷解决的特殊性，并非完全排除在此阶段公安司法机关介入，只不过不得以国家公权力对案件实施违法干预。例如，出借方因借款方到期不偿还借款，双方发生冲突之后报警，公安机关了解案件后可以对案件实施调解或者建议向法院提起诉讼，但不得强制借款人必须返还借款。如前所述，民刑交叉案件除了典型的同时触犯两种法律规范的情形，还包括虽然行为人所实施的危害行为确实违反民法规范，但是否触犯刑法尚不确定或存疑，甚至包括根本不构成犯

① 李蓉：《民刑交叉案件中管辖权异议制度探析》，《政治与法律》2010年第6期，第90页。

罪但是具有构成犯罪表象的情形。在司法实践中，存在出借人向多人借款而到期无法还款的情形，若将民刑交叉案件区分为涉众经济型与其他类型，并主张对涉众经济型民刑交叉案件实施刑事诉讼先导型处理方式，那么无疑会为公权力非法插手经济纠纷提供便利。①

第三，涉众经济型民刑交叉案件特殊管辖处置容易造成冤假错案。

若因涉众经济型民刑交叉案件受害人众多且涉案金额巨大即实施特殊管辖处置，则容易造成冤假错案。例如 2013 年，海南昌江印刷厂为改造其职工危旧房问题，采取与个人老板林某合作的方式对印刷厂危旧房进行改造。该危旧房改造项目无改造方案报批及项目报建手续，其间相关部门已责令停工。经调查得知，开发商林某已将该 2 栋住宅楼向多人销售，并向购房者收取 8 万元至 16 万元不等的定金，存在“一房多卖”的情况。昌江公安部门介入调查，依法对林某实施刑事拘留，并对具体所涉户数、金额等相关情况展开调查。昌江警方审查后认为林某涉嫌合同诈骗罪。林某被逮捕，并由检察院提起公诉。此外，据警方侦查，林某的账户没有多少钱，此前收取 162 户购房者的 1000 多万元房款，已分别通过建房、行贿和个人开销，全部花完。② 本书项目组通过对该案实地走访调研，获悉本案之所以存在一房多卖现象，是因为有的购房户原先选房之后又退出了，故林某又将其卖与他人。林某收取房款 1000 多万元，尽管全部花完，但是大部分用在工程建设上，现有房屋的价值与购房者所交的 1000 多万元购房款相差不大。③ 该工程被责令停工后，部分住户发现存在“一房多卖”，林某此时又无法归还购房款，购房者认为存在损失风险遂联名向公安机关报案。公安机关接到报案后，认为该案属于涉众经济型民刑交叉案件，随即立案实施刑事管辖。公安机关侦查终结以合同诈骗罪交由检察机关审查起诉，检察机关认定合同诈骗罪不成立，后以非法经营罪向法院提起公诉。法院最终判定该案构成非法经营罪。无论是林某还是办理该案的律师，都认为本案属于单纯的民事纠纷，林某被实施刑事管辖以至最终判刑属于典型的冤假错案。

---

① 例如，国家工作人员连某伙同他人利用刑事侦查手段插手经济纠纷，将无管辖权的经济纠纷案捆绑办理，构成滥用职权罪。参见内蒙古自治区乌拉特中旗人民法院（2020）内 0824 刑初 51 号刑事判决书。

② 《昌江一危旧房改造涉“一房多卖　开发商被捕”》，http://mt.sohu.com/20171130/n523885995.shtml，访问日期：2022 年 8 月 8 日。

③ 2022 年法院认定涉案房产的评估价格为 1500 万元，8 月 14 日昌江某公司以 1300 万元竞买成功，参见《海南昌江县法院化解一批“一房多卖执行系列案”》，https://view.inews.qq.com/a/20220908A06IV900，访问日期：2022 年 9 月 20 日。

二、恶意实施刑事管辖插手经济纠纷的疑问

如果说出于维护社会稳定等因素的考量将民刑交叉案件区分为涉众经济型民刑交叉案件与其他类型民刑交叉案件并采取不同的管辖策略，尚有客观现实的理由，那么恶意实施刑事管辖插手民事纠纷则明显违反法律规定，为法律所严格禁止。尽管最高人民检察院等部门多次下发通知，要求各级司法机关不得非法插手经济纠纷，但司法实践中以刑事手段非法插手经济纠纷的现象屡见不鲜。[①] 恶意实施刑事管辖插手经济纠纷所造成的危害后果显而易见。大体而言，办理民刑交叉案件的过程中恶意实施刑事管辖插手经济纠纷会导致下列弊端。

第一，恶意以刑事管辖干预经济纠纷侵犯公民权益。

司法实践中之所以存在以刑事管辖违法干预经济纠纷的现象，在于刑事诉讼具有高度的强制性。也即，通过立案实施刑事管辖，公安机关等不仅能依《刑事诉讼法》对犯罪嫌疑人、被告人采取刑事强制措施，还能对涉案财物实施强制处理。并且，如果判定有罪被告人还面临刑罚处罚等严重的强制性后果。借由刑事管辖启动刑事诉讼程序，与原本只能依靠民事诉讼手段维护民事权益相比，受害人可以通过超常规途径实现权益维护。但是，该种恶意通过刑事管辖违法插手经济纠纷的行为严重侵犯公民权益。首先，实施刑事管辖必须存在法定的理由。质言之，只有具备“有犯罪事实发生，需要追究刑事责任”的情形，才能依法立案实施刑事管辖。既然行为人与受害人之间仅存有纯粹经济纠纷不涉嫌犯罪，即不应实施刑事管辖启动刑事诉讼程序。公安机关在明知不符合立案条件的情形下，出于情感、利益等因素的考量，违法实施刑事管辖，使行为人遭受不应有的刑事追诉，无疑侵犯了其人身权利。不仅如此，恶意实施刑事管辖启动刑事诉讼程序，还会对涉案资产实施刑事处理措施。特别是，行为人在处于司法机关刑事追诉状况下，为了尽力争取对自己有利的处遇，通常被迫根据司法机关的要求作出财产处置行为。因此违法实施刑事管辖会造成侵犯财产权益的后果。

第二，恶意以刑事管辖干预经济纠纷会影响社会经济的健康发展。

众所周知，经济纠纷是经济往来与经济发展的必然产物。在经济发展中，往来（包含生产）双方基于交货、收款乃至投资等各个环节，都有发生矛盾

① 例如，最高人民检察院以“涉非公经济立案监督”为主题发布的第二十四批指导性案例中，（检例第91号）温某某合同诈骗立案监督案即属于此种情况。

和纠纷的可能。有鉴于此，民法对于纠纷的解决设置了多种解决甚至救济途径。即便部分与经济纠纷有关的危害行为因具有严重社会危害性，被刑法设置为犯罪，但是刑法与民法所规制的行为范畴完全不同。鉴于此，针对经济往来中发生的经济纠纷应当作出严格审查：该案是否只需动用民法即能作出有效规制，还是说存在触犯刑法构成犯罪的危害行为，需动用刑法方能予以有效规制？如果经济纠纷仅属于单纯的民事纠纷，那就意味着此时仅需依据民法采取民事救济手段足矣。倘若在此情形下恶意以刑事管辖干预经济纠纷，无疑会破坏社会经济的健康发展。司法机关恶意以刑事管辖干预经济纠纷，还会严重削弱市场主体从事经济往来的积极性。毕竟，只要有经济交往，就难免会产生经济纠纷，恶意以刑事管辖干预经济纠纷的后果是遭受刑事追诉。质言之，恶意以刑事管辖干预经济纠纷对经济发展所造成的危害后果要远超于行政手段对经济发展的非法干预。如果说以行政手段非法干预经济活动本身，其影响主要在于对经济活动造成阻碍和干扰，那么，以刑事管辖违法插手经济纠纷，会造成经济主体面临不应有的刑事追诉，进而使经济主体的经营遭受毁灭性伤害。在此领域中，许多本属于民事纠纷的经济纠纷往往被认定为经济犯罪，而是否被当作犯罪处理有时候取决于人为选择，公权力的肆意介入会成为悬在公民头上的“达摩克利斯之剑”。尽管司法机关恶意以刑事管辖干预经济纠纷的事案在司法实践中数量有限，鉴于其会对正常的经济往来造成阻碍和破坏，无疑会对经济发展造成破坏性影响。当前，构建良好的营商环境成为各级党政机关的重要职责，司法机关也肩负职责。其中，排斥恶意以刑事管辖干预经济纠纷，应成为重要的建设内容与考核指标。

第三，恶意以刑事管辖干预经济纠纷与中央所倡导的保护民营企业的方针政策相违背。

民营企业在我国社会主义市场经济体系中处于重要地位。民营企业所拥有的灵活性、自主性、积极性，成为促进我国社会主义市场经济发展的重要动力。鉴于与国有经济体在企业性质、经济规模等方面存在重大差异，民营企业在发展过程中必然面临贷款、税收等多方面的困难与压力。为了维护自身发展，民营企业主体不可避免地存在一些违法违规之处。例如在自身经济实力不足的情况下，难以通过正常渠道从银行获批贷款；为了筹措资金扩大生产规模等，往往对自身的实力进行夸大宣传甚至虚假宣传，以此获取向社会面借款的途径。鉴于企业经营存在风险，尤其是会面临疫情、市场调节等突发风险，难免会出现企业遭遇亏损等情形以致无法按期还款。尽管在筹措资金的过程中存在不实甚至虚假宣传，若筹措资金的目的在于扩大经营发展生产而并非意图非法占为己有，事实上其所筹措的资金也用在了生产经营上，只不过由于市场等原因致使亏损因而无法按期归还借款等，对这类情形不能轻易地以行为人涉嫌诈骗罪为由实施刑事管辖并追究刑事责任。正如学者所言，"由于主观素质方面的缺陷和客观方面的原因，某些改革人物在经济活动中会发生一些错误甚至一般违法行为，这些错误和一般违法行为当然也会对社会造成一定的危害，但是，这种行为并不构成犯罪"①。刑事制裁不能介入这些经济活动中的错误行为和一般违法行为。"要发展商品经济，就必须调动每一个人的积极性、主动性和创造性，造就一个宽松和谐的社会环境。可以想象，如果我们仍抱着'出礼则入刑'的陈腐观念不放，使得刑法处处干预人们的行为，并且动辄处以极重的刑罚，那么势必将影响到人们的积极性、主动性和创造性的发挥。"② 在司法实践中，因为非法使用刑事管辖插手经济纠纷，致使企业倒闭、家破人亡的事案屡见不鲜。③ 鉴于民营企业在促进社会经济发展中的重要地位，并且民营经济容易招致刑事风险特别是以刑事管辖违法插手经济纠纷的风险，2018 年习近平总书记主持召开民营企业座谈会，特别提出了保护发展民营经济的要求。④ 可见，恶意以刑事管辖违法插手经济纠纷，即"在可罪可不罪的案件中以犯罪论处，在可罚可不罚的案件中以刑罚处置"⑤，这既与中央一直以来力图为民营企业家营造良好的营商环境以及提供更好的人身、财产保护的政策相违背，也难以实现法律效果与社会效果的有机统一。

第四，恶意以刑事管辖干预经济纠纷会造成国家权力滥用的恶果。

单纯的经济纠纷属于民事纠纷，与犯罪有本质差别。我国建立了完备的法律体系，不仅制定了《民法》《刑法》等实体性法律，而且设置了《民事诉讼法》《刑事诉讼法》等专门的程序性法律。当前，在推进依法治国建设的背景下，尤其是在习近平法治思想的指引下，各级国家机关尤其是司法机关应当严格在宪法和法律的框架内开展活动。其中对于司法机关的要求是"严

---

① 马长生：《刑事法治的多方位思考》，法律出版社 2012 年版，第 50 页。

② 曲新久：《刑法的逻辑与经验》，北京大学出版社 2008 年版，第 282 页。

③ 例如，某公安局局长、经济犯罪侦查队队长伙同办案民警多次使用刑事侦查手段违法插手经济纠纷，最终锒铛入狱。参见内蒙古自治区乌拉特中旗人民法院（2020）内 0824 刑初 51 号刑事判决书。

④ 参见习近平：《在民营企业座谈会上的讲话》，《中华人民共和国国务院公报》2018 年第 32 期，第 9 页。

⑤ 杨兴培：《刑民交叉案件中"先刑观念"的反思与批评》，《法治研究》2014 年第 9 期，第 64 页。

肃执法”，依法履行司法职能。具体到民刑交叉案件的诉讼管辖，既然民事诉讼法与刑事诉讼法对于各自的立案管辖都作出了明确细致的规定，只有符合法定标准的事案方能实施立案管辖。由此，只有符合刑事立案标准的民刑交叉案件才能由公安机关依法实施刑事管辖。质言之，如果行为人与受害人之间仅存在单纯的民事纠纷并未触犯刑法，那么公安机关以刑事管辖违法插手经济纠纷无疑会造成滥用国家权力的恶果。以媒体披露的兰世立案件为例，2015 年 3 月，前湖北首富兰世立与李氏兄弟在泰国签订合作协议和收购协议，共同出资 6 亿元人民币收购泰国东方航空公司总价 9 亿元人民币的 100% 股权和 16 架飞机。随着合同的履行，双方在继续出资、股权转让、公司管理等方面产生严重纠纷。因纠纷无法调和，2016 年 2 月，李氏兄弟向广州警方报案。2016 年 3 月 2 日，广州市公安局立案侦查。2016 年 3 月 3 日，兰世立被羁押，次日被刑事拘留。同年 4 月 8 日，被指定居所监视居住。同年 7 月 9 日，兰世立在监视居住期间偷渡出境。2016 年 8 月，律师在新加坡和兰世立见面，为以后的刑事辩护做准备。2016 年 9 月，国际刑警组织对兰世立发布红色通缉令，公安部将其列入“猎狐”追逃对象。2019 年 11 月 9 日，兰世立被遣送回国，随后被羁押在广州市看守所。本案股权架构相当复杂，涉案数额特别巨大。第一，收购项目在泰国，但收购行为还涉及中国香港地区、新加坡、塞舌尔等；第二，大量证据取自泰国，翻译量巨大，并且涉及泰国法律；第三，资金流向复杂，涉及众多第三方；第四，涉案公司股权多次发生变更。兰世立被警方羁押之后，其亲属委托一名北京律师担任兰世立的辩护人，同时还聘请地方律师配合北京律师会见嫌疑人，整理相关证据材料等。基于对案情的了解以及兰世立家属提供的相关证据材料，律师全程为兰世立作无罪辩护。审查起诉阶段，基于律师的无罪意见及提供的相关证据，案件被两次退回补充侦查。补充侦查结束之后，律师又及时递交了第三份《兰世立不构成合同诈骗罪的律师意见书》。但是广州市人民检察院仍然坚持向广州市中级人民法院提起公诉。庭审结束之后，北京律师及时补交了《兰世立无罪的辩护词》。《辩护词》对双方庭审中争议比较大的事实进行了深入评析，再次阐释了兰世立的行为不构成合同诈骗罪的理由。同时，律师通过庭审后和法官面对面的交流，重点分析了兰世立收购泰航的渊源、与李氏兄弟合作的目的、双方发生分歧的原因等方面，以帮助法官深入了解兰世立在本案中的行为，到底是诈骗还是为了实现自己的“民航梦”，从而使法官对本案的性质有了更清晰的认识。由于案情太过复杂，合议庭将本案提交审判委员会讨论。2021 年 12 月

20日，广州市中级人民法院当庭宣判兰世立无罪。[1] 尽管司法机关办理兰世立案的细节尚未完全披露，但该案经由广州市中级人民法院当庭宣判无罪，表明该案仅属于单纯的经济纠纷而已。在兰世立与对方当事人发生经济纠纷后，对方当事人向公安机关报案，公安机关竟然以涉嫌犯罪为由实施刑事管辖，并且对兰世立采取了刑事强制措施。尤其是该案侦查终结后移送检察院审查起诉，检察机关没有采纳辩护律师的无罪辩护意见，经由补充侦查后依然认定该案“犯罪事实充清楚，证据确凿充分”，向广州市中级人民法院提起公诉。尽管广州市中级人民法院最终判决无罪，但是该案不仅给当事人兰世立及其关联公司造成无法挽回的损失，并且造成了极其恶劣的社会影响。“极有可能不管司法裁决如何，这家企业基本上就断气了，结果人放出来了，企业倒掉了。”[2] 所谓“办理一个案，搞垮一个厂（公司）”，即公安司法机关以刑事管辖违法插手经济纠纷影响恶劣的真实体现。

普通国家机关滥用国家公权力，所造成的影响和破坏力显而易见；司法机关以刑事管辖违法插手经济纠纷实施刑事追诉，所造成的影响力与破坏力更为严重。英国法学家培根指出，一个不公正的判决比多个不合法的行为危害更大。不合法的行为只是弄脏了水流，而不公正的判决则污染了水源。因此所罗门说，“如果让正义一方输给非正义一方，就如同污染了泉眼，搅浑了井水”[3]。

第三节　侵权类民刑交叉案件法律责任追究管辖的对策

既然司法实践中对民刑交叉案件法律责任追究的管辖存在部分疑问，尤其是某些管辖处置存在弊端容易造成严重危害后果，那么在剖析问题及危害后果的基础上探寻侵权类民刑交叉案件法律责任的管辖对策具有正当性与紧迫性。

一、侵权类民刑交叉案件的管辖策略利弊分析

如前所述，司法实践中常常将民刑交叉案件区分为涉众经济型民刑事案，

---

① 《无罪辩护故事：湖北前首富兰世立合同诈骗无罪案!》，https://baijiahao.baidu.com/s?id=1738747201107830448&wfr=spider&for=pc，访问日期：2022年8月1日。

② 《中央和最高院都发话了：对企业家要慎用刑法》，https://www.sohu.com/a/156896259_614005，访问日期：2023年5月20日。

③ ［英］弗朗西斯·培根：《论司法》，蒋惠岭译，《人民法院报》2019年8月30日，第6版。

并分别对其采用不同的管辖策略。尽管该种管辖处理方式有其自身的理由，但缺陷也显而易见。有鉴于此，针对司法实践中处理民刑交叉案件的分类处置管辖，我们需要审查两个问题：首先，将民刑交叉案件区分为涉众经济型民刑交叉案件与其他民刑交叉案件有无必要性？其次，若存在该种区分的必要性，应如何建立科学的管辖机制？反之，如果不存在区分的必要性则应当构建何种管辖机制？

第一，将民刑交叉案件区分为涉众经济型民刑事案的必要性审查。

如前所述，司法实践中对民刑交叉案件的司法管辖之所以将民刑交叉案件区分为涉众经济型民刑交叉案件与非涉众经济型民刑交叉案件，主要原因在于涉众经济型民刑交叉案件具有自身的特殊性。一方面，涉众经济型民刑交叉案件的受害方为多数；另一方面，涉众经济型民刑交叉案件的受害方及危害行为实施地往往不在同一管辖区域并且涉案金额巨大。司法实践中在处理民刑交叉案件时，为了有针对性地对案件实施管辖，特别是为了提高办案效率、促进办理效果，故对其实施特殊的管辖政策。但是，将案件区分为涉众经济型民刑事案是否存在必要性？对该必要性的审查主要考虑两个方面的问题。首先，将民刑交叉案件区分为涉众经济型民刑事案并实施不同的管辖策略，是否能取得较为积极的办案效果。也即，采取该种特殊的管辖策略，是否具有积极的作用。其次，倘若对民刑交叉案件不作出该种区分且不采取该种特殊的管辖策略，是否会导致一系列弊端。之所以主张对该种必要性实施双向审查，是因为只有同时从正反两个方面作出解析，方能对实施该种特殊管辖的必要性得出令人信服的结论。

首先，将民刑交叉案件区分为涉众经济型民刑事案的优势分析。

民刑交叉案件中，涉众经济型民刑交叉案件无疑具有其自身的特殊性。不仅受害方为多人且往往不在同一管辖区域，与受害人为一人或者极少数的当事人相比，确实具有复杂性与特殊性。针对涉众经济型民刑交叉案件自身的特殊性，司法实践中往往对该类案件实施特殊的管辖处置，而且也确实取得了较好的办案效果。一方面，涉众经济型民刑交叉案件由于涉案受害人较多并且涉案金额巨大，公安司法机关在接到报案后，对案件实施刑事立案审查，若发现确实有犯罪发生且需要追究刑事责任，则应立案实施刑事管辖以追究刑事责任。由于刑事立案管辖启动刑事诉讼程序所带来的国家公权力介入，既能对涉案行为人依法采取强制措施，避免其实施逃跑、破坏证据等行为，又能依法对涉案财物及时采取查封、扣押等措施，避免行为人对财物实施转移等危害行为。因此，公安机关通过刑事管辖不仅可以依法追究行为人的刑事责任，对尽力挽回受害人的财产损失等方面也可以发挥有效作用。相较于民事诉讼中当事人依法向法院申请采取的民事强制措施，民刑交叉案件经实施刑事管辖后，公安机关所采取的强制措施更为全面、有力，故对于挽回受害人经济损失方面所能发挥的优势显而易见。不仅如此，在民刑交叉案件的处理中，对于涉众经济型民刑交叉案件法律责任追究实施特殊的管辖策略，公安司法机关在适用认罪认罚等刑罚适用制度的过程中，充分向行为人说明返还受害人财物、钱款等民事责任作为刑罚裁量情节的重要性，能促使行为人积极承担民事责任以尽力帮助受害人挽回经济损失、促进社会稳定和谐等。本书作者在实地调研中即了解到一事案：符某系海南省某市县医疗机构工作人员，工作期间在同事郑某的带领下逐渐迷恋上了网络赌博。符某在不断输钱后，欲向他人借钱继续赌博以翻盘回本。自 2020 年 3 月起到 2021 年 10 月近一年半的时间内，符某向同事、同学、朋友等 64 人以高于银行一倍利息共借款 320 万元，其中归还部分钱款 86 万元，尚有 234 万元不能归还。借款到期后，部分借款人向符某要求归还欠款及利息，但符某表示目前没有还款能力。作为债权人的赵某等 23 人向法院提起诉讼，并且赵某联合刘某等 36 人以诈骗罪向公安机关报案。公安机关经审查后，认定符某作为医疗机构的普通职工，其本人月工资不到 4000 元，家庭月收入不到 8000 元，且家庭总资产不到 100 万元，以高利息作为诱饵向他人频繁借款，尤其是在赌博亏损严重的情况下仍不断借款，其诈骗意图较为明显。公安机关将该案以诈骗罪立案，并告知法院。法院以该案涉嫌犯罪为由，依据《最高人民法院关于审理民间借贷案件适用法律若干问题的规定》第 5 条第 1 款规定，裁定驳回起诉并将涉嫌犯罪的线索、材料移送至公安机关。公安机关出于谨慎考虑，对犯罪嫌疑人符某采取取保候审的强制措施，并且发布公告要求涉案的借款受害人在规定期限内到公安机关登记。公安机关在掌握了受害人人数及涉案钱款数目后，劝说符某务必尽力赔偿受害人钱款，并应受害人要求促成犯罪嫌疑人与受害人多次面对面交流意见。最后，犯罪嫌疑人符某向亲戚借款 200 万元，按照比例对受害人进行赔偿。受害人不仅对符某的行为表示谅解，并且对公安机关的办案行为表示感激。可见，对于涉众经济型民刑交叉案件采用特殊的刑事管辖处置，取得了较好的办案效果。

其次，对民刑交叉案件不作涉众经济型民刑事案区分的劣势剖析。

若对民刑交叉案件不作涉众经济型区分并且不对该类事案采取特殊的管

辖处置，是否会导致一系列弊端？以司法实践中经常发生的集资诈骗罪等典型民刑交叉案件为例，既然是集资诈骗，无疑具有受害人较多并且涉案资金较多的特点。如果不注重该类事案的特殊性和复杂性，不对该类案件采取刑事诉讼管辖先导型策略，那么可能会有以下两种处理途径。第一种处理途径：受害人可能会先提起民事诉讼并由法院实施民事管辖，待法院判决后再向公安机关报案要求追究行为人的刑事责任。该项处理途径也包括受害人通过向法院起诉启动民事诉讼管辖的同时也向公安机关报案，由公安机关立案实施刑事诉讼管辖。也即，民事诉讼管辖与刑事诉讼管辖同时进行的情形也被归纳入该种类型。之所以将后一种情形也归入第一种处理途径，也是为了区别于后者。也即，只要不属于针对涉众经济型民刑交叉案件所实施特殊管辖处置的，都可划入这一类型。第二种处理途径：受害人向公安机关报案，先由公安机关实施刑事诉讼管辖，而后由受害人选择由法院实施民事诉讼管辖；或者尽管受害人依法向法院提起了民事诉讼，但公安机关接到报案后认定有犯罪事实发生需要追究刑事责任依法实施刑事诉讼管辖。在此状况下法院依法中止审理或者驳回起诉，先由公安机关对案件实施刑事管辖。可见，第二种处理途径可以简单地概括为刑事诉讼管辖先行与民事诉讼管辖。

既然对民刑交叉案件不作是否属于涉众经济型民刑交叉案件的划分并实施刑事诉讼的优先性管辖，那么民事诉讼管辖与刑事诉讼管辖各行其道、互不影响、互不干涉。从表面上看，似乎给了当事人充分的自由选择的权利，并且令公安机关和其他司法机关可以依法行使各自的国家权力。应当认为，该种处理方式对于普通的民刑交叉案件并无实质性影响。例如某甲被某乙持刀砍伤之后，经过司法鉴定伤情为轻伤二级。无论是行为人先向法院提起诉讼实施民事诉讼管辖还是等待公安司法机关对故意伤害案件实施刑事管辖之后再依法向法院提起民事诉讼请求法院实施民事管辖，在追究行为人刑事责任的同时往往能够令受害人获得应有的民事赔偿。但是，对于涉众经济型民刑交叉案件，此种自由选择的管辖模式可能会存在部分危险。例如，行为人在得知受害人提起民事诉讼由法院实施民事诉讼管辖时即知晓受害人已经开始寻求法律手段维护自身权益，因而可得在听到风声之时携款潜逃或者着手实施销毁证据、伪造证据等一系列逃避责任、破坏诉讼的行为。如此，不仅会对后续的刑事诉讼进程造成消极性影响，并且极有可能对民事诉讼的顺利进行造成妨碍。可见，对民刑交叉案件不做区分并且不基于区分采取有针对性的管辖策略，确实会对法律责任的追究造成妨碍。

可见，司法实践中之所以将民刑交叉案件区分为涉众经济型民刑交叉案件与其他类型民刑交叉案件并且实施不同的管辖策略，确实有其现实的优势和理由。

第二，民刑交叉案件诉讼管辖的处置规则。

既然将民刑交叉案件区分为涉众经济型民刑交叉案件与其他民刑交叉案件并实施不同的管辖策略有其现实的必要性和优势，那么在办理民刑交叉案件的过程中应当采取该种类型区分并实施特殊管辖处置。只不过应当注意，该种特殊化的管辖处置自身也并非完美无缺，而是存在部分危险、弊端。因此，论及民刑交叉案件诉讼管辖机制的建构，应当在肯定司法实践中对民刑交叉案件予以区分并实施特殊管辖策略的基础上，有效防范该种特殊管辖策略的风险，克服其弊端，以促进民刑交叉案件法律责任追究的规范化、有效化。民刑交叉案件诉讼管辖，应当遵从如下规则：

首先，民刑交叉案件应当保障当事人的民事诉权。

民事诉权属于民事诉讼法上的诉讼权利，系在民事基本权利遭受侵犯时可得依法向法院行使的权利，故司法机关应充分保障当事人的诉权。鉴于涉众经济型民刑交叉案件的特殊性，实施特殊的管辖处置固然具有合理性，但是该种特殊的管辖处置不能侵犯当事人的民事诉权。对此，可以借鉴域外的有益经验，例如，法国当事人可以选择刑事附带民事诉讼，在刑事审判结束后一并审理民事诉求；也可以向有管辖权的法院单独提起民事诉讼，且进行中的民事诉讼程序不会因刑诉程序的启动而终止。① 对于该种选择权我们可以在求偿范围、起诉时间等方面对其保障，但原则上都不能增加其他的区别于普通民事诉讼的限制性规定。② 质言之，对涉众经济型民刑交叉案件，基于提高办案效率等多种因素的考量，法院知悉该案涉嫌犯罪后，不能强制性地驳回当事人起诉。当事人选择向法院起诉，系依法行使诉权，法院不能强制干涉。依据民事诉讼法的基本原理，法院可以不用顾及司法机关对案件的刑事诉讼。毕竟，法院对民事案件的审理有其特定的程序与规则。即便法院出于审理的现实状况，需要等待刑事诉讼终结之后才能进行民事审理，法院也应依法作出“中止审理”而非“驳回起诉”的裁定。也即，只要当事人的起诉合法，就不能以案件涉嫌犯罪为由驳回起诉。依据民事诉讼法，只有在当事人的起诉不符合法定条件的状况之下，法院才能驳回当事人的起诉。在司法

① 罗结珍：《法国刑事诉讼法精义》，中国政法大学出版社 1998 年版，第 127 页。

② 樊崇义：《刑事诉讼法再修改理性思考》，中国人民公安大学出版社 2007 年版，第 88 页。

实践中，涉众经济型民刑交叉案件的当事人为了迫切挽回经济损失，在公安机关实施刑事管辖，法院针对原有起诉及现有起诉作出驳回起诉的裁定后，当事人往往选择上诉或者其他救济途径。此举不仅损害司法公信力，而且浪费司法资源、社会资源。“以往的法学以体系论和解释论为中心，但以不合理的法律为前提。这一问题不仅要在法院解决，还应该努力在立法的场合消除问题的根源。”① 有鉴于此，最高人民法院应当对其作出的管辖规定予以修改。对于民刑交叉案件尤其是涉众经济型民刑交叉案件，因涉嫌犯罪由公安机关实施刑事管辖后，法院应裁定中止审理而非终止审理、驳回起诉，并将涉案线索移交公安机关。

其次，严格认定涉众经济型民刑交叉案件并审慎采取特殊管辖处置。

鉴于民刑交叉案件自身所具有的复杂性尤其是通常在罪与非罪界限上的模糊性，学界、实务界对某些涉众经济型民刑交叉案件是否确实构成犯罪存在疑问。尤其是某些涵盖涉及多人、资金数额较大、包含欺骗因素并且到期又无法偿还钱款的事案是否确实构成犯罪，争议较大。倘若对涉众经济型民刑交叉案件随意认定并轻率适用特殊的管辖处置，要求只要是涉众经济纠纷就一律适用刑事诉讼管辖优先的特殊管辖处置，那么将会导致部分可能实质上并不构成犯罪的行为也被错误实施特殊管辖处置。毋庸置疑，刑事管辖的实施意味着刑事诉讼程序的启动，行为人将面临被采取刑事强制措施甚至遭受定罪判刑的处境。或许在刑事审判阶段法院最终判定行为人不构成犯罪，但因刑事管辖的实施启动刑事诉讼程序即足以对行为人及涉案公司、企业产生重大甚至灾难性影响。因此考量民刑交叉案件管辖时，应当警惕刑事诉讼管辖可能带来的风险与弊端。

最后，鉴于某些民事违法行为与犯罪行为具有高度的相似性，在某些情况下存在违法实施刑事管辖插手经济纠纷的风险，从而对单纯的民事纠纷运用国家司法权力进行干预。因此，探究民刑交叉案件诉讼管辖机制的优化路径，应对违法实施刑事管辖插手经济纠纷的风险建立防控机制。也即，应警惕可能利用涉众经济型民刑交叉案件的特殊管辖处置违法插手经济纠纷的危险并采取有效的防范措施。

二、侵权类民刑交叉案件法律责任追究管辖的优化路径

司法实践中将民刑交叉案件区分为涉众经济型民刑事案并实施不同的管

---

① ［日］阿部泰隆：《立法论の必要性に关しては》，弘文堂 1996 年版，第 1 页。

辖策略有其现实的理由，以刑事手段违法插手经济纠纷对案件实施刑事管辖，其本质在于滥用国家司法权力，明显违法并且会造成严重后果。因此，在明确该行为的违法性与危害后果后，应探究如何减少甚至避免该种管辖处置的弊端。

探寻侵权类民刑交叉案件法律责任追究管辖的优化路径，应着力思索如何防范司法机关滥用刑事管辖权力并对其实施刑事管辖的状况予以有效监督。另外，司法机关之所以可得违法实施刑事管辖插手经济纠纷，一部分原因系该种案件在形式上具有与经济犯罪相似的表象。质言之，正是由于部分经济纠纷与经济犯罪行为具有一定的相似性，故公安机关等司法机关才能基于该种表象以涉嫌犯罪为由实施刑事管辖。因此，透过与经济犯罪相似的表象深入剖析纯粹经济纠纷与经济犯罪的界限，也是有效减少司法机关非法实施刑事管辖插手经济纠纷的重要手段。

（一）对司法机关尤其是公安机关实施刑事管辖予以监督

我国《刑事诉讼法》对刑事案件从立案至执行设置了比较完整且规范的诉讼程序。刑事诉讼程序涵盖五个诉讼阶段，其中侦查阶段、审查起诉阶段、审判阶段往往被认为刑事诉讼的三大核心阶段。其实，相较于上述三个诉讼阶段，立案具有更为重要的意义。正如学者所言，“只有正式立案后，刑事诉讼的程序才能正式启动，才可以进行后续的诉讼程序”①。因此，刑事立案环节是当事人面临刑事风险的开始。② 在司法实践中，司法机关之所以能够恶意实施刑事管辖违法插手经济纠纷，关键在于其未能严格遵守刑事诉讼法所设定的立案标准。我国《刑事诉讼法》规定，有案件事实发生且需要追究刑事责任的，才能予以刑事立案。尽管犯罪成立与否的判定结论最终由法院经过庭审才能作出，但在立案阶段公安机关也应当依据专业知识对案件进行审查。只有确认达到了刑事立案的标准，方能予以立案管辖。有鉴于此，一方面公安机关自身要加强刑事立案的审查工作、提高立案质量，另一方面也应强化对公安机关刑事立案的监督。从权力监督的基本原理出发，监督包括内部监督与外部监督。作为内部监督，司法机关尤其是公安机关内部要建立立案监督机制。作为外部监督，需要充分发挥其他国家机关、公民尤其是当事人、

① 樊崇义主编：《刑事诉讼法学》，法律出版社 2004 年版，第 282 页。

② 参见孙航：《如何保护民营企业和企业家权益？依法！平等!》，《人民法院报》2019 年 5 月 19 日，第 1 版。

律师等外部因素的监督作用。具体而言，需要分如下几个方面的工作。

首先，公安机关作为刑事立案机关应当加强刑事立案审查工作。

在司法实践中，一旦公安机关进行刑事立案予以管辖，则基本上意味着犯罪嫌疑人、被告人会被定罪。[①] 除极少数案件由检察机关、法院直接受理之外，公安机关作为刑事诉讼中的立案侦查机关，无疑应当加强刑事立案审查工作、提高刑事案件质量。除提高公安民警的刑事立案专业知识水平外，公安机关内设的立案审查机构也应着力提高专业审查水平。公安机关重视刑事立案工作、努力提高刑事立案水平，是防范其恶意实施刑事管辖违法插手经济纠纷的关键。对此，可以从以下两个方面着手：

第一，从操作层面进一步规范公安机关内部的立案程序。有学者在实践中了解到，目前公安机关等侦查机关申请刑事立案的，均需填写《刑事案件立案报告书》，申请表中应该载明刑事案件的“六要素”[②] 以及援用的刑法条款和犯罪嫌疑人可能承担刑事责任的证据材料。[③] 从《刑事诉讼法》的基本原理来看，立法上与实践中将原属于侦查阶段取证的证据等内容提前到立案阶段，对立案程序而言似乎过于严苛。实际上，在刑事诉讼管辖中，以立案为起点的警察权本身具有暴力性与扩张性[④]，其所具有的强权性与可能的法益侵害性远超一般的行政权，因此对警察权的运行应当设置较一般行政权而言更为严格的条件限制。[⑤] 但基于涉众经济类民刑交叉案件自身的复杂性与疑难性，且相较于普通刑事案件而言，犯罪嫌疑人的身份查验、转移财产的风险、证据收集等往往存在紧迫性，因此，对于此类案件，有必要按照《刑事案件立案报告书》的规定，合法、准确记录所需提供的证据材料，由分管领导与主要负责人同时审批，以填补单纯由值班领导审批的漏洞。

第二，严格审查法院以管辖为由移交过来的材料。对于法院以“先刑后民”或者无权管辖等理由移送过来的材料，公安机关应当严格按照刑事立案

---

① 张泽涛：《行政违法行为被犯罪化处理的程序控制》，《中国法学》2018 年第 5 期，第 200 页。

② 关于刑事案件具体由几要素构成，学界存在“五要素”“六要素”“七要素”争议，本书无意介入争议。参见马忠红：《论刑事案件的构成要素》，《中国人民公安大学学报（社会科学版）》2012 年第 5 期，第 92 页。

③ 张泽涛：《规范对民营企业家刑事立案的制度设置》，《法学》2020 年第 9 期，第 161 页。

④ 刘茂林：《警察权的合宪性控制》，《法学》2017 年第 3 期，第 65 页。

⑤ 刘启川：《我国交通警察权力配置：价值维度与改革框架》，《政治与法律》2016 年第 5 期，第 30 页。

程序加以审核，不宜一律作为刑事案件予以立案。① 通常情况下，只要公安机关接受法院移送过来的材料并立案实施管辖，就可以推定公安机关为了维护公共利益，将站在国家权力机关的角度，对失范的秩序进行矫正，并对受害人进行公法层面的刑事替代性国家救济。② 对于此类案件，公安机关简单地作为刑事案件予以立案是不妥当的。是否需要予以刑事立案，要严格遵守“具有犯罪事实，并需要依法追究刑事责任”这一客观标准，并且严格按照《刑事诉讼法》的规定进行形式审查加实质审查双重标准的立案审查，而不是对法律条文采取机械和僵化式的理解与适用。实际上，这种机械思维和“便利适用”的操作方法，导致了微妙的“权利让渡”状态，背离了审判中心主义③，也从根本上违背了三机关“分工负责、互相制约”的司法理念。

其次，检察机关应通过履行审查起诉、法律监督职能对刑事立案作出有效监督。

依据《刑事诉讼法》，公安机关对案件立案之后应进入侦查阶段，侦查终结后移送检察机关审查起诉。在刑事诉讼的架构中，检察机关是对案件实施审查起诉的专门机关，同时也对整个诉讼程序履行法律监督职能。无论是审查起诉职能的履行，还是法律监督的实施，都包含对公安机关刑事立案的监督。例如在侦查阶段，若检察机关发现公安机关不应立案而立案的，检察机关应当要求公安机关撤销案件。在审查起诉阶段，检察机关对于不应立案的案件应当作出不起诉的决定。在司法实践中，违法实施刑事管辖插手经济纠纷的事案暴露出检察机关对于公安机关刑事立案管辖履行的审查起诉职能、法律监督职能尚存在薄弱之处。本书项目组在实地调研中发现，公安机关对案件立案侦查后，即便发现立案行为存在疑问，也不会轻易撤销案件。之所以出现该种状况，除现有的考核制度对公安机关撤销立案存在消极影响外，也有公安机关顾及自身形象的考虑。也即，公安机关往往担心如果自行撤销立案，将会导致公安机关办案效果遭受公众质疑，其权威性与尊严大打折扣。

---

① 按照正常的逻辑，既然法院认为案件材料应当“先刑后民”或者认为本身没有权力管辖，在将案件移交公安机关后，公安机关应当在此情况下充当“兜底性角色”，对案件予以立案实施管辖。但现实情况是，法院既有可能因为判断失误而将案件错误移送，也有可能基于维稳的需要，故意将案件“错误”移送。因此，如果公安机关严格按照立案程序审核法院移送过来的案件，将能在最大限度上避免此类案件的错误管辖。

② 万毅：《刑事被害人诉讼权利保障若干问题研究》，《兰州学刊》2016 年第 12 期，第 127 页。

③ ［日］田口守一：《刑事诉讼法（第五版）》，张凌、于秀峰译，中国政法大学出版社 2010 年版，第 30 页。

因此，即便公安机关事后发现立案存在疑问，往往也不会轻易撤销案件，而是将错就错把案件移送检察机关。[①] 众所周知，公安机关作为立案侦查机关在刑事诉讼中具有强势地位，是造成诸多冤假错案的重要原因。在原有的刑事诉讼体制下，刑事诉讼的过程常常被描述为：公安机关“做菜”、检察机关“看菜”，法院“吃菜”。[②] 尽管我国刑事诉讼原有的以侦查为中心的刑事诉讼体制正向以审判为中心的刑事诉讼体制转变，且检察机关作为审查起诉机关、法院作为审判机关在刑事诉讼中的地位越来越高、作用越来越大[③]，尤其是近年来检察机关作出不起诉决定的案件越来越多[④]，但仍然不能完全杜绝违法实施刑事管辖插手经济纠纷的现象。依据刑事诉讼法，检察机关通过履行审查起诉职能与法律监督职能，可以对公安机关的刑事立案进行有效监督。但在司法实务中，检察机关对于公安机关移送的案件实施审查起诉，除进行专业方面的审查之外，也顾及公安机关的形象、考评等诸多因素。检察机关是否能够做到绝对严格彻底地对不应立案的案件实施监督或者不予起诉，这点尚存疑问。近年来开展的全国政法队伍整顿，其中对政法机关所办案件的评查即成为重要内容。本研究课题负责人作为评查人参与了案件评查活动。就评查案件的内容来看，主要集中于公安机关不立案或者撤销立案、检察机关作出不予起诉决定以及法院判处无罪的情形。相对而言，判处有罪的事案提交评查的属于少数。诚然，受害人对公安司法机关不立案、撤销案件、判定无罪有疑问，通过各种途径推动案件评查无可厚非。从应然的角度而言，对司法机关所实施包含立案管辖、刑事侦查、审查起诉、有罪判决等在内的事案也应展开大批量评查。尤其应将涉经济纠纷的民刑交叉案件作为评查的重点。

为了有效防范公安机关违法实施刑事管辖插手经济纠纷，检察机关在办理民刑交叉案件的过程中应依法履行审查起诉尤其是法律监督职能。从目前的立案监督实践情况来看，造成监督机制没有发挥应有作用的主要原因之一在于检察机关对于立案信息的掌握存在滞后性和片面性。[①] 有学者认为，信息

---

① 陈永生：《冤案为何难以获得救济》，《政法论坛》2017 年第 1 期，第 36 页。

② 田圣斌：《“以审判为中心”诉讼制度背景下我国检察工作转型研究》，《新疆大学学报（哲学·人文社会科学版）》2017 年第 6 期，第 52 页。

③ 赵震、曹克亮：《诉讼诈骗的行为性质研究》，《中国刑事法杂志》2012 年第 8 期，第 54 页。

④ 例如，在内蒙古自治区克什克腾旗黄岗梁国家森林公园周围，捡拾马鹿角出售是牧民多年的习惯，但是牧民并不知道此习惯触犯了法律，检察院对此案件作出不起诉决定；在湖北省钟祥市，该市检察院对 5 名涉嫌盗窃的被不起诉人送达了不起诉决定书，至此，这起发生在 7 年前盗窃“将军坟明墓”的案件尘埃落定。参见最高人民检察院：《这两起案件，检察机关都作出不起诉决定》。

① 张泽涛：《规范对民营企业家刑事立案的制度设置》，《法学》2020 年第 9 期，第 162 页。

不能共享的根源在于各职能部门之间的信息管理系统相对独立，缺乏统一的信息交流平台。[①] 因此，应当联通公安机关与检察机关的办案网络平台。在必要的时候，如果公安机关拟对涉众经济型民刑交叉案件进行立案管辖，检察机关可以提前介入并进行必要的指导与审查，其主要意义与可行性主要体现在两个方面。一方面是响应习近平总书记“要把大数据作为推动公安工作创新发展的大引擎”的号召[②]，落实《刑事立案监督规定》的需要。[③] 另一方面是通过联通公安机关与检察机关的办案网络平台，为数字检察工作注入新的活力。当前，智慧检察尤其是数字检察建设正在如火如荼地推进，数字法律监督成为检察机关重点建设的内容。通过数字赋能，检察机关能够利用数字检察系统实现法律监督的智能化。[④] 针对司法实践中违法实施刑事管辖插手经济纠纷的现状，数字法律监督能够提升法律监督效果。当然，最根本的因素还在于改变不合理的考评制度，让案件办理摆脱人情、脸面等诸多桎梏因素。

最后，刑事立案的外部监督。

刑事诉讼程序的内部监督无疑属于刑事立案监督的重要内容。此外，刑事立案的外部监督也具有重要意义。当然，刑事诉讼立案的外部监督主体，既包括法定的机关单位，也包括普通公民尤其是律师的监督。例如各级人大具有监督职能，可得对司法机关尤其是公安机关的刑事立案管辖实施专项监督。[⑤]

本书认为，相较于人大监督、社会监督等外部监督，案件当事人特别是犯罪嫌疑人的监督更具有现实性与紧迫性。实践中存在的公安机关的刑事立案缺少外部监督，特别是对案件处理结果有直接利害关系的当事人尤其是犯罪嫌疑人的监督问题，显然违背了程序运行中的公平正义。由此可能导致犯

---

① 曹金璇、黄淑华：《公安信息资源共享管理体系研究》，《中国人民公安大学学报（自然科学版）》2008 年第 1 期，第 45 页。

② 2019 年 5 月，习近平总书记在参加全国公安工作会议时指出：“要把大数据作为推动公安工作创新发展的大引擎，培育战斗力生成新的增长点，全面助推公安工作质量变革、效率变革、动力变革。”新华社：《坚持政治建警改革强警科技兴警从严治警　履行好党和人民赋予的新时代职责使命》，《人民日报》2019 年 5 月 8 日，第 1 版。

③ 《最高人民检察院、公安部关于刑事立案监督有关问题的规定（试行）》第三条第二款：“公安机关与人民检察院应当建立刑事案件信息通报制度……有条件的地方，应当建立刑事案件信息共享平台。”

④ 赵美娜：《大数据赋能刑事监督立案线索发现的实践路径》，《中国检察官》2022 年第 12 期，第 22 页。

⑤ 周双喜、任顺国：《浅论对公安机关刑事立案的监督》，《湖北公安高等专科学校学报》1995 年第 5 期，第 20 页。

罪嫌疑人、被告人在难以获得正当救济途径的前提下，对案件处理的实体公正性产生怀疑，进而反复申诉、上访，不仅造成了司法资源的浪费，也给涉案人员带来诉累。[①] 实际上，程序正义与现代法治紧密相连，从某种程度上而言，法治就是程序之治。正如学者所言，“程序是实体之母，程序法是实体法之母”[②]。然而，在司法实践中，即便犯罪嫌疑人一方对刑事立案管辖的合法性、合理性产生怀疑，但鉴于法律上未曾赋予这类主体提出管辖权异议的权利，且通过庭前会议提出管辖权异议时获得救济的机会极为少见，难免会导致人民群众对法律的公正性产生不信任感。“如果人民群众通过司法程序不能保障自己的合法权利，司法就没有公信力，人民群众也不会相信司法。”[③] 对于人民群众，特别是当事人而言，“在很多情况下，程序公正的感觉比合理的结果更重要”[④]。因此，对于具有“应用宪法”之称的刑事诉讼法而言，如何践行程序正义，承载起“宪法测重仪”的重任[⑤]，以推动实现人权保障与行为规制，是一个值得重点关注的问题。例如，从 2009 年颇受争议的李庄案，到 2018 年备受关注的吉林辽源王成忠案，正是因为管辖权异议制度的缺失，造成了当事人的诉权没有得到应有的保障，导致司法的公信力在一定程度上遭到了削弱。[⑥] 特别是在信息网络极为发达的自媒体时代，普通民众的不满情绪可能通过自媒体被无限放大，进而造成负面舆情，加之网民的理性程度有待提高，会进一步加剧他们对司法公正的不信任感。[⑦]

由此观之，赋予当事人尤其是犯罪嫌疑人一方的刑事案件立案管辖异议权，是对刑事立案外部监督的有效手段。立案管辖是刑事诉讼的入口和前奏曲，或曰通往公平正义之门，其本身拥有程序正义之内核，对于案件的处理具有重要意义。[⑧] “管辖正确与否关系到整个刑事追诉的容许性问题，管辖错

---

① 张泽涛：《构建监察调查与刑事诉讼中的管辖异议制度》，《法学家》2023 年第 1 期，第 121 页。

② ［日］谷口安平：《程序正义与诉讼（补订本）》，王亚新、刘荣军译，中国政法大学出版社 2002 年版，第 7 页。

③ 习近平：《在十八届中央政治局第四次集体学习时的讲话》，中共中央宣传部编：《习近平总书记系列重要讲话读本》，学习出版社、人民出版社 2016 年版，第 94 页。

④ 斯蒂芬・布雷耶：《法官能为民主做什么》，何帆译，法律出版社 2012 年版，第 58 页。

⑤ 参见［德］克劳斯・罗科信：《刑事诉讼法（第 24 版）》，吴丽琪译，法律出版社 2003 年版，第 13 页。

⑥ 郭沙沙、郝世坤：《探讨我国刑事回避及管辖权异议制度——以王成忠案件为例》，《西安文理学院学报（社会科学版）》2019 年第 2 期，第 84 页。

⑦ 张泽涛：《规范对民营企业家刑事立案的制度设置》，《法学》2020 年第 9 期，第 122 页。

⑧ 桂梦美：《刑事诉讼管辖制度研究》，中国政法大学出版社 2019 年版，导言第 1 页。

误必须得到纠正，方可保障国家刑罚权的正当行使。"[①] 虽然司法解释中关于刑事立案管辖的标准是对标审判管辖的，但是正如学者所言，在整个刑事诉讼活动过程中，公检法三家是"一条龙"式的流水作业，一般来说哪一地区的侦查机关享有立案权，哪个地区的法院就享有审判权。[②] 相较于民法、行政法等其他部门法而言，刑法具有其特有属性[③]，特别是以剥夺人身自由为代价的刑罚的发动，具有其他部门法无可比拟的严厉性。[④] 具体到涉众经济类民刑交叉案件中，以刑事立案为起点的刑罚的发动，不仅可以"搞垮"一个厂(公司)，甚至会剥夺人身自由与生命。不合理之处在于：民事诉讼和行政诉讼中均赋予了当事人管辖权异议的权利，而刑事诉讼程序却忽视了对犯罪嫌疑人这项权利的赋予，这一方面体现了我国立法与司法实践中轻重失衡的立法模式与法律体系的内在矛盾，另一方面也体现了我国刑法"权威主义"的色彩。[⑤] 对此，赋予当事人提起管辖（特别是刑事立案管辖）的异议权[⑥]，有利于实现对刑事立案有效的外部监督。也许会有观点认为，即使赋予当事人提出管辖权异议的权利，也不能保证在后续的审查起诉、审判、执行阶段不会发生权力滥用的情形。因为从司法实践来看，尽管民事诉讼与行政诉讼中赋予了当事人提出管辖权异议的权利，并设计了相对完善的制度，但实际上管辖权异议申请的成功率并不高，甚至还会出现滥用管辖权异议的情形，因此该制度的设计无法从根本上保障当事人的合法权利。本书认为，这一观点不具有合理性。根据罗尔斯对社会正义的划分，刑事诉讼属于"不完美的程序正义"(imperfect procedure justice)[⑦]。诚然，在犯罪嫌疑人是否构成犯罪、

---

① 王一超：《论国家教唆之下被教唆人的诉讼救济——以刑事诉讼条件理论为视角》，《中国刑事法杂志》2014年第3期，第69页。

② 陈卫东：《刑事诉讼管辖权异议的解决——韩风忠、邵桂兰贩卖毒品一案的思考》，《法学》2008年第6期，第56页。

③ 赵秉志：《刑法新教程（第三版）》，中国人民大学出版社2009年版，第10页。

④ 赵秉志：《刑法总论》，中国人民大学出版社2007年版，第27页。

⑤ 参见［日］大谷实著：《刑事政策学》，黎宏译，法律出版社2000年版，第89页。

⑥ 关于当事人（特别是犯罪嫌疑人）提起管辖权异议的制度设计的具体展开，参见熊秋红、余鹏文：《我国刑事诉讼管辖体系之完善》，《法学杂志》2022年第4期，第53-72页；张曙：《被追诉人的管辖程序性权利研究》，《法治研究》2020年第1期，第118-134页；白露：《我国刑事诉讼管辖权异议制度构建的争议与出路》，《上海法学研究》2020年第2卷，第168-173页；桂梦美、刘成江：《构建刑事诉讼管辖权异议制度之逻辑展开》，《河北法学》2019年第5期，第189-200页；桂梦美：《刑事诉讼管辖异议之诉的模式选择》，《政法论坛》2018年第6期，第77-86页。

⑦ ［美］约翰·罗尔斯：《正义论》，何怀宏、何包钢等译，中国社会科学出版社2005年版，第84页。

是否值得公安机关予以刑事立案实施管辖这一问题上，存在相对客观的标准，但是人类的“有限理性”无法指引达到对法问题的完全认知。因此，“无论是制度改革还是程序操作，都只能追求一种相对合理，不能企求尽善尽美”①。对刑事立案外部监督机制的探寻，体现为“构建可能性的法律发展”，并通过程序的“实在法条化”和“部门法化”②，构建一套系统化而逻辑自洽的法律制度体系。

（二）深入剖析纯粹民事纠纷与犯罪的界限

在民刑交叉案件司法实务中，部分民事违法行为具有构成犯罪的可能性，因而需要适用刑法对其是否构成犯罪作出评判，故应对案件实施刑事管辖。尽管最终可能经由法院判决不构成犯罪，但公安机关对可能构成犯罪的事案实施刑事管辖无可厚非，不能以最终法院判定不构成犯罪为由而对公安机关的刑事管辖提出批评。之所以主张公安机关对于可能构成犯罪的事案实施刑事管辖并不违法，在于对犯罪成立与否的判定难免存在争议与疑问。质言之，对司法实践中大部分事案犯罪成立与否的判定固然较为清晰，但少部分事案是否构成犯罪却面临争议。公安机关面对具体事案，经依法审查确认“有犯罪事实发生，需要追究刑事责任”的，便可立案实施刑事管辖。当然，公安机关针对民刑交叉案件实施刑事管辖，受多种因素影响难免出错，但尽力降低立案管辖出错率、提高立案精准度是公安机关应努力改进的方向。除要改进影响公安机关公正合理实施立案管辖的各种考核制度等之外，深入剖析民刑交叉案件中纯粹民事纠纷与犯罪的界限，也是有效降低公安机关立案管辖出错率的重要手段。也即，通过解析民刑交叉案件中犯罪成立与否的常见分歧尤其是模糊地带，助力司法机关尤其是公安机关对于犯罪界限有更清晰的认识及判断依据，无疑有助于公安机关降低立案管辖出错率。之所以提出上述主张，在于若某种民事违法行为显然不构成犯罪，公安机关通常不会（除非明知故犯）认定其涉嫌犯罪而实施刑事管辖。例如甲与乙发生口角后互殴，乙被打伤且经鉴定构成轻伤二级。事后甲拒绝支付任何费用，乙及家人与甲就医疗费、营养费等费用支付问题数次发生争吵，并且在数次讨要无果后，向甲发出威胁。即便乙所提出的费用支付请求超过法定标准，公安机关也不

① 龙宗智：《论司法改革的相对合理主义》，《中国社会科学》1999 年第 2 期，第 137 页。

② 参见程龙：《法哲学视野中的程序正义：以程序正义研究中的分析模式为主的考察》，社会科学文献出版社 2011 年版，第 3 页。

可能以此将乙索要费用的行为认定为涉嫌犯罪而以刑事案件立案实施刑事管辖。理由是，乙被殴打之后享有请求对方支付医疗费、营养费等相关费用的权利，其向甲索要费用理所正当。尽管其索要的费用超过法定标准，并且在数次讨要无果的情况之下对甲实施口头威胁，但在很大程度上是因为对方先前的不法或过错，对行为人负有法定或者道德上的义务。① 公安机关不可能以涉嫌犯罪为由对其予以刑事立案实施刑事管辖。

深入剖析纯粹民事纠纷与犯罪的界限，不仅可以有效减少公安机关实施刑事管辖的出错率，而且有助于防范以刑事管辖违法插手经济纠纷情形的发生。质言之，对于民刑交叉案件中容易产生争议的部分，若不深入剖析以提供更为清晰的判断标准，则某些原本仅属纯粹民事纠纷的事案容易被以涉嫌构成犯罪为由实施刑事管辖。反之，若能通过深入解析使得民刑交叉案件犯罪界限的模糊地带缩小，罪与非罪的判定标准更为清晰，无疑有助于减少实施刑事管辖插手经济纠纷的现象。

民刑交叉案件中犯罪界限的厘清，无疑应植根于民法的基本理论并坚持实质解释的基本立场②，以具体刑法条文的犯罪构成为中心来展开。本书作者在调研中收集到的关于民刑交叉案件犯罪界限的疑问主要集中于包含诈骗因素的民事纠纷、财物保管民事纠纷、损毁财物经济纠纷。有鉴于此，有必要对民刑交叉案件犯罪界限疑点较多的三类案件作出解析。

首先，包含诈骗因素的民事纠纷与犯罪的界限。

包含诈骗因素的民事纠纷，意指双方当事人之间存在的民事纠纷包含一定的欺骗因素。长期以来，诈骗罪犯罪构造的重要性没有受到充分重视。在司法实践中，往往只要存在一定的欺骗因素即容易被认定涉嫌诈骗罪。但是，存在欺骗因素并不必然等于诈骗罪。也即，诈骗罪有其自身特殊的犯罪构造：行为人实施了诈骗行为或者维持被害人的错误认识——受害人陷入错误认识

---

① 参见庄绪龙：《道德权利理论与敲诈勒索罪的教义学限缩》，《中外法学》2022 年第 2 期，第 502 页。

② 民刑交叉案件法律责任的科学解析，需要打破民法与刑法两大法域之间的壁垒并建立有效的沟通。近年来，我国刑法与民法领域对相关问题的讨论进一步加深，但整体上仍显薄弱。日本刑法与民法学界多次就民刑交叉问题尤其是财产犯罪所牵涉的相关议题展开了富有成效的讨论，值得借鉴。例如日本刑法学者佐伯仁志与民法学者道垣内弘人就刑法与民法相交错的诸问题展开了近两年的对话，后将对话内容整理成《刑法と民法の对话》（有斐阁 2001 年版）一书。另外日本学者林干人的《财产罪の保护法益》（东京大学出版会 1984 年版）、山川一阳的《犯罪と民法》（立花书房 2003 年版）、土本武司的《民事と交错する刑事事件》（立花书房 1997 年版）、本江威憙的《民商事と交错する经济犯罪 I》（立花书房 1994 年版）等，系民刑交叉领域的代表性著作。

或者维持错误认识——受害人基于错误认识处分财物——行为人或第三人获得财物。[①] 依此，“多重债务者对返还预料产生错误的结果，最终因破产无法返还的场合，最多只是民法上的债务不履行”[②]。

在司法实践中，当事人双方的经济往来过程中难免存在一定的夸大甚至欺骗因素，其中较为常见的是夸大自身的资产额及偿债能力、虚报利润甚至伪造房产证等资产材料。基于诈骗罪的核心是受害人基于欺骗产生了错误认识而处分财产，故司法实务中对于包含诈骗因素民事纠纷的事案，若实施刑事立案管辖应当就此作出详细论证。与此相适应，检察机关作为法律监督机关也应重点审查该内容。

在司法实践中，包含诈骗因素的民事纠纷被认定涉嫌犯罪的主要依据为“非法占有目的”。理论上通常以非法占有目的作为区分民事违法行为与犯罪行为的界限，但是在实务操作中过于强调非法占有目的容易导致主观归罪。一方面，非法占有目的作为行为人的主观意识，深藏于其内心，必须靠外在相关客观因素来推断。也即，“推定往往是能够证明被告人心理状态的唯一手段”[③]。司法机关在办理民刑交叉案件的实务操作中，容易基于该因素将部分民刑界限模糊的事案认定构成犯罪。并且，某些原本仅属单纯民事纠纷的事案，通过非法占有目的因素的认定，也极易被认定涉嫌犯罪。另一方面，“非法占有目的”在某些极为特殊的场合，或许属于“仁者见仁、智者见智”的问题。也即，不同主体基于不同立场可能作出不同判定。例如从受害人的角度看来，若行为人在实施行为之际即具备非法占有目的，无疑可以构成犯罪；但行为人却坚称，其从始至终就不具有非法占有目的。另外，即便对于司法工作人员而言，也可能基于不同立场就非法占有目的得出不同的认定结论。在先入为主的思维习惯下，公安机关为了获取行为人口供，极易采取多种手段迫使行为人承认其具有非法占有目的[④]，而后综合其他证据材料认定行为人构成犯罪。有鉴于此，对民事纠纷中的“非法占有目的”的判定应极其严谨。为了避免主观归罪的危险，对“非法占有目的”的判定宜坚持从客观到主观

---

① 参见周少华、董晓瑜：《集资诈骗罪的司法认定》，《人民检察》2010 年第 16 期，第 29 页。

② ［日］佐久间修、桥本正博、上岛一高：《刑法基本讲义——总论・各论》，有斐阁 2019 年版，第 13 页。

③ ［英］鲁伯特・克罗斯：《英国刑法导论》，赵秉志等译，中国人民大学出版社 1991 年版，第 56 页。

④ 我国法治建设的进步与成就有目共睹，曾经经常发生的以殴打、体罚等方式实施的刑讯逼供在当今刑事司法实务中已经极其少见。

的思维方法，而不可反其道而行之。以包含欺骗因素的民事纠纷为例，判定行为人是否具有非法占有目的，应先从客观存在的证据出发，只有当综合客观证据能够现实推定行为人具有非法占有目的时，才能认定其涉嫌犯罪并实施刑事管辖。退而言之，即便行为人供述其在向多人借贷时确实具有非法占有目的，但只要事后能按照约定归还钱款，即不得依行为人的“自认”以其具有非法占有目的为由认定构成犯罪。相反，只有在事后无法依约偿还钱款的，才具有判定非法占有目的必要性。大体而言，非法占有目的应以行为人借款当时的主客观因素为基准，参考其后钱款的实际使用用途、到期不能还款的原因等多种因素作出综合判断。若行为人将大部分钱款用于企业生产经营，无疑应否定其非法占有目的；即便行为人将钱款用于日常生活，也不可就此轻率肯定非法占有目的。当然，如果行为人借贷时有自己的企业，且收益较为稳定，为了扩大生产经营而购买豪华车辆、购置豪华办公场所等，后来因为实体企业遭遇重大变故而停止生产，致使借款不能返还的，就不宜认定其具有非法占有目的。[①] 若行为人一开始将钱款用于日常生活远超正常消费范畴，例如大量购买昂贵奢侈品、肆意挥霍，一般能够肯定其非法占有目的。

司法实践中的问题是，若行为人向多人借款，数额较大并且将该钱款用于赌博，是否能肯定其非法占有目的？有学者认为，赌博作为一种高风险且违法的行为，不能像正常的生产经营一样产生具有“期待可能性”的收益，行为人将钱款用于赌博，说明其对钱款的使用极端不负责任，可以推定其自始至终不具有偿还钱款的目的，具有非法占有的故意。[②] 但是，该种见解的科学性、合理性值得商榷。诚然，赌博为法律所禁止，但其与购买彩票行为相似，具有射幸特征。行为人参与的赌局存在盈亏，行为既可能亏损也可能赢利。行为人将借款用于赌博，若事后能如期归还钱款，即难以肯定其非法占有目的。退而言之，即便行为人将钱款用于赌博出现亏损致使借款无法如期归还，只要无法归还的借款数额不大，也难以肯定其非法占有目的。质言之，只有行为人将借款用于赌博后到期无法归还钱款且数额较大的，才可肯定行为人具有非法占有目的。或许有见解对此提出反驳，主张非法占有目的的认定应以借款当时的主客观因素作为判断标准，不可完全以赌博后能否如期还款作为判定依据。特别是，若完全以赌博后能够如期还款作为判定标准，则

---

① 参见胡启忠：《集资诈骗罪“非法占有”目的认定标准的局限与完善》，《法治研究》2015 年第 5 期，第 94 页。

② 张杰：《集资诈骗罪中“非法占有目的”的认定》，《中国检察官》2019 年第 2 期，第 73 页。

会导致对非法占有目的判定在很大程度上依赖于赌博盈亏等诸多偶然因素，无疑不合理。但如前所述，非法占有目的系深藏于行为人内心的主观因素，只能靠外在客观因素来推断，故以客观因素作为判断标准具有必然性。另外，之所以主张借款赌博非法占有目的的认定主要依据事后能否如期还款这一客观要素，在于若行为人事后如期还款，即表明行为人以还款消除了借款行为所引发的不能还款风险，故可否定其非法占有目的。尤其是若行为人能如期归还借款，双方之间即不存在民事纠纷，故更不可能触及刑法构成犯罪。① 反之，若行为人事后不能如期归还钱款，即可推定行为人当初借款之时即存在非法占有目的。值得注意的是，如果依据现有因素不能明确判定行为人具有非法占有目的，那么只有“排除合理怀疑”，才能认定“非法占有目的”之存在，否则不能认定。②

其次，财物保管民事纠纷与犯罪的界限。

财物保管民事纠纷，即当事人双方在保管财物的过程中存在一定的纠纷且该种纠纷可能构成犯罪。如果该种纠纷侵害了财物的所有权，则有可能构成侵占罪；如果尚未侵害财物的所有权，那么也许只是单纯的民事纠纷。③ 质言之，单纯的财物保管民事纠纷与侵占罪之间的主要界限在于，侵占罪不仅侵犯了财产所有权，也侵犯了行为人与被害人之间的内部信任关系。④ 也许会有观点认为，在此类案件中，不管是权利人主张返还原物所有权还是主张不当得利返还，在理论上都能得到支持。换言之，在权利人完全可以通过民事诉讼的途径实现权利救济的前提下，本不存在“民刑交叉”的壁垒，况且根据刑法的谦抑性原则，更不能将此行为认定为犯罪。本书认为这一观点不具有合理性，实际上，民事纠纷与刑事犯罪之间并非泾渭分明的对立关系，而是存在“彼此交融”的交叉关系，不能以某种行为属于民事纠纷为由否认其构成犯罪的可能性。

最后，损毁财物经济纠纷的犯罪界限。

---

① 如果没有一个行为属于民事违法行为，则更不可能构成犯罪，这是刑法中当然解释的应有结论。参见张明楷：《刑法分则的解释原理》，中国人民大学出版社 2011 年版，第 66 页。

② 卞建林、张璐：《“排除合理怀疑”理解与适用》，《国家检察官学院学报》2015 年第 1 期，第 97 页。

③ 《中华人民共和国民法典》第 462 条　占有的不动产或者动产被侵占的，占有人有权请求返还原物；对妨害占有的行为，占有人有权请求排除妨害或者消除危险；因侵占或者妨害造成损害的，占有人有权依法请求损害赔偿。

④ 参见路诚：《股份能否认定为侵占罪中“代为保管”的财物及对普通侵占罪犯罪圈的限定——对乔某侵占罪案的评析》，《天津法学》2019 年第 1 期，第 101 页。

损毁财物经济纠纷，即当事人双方之间本身存在经济往来，因发生纠纷实施破坏或者毁坏财物的行为。例如某甲与某乙合作投资某加工厂，后双方在经营管理过程中产生矛盾。某甲不顾某乙反对，将加工厂的全部资金、账册、印章等物品私自拿走。某乙数次索要无果，经报案后公安机关以该案属于单纯民事纠纷为由建议向法院起诉。某乙盛怒之下，将某甲所有的停在加工厂旁边的一辆雅阁牌小轿车砸坏，经鉴定维修费需 4 万元。后某甲向公安机关报案，以小汽车被损坏为由要求公安机关立案追究某乙刑事责任。倘若某甲与某乙之间完全不存在经济纠纷，某乙故意毁坏汽车的行为无疑涉嫌犯罪，公安机关应予立案实施刑事管辖。问题是当事人双方存在经济纠纷，且损毁财物的行为因经济纠纷而引起。此时需要明确，该种情形属于单纯的民事纠纷还是触犯了刑法应追究刑事责任？尤其是，若行为人所损坏的物品属于双方存在争议的财物，应如何判定该种行为的属性？从行为人的角度而言，尽管双方对财物归属存在争议但其自认为享有相应财产权利。故在双方存在争议的情形下，对财物所实施的损毁行为仅属单纯的民事纠纷，不涉及犯罪与刑事责任。与此相对，从对方的立场出发，行为人自认为享有财产权利仅系其单方面的自我意识。在存在争议的情形之下将财物毁损，无疑构成犯罪需追究其刑事责任。

第三章

侵权类民刑交叉案件民事责任承担对刑事责任评判的影响

第一节 侵权类民刑交叉案件民事责任承担对刑事责任评判影响的理论纷争

目前学界对侵权类民刑交叉案件中“民刑交叉”的理解不尽相同，存在广义与狭义解读的差异。本书对“民刑交叉”持广义的立场，主张只要案件法律责任的评判同时关涉刑法与民法，即属于民刑交叉案件的范畴。不过，鉴于本部分所研究的是民刑交叉案件中民事责任承担对刑事责任评判的影响力与作用力，因此，本章探究的侵权类民刑交叉案件，特指违反民法与刑法、需要同时承担民事责任与刑事责任的情形。

在民刑交叉案件的司法实务中，面对行为人所应肩负的两种法律责任，需要明确的是民事责任的承担与刑事责任的评判之间是否存在关联。特别是，“民法上的法效果对刑事责任具有何种影响”①。如果主张民刑交叉案件中民事责任与刑事责任属于完全不同的范畴、彼此需要独立判断，则在评判刑事责任时，司法机关可以完全忽略行为人对民事责任的承担情况。相反，倘若认为民事责任承担对刑事责任评判具有影响力与作用力，则司法机关在评判刑事责任时必须考量民事责任的承担状况。也即，行为人是否对受害人承担了民事责任或者承担了多大程度的民事责任，会作为刑事责任评判的重要依据。在民刑交叉案件中，民事责任承担对刑事责任评判是否具有影响力与作

① ［日］土本武司：《民事と交错する刑事事件》，立花书房 1997 年版，前言第 7 页。

用力，存在肯定论与否定论的对立。①

一、民刑交叉案件中民事责任承担对刑事责任评判影响否定论

否定论，即否定民事责任的承担会对刑事责任的判定产生影响，主张对民事责任与刑事责任的评判、追究都应各行其道，否定二者之间存在关联性，特别是反对将民事责任的承担作为影响刑事责任评判的重要因素。在否定论者看来，承认民事责任的承担对刑事责任评判的影响力无疑是肯定其存在积极影响。在行为人承担民事责任的情况之下，认定其能够减轻甚至免除行为人的刑事责任，是典型的“赔钱减刑”甚至“赔钱免刑”，无疑会对司法、法治的公平正义产生破坏性影响。否定论的支持者认为，“‘赔钱减刑’的做法有损司法的公平正义。有钱而又肯花钱的人可以寻求到一个减刑甚至免刑的门路，没有钱又筹不到钱的人就只能错失这样的机会。所以，它只能是为有钱人服务的不公正制度，无法普遍适用于所有的犯罪嫌疑人、被告人。这就容易导致同罪不同罚现象，有违法律的平等适用原则和罪刑相适应原则”②。

否定论者之所以否定民事责任承担对刑事责任评判具有影响力与作用力，其理由主要在于几下几点。

第一，民事责任与刑事责任具有不同的根基。

否定论者之所以否定民刑交叉中民事责任承担对刑事责任评判具有影响力与作用力，首要原因即在于民事责任与刑事责任具有不同的根基。顾名思义，所谓民事责任是因违反民法的相关规定所应承担的相应法律后果，刑事责任则是因触犯刑法所应承担的强制性后果。两种法律责任之所以存在本质差异，主要在于两者的根基存在显著有别。质言之，民事责任的根基是违法行为所造成的权益侵害及其危害后果。与刑法、行政法等法律法规不同，民法以调整平等主体之间的权利义务关系为内容，并且以平等、意思自由等为基本原则。在民法领域，只要民事主体的行为与国家的强制性规定不相违背，法律即不会加以禁止。故“有法定从法定、无法定从约定”成为民法领域的基本行为规范。在此意义上说，民事责任以权利侵害、义务违反为内容，并且主要表现为权利侵害。对于行为人违反民法构成民事违法行为的情形，应

① 德国著名刑法学家李斯特认为，在刑罚裁量这一重要领域，意见不统一的情况更加严重，甚至混乱不堪；不过，并没有排除达成互相谅解的可能。参见［德］冯·李斯特：《论犯罪、刑罚与刑事政策》，徐久生译，北京大学出版社 2016 年版，第 145 页。

② 于同志：《刑事实务十堂课》，法律出版社 2020 年版，第 434 页。

该由行为人承担因权利侵害、义务违反所导致的法律后果。与此相对，刑事责任的根基则是行为人实施危害行为所造成的犯罪客体侵害或法益侵害。“那些对他人的利益造成危害并负有责任的人应当承担刑事责任，这通常是法律规定核心犯罪的实质所在。行为人以其行为方式表现了对被害人权利的漠视，正因为犯罪人对被害人作出的事实，通过使犯罪人服从国家意志的方式，国家刑罚试图对犯罪人提出严正谴责。”① 也即，对犯罪的认定及刑事责任的追究都以犯罪客体侵害或法益侵害为根基。犯罪客体或者法益在刑法中具有重要地位，不仅犯罪的成立需要以此为根据，刑法分则的编排也应以此为基础。值得注意的是，新中国成立之后的刑法及刑法学受苏俄影响，常常使用“犯罪客体”的表述，而德日等大陆法系国家和地区则往往使用“法益”一词。虽然“犯罪客体”与“法益”在我国往往被置于同等含义的地位，但是犯罪客体与法益是否表达完全一致的意思，有待研究。依据通说，犯罪客体即刑法所保护而为犯罪行为所侵害的社会关系，而法益是刑法所保护而为犯罪行为所侵害的利益。前者的核心是社会关系，后者的核心则是利益，两者似乎不能完全等同。② 尽管如此，某种危害行为之所以成立犯罪并且应当承担刑事责任，其根源在于侵害了特定的社会关系或者法益。既然是社会关系、法益，则明显不同于民法上的私权利和义务。“刑罚的核心关注在于，阐明行为人所犯罪行，使犯罪人认识到其罪行并非以赔偿被害人的方式即可了结，而是应当接受社会的否定，刑罚要求犯罪人赎罪并不得重复实施犯罪行为，这样才能够使犯罪人理解自己犯罪行为的本质和社会否定的原因，从而忏悔和改过。”③ 有鉴于此，基于不同根基的两种法律责任，理应独立区分开来。“刑罚和损害赔偿之间，首先在法律效果方面存在差异，作为其前提，在法律要件上也存在差异，进而自不待言在制度的基本思想方面也存在差异。”④ 即便因为同一种行为造成了两种法律后果，需要同时承担民事责任与刑事责任，也应保持法律责任评判和追究的独立性。因此，针对民刑交叉案件，不能将民事责任的承担作为刑事责任评判的重要因素。

---

① ［英］威廉姆·威尔逊：《刑法理论的核心问题》，谢望原、罗灿、王博译，中国人民大学出版社 2015 年版，第 272 页。

② ［英］威廉姆·威尔逊：《刑法理论的核心问题》，谢望原、罗灿、王博译，中国人民大学出版社 2015 年版，第 67 页。

③ ［英］威廉姆·威尔逊：《刑法理论的核心问题》，谢望原、罗灿、王博译，中国人民大学出版社 2015 年版，第 66 页。

④ ［日］高桥则夫：《规范论和刑法解释论》，戴波、李世阳译，中国人民大学出版社 2011 年版，第 19 页。

第二，民事责任与刑事责任具有不同的属性。

虽然同为法律责任，但民事责任与刑事责任具有不同属性。以所调整社会关系的不同，可以从整体上将法律划分为私法与公法。所谓私法，即调整私主体与私主体之间权利义务关系的法律规范①；所谓公法，即调整涉及国家公权力行使的法律规范。② 鉴于私法的调整范围限于私主体与私主体之间，故其法律责任主要以权利主体的私权利损害恢复或者私义务履行为内容。也即，民事责任的重点在于恢复业已被损害的私权利或者促使履行私义务。既然如此，民事法律责任的内容主要呈现出两个方面的属性：一方面，民事责任的法律效果及作用力原则上限于私主体与相对方之间。也即，既然民法是私法，其所处理的是限于私权利主体之间的权利义务关系，那么触犯民法的民事违法行为所应承担的法律责任原则上限于私主体与相对人之间，通常不会牵涉案外第三人。③ 另一方面，民法作为典型的私法，以规范和调整私权利义务为中心，而私权利义务区别于其他权利义务的一个重要特点即在于，私权利义务主体的意思表示具有重要意义，意思自由是民法中独有的重要基本原则。有鉴于此，无论是权利主体对于所享有的民事权利，还是义务相对人对于他人所应承担的民事义务，都享有自由处分的权利，只要该种处置不违反国家的强制性规定即可。具体到侵权行为，危害行为发生后是否要追究违法行为人的侵权责任以及如何追究，完全以受害人的意愿为准则。质言之，首先，受害人既可通过多种途径追究侵权人的法律责任以维护自身权利，也可放弃法律责任的追究对其置之不理。在受害人意欲维护自身权益的情况下，还可以选择追究对方民事责任的具体途径。也即，受害人既可依靠自力向侵权人提出赔偿等要求以追究民事责任，也可依靠社会力量来维护自身权益，还可通过向法院起诉的诉讼形式来寻求救济。其次，受害人在维护民事权益的过程中，提出何种具体的民事请求完全由受害人自主决定。④ 例如，受害人在遭

---

① 私主体，并不完全等同于私人尤其是个人，而是对其作为民事权利义务关系主体的地位性描述。公司、企业、单位，也是私主体。国家机关尽管拥有国家权力，但其在参与民事法律关系之时，也能成为私主体。例如，国家机关在向某空调公司购买100台空调时，属于私主体的身份。

② 德国法学家拉德布鲁赫认为，如果一项义务产生于他人的命令，那么这项义务原则上就属于公法；而私法上的义务原则上产生于义务人的自我服从。处在上下级关系中的人，其法律关系概括起来讲就是公法调整的对象，亦即主人和臣仆之间的法律关系；而私法仅仅涉及法律上有平等地位的人之间的法律关系。参见［德］拉德布鲁赫：《法学导论》，米健译，法律出版社2012年版，第70页。

③ 部分情况下，民事责任也会涉及第三人。第三人之所以也会进入民事诉讼程序，也在于案件与其存在利害关系。也即，案件也关涉其民事权利义务。

④ 参见［日］浅田和茂：《刑法总论》，成文堂2019年版，第7页。

受一万元财产损害的情况下，既可提出一万元的赔偿请求，也可提出小于一万元的赔偿主张，甚至可以提出超过一万元的赔偿要求。最后，侵权行为人与受害人可以就赔偿的具体数额自主协商，只要该种协商不违背国家强制性规定。之所以在民事仲裁、诉讼中存在“调解”，也就是为了促使双方尽量通过寻求彼此都可以接受的协议与方式从而得以解决纠纷。另外，民事责任的实现与执行也有自身的特点，即以当事人尤其是受害人的主观意愿作为依据。虽然民事责任的实现通常需要法院强制执行，但是法院强制执行只能依当事人的申请而展开。在当事人不向法院提出申请的情况下，法院不可主动启动强制执行程序。即便在法院强制执行的过程中，若申请人与被执行人达成了执行协议，法院也应对此予以尊重。由此可见，民事责任的追究与执行中，需要充分尊重当事人尤其是受害人的主观意愿。意思自由在民事责任的追究与实现的过程中具有重要地位。

刑事责任与民事责任具有本质性差异。刑事责任体现的是“‘私人’对‘国家’的关系，刑法上罚金、科料等被纳入国库。与此相对，民法上的损害赔偿则支付给被害者个人”①。如前所述，刑法与行政法同属公法。公法区别于私法的关键点在于，其关涉国家公权力的运行。与私法主要聚焦于民事主体之间的民事权利义务关系不同，刑法作为典型的公法则以国家机关权力的运行作为主要内容，具体表现为对犯罪行为追究刑事责任。② 与民事责任相比，刑事责任呈现出强烈的国家公权力特性。一方面，刑事责任的法律效果及作用力超越了行为人与相对人的范畴，表现为行为人实施犯罪行为之后与国家机关之间存在追诉与被追诉的关系。可见，刑事责任的关系主体与民事责任的关系主体存在显著差异。质言之，民事责任的追究主要表现为一方当事人与另一方当事人之间的关系，而刑事责任的追究主要表现为代表国家的司法机关与犯罪嫌疑人、被告人之间的关系。③ 一个人犯了罪，从犯罪的时候开始，就与国家发生刑事法律关系，所以，刑事责任的实质也就是犯罪人与国家及其司法机关之间的权利义务关系④。受害人在刑事追诉的程序架构中仅

---

① ［日］佐久间修、桥本正博、上岛一高：《刑法基本讲义——总论·各论》，有斐阁 2019 年版，第 12 页。

② 参见［日］井田良：《讲义刑法学总论》，有斐阁 2018 年版，第 11 页。

③ 参见［日］浅田和茂：《刑法总论》，成文堂 2019 年版，第 6 页。

④ 高铭暄：《刑法学原理》（第 1 卷），中国人民大学出版社 1993 年版，第 419 页。传统观点主张，犯罪是孤立的个人反对统治关系的斗争。参见马克昌：《犯罪通论》，武汉大学出版社 1999 年版，第 8 页。

仅处于案件参与人的地位，起到辅助案件办理的作用。犯罪“不仅仅关涉当事人，同时也关涉从各个关系人（微观社会）出发到地域社会（宏观社会）等公共层面，进而，甚至能看到扩展到了社会、国家这一层面。犯罪就是这样从私人性质到公共性质而派生出来的，这也是刑法之所以被称为公法之所在”①。另一方面，由于刑法是典型的公法，关涉以追诉犯罪为内容的国家公权力运行，因而是国家意志的体现。质言之，刑事责任的追究主要表现为以公检法为代表的国家司法机关追诉犯罪、裁量刑罚以及将刑罚交予执行的过程。无论是犯罪与刑法的确定还是刑罚的执行，都是国家公权力的推进，不存在讨价还价的空间。与民事责任的追究所具有的高度意思自由相比，刑事责任的追究则体现出绝对的强制性。即便犯罪行为发生后，行为人与受害人达成谅解协议，甚至受害人强烈要求不追究行为人的法律责任，也不影响司法机关对犯罪行为的追诉。特别是，部分刑事案件的受害人在报案后又改变证词为犯罪嫌疑人、被告人开脱，司法机关不仅依法追究行为人的刑事责任，也要对受害人所实施的包庇行为追究法律责任。或许有见解认为，刑事诉讼法中所推行的认罪认罚从宽，貌似也存在双方之间的协商和博弈，似乎也存在讨价还价的色彩。值得注意的是，认罪认罚从宽并非属于刑事责任追究的讨价还价，而是以罪责刑相适应、提高刑事诉讼效率等为依据所推出的重要刑事诉讼制度。质言之，行为人在实施犯罪行为之后，如果能对司法机关指控的犯罪表示认可并且对司法机关的量刑建议表示接受，依此展现行为人真诚认罪悔罪，则可以基于此对其适用从宽的刑罚裁量政策。不仅刑事责任的追究不容许讨价还价，刑事责任的执行更具有绝对的强制性。从刑事责任所包含的具体的刑罚种类来看，每一种刑罚都是对犯罪人人身的限制、剥夺甚至是生命的剥夺。

“犯罪是侵犯国家利益和社会利益的行为，国家有权力依照刑法对犯罪人实施刑事制裁。侵权行为属于侵犯私人利益的违法行为，关注的是被害人所受损害的赔偿问题，是侵权人和被害人这两个私人之间的问题，不属于刑法领域。”② 并且，“如果根据责任内容的一般性见解，损害赔偿是对损害的调整，刑罚是对违法行为的非难。因此，民事责任的内容是‘调整’，刑事责任的内容是‘非难’；民事责任是以发生‘损害’的有无为基础的，与此相对，刑事责任是以‘违法行为’的有无为基础的。前者的‘调整和非难’的差

① ［日］高桥则夫：《刑法总论》，李世阳译，中国政法大学出版社 2020 年版，第 11 页。

② 王志祥：《民事赔偿与刑事责任》，中国政法大学出版社 2021 年版，第 11 页。

异，造成了民事法立足于平均的正义，刑事法立足于分配的正义这一结果”[①]。既然民事责任与刑事责任具有完全不同的属性，那么无论是两种法律责任的追究还是两种法律责任的执行，都需要分别处理，不可将两者糅合在一起。即便某个侵权行为同时触犯了民法与刑法，在评估民事责任的同时应追究刑事责任，但鉴于两种法律责任的属性存在重大且本质差异，故应各自评价、分别追究。例如在杀人等侵害生命、身体的场合，即便实施损害赔偿也无法令业已丧失的部分得以复原。[②] 特别是，在评价行为人的刑事责任时，不能将民事责任的承担情况作为刑事责任评判的重要因素。也即，应当否定民事责任承担对刑事责任评判的影响力与作用力。

第三，肯定民事责任承担对刑事责任评判的影响力与作用力会导致“以钱买刑”等不公平的后果。

否定论之所以否定民事责任承担对刑事责任评判的影响力与作用力，就在于如果承认该种影响力与作用力，则会导致“以钱买刑”等诸多不公平的社会效果。质言之，在民刑交叉案件中，如果民事责任与刑事责任“不分离，可能会产生为了追究民事责任而对被告人科处其责任的量的刑罚的危险。换言之，有违反责任主义这一刑法基本原则的危险”[③]。质言之，如果充分承认并肯定民事责任承担对刑事责任评判的影响，则会导致在对犯罪刑事责任作出评判时必须查明行为人对民事责任承担的具体情况。在行为人承担了相应的民事责任之后，会肯定其影响力与作用力，因而导致刑事责任相对降低，从而判处相对轻微的刑罚。反之，倘若行为人未能承担民事责任，会导致司法工作者特别是法官对行为人得出类似“不认罪悔罪”的结论，从而对犯罪行为人的刑罚适用产生不利影响。在部分案件中，行为人不仅不会得到公平正义的判决，反而会因为没有作出赔偿而让司法工作者得出其没有认罪悔罪的判定结论，导致被司法机关在刑事责任的评判上得出消极结论，从而面临不利后果。特别是，行为人在面临死刑判决时，倘若承认民事责任的承担对

---

① ［日］高桥则夫：《规范论和刑法解释论》，戴波、李世阳译，中国人民大学出版社 2011 年版，第 20 页。日本学者高桥则夫认为，如果是平均的正义，因为成为问题的是当事人的公平性调整，比如过失相抵和连带债务等也成为可能，所以若能成立当事人之间的和解就依此解决。与此相对，若根据分配的正义，根据（国家）非难程度的差异责任程度就不一样，由当事人之间解决基本上是不被允许的。

② ［日］横田信之：《被害者と量刑》，载大阪刑事実務研究会编：《量刑实务大系（犯情等に关する诸问题）》，判例タイ ムズ社，2011 年版，第 54 页。

③ ［日］佐伯仁志：《制裁论》，丁胜明译，北京大学出版社 2018 年版，第 175 页。

刑事责任评判的影响，则会导致司法机关在选择死刑适用方式之时，对作出了民事赔偿的行为人适用死缓。如果行为人没有对受害人作出民事赔偿，则会导致司法机关在选择死刑执行方式时往往会选择死刑立即执行的方式。如此操作会给社会制造“花钱买命”的错觉。“富人可以花钱买刑，只要有钱，即使不是真心悔罪也能被赦免。而穷人即使是真心悔罪，因无法进行赔偿而被判重罪，其后果是公开的司法不公。”① “将民事赔偿作为刑事责任的实现方式之后，司法机关可能更加重视的是犯罪人是否进行了赔偿以及赔偿了多少，进而直接将其作为处罚轻重的依据，至于犯罪人是否真心悔罪，则是无关紧要的。这在当前贫富差距较大的社会背景之下，无疑是十分危险的，其可能直接导致的结果就是，一方面，使富裕的犯罪人无法感受到惩罚之痛，从而不利于打击和预防犯罪。另一方面，使贫穷的犯罪人对司法公正丧失信心，进而强化其反社会心理。最终，刑事司法本应彰显的社会正义也就荡然无存了”②。毋庸置疑，公民与公民之间的经济能力显然有别。一部分人基于自身的经济实力具有承担民事责任的能力，在犯罪之后能够依法承担相应的民事责任。与此相对，一部分人不具备承担民事责任的能力，在实施犯罪之后无法承担应承担的民事责任。如果肯定民事责任承担对刑事责任评判的影响力与作用力，无疑会对富人有利而对穷人不利，必定损害公平正义。有见解即认为，民事赔偿在普通百姓的心目中已经成为富人逃避法律追究的“避风港”，只要实施犯罪的富人愿意而且能够完全弥补被害人因犯罪而遭受的损失，甚至使其从受害中获得受益，犯罪行为就会得到谅解，刑罚就会得到减免。③

第四，民事责任与刑事责任追究过程中对因果关系的认定也不完全相同。

因果关系的认定是法学理论和司法实践中的重要问题。无论是刑法还是民法，都需要厘清具体事案中的因果关系，以对各自的法律责任作出分析与评判。“假设某人突然闯入机动车道，被一辆超速或飘忽行进的汽车撞死。即使驾车人谨慎驾驶，这样的事故也在所难免。因此，无论是侵权案件还是刑事案件，都要求陪审团找到这样的因果关系：如果没有行为的不法因素所制造的额外风险，就不会发生死亡的结果。”④ 不过，民事责任与刑事责任追究

① 王瑞君：《赔偿在刑事司法中的理性定位——兼论被害人救济难题的破解》，《内蒙古社会科学（汉文版）》2010 年第 5 期，第 26 页。

② 王志祥：《民事赔偿与刑事责任》，中国政法大学出版社 2021 年版，第 87 页。

③ 任华哲、李青：《刑事和解与量刑公正》，《法学评论》2010 年第 5 期，第 127 页。

④ ［美］乔治・弗莱彻：《反思刑法》，邓子滨译，华夏出版社 2008 年版，第 212 页。

中的因果关系认定并非完全等同。质言之，刑事责任中因果关系的运用是为了解决特定危害结果的归因问题。[①] 具言之，“所有以侵害结果或具体危险的结果之发生的实现作为前提的诸个构成要件，都要求这个结果可以追溯其原因（因果地）到行为人的举止上面去”[②]。例如，甲将V打伤，医生用没有消毒的器械给V治疗，V不幸感染病毒死亡。这里刑事责任的评判与追究，需要明确到底是甲的伤害行为还是医生的治疗行为是造成V死亡的原因。[③] 概而言之，“要将所发生的结果归责于行为人，就要求行为人的实行行为与结果之间具有‘原因与结果’这种关系”[④]。但是民事责任追究所需要认定的因果关系与其并不完全等同，其往往注重挑选出导致结果发生的过错因素。质言之，民法上的责任认定除少数场合以无过错原则、严格责任为规则之外，过错原则成为民法归责的基本规则[⑤]。因此，法院在民事责任尤其是因果关系的判定上，需要准确判定导致结果发生的过错因素。在存在多种过错因素的情况下，还应按照过错大小认定因果关系的主次。以行人穿行马路被机动车撞伤为例，法院需要就伤害后果认定因果关系。或者其中一方的违规行为是造成本次事故的全部原因，应承担全部责任；或者其中一方的违规行为仅仅是造成本次事故的次要原因。既然民事责任与刑事责任在因果关系的认定及归责方面存在重大差异，那么民刑交叉案件中不应将民事责任的承担纳入刑事责任的评判范畴。

第五，肯定民事责任承担对刑事责任评判的影响有违反罪刑法定原则之嫌。

2012年3月全国人大通过了新修改的《刑事诉讼法》，在吸收既有理论成果与司法经验的基础上，对刑事诉讼中的特别程序作出了专编性规定，其中即包含了作为特别程序“刑事和解”的专门章节。从《刑事诉讼法》对刑

---

① 刑法上，“归因”与“归责”具有不同的含义。归因是解决特定行为与危害结果之间是否存在因果关系的事实性判断，而归责则是在因果关系得到确证的基础上就责任问题所作出的规范性判断。有见解认为，“归责应当以归因为前提，但是归因并不等同于归责”。参见陈兴良：《从归因到归责：客观归责理论研究》，《法学研究》2006年第2期，第85页。

② ［德］乌尔斯·金德霍伊泽尔：《刑法总论教科书》，蔡桂生译，北京大学出版社2015年版，第76页。

③ 童德华：《刑法中客观归属论的合理性研究》，法律出版社2012年版，第25页。

④ 张明楷：《外国刑法纲要》，法律出版社2020年版，第90页。

⑤ 根据“侵权行为”的逻辑，没有过错便没有赔偿责任。但是，中国民法从实际出发，承认无过错损害纠纷的事实。参见黄宗智：《中国的新型正义体系：实践与理论》，广西师范大学出版社2020年版，第27、28页。

事和解的具体规定来看，其核心内容就是针对部分存在受害人的刑事案件(包括因民间纠纷引起，涉嫌《刑法》分则第四章、第五章规定的犯罪案件，可能判处三年有期徒刑以下刑罚的案件以及除渎职犯罪以外的可能判处七年有期徒刑以下刑罚的过失犯罪案件)，可以通过被告人与被害人（包括其家属）之间就危害行为所致损害达成赔偿等协议。被告人通过实施赔偿等，令受害人及其家属对因行为人实施犯罪行为所造成的侵害后果等达成谅解的，司法机关可得作出从宽处理的决定。刑事和解可谓从立法上就民事责任承担对刑事责任评判具有影响力与作用力作出的明确肯定，尽管如此，仍面临质疑。有见解认为，“从表面上看，刑事和解混淆了罪与非罪之间的标准，突破了法定的良性界限，的确有违反罪刑法定原则的嫌疑”①。也有观点指出，“罪刑法定原则要求法律明文规定为犯罪行为的，依照法律定罪处罚，所以刑事和解与罪刑法定原则之间的冲突是无法否认的”②。民刑交叉案件中承认民事责任承担对刑事责任评判的影响力、作用力与刑法中的罪刑法定原则相冲突，不外是“犯罪发生以后，如果双方在民事赔偿问题上达成合意并对本应认为犯罪的行为做非罪化处理，抑或做从宽处罚，都是违背罪刑法定原则的”③。尤其是，诸如“如果赔偿就能减轻刑罚”之类的主张，并没有明确的法律根据，因而与罪刑法定原则相违背。④

二、民刑交叉案件中民事责任承担对刑事责任评判影响肯定论

肯定论承认民事责任承担对刑事责任的评判具有影响力与作用力。肯定论认为，民事责任的承担不仅在客观上对刑事责任的评判产生积极影响，而且该种影响显得重要且必要。例如德国学者罗克辛认为，赔偿已经不再是一个纯粹的民法问题，因为它本质上有利于实现刑罚目的。它具有重新社会化的功能。它的确强制着行为人在对自己行为的后果进行深入分析后与被害人达成协议，并且认识被害人的合法利益。行为人能够将它——经常比刑罚还有效——作为必要的和应得的经历，并能够由此增进自己对法律规范的认识。最后，赔偿能够导致行为人和被害人之间的和解，从而使本来应当受刑事惩罚的人重新回归社会的工作，从根本上得以减轻刑罚。另外，赔偿对于一体

① 桑胜建：《刑事和解与刑法基本原则》，载赵秉志主编：《新中国刑法 60 年巡礼》（上卷），中国人民公安大学出版社 2009 年版，第 580 页。

② 葛林：《刑事和解研究》，中国人民公安大学 2008 年版，第 197 页。

③ 王志祥：《民事赔偿与刑事责任》，中国政法大学出版社 2021 年版，第 143 页。

④ 参见吕鸿雁：《“赔钱减刑”的合理性分析》，《科技咨询导报》2007 年第 18 期，第 122 页。

化的预防是非常有用的，因此它对法和平的重建具有意义重大的好处，因为只有在损害得到赔偿后之后，被害人和一般公众——经常甚至不取决于惩罚——才会承认由这个构成行为造成的社会紊乱已经得到了消除。[①]

大体而言，肯定论认可民事责任承担对刑事责任评判具有影响力与作用力的理由主要在于：

第一，民刑交叉案件中的民事责任与刑事责任之间存在密切关联。

民事责任与刑事责任固然具有不同的根基与属性，但是并不能以此为由将两者截然割裂开来。毕竟，民刑交叉案件中民事责任与刑事责任之间存在某种关联。尤其是当两种法律责任同时由一个违法所导致时，必须承认该种行为所引发的民事责任与刑事责任存在密切关联。我国《刑事诉讼法》之所以设定刑事附带民事诉讼，其根源也在于两种法律责任之间的该种关联性，因而期待在追究被告人的刑事责任的同时，也顺带解决民事责任问题。并且，《刑法》第36条专门规定了赔偿经济损失与民事优先原则，明确指出，由于犯罪行为而使被害人遭受经济损失的，对犯罪分子适用刑罚的同时，还应根据情况判处赔偿经济损失。[②] 民刑交叉案件中民事责任与刑事责任之间的高度关联性，不仅在我国以刑事附带民事诉讼制度、责令赔偿损失制度等得以生动呈现，并且美国、英国、日本等国家和地区的法律规范中也对此作出了相应的规定。[③] 例如美国、加拿大、英国等国即设立了损害赔偿命令。所谓损害赔偿命令，即作为一种刑罚而对被判处有罪的被告人科处的，命令其向被告人赔偿损失的制度。[④] 美国联邦政府在1982年的《被害人和证人保护法》中以刑罚的形式规定了损害赔偿命令制度。并且，损害赔偿命令的适用对象包含财产的损害、治疗费、误工费等，也可命令被告人返还被害人的物品。[⑤] 可见，美国等国家的法律将民刑交叉案件中意图实现民事责任的损害赔偿命令赋予了刑罚的色彩。日本于2005年8月9日公布《犯罪被害人基本计划（草案）（纲要）》，并于当年12月在内阁获得通过，成为正式的《犯罪被害人基本计划》，包含了对被害人损害的恢复和经济的支援等五个重要议题，只不

---

① ［德］克劳斯·罗克辛：《德国刑法学总论》，王世洲译，法律出版社2005年版，第55页。

② 参见贾宇等编：《刑法学》（上册·总论），高等教育出版社2017年版，第321页。

③ 参见［日］奥村正雄：《刑法における损害回复论の检讨——イギリスの议论を中心に》，载宫泽浩一先生古稀祝贺论文集编辑委员会编：《犯罪被害者论の新动向·宫泽浩一先生古稀祝贺论文集（1）》，成文堂2000年版，第197页。

④ 参见［日］佐伯仁志：《刑罚としての损害赔偿 - アメリカ合众国连邦法を素材として》，载［日］内藤谦等编：《平野龙一先生古稀祝贺论文集》（下），有斐阁1991年版，第85页。

⑤ ［日］佐伯仁志：《制裁论》，丁胜明译，北京大学出版社2018年版，第194页。

过并未以刑罚的形式引入损害赔偿命令制度，而是设计了在民事裁判中命令被告人赔偿损害的损害赔偿命令制度。① 《犯罪被害人基本计划》明确规定，对于能够通过利用刑事程序的成果减轻犯罪被害人负担的情形，可以采取简易程序、快速程序的制度，比如附带民事诉讼、损害赔偿命令、利用没收和追征的被害恢复制度……正因为民刑交叉案件中的民事责任与刑事责任之间存在极其紧密的关联，故损害赔偿命令以在刑事诉讼中实现民事责任的相关制度类似于“是刑事和民事的混血儿”②。有鉴于此，在民刑交叉案件中，应当承认并重视民事责任承担与刑事责任评判之间的关系。在行为人自行承担民事责任而非司法机关通过诉讼程序追究民事责任的情形下，应当肯定该种民事责任承担对刑事责任评判具有影响力与作用力。

第二，法益恢复理论成为认可民事责任承担对刑事责任评判影响力与作用力的重要依据。

“刑法是为了保护法益等的法律。”③ “刑法实为一种法益保护法。刑法分则规定之每一个不法构成要件均在防止特定法益遭到特定行为模式之侵害所为之刑事立法设计”④。犯罪行为对刑法所保护的利益造成了侵害的结果或者危险，从而具备动用刑罚予以惩罚的必要性。虽然刑法与民法调整规制的对象存在区别，并且民事责任与刑事责任在责任根基、属性等方面具有本质差异，但是刑法中的法益侵害并非与民法、行政法等基本法律规范完全隔离。特别是在民刑交叉案件中，民事责任与刑事责任都由同一个危害行为引起，两者之间存在关联性。就行为所造成的危害后果来看，其所造成的民事违法后果与刑事上的法益侵害之间，存在极为密切的关系。以故意伤害他人造成他人轻伤二级的伤害后果为例，其所应承担的民事责任主要以轻伤二级的伤害后果为基础来展开。也即，民事责任主要考量该行为所导致轻伤二级伤害后果所包含的医疗费、误工费、营养费、护理费等。并且，该行为所引起的刑事责任也以伤害行为所导致的法益侵害即轻伤二

---

① ［日］佐伯仁志：《制裁论》，丁胜明译，北京大学出版社 2018 年版，第 188、211 页。

② ［日］佐伯仁志：《制裁论》，丁胜明译，北京大学出版社 2018 年版，第 188 页。

③ ［日］伊东研祐：《刑法讲义总论》，日本评论社 2010 年版，第 2 页。我国台湾学者陈志龙也认为，无法益保护，就无刑法，换言之：倘无法益受到侵害或危险，则无刑罚的必要性。参见陈志龙：《法益与刑事立法》，中国台湾大学丛书编辑委员会 1992 年版，第 13 页。张明楷教授赞成并主张全面贯彻法益侵害说，从而实现刑法保护法益的目的。参见张明楷：《法益初论》，商务印书馆 2021 年版，导言第 3 页。

④ 林山田：《刑法各罪论》（上册），台湾大学法学院图书馆 1999 年增订 2 版，第 12 页以下。转引自张明楷：《刑法的基本立场》，商务印书馆 2019 年版，第 110 页。

级危害后果为中心来展开。质言之，只有伤害行为导致了轻伤二级以上的危害后果，才具有动用刑罚予以惩罚的必要性，因而构成犯罪追究刑事责任的依据即该轻伤二级的伤害后果。并且，司法机关在裁量刑罚时，也应以该轻伤二级的伤害后果作为关键性依据。可见，伤害行为所造成的轻伤二级伤害后果同时成为民事责任与刑事责任的评判依据。在此情况下，若行为人赔偿受害人所遭受的相关损失，不仅令其民事责任得以承担，而且使得受害人所遭受的人身伤害等通过赔偿得以弥补、恢复。例如受害人受伤后被行为人送到医院治疗，并且行为人承担了所有的医疗费、营养费等费用。经过一段时间的治疗，受害人恢复了健康，“行为人通过事后行为，修补犯罪后果，降低了社会危害性”①。可见，行为人承担民事责任所引起的后果往往是法益修复。所谓法益修复，意指行为人在实施了危害行为造成法益侵害的危害后果之后，通过赔偿、返还财物等手段使得原有被损害的法益得以部分恢复到原有状态。② “对犯罪给被害人或社会产生的损害予以修复，作为刑事司法的一个目标及存在理由，从正面来认可的思考方法被有力展开。其被称为修复的司法思想”③。

当然，法益修复不能成为排除犯罪的应然理由，不能因为行为人实施了修复法益行为，就直接认定其行为排除犯罪性。毕竟，判定犯罪的成立与否原则上应当以行为当时的综合因素为基础来展开。行为人实施了危害行为，在该当构成特定要件之时无疑构成犯罪。不过，行为人事后实施的以赔偿、返还财物等为形式的民事责任承担行为，使得被侵害的法益得到部分甚至完全修复。“刑罚的本质在于规范性报应，其目的在于法和平的恢复。但是，达成后者之目的的手段多种多样，通过刑罚所能够达成的范围是被限定着的。因此，值得向着代替刑罚，或者刑罚之中也包含修复性的要素，这一方向进

---

① 魏晓娜：《完善认罪认罚从宽制度：中国语境下的关键词展开》，《法学研究》2016 年第 4 期，第 84 页。

② 参见庄绪龙：《“法益恢复”刑法评价的模式比较》，《环球法律评论》2021 年第 5 期，第 134 页。另参见庄绪龙：《“法益可恢复性犯罪”概念之提倡》，《中外法学》2017 年第 4 期；刘科：《“法益恢复现象”：适用范围、法理依据与体系地位辨析》，《法学家》2021 年第 4 期。有见解认为，“法益恢复”应当具备法益属性非国家权力性、法益范畴非人格性、法益侵害方式非暴力性等特征，且需带有法益保护路径的可逆化属性，否则“恢复”则无从谈起。参见赵秉志、袁彬：《刑法学研究的理论与实践展开———2017 年我国刑法学研究综述》，《人民检察》2018 年第 1 期，第 9 页。

③ ［日］井田良：《讲义刑法学·总论》，有斐阁 2018 年版，第 12 页。

行思考”[①]。虽然该种法益修复的行为通常不能成为免除犯罪的理由[②]，但是可以作为刑罚裁量的重要考量因素。因此，民事责任的承担对刑事责任的评判具有影响力和作用力。

第三，民刑交叉案件中的民事责任承担具有多样化功能。

民事责任功能的认识被不断深化。长期以来，民事责任被认为单纯属于民事违法行为的后果，与行政责任、刑事责任等法律责任存在显著且实质性差异。尤其是，民事责任中的赔偿等责任承担行为被认为只不过是对于民事权利侵害等损失的弥补而已。但是，随着人们对民事责任认识的不断加深，其对刑事责任所具有的影响力与作用力逐渐得到呈现。著名法学家边沁在其《立法理论》一书中即明确指出，“补偿包括两个方面或两个部分，即过去的补偿和将来的补偿。前者称作损害赔偿；后者则在于抑制罪恶”[③]。可见，以补偿等为内容的民事责任的承担，除对原有已经造成的损失等民事后果具有弥补、修复的功能之外，也对防止行为人再次实施同类违法行为具有重要预防作用。当然，边沁所说的“抑制罪恶”，并非完全等同于“抑制犯罪”，但是至少表明了民事责任的承担对于防范类似违法犯罪行为具有重要作用。就民刑交叉案件而言，若行为人在违反民法规范构成民事违法行为的同时触犯刑法构成犯罪，则应同时承担民事责任与刑事责任。尽管民事责任与刑事责任的根基、属性等存在差异，但“民事责任承担时，责任人向被害人赔偿损失，无疑会减少自己的原有财产，会令其感受到法律对他的惩罚，基于此其在以后的生活中尽量地加大自己的注意义务，避免民事不法行为的发生。赔偿在实现对被害人损害恢复的同时暗含有惩罚和预防作用，尽管与刑事惩罚

---

① ［日］高桥则夫：《刑法总论》，李世阳译，中国政法大学出版社 2020 年版，第 481 页。

② 有见解认为，2000 年最高人民法院颁布的《关于审理交通肇事刑事案件具体应用法律若干问题的解释》第 2 条列举了“交通肇事处 3 年以下有期徒刑或者拘役”的情形，第 3 项规定：造成公共财产或者他人财产直接损失，负事故全部或者主要责任，无能力赔偿数额在 30 万元以上的。据此，在“财产损失型”交通肇事犯罪评价中，有无能力赔偿、是否愿意赔偿成为犯罪评价的核心要素，如果行为人有能力赔偿，那么就不再作为犯罪处理。由此可见，该司法解释确立了一个规则：在“财产损失型”交通肇事罪中，赋予行为人刑事责任解除的“恢复性权利”。经由事后弥补而事实上纳入“出罪化”处理模式的类似司法解释还有：最高人民法院、最高人民检察院颁布的《关于办理诈骗刑事案件具体应用法律若干问题的解释》（2011 年）；最高人民法院《关于审理拒不支付劳动报酬刑事案件适用法律若干问题的解释》（2013 年）；最高人民法院、最高人民检察院、公安部《关于办理非法集资刑事案件若干问题的意见》（2019 年）等。参见庄绪龙：《“法益恢复”刑法评价的模式比较》，《环球法律评论》2021 年第 5 期，第 135 页。

③ ［英］吉米・边沁：《立法理论》，李贵芳等译，中国人民公安大学出版社 2004 年版，第 331 页。

相比可能是不明显的"[①]。可见，“尽管赔偿在表面上仅仅意味着财产上的给付义务，但这种给付所蕴含的道德评价是显而易见的"[②]。由此可知，民事责任的承担，能够体现对于行为人的财产给付义务与道德谴责，使其感受到一定的痛苦，因而对违法犯罪行为的预防具有重要意义。民刑交叉案件中，因同一行为导致民事责任与刑事责任，在行为人承担了民事责任的情况下，应当考虑到行为人已经承担的财产给付义务与受到的道德谴责。既然如此，应承认民事责任承担对刑事责任评判具有影响力与作用力，“实现以抑制违法行为为目的的制裁手段的多样化，以促进刑罚与其他制裁手段有效、合理地分担功能"[③]。

第四，民事责任承担通常导致的受害人态度对刑事责任判定具有重要影响。

民刑交叉案件区别于其他刑事案件的重要标志在于：民刑交叉案件涉及民法与刑法的关系。也就是说：民刑交叉案件中的刑事责任部分所对应的主要是作为民法保障法的部分。当然，提到刑法作为民法保障法的部分，多数人认为其仅仅涉及财产犯罪，其实不然。质言之，并非只有财产犯罪才涉及刑法与民法的关系，才牵涉民刑交叉问题。作为普通法域保障法的刑法，也并非仅系民法领域的保障。实际上某些属于民刑交叉的案件，立法者出于特殊缘由，会将其置于其他类型的犯罪篇章中。以合同诈骗罪为例，尽管《刑法》没有将其置于财产罪的篇章中，其本身也属于民刑交叉案件的范畴。民刑交叉案件区别于其他刑事案件的要点在于：其重点牵涉犯罪行为人与受害人之间的关系。尽管有些犯罪不属于财产犯罪的篇章，但是由于其本质上所牵涉的是刑法与民法之间的关系，故对是否成立犯罪以及刑事责任的判定，需要以民法的相关规定为依据并且以受害人的态度作为重要的参考依据。虽然刑罚的根本目的在于保护整体的社会关系，但刑罚的直接目的则是预防犯罪。[④] 为了达到预防犯罪的直接目的，刑罚需要实现其多种功能。其中对于受害人及其家属来说，安抚成为刑罚的重要功能。[⑤] 质言之，刑罚通过对受害人及其家属的安抚来发挥预防犯罪的作用，以实现预防犯罪的目的。具体到民

① 王志祥：《民事赔偿与刑事责任》，中国政法大学出版社 2021 年版，第 16 页。

② 刘东根：《论刑事责任与民事责任的转换》，《中国刑事法杂志》2004 年第 6 期。

③ ［日］佐伯仁志：《制裁论》，丁胜明译，北京大学出版社 2018 年版，第 213 页。

④ 贾宇主编：《刑法学》（上册・总论），高等教育出版社 2019 年版，第 297 页。

⑤ 安抚被害人的报复情感，维持、强化具有犯罪抑止效果的伦理、道德等机能也不能轻视。参见［日］前田雅英：《刑法总论讲义》，曾文科译，北京大学出版社 2017 年版，第 12 页。

刑交叉案件，既然行为人所实施的违法行为在违反民法应当承担民事责任的同时又触犯刑法构成了犯罪，行为人通过承担民事责任对受害人及其家属作出赔偿，能够使得受害人及其家属得到安抚，从而对于预防犯罪具有重要意义。“赔偿能够导致行为人和被害人之间的和解，从而使本来应当受刑事惩罚的人重新回归社会的工作，惩罚从根本上得以减轻”①。在评判其刑事责任时，民事责任的承担可作为重要的考量因素，故应承认其对刑事责任评判具有影响力与作用力。

第五，民刑交叉案件中民事责任的承担情况也能体现被告人认罪悔罪的情况。

认罪认罚从宽制度，是我国刑事诉讼法所确立的一项具有中国特色的刑事司法制度。顾名思义，所谓认罪认罚从宽即行为人在实施犯罪行为之后，对自己所实施的犯罪行为表示承认，真诚认罪悔罪并且愿意接受处罚。在此情形下，司法机关基于犯罪行为人的积极表现，可以对其适用较为宽缓的刑罚。自修订后的《刑事诉讼法》将认罪认罚从宽作为重要内容之后，其在刑事司法实践中得到广泛运用。具体到民刑交叉案件，行为人在实施危害行为违反民法的同时又触犯刑法，需要同时承担民事责任与刑事责任。行为人实施违法行为之后，是否对受害人以赔偿损失等形式承担了民事责任，能够成为评价其是否构成认罪认罚的重要因素。质言之，若行为人事后能够承担民事责任，则综合其对于犯罪的认罪态度等因素可得认定其属于认罪悔罪，因而得以适用较为宽泛的刑罚处罚。反之，若行为人在行为过后，拒绝甚至以多种手段逃避承担民事责任，即便其对自己所实施的违法行为完全承认并且愿意承担刑事责任接受刑罚处罚，也难以被认定为认罪悔罪从而适用宽缓的刑罚。质言之，对刑事诉讼中认罪认罚的“认罚”不可做过于狭隘的理解，不可将其理解为仅仅认同并接受刑罚处罚，而应将“认罚”理解为除了行为构成犯罪应当承担相应的刑事处罚，还包括因为违反其他法律法规所应承受的其他法律责任。② 既然行为人因实施违法行为同时触犯了数个法律规范并且应当承担数个法律责任，那么行为人要体现对于自己违法行为的“认罪认

---

① ［德］克劳斯·罗克辛：《德国刑法学　总论》（第1卷），王世洲译，法律出版社2005年版，第55页。

② 有见解认为，认罪认罚从宽中的“认罚”，包含犯罪嫌疑人、被告人的“悔罪性”。所谓悔罪性，并非单指口头上对司法机关的刑事指控表示认罚，而是应当以客观行为呈现。弥补业已造成的损害或者损失，正是悔罪性的具体体现。参见陈卫东：《认罪认罚从宽制度研究》，《中国法学》2016年第2期，第53、54页。

罚”，必须对所有相应的法律责任都予以认可并愿意承担。因此，即便其对于刑事处罚这种刑事责任表示认可和接受，倘若对其他法律责任予以排斥、逃避，便无法被认定为“认罪认罚”。

司法机关在民刑交叉案件的办理中，对于在刑事司法实务中所推行的认罪认罚从宽，往往会特别考虑到民事责任的承担情况。质言之，如果行为人对受害人作出了民事赔偿特别是取得了受害人的谅解，司法机关会依此肯定行为人具有真诚认罪悔罪的表现，并以此认定行为人属于认罪认罚进而对其适用较为宽缓的刑罚。值得注意的是，行为人尽管在实施违法行为后承担了民事责任，也可能对其构成的犯罪与刑罚处罚后果并不认同或者不完全认同。如果司法机关认定其行为确实构成了犯罪并且应当动用刑罚予以惩罚，基于行为人不认罪并且不接受刑罚惩罚后果的态度不能认定其属于认罪认罚，但并不能由此否定其作为刑罚裁量酌定情节的意义。司法机关在评判刑事责任之时往往也应考量民事责任承担对刑事责任评判的价值和意义。

第六，以行为人承担民事责任的情况作为判定刑事责任的重要因素并不会必然导致“以钱买命”等诸多不公平的现象。

如前所述，否定论者否定民事责任承担对刑事责任评判具有影响力与作用力的担忧在于，如果承认民事责任承担对刑事责任评判的影响力，将会导致对富人有利而对穷人不利的局面，甚至会出现“以钱买命”等诸多不公平结果。但是在肯定论者看来，否定论者的上述担忧过于绝对。质言之，民刑交叉案件中民事责任的承担对刑事责任评判所具有的影响力与作用力应当受到肯定，只不过该种影响力与作用力不仅需要经过严格的评估程序，也应存在一定的限度。质言之，一方面，民刑交叉案件中承认民事责任的承担对刑事责任的评判具有影响力与作用力，并不意味着只要行为人在实施违法行为后承担了民事责任，就一概认定其对刑事责任的评判具有重要影响力与作用力，进而对刑罚裁量产生重大影响。之所以得出该种结论，是因为民事责任的具体承担情况不尽相同，有的承担了完全的民事责任，有的只是承担了部分的民事责任；有的主动承担民事责任，有的则被动承担民事责任。可见，民刑交叉案件中行为人承担民事责任的情形各异，需要针对不同的情形作出具体评价。有鉴于此，针对民刑交叉案件行为人对受害人作出赔偿的情形，需要对不同情形进行差异化评价。另一方面，民事责任的承担对刑事责任的评判应当以法律法规的基本原则为前提，需要在法律法规的框架下科学合理评价其影响力与作用力。毕竟，肯定民事责任承担对刑事责任评判的影响力与作用力，并非《刑法》条文所规定的法定刑罚裁量情节，只不过从法理及实务操作上可以将其作为酌定量刑情节。并且，酌定量刑情节的适用必须在刑罚条文规定的框架及限度内展开。以故意杀人罪的犯罪认定及刑罚适用为例，依据故意杀人罪的《刑法》条文，故意杀人的，判处十年以上有期徒刑、无期徒刑或者死刑。并且，司法解释对于死刑适用也作出了明确规定：凡是罪大恶极，应当判处死刑的，必须判处死刑。只不过针对死刑的具体适用，需要依据特定事案是否属于“必须立即执行的”来决定死刑的执行方式。对于因实施杀人行为触犯《刑法》规定属于“罪大恶极”情形、必须判处死刑的，无疑应当判处死刑。行为人对受害人及其家属通过作出积极民事赔偿的方式承担民事责任，无疑对犯罪行为人刑事责任的评判会产生影响。但是，尽管如此，也只能认为在有限的范围内，能够影响司法机关选择死刑的执行方式。不可能说，行为人属于罪大恶极的情形，仅仅因为其履行了民事赔偿就从死刑降为无期徒刑或者其他更轻的刑罚。退而言之，即便行为人作出了积极的民事赔偿，倘若该种民事责任的承担不能使得行为人被排除在“必须立即执行”的范畴之外，那么行为人也应当被判处死刑立即执行。可见，民事责任的承担并不会必然导致“以钱买命”的弊端。

第七，承认民刑交叉案件中民事责任承担对刑事责任评判的影响力与作用力并不违反罪刑法定原则。

针对否定论者主张承认民事责任承担对刑事责任评判具有影响力与作用力会违反罪刑法定原则的指责，肯定论者认为承认该种影响力与作用力并不违反罪刑法定原则。有肯定论者指出，罪刑法定原则的含义应当仅限于“法无明文规定不为罪，法无明文规定不处罚”。就此而言，以民事赔偿为主要形式的刑事和解为罪刑法定原则所包容，因为两者在内在精神和价值追求层面是一致的，都是为保护犯罪人和被害人之间的利益平衡。同时，民事赔偿被视为酌定量刑情节而影响犯罪处罚，也为罪刑法定原则所允许。所以，民事赔偿影响刑事责任不会构成对罪刑法定原则的破坏。[①] 质言之，肯定论者认定承认民事责任承担对刑事责任评判具有影响力与作用力并不违反罪刑法定原则，主要是从罪刑法定原则的内容与要求为根基得出的。罪刑法定原则的核心在于犯罪判定与刑罚裁定，必须严格依据刑法条文的明确规定，以排除恣意性和擅断性。但是，由此并不意味着犯罪判定与刑罚裁量不可综合其他情

① 参见吴小凤：《冲突与对接刑事和解刑法制度研究》，中国人民公安大学出版社 2008 年版，第 395-397 页。

节以作出适当性调整。在民刑交叉案件中，民事责任与刑事责任都是由同一危害行为所导致。行为人在案发后所实施的民事责任承担行为，可作为刑事责任综合评判的要素，并不违反罪刑法定原则。

第二节 侵权类民刑交叉案件民事责任承担对刑事责任评判影响的数据分析

侵权类民刑交叉案件中民事责任的承担对刑事责任的评判是否具有影响力与作用力，在理论上存在争议。“法律不是靠明确的条文来表现，而是在一个个案件的判决中清晰地展示出来。”① 在司法实务中，民刑交叉案件中民事责任承担对刑事责任评判是否具有影响力与作用力，呈现出何种具体状态？也即，承认民事责任的承担对刑事责任的评判具有影响力与作用力，是否只是理论上的一厢情愿？“刑法作为规制犯罪的一项主要的法律形式，其运用之评价离不开对政策和执行实践的详细调查。”② 有鉴于此，应当以司法实践中的相关案例作为研究素材，对其中所牵涉的民事责任承担对刑事责任评判影响的相关情况作出分析与评判。

一、侵权类民刑交叉案件民事责任承担对刑事责任评判影响分析素材筛选

为了明确司法实践中民刑交叉案件民事责任承担是否对刑事责任的评判产生影响以及产生何种影响，本书特别选择侵权类民刑交叉案件中几种典型的事案作出分析。针对分析的司法实务素材，有几点需要作出特别说明：

第一，民刑交叉案件既违反民法又触犯刑法的犯罪类型繁杂，从应然的角度而言似乎理应对所有民刑交叉案件作出分析与解构。不过，民刑交叉案件所涉及的具体罪名过多，如果要将所涉的全部犯罪都作出分析，则会导致研究面过于庞大。并且，由于撒网太宽，会导致对相关问题的研究分析只能点到为止，无法就民事责任承担对刑事责任评判的具体影响力与作用力作出较为细致的分析结论。与其泛泛而谈、做蜻蜓点水似的描述，不如就民刑交叉案件中的常见性、多发性的典型案例作出较为具体细致的分析。有鉴于此，

---

① ［美］安东尼·刘易斯：《言论的边界》，徐爽译，法律出版社 2010 年版，第 3 页。

② ［英］安东尼·奥格斯：《规则——法律形式与经济学理论》，骆梅英译，中国人民大学出版社 2008 年版，第 93 页。

本书特别选择侵犯人身权利犯罪案件、侵犯财产犯罪案件。

第二，侵犯人身权利犯罪、侵犯财产犯罪中典型民刑交叉案例的选择。

侵犯人身权利犯罪、侵犯财产犯罪作为典型的民刑交叉案件，也包含众多具体的个罪，例如，侵犯人身权利犯罪就包含了故意杀人罪、故意伤害罪、强奸罪等具体个罪。同理，侵犯财产罪涵盖了抢劫罪、诈骗罪、盗窃罪等具体犯罪。如果要对两个章节的全部犯罪展开分析，同样存在分析面过于宽泛的缺陷，难以就民事责任承担对刑事责任评判所具有的影响力与作用力作出较为细致明确的解析。毕竟，民事责任承担对刑事责任评判的影响力与作用力属于较为精细的问题。只有展开比较细致的解析，才能就这一问题得出比较明确的结论。有鉴于此，本书在选择刑法分则两个章节的基础上，再在每个章节选择一个典型犯罪作为研究素材。需要说明的是，研究素材的选择需要具有典型性、代表性。因此需要在侵犯人身权利犯罪、侵犯财产犯罪两种犯罪中，各选择一个发案率较高并且承担民事责任与不承担民事责任都很常见的犯罪来作为研究分析的素材。因此，本书在侵犯人身权利犯罪中特别选择了故意伤害罪，在侵犯财产犯罪中特别选择了诈骗罪。

或许有见解认为，故意杀人罪也是侵犯人身权利犯罪中较为常见的多发性犯罪，因而可以选择以故意杀人罪作为分析样本。诚然，以故意杀人罪的相关案例和判决作为研究分析素材也并无不可，毕竟司法实践中的故意杀人罪也是典型的民刑交叉案件，以故意杀人案件作为研究分析素材，也能就民事责任承担对刑事责任评判所具有的影响力、作用力得出分析结论。但是，本书之所以选择故意伤害罪而非故意杀人罪，理由主要在于故意杀人罪通常导致的危害后果是受害人被杀死。该种特定危害结果发生之后，行为人需承担巨额的死亡赔偿金等费用，普通家庭往往难以承受。故司法实践中的故意杀人案件，往往面临受害人家属无法获得有效赔偿等现实问题。况且，杀人案件中受害人家属出于对犯罪人的愤慨，往往选择拒绝接受民事赔偿，从而导致很多故意杀人案件中行为人及其家属无法实现民事责任承担。但故意伤害罪却与此不同，无论是行为人造成受害人轻伤的危害后果还是造成重伤的危害后果，一方面行为人及其家属大多数都有能力承担民事责任。另一方面，伤害案件没有类似于杀人案件所致矛盾的尖锐性，通常能够达成赔偿协议等以实现民事责任承担。尤其是，相对于故意杀人罪，故意伤害罪更为多发、常见，因而以故意伤害案件作为研究分析素材更为合理。本书特别将故意伤害罪的不同量刑幅度作为研究分类的基本点，而后在此基础上针对具体案件中行为人是否承担民事责任再作出有针对性的统计等分析，相对而言容易得出较为精确细致的分析结果。

同理，侵犯财产犯罪也包含多个具体的犯罪。为了避免研究面过于宽泛的弊端，本书特别选择诈骗案件作为研究分析素材，意图通过具体案件的研究分析，对民刑交叉案件中民事责任承担对刑事责任评判的影响作出较为细致的解读。

第三，具体事案素材的选择。

为了促进分析结论的细致性，本书在选取两个犯罪的事案时，也采用了一定的标准。以故意伤害罪为例，除故意伤害致死这种结果加重的特殊情形之外，故意伤害所造成的危害结果主要区分为轻伤二级、轻伤一级、重伤二级、重伤一级四个档次。并且故意伤害罪的刑罚裁量，主要也以这四个不同的伤害后果为基础，因此本书在搜索故意伤害罪事案的过程中，特别以四种不同档次的伤害后果为依据。有鉴于此，本书特别选择故意伤害案件中危害后果为轻伤二级、轻伤一级、重伤二级、重伤一级的案件各 10 个，并且特别注重案件中是否存在民事责任承担的情形。也即，既搜集存在民事责任承担的案件，也搜集没有承担民事责任的事案，以此总结司法机关尤其是法院对于类似事案中有无民事责任承担对刑事责任评判的作用力与影响力。也即，为了体现民事责任的承担对刑事责任评判的影响力与作用力，本书针对同类犯罪的同类情形，特别选取承担了民事责任的情形与没有承担民事责任的情形，以展示是否存在差异以及存在何种差异。

二、侵权类民刑交叉案件民事责任承担对刑事责任评判影响案件素材解析

（一）故意伤害罪的事案分析

笔者在“中国裁判文书网”随机搜索 20 份判决书，涉及 20 个事案，其中被告人承担民事责任的 10 个，没有承担民事责任的 10 个，并编制了表格（表 1）。

表 1　故意伤害罪中造成轻伤二级的事案

案例号	审判机关	具体伤害后果	应赔偿金额	已赔偿金额	其他情节	判处刑罚
（2021）赣 1027 刑初 162 号	江西省金溪县人民法院	一人轻伤二级	39340 元	无	1. 自首情节 2. 认罪认罚 3. 邻里纠纷 4. 受害人具有一定的过错	有期徒刑六个月

续表

案例号	审判机关	具体伤害后果	应赔偿金额	已赔偿金额	其他情节	判处刑罚
(2021)粤0705刑初536号	广东省江门市新会区人民法院	一人轻伤二级	不明	无	1. 如实供述罪行 2. 认罪认罚	有期徒刑十个月
(2021)鲁1491刑初302号	山东省德州经济技术开发区人民法院	一人轻伤二级	8848.53元	无	1. 累犯 2. 自首 3. 被害人具有一定责任	有期徒刑一年四个月
(2021)藏0324刑初20号	西藏自治区丁青县人民法院	一人轻伤二级	不明	无	1. 自首 2. 认罪认罚 3. 如实供述罪行	有期徒刑一年，缓刑二年
(2021)浙0482刑初474号	浙江省平湖市人民法院	一人轻伤二级	不明	无	1. 自首 2. 曾犯罪被检察机关不起诉 3. 愿意赔偿损失	有期徒刑八个月，缓刑一年二个月
(2021)浙1122刑初314号	浙江省缙云县人民法院	一人轻伤二级	不明	无	1. 自首 2. 认罪认罚 3. 如实供述犯罪事实	有期徒刑十个月
(2021)川0322刑初398号	四川省富顺县人民法院	一人轻伤二级	不明	无	1. 累犯 2. 坦白 3. 认罪认罚 4. 被害人有一定过错	有期徒刑十一个月
(2021)晋0222刑初79号	山西省天镇县人民法院	一人轻伤二级	不明	无	1. 认罪认罚 2. 坦白	有期徒刑一年四个月
(2021)鲁0214刑初871号	山东省青岛市城阳区人民法院	一人轻伤二级	不明	无	1. 累犯 2. 认罪认罚	有期徒刑一年六个月
(2021)津0118刑初620号	天津市静海区人民法院	一人轻伤二级	不明	无	1. 认罪认罚 2. 如实供述罪行	有期徒刑一年二个月

续表

案例号	审判机关	具体伤害后果	应赔偿金额	已赔偿金额	其他情节	判处刑罚
(2021)陕0803刑初155号	陕西省榆林市横山区人民法院	一人轻伤二级	不明	全部	1. 自首 2. 认罪认罚 3. 自愿与被害人达成赔偿协议,积极向被害人赔偿,并取得被害人谅解	判处有期徒刑一年,缓刑一年
(2021)冀0930刑初164号	河北省孟村回族自治县人民法院	一人轻伤二级	不明	全部	1. 自首 2. 认罪认罚 3. 民事部分已赔偿并取得谅解	有期徒刑七个月缓刑一年
(2021)辽0112刑初408号	辽宁省沈阳市浑南区人民法院	一人轻伤二级	不明	4万元(全部)	1. 自首 2. 且认罪认罚 3. 对被害人进行赔偿,并取得被害人的谅解 4. 有犯罪前科	有期徒刑七个月,缓刑一年
(2021)甘1002刑初385号	甘肃省庆阳市西峰区人民法院	一人轻伤二级	不明	3.5万元(全部)	1. 主动救治伤者,现场等待 2. 自首 3. 如实供述罪行 4. 对被害人进行赔偿并取得谅解	拘役三个月,缓刑六个月
(2021)辽0112刑初716号	辽宁省沈阳市浑南区人民法院	一人轻伤二级	不明	全部	1. 认罪认罚 2. 赔偿被害人经济损失并取得被害人谅解	拘役四个月,缓刑六个月
(2021)云0828刑初725号	云南省澜沧拉祜族自治县人民法院	一人轻伤二级	不明	全部	1. 认罪认罚 2. 与被害人达成调解协议履行完毕并取得谅解 3. 累犯	有期徒刑一年
(2021)辽1011刑初112号	辽宁省辽阳市太子河区人民法院	一人轻伤二级	不明	全部	1. 自首 2. 对被害人进行赔偿并取得被害人谅解 3. 适合社区矫正	有期徒刑一年,缓刑二年

续表

案例号	审判机关	具体伤害后果	应赔偿金额	已赔偿金额	其他情节	判处刑罚
(2021)鲁0112刑初534号	山东省济南市历城区人民法院	一人轻伤二级	不明	7万元(全部)	1. 自首 2. 对被害人进行赔偿并取得被害人谅解 3. 认罪认罚	有期徒刑一年，缓刑一年
(2021)浙0111刑初738号	浙江省杭州市富阳区人民法院	一人轻伤二级	不明	15万元(全部)	1. 认罪认罚 2. 对被害人进行赔偿并取得被害人谅解	有期徒刑十个月，缓刑一年
(2021)晋0222刑初70号	山西省天镇县人民法院	一人轻伤二级	不明	全部	1. 认罪悔罪 2. 对被害人进行赔偿并取得被害人谅解	拘役五个月

通过表1中的相关信息和数据，可以形成下列结论：从表中所搜索的相关判决书刑罚裁量的结果来看，故意伤害造成受害人轻伤二级后果的，承担民事责任事案的刑罚裁量后果明显要轻于没有承担民事责任的事案。可见，故意伤害造成他人轻伤二级的事案中民事责任的承担对于刑事责任的评判具有重要影响。

第一，承担民事责任的事案与不承担民事责任的事案在缓刑适用上存在明显差异。

对于故意伤害罪，最高人民法院、最高人民检察院（简称“两高”）出台的《关于常见犯罪的量刑指导意见（试行）》明确指出，故意伤害造成一人轻伤的，可以在二年以下有期徒刑、拘役幅度内确定量刑起点。造成一人重伤的，可以在三年至五年有期徒刑幅度内确定量刑起点。以特别残忍手段故意伤害致一人重伤，造成六级严重残疾的，可以在十年至十三年有期徒刑幅度内确定量刑起点。依法应当判处无期徒刑以上刑罚的除外。并且，为了指导司法机关对故意伤害案件作出准确的刑事责任评判以适用刑罚，该指导意见还特别指出，在量刑起点的基础上，可以根据伤害后果、伤残等级、手段残忍程度等其他影响犯罪构成的犯罪事实增加刑罚量，确定基准刑。

从本书所抽取的10个在案后没有承担民事责任的事案可以清晰地看出，

10 个案件中判处缓刑的案件只有两个。也即，缓刑适用率仅占 20%，绝大多数案件都没有适用缓刑。即便有的法院对被告人判处了有期徒刑六个月，也没有适用缓刑。与此相对，在故意伤害造成受害人轻伤二级后果的事案中，被告人在案后承担了民事责任的情形下，法院适用缓刑的概率极大。本书所抽取的 10 个案例中，适用缓刑的案件有 8 个，占到了 80% 的比例。另外两个没有适用缓刑的案件，其中一个被判处有期徒刑一年，另外一个被判处拘役五个月。需要说明的是，缓刑只是刑罚的执行方法而已，只有实际判处的刑种及期限才属于严格意义上的刑罚。从此意义上说，刑罚轻重的比较衡量应以刑罚本身作为标准，至于是否适用缓刑则属于刑罚的执行方式问题，不属于刑罚裁量尤其是刑罚轻重所应考量的内容。但是，该种见解的合理性有待商榷。缓刑固然属于刑罚执行方式，并非刑罚的种类与刑期，但是执行方式对于刑罚具有极其重要的影响。例如某甲被判处有期徒刑一年，缓刑两年；某乙被判处拘役六个月，不适用缓刑。在这两个事案中，尽管某乙被判处的是拘役，相对于某甲被判处的有期徒刑一年来说，属于较轻的刑种并且刑期也相对较短，但某甲所适用的是缓刑。依据《刑法》条文，缓刑的法律效果表现为考验期内不予关押，只不过须遵守考验期的相应规定。相对于必须关押的拘役来说，有期徒刑的缓刑对犯罪人所施加的人身强制性、痛苦性等来说无疑相对较轻。① 无论是从现实的法律效果还是犯罪人对于所判处刑罚的实际感受来看，有期徒刑的缓刑所具有的不予关押的法律效果要显著轻于拘役。②

第二，民刑交叉案件中承担了民事责任与没有承担民事责任的事案刑罚明显不同。

每个事案所判处的刑罚不尽相同，但是从整体来看承担了民事责任的事案所判处的刑罚要明显轻于没有承担民事责任的事案。以本书所搜集的上述判决来看，没有承担民事责任的事案所判决的刑罚为有期徒刑六个月到有期徒刑一年六个月不等，而在承担了民事责任的事案中，所判处的刑罚表现为

---

① 有见解认为，犯罪分子对缓刑的罪感较弱，主张将缓刑作为一个独立的刑种。在其看来，缓刑被刑种化后，拘役被废止不可避免。参见翟中东：《缓刑刑种化问题的思考》，《天津法学》2021 年第 3 期，第 44 页。

② 在日本刑事司法实务中，量刑时虽然根据刑种的选择、刑度、是否适用缓刑等的顺序加以判断，但实际上，刑度的选择与是否宣告缓刑的判断是同时进行的。所以，似乎便有如果选择实刑的话，就会比选择缓刑时适用稍轻的刑罚的倾向。参见［日］松宫孝明：《刑法总论讲义》，成文堂 2018 年版，第 354 页。

从拘役三个月到有期徒刑一年。具体而言，法院就具体事案所判决的刑罚，承担民事责任的事案除了通常适用的有期徒刑之外，还涵盖了拘役；但是没有承担民事责任的事案中只包括有期徒刑，完全排除了拘役的适用。从刑罚的种类来说，主刑包括管制、拘役、有期徒刑、无期徒刑、死刑五种，并且呈现出由轻到重的顺序。故而，对承担民事责任的故意伤害案件（轻伤二级）适用拘役，而对没有承担民事责任的同种案件完全排斥拘役的适用，本身就表明了法院对于民刑交叉案件是否承担民事责任持不同的评价与态度。也即，以刑罚种类的选择以及刑期长短明确肯定了民事责任的承担对刑事责任评判具有影响力与作用力。

第三，故意伤害（轻伤二级）事案中民事责任承担需综合其他因素以对刑事责任作出准确评判。

对于故意伤害（轻伤二级）案件，法院已经通过刑罚的具体适用整体呈现了民事责任承担对刑事责任评判所具有的影响力与作用力。具体而言，若行为人通过经济赔偿等形式承担了民事责任，则会导致在其刑事责任评判中受到积极性评价，能够成为刑事责任减轻的重要理由。值得注意的是，民事责任承担固然是影响刑事责任评判的重要理由，但是在类似故意伤害（轻伤二级）事案的民刑交叉案件中，影响刑事责任评判的并非仅有民事责任承担这一因素。也即，在司法实务中，具体事案中可能存在多种刑事责任评判影响因素，法院在评判刑事责任时需要综合全部因素才能作出最终评判结论。值得提及的是，本书作者随机抽取的上述故意伤害（轻伤二级）相关事案中，承担了民事责任的事案除极少数判处比较轻微的拘役之外，其他都适用了缓刑。其中仅有的一个未适用缓刑的事案，法院作出该种刑罚决定的主要理由在于其属于累犯。由此而得出的重要结论是，对于故意伤害造成受害人轻伤二级的事案，若行为人事后承担民事责任，原则上即可适用缓刑。不过，如果行为人具备累犯等应当从重处罚的情节，法院综合全部情节可能会拒绝适用缓刑，而对行为人判处拘役等轻微的刑罚。

本书课题组针对故意伤害造成轻伤一级后果的情形在“中国裁判文书网”随机搜集了 20 份判决书，涉及 20 个事案，其中承担了民事责任的事案 10 个，没有承担民事责任的事案 10 个，并编制了表格（表 2）。

表 2　故意伤害罪中造成轻伤一级的事案

案例号	审判机关	具体伤害后果	应赔偿金额	已赔偿金额	其他情节	判处刑罚
(2021) 云 2924 刑初 375 号	云南省宾川县人民法院	一人轻伤一级	不明	无	1. 如实供述犯罪事实 2. 自首 3. 认罪认罚	有期徒刑一年零二个月
(2021) 新 0203 刑初 208 号	新疆维吾尔自治区克拉玛依市克拉玛依区人民法院	一人轻伤一级	不明	无	1. 累犯 2. 坦白 3. 限制刑事责任能力人	有期徒刑二年
(2021) 辽 0381 刑初 343 号	辽宁省海城市人民法院	一人轻伤一级	不明	无	认罪认罚	有期徒刑二年
(2021) 辽 0381 刑初 728 号	辽宁省海城市人民法院	一人轻伤一级	18789.58 元	无	1. 自首 2. 认罪认罚 3. 被害人存在过错	有期徒刑一年
(2020) 豫 1025 刑初 274 号	河南省襄城县人民法院	一人轻伤一级	12934.42 元	无	1. 认罪认罚 2. 被害人存在过错 3. 初犯、偶犯	有期徒刑一年零二个月
(2020) 浙 0282 刑初 1608 号	浙江省慈溪市人民法院	一人轻伤一级	不明	无	1. 如实供述犯罪事实	有期徒刑一年三个月
(2020) 吉 0202 刑初 549 号	吉林省吉林市昌邑区人民法院	一人轻伤一级	24545.40 元	无	1. 累犯 2. 自愿认罪	有期徒刑二年
(2020) 粤 1972 刑初 4475 号	广东省东莞市第二人民法院	一人轻伤一级	不明	无	自首	有期徒刑一年三个月
(2020) 赣 0727 刑初 173 号	江西省龙南市人民法院	一人轻伤一级	23671.3865 元	12798.69 元（仅为医疗护理支出，没有达成赔偿协议）	1. 自首 2. 家属代为支付部分医疗费用	拘役二个月

续表

案例号	审判机关	具体伤害后果	应赔偿金额	已赔偿金额	其他情节	判处刑罚
(2020)渝0113刑初369号	重庆市巴南区人民法院	一人轻伤一级	不明	无	无	有期徒刑一年十个月
(2021)津0104刑初589号	天津市南开区人民法院	一人轻伤一级	不明	全部	1. 认罪认罚 2. 与被害人达成和解协议得到谅解 3. 自首	有期徒刑一年六个月，缓刑一年六个月
(2021)湘0502刑初456号	湖南省邵阳市双清区人民法院	一人轻伤一级	不明	142000元	1. 自首 2. 认罪认罚 3. 对被害人进行赔偿得到谅解	拘役四个月
(2015)浑南刑初字第00492号	辽宁省沈阳市浑南区人民法院	一人轻伤一级	不明	全部	对被害人进行赔偿得到谅解	有期徒刑一年，缓刑一年
(2021)辽0112刑初704号	辽宁省沈阳市浑南区人民法院	一人轻伤一级	不明	全部	1. 认罪认罚 2. 邻里纠纷 3. 与被害人达成和解协议得到谅解	有期徒刑六个月，缓刑一年
(2021)云2924刑初419号	云南省宾川县人民法院	一人轻伤一级	不明	30000元(全部)	1. 对被害人进行赔偿得到谅解 2. 初犯 3. 自首 4. 认罪认罚	有期徒刑十个月，缓刑一年零六个月
(2020)粤0605刑初3944号	广东省佛山市南海区人民法院	一人轻伤一级	不明	27000元(全部)	1. 对被害人进行赔偿得到谅解 2. 如实供述犯罪事实 3. 初犯 4. 认罪认罚	有期徒刑一年，缓刑一年六个月
(2020)吉0821刑初246号	吉林省镇赉县人民法院	一人轻伤一级	不明	全部	1. 对被害人进行赔偿得到谅解 2. 认罪认罚	有期徒刑七个月，缓刑一年

续表

案例号	审判机关	具体伤害后果	应赔偿金额	已赔偿金额	其他情节	判处刑罚
（2020）桂0127刑初264号	广西壮族自治区横县人民法院①	一人轻伤一级	不明	全部	1. 对被害人进行赔偿得到谅解 2. 初犯、偶犯 3. 自首 4. 认罪认罚	有期徒刑一年三个月，缓刑一年六个月
（2020）冀0606刑初991号	河北省保定市莲池区人民法院	一人轻伤一级	不明	十三万元（全部）	1. 认罪认罚 2. 对被害人进行赔偿，得到被害人谅解	有期徒刑一年，缓刑一年六个月
（2020）苏0115刑初974号	江苏省南京市江宁区人民法院	一人轻伤一级	不明	全部	1. 如实供述犯罪事实 2. 自首 3. 对被害人进行赔偿并得到被害人谅解 4. 认罪认罚	有期徒刑十个月，缓刑一年

通过对上述20个事案相关信息的分析，可以得出如下分析结论：

第一，承担了民事责任的故意伤害（轻伤一级）案件的刑罚后果要明显轻于没有承担民事责任的事案。

“两高”出台的《关于常见犯罪的量刑指导意见（试行）》明确指出，故意伤害造成一人轻伤的，可以在二年以下有期徒刑、拘役幅度内确定量刑起点。从本书作者所搜集的故意伤害（轻伤一级）事案可以发现，没有承担民事责任的事案所判处的刑罚除拘役外，有期徒刑为一年到两年不等。其中唯一被判处拘役的事案，尽管行为人与受害人之间没有达成赔偿协议且没有实施任何赔偿，但是家属代为支付了部分医疗费用共计3865元，法院综合其他因素对行为人判处拘役两个月。与此相对，承担了民事责任的故意伤害（轻伤一级）事案所判处的刑罚则完全不同。细言之，从法院就具体事案的判决来看，行为人被判处的刑罚除拘役外，有期徒刑为六个月至一年六个月不等。就法院所判处的有期徒刑的期限长短来看，承担了民事责任的故意伤害（轻伤一级）所判处的有期徒刑最低刑期为六个月，而没有承担民事责任的事

① 现为广西壮族自治区横州市人民法院。

案所判处有期徒刑最低刑期为一年；承担了民事责任的故意伤害（轻伤一级）所判处有期徒刑最长刑期为一年六个月，而没有承担民事责任的事案所判有期徒刑最长刑期则为两年。可见，无论是从所判有期徒刑的最长刑期之比较还是最短刑期之权衡，承担了民事责任的故意伤害（轻伤一级）案件的刑罚后果要明显轻于没有承担民事责任的事案。

第二，承担了民事责任与没有承担民事责任的故意伤害（轻伤一级）事案在缓刑适用上存在显著差异。

从本书所搜集梳理的故意伤害（轻伤一级）案件来看，承担了民事责任的故意伤害（轻伤一级）案件10个，其中判处拘役的案件有一个，其他9个案件都判处了有期徒刑。并且，所有被判处有期徒刑的案件，都同时适用了缓刑，故整体上缓刑适用率为90%。与此相对，没有承担民事责任的故意伤害（轻伤一级）案件，法院完全排斥了缓刑的适用，因而缓刑适用率为0。由此可知，两类案件在缓刑适用上存在显著差异，承担了民事责任事案的刑罚后果要明显轻于没有承担民事责任的案件。

第三，法院综合民事责任承担等多种因素以就刑事责任作出评判结论。

通过对所搜集的故意伤害（轻伤一级）事案刑罚后果的对比分析，可得管窥故意伤害（轻伤一级）案件中民事责任承担的具体情况通常会成为刑罚裁量及缓刑适用的重要考量因素。不过，我们不能就此认为，只要行为人在危害行为后实施民事责任承担，就会导致刑事责任评判的绝对轻型化。也即，民事责任承担尽管通常作为刑事责任评判的积极性事由，但是法院尚须考量其他的刑罚裁量事由，以就全案作出综合性判定结论。质言之，刑事案件中既有法定刑罚裁量情节，也有酌定刑罚裁量情节；既存在导致刑事责任更重的消极性刑罚裁量情节，也存在导致刑事责任更轻的积极性刑罚裁量情节。因此，法院应全盘考量、综合评估刑罚裁量因素，以形成最终评判结论。依据“两高”《关于常见犯罪的量刑指导意见（试行）》，故意伤害造成一人轻伤的，其量刑起点可在二年以下有期徒刑、拘役幅度内确定。从形式上说，若伤害行为的危害后果限于轻伤，无论是轻伤一级还是轻伤二级，只要量刑起点不超越该范畴，都符合至少不违背最高人民法院的上述指导意见。然而，从当然解释及实质合理性等基本立场出发①，造成轻伤一级的事案所选定的量

① 当然解释是指刑法规定虽未明示某一事项，但依形式逻辑、规范目的及事物属性的当然道理，将该事项解释为包括在该规定的适用范围之内的解释方法。当然解释的解释方法蕴含了举重以明轻、举轻以明重等内容。参见张明楷：《罪刑法定与刑法解释》，北京大学出版社2009年版，第138页；魏

刑起点理应高于造成轻伤二级的事案。依此，在具备同等刑罚裁量情节的情形下，造成轻伤一级伤害后果事案所判处的刑罚应显著重于造成轻伤二级伤害后果的事案。质言之，“刑罚的种类及幅度其实是社会危害性大小的一种虚拟折算，刑罚的轻重代表着社会危害性的大小”②。作为伤害后果，轻伤一级要重于轻伤二级，故在给受害人造成更严重伤害后果的情形下，行为人理应承担更重的刑事责任。该种判定结论也是依据罪责刑相适应原则得出的当然结论。但是，本书搜集的江西省龙南市人民法院（2020）赣0727刑初173号刑事判决书中，伤害行为造成了受害人轻伤一级的伤害后果，在被告人家属代为支付部分医疗费用但并没有达成赔偿协议，只具备一个自首情节的情形下，法院仅判处被告人两个月拘役，量刑明显过轻。

笔者同样在“中国裁判文书网”随机搜集了实施故意伤害行为造成受害人重伤二级的判决书20份，涉及事案20个，其中承担民事责任的事案10个，没有承担民事责任的事案10个，并编制了表格（表3）。

表3　故意伤害罪中造成重伤二级的事案

案例号	审判机关	具体伤害后果	应赔偿金额	已赔偿金额	其他情节	判处刑罚
（2021）辽0381刑初648号	辽宁省海城市人民法院	一人重伤二级	50784.74元	无	无	有期徒刑四年四个月
（2021）云2601刑初624号	云南省文山市人民法院	一人重伤二级	不明	无	1. 坦白 2. 认罪认罚	有期徒刑五年零六个月
（2020）豫0727刑初438号	河南省封丘县人民法院	一人重伤二级	不明	无	1. 坦白 2. 认罪认罚 3. 累犯	有期徒刑七年

（接上注）

治勋：《当然解释的思维机理及操作规则》，《法商研究》2018年第3期；李翔：《论我国刑法中的当然解释及其限度》，《法学》2014年第5期。所谓实质的合理性，即注重根据人的需要、价值等确定实质合理的价值标准。参见张松：《我国刑法解释立场之选择——以形式和理性与实质合理性的统一为视角》，《山东社会科学》2019年第3期，第140页；肖瑛：《苏国勋的韦伯论题及其超越：形式合理性与实质合理性》，《北京工业大学学报（社会科学版）》2023年第1期；崔志伟：《刑事司法的“回应型”转向——寻求处罚实质合理性的基点》，《河北法学》2019年第2期。

② 孙建保：《刑法中的社会危害性理论研究》，上海人民出版社2016年版，第195页。

续表

案例号	审判机关	具体伤害后果	应赔偿金额	已赔偿金额	其他情节	判处刑罚
(2020)豫1003刑初386号	河南省许昌市建安区人民法院	一人重伤二级	39228.42元	无	初犯	有期徒刑三年零六个月
(2020)黔0502刑初764号	贵州省毕节市七星关区人民法院	一人重伤二级	113719.06元	无	1. 初犯、偶犯 2. 坦白 3. 认罪认罚	有期徒刑三年
(2020)辽1103刑初203号	辽宁省兴隆台区人民法院	一人重伤二级	141476.65元	无	当庭自愿认罪	有期徒刑六年
(2020)冀0925刑初174号	河北省盐山县人民法院	一人重伤二级	38204.47元	无	1. 如实供述犯罪事实 2. 认罪认罚 3. 自首 4. 被害人存在过错	有期徒刑三年零二个月
(2020)川2021刑初415号	四川省安岳县人民法院	一人重伤二级	309524元	无	自首	有期徒刑四年
(2020)吉0102刑初376号	吉林省长春市南关区人民法院	一人重伤二级	不明	无	无	有期徒刑四年六个月
(2020)冀0406刑初217号	河北省邯郸市峰峰矿区人民法院	一人重伤二级	不明	无	1. 坦白 2. 从犯	有期徒刑三年六个月
(2021)辽0203刑初354号	辽宁省大连市西岗区人民法院	一人重伤二级	不明	170000元(全部)	1. 如实供述犯罪事实 2. 认罪认罚 3. 赔偿被害人损失并得到谅解	有期徒刑三年,缓刑四年
(2021)黑0505刑初34号	黑龙江省双鸭山市四方台区人民法院	一人重伤二级	不明	全部	1. 达成和解协议并取得对方谅解 2. 自首 3. 认罪认罚 4. 初犯、偶犯	有期徒刑三年,缓刑三年

续表

案例号	审判机关	具体伤害后果	应赔偿金额	已赔偿金额	其他情节	判处刑罚
(2021)冀0128刑初184号	河北省深泽县人民法院	一人重伤二级	不明	全部	1. 赔偿了被害人的经济损失并取得谅解 2. 认罪认罚	有期徒刑三年，缓刑四年
(2020)粤1502刑初236号	广东省汕尾市城区人民法院	一人重伤二级	不明	27万元(部分)	1. 积极赔偿经济损失 2. 如实供述犯罪事实 3. 被害人存在一定过错	有期徒刑三年八个月
(2020)鲁1728刑初374号	山东省东明县人民法院	一人重伤二级	不明	全部	1. 初犯、偶犯 2. 自首 3. 对被害人进行赔偿并得到谅解 4. 认罪认罚	有期徒刑三年，缓刑四年
(2020)晋0105刑初743号	山西省太原市小店区人民法院	一人重伤二级	不明	全部	1. 赔偿被害人损失并得到谅解 2. 自动投案	有期徒刑三年
(2020)陕0802刑初428号	陕西省榆林市榆阳区人民法院	一人重伤二级	302576.78元	12万元(部分)	1. 坦白 2. 认罪认罚 3. 赔偿被害人并得到被害人谅解	有期徒刑三年
(2020)浙0282刑初1623号	浙江省慈溪市人民法院	一人重伤二级	不明	全部	1. 自首 2. 认罪认罚 3. 积极赔偿被害人并得到谅解 4. 认罪悔罪	有期徒刑二年，缓刑四年
(2020)鲁0283刑初383号	山东省平度市人民法院	一人重伤二级	不明	33万元(全部)	1. 有故意犯罪前科 2. 自首 3. 积极赔偿被害人并得到被害人谅解 4. 认罪态度良好	有期徒刑三年
(2020)黑0803刑初129号	黑龙江省佳木斯市向阳区人民法院	一人重伤二级	不明	全部	1. 自首 2. 认罪认罚 3. 取得被害人谅解	有期徒刑二年六个月

通过分析故意伤害造成受害人重伤二级的相关事案，以明确法院对于该类事案中民事责任承担对刑事责任评判影响及刑罚的具体适用。通过比较分析，可得出如下结论：

第一，故意伤害（重伤二级）事案中承担了民事责任的案件所判处刑罚总体上要轻于没有承担民事责任的情形。

笔者随机搜集的故意伤害（重伤二级）事案中，故意伤害造成受害人重伤二级的事案被法院判处的刑罚为有期徒刑两年至六年不等。其中承担了民事责任的事案被判处的刑罚为有期徒刑两年至三年八个月，没有承担民事责任的事案被判处的刑罚为三年至六年。质言之，一方面，承担了民事责任的故意伤害（重伤二级）事案所判处有期徒刑最低刑期为两年，而没有承担民事责任事案的最低刑期则为三年。另一方面，承担了民事责任的故意伤害（重伤二级）事案所判处有期徒刑最高刑期为三年八个月，但没有承担民事责任事案的最高刑期为六年。无论是最低刑期的比较还是最高刑期的对照，故意伤害（重伤二级）的事案中承担了民事责任的情形要显著轻于没有承担民事责任的情形。

第二，故意伤害（重伤二级）事案中承担了民事责任的案件相较于没有承担民事责任的情形在缓刑适用上存在显著差异。

本书搜集的故意伤害（重伤二级）事案中，承担了民事责任的事案与没有承担民事责任的事案，在缓刑适用方面存在重大差异。质言之，对于承担了民事责任的故意伤害（重伤二级）事案，法院判处有期徒刑的同时缓刑适用率较高。本书搜集的 10 个承担了民事责任的故意伤害（重伤二级）事案中，有 5 个案件被判处有期徒刑的同时都适用了缓刑，缓刑适用率占到了 50%。未能适用缓刑的，有些系因为不具备适用缓刑的条件。例如广东省汕尾市城区人民法院（2020）粤 1502 刑初 236 号判决书，该案被告人被判处有期徒刑三年八个月。鉴于我国刑法中的缓刑仅针对三年以下有期徒刑和拘役，故三年八个月有期徒刑明显不符合缓刑的适用条件。另外，承担了民事责任的 10 个事案中被法院判处三年有期徒刑的事案有 7 个，其中适用了缓刑的事案有 4 个，未适用缓刑的事案有 3 个，适用缓刑的案件数量超过未适用缓刑的案件数量。在笔者看来，法官之所以对部分事案判处三年有期徒刑，有些可能是为了方便适用缓刑。因此，“三年以下有期徒刑”也包含了“三年”这个本数，故而对被告人判处三年有期徒刑的情形下，具备了适用缓刑的条件。与此相对，没有承担民事责任的故意伤害（重伤二级）事案中，法院所判处的有期徒刑不仅刑期相对较长，且完全排除了缓刑的适用。也即，没有承担民事责任的故意伤害（重伤二级）事案缓刑适用率为0。可见，承担了民事责任与没有承担民事责任的故意伤害（重伤二级）案件在缓刑适用上存在显著差异。

第三，部分故意伤害（重伤二级）事案刑罚裁量的合理性有待商榷。

毋庸置疑，法院应考量全部刑罚裁量情节以对事案的刑事责任作出综合性判定。通过司法实践中法院对具体事案的刑罚裁量尤其是缓刑的具体适用，可明确察知民事责任承担对刑事责任评判具有重要影响力与作用力。不过，通过对所搜集的故意伤害（重伤二级）事案相关信息的对比分析，我们发现部分事案刑罚裁量的合理性有待商榷。例如，河南省许昌市建安区人民法院（2020）豫0502刑初386号判决书，该案中，法院在造成一人重伤二级的情况下，以行为人系初犯为由判处被告人有期徒刑三年零六个月。但是同年广东省汕尾市城区人民法院（2020）粤1502刑初236号判决书，在造成一人重伤二级的情况下，行为人积极赔偿经济损失、如实供述犯罪事实，且被害人存在一定过错，法院对其作出了三年八个月有期徒刑的判决。通过对二者予以比较发现，在造成同种伤害结果的情形下，后者具备多种积极性刑罚裁量情节，而前者仅具备“初犯”一个裁量情节。然而，本应被判处更轻刑罚的后者，被法院所判处的刑罚重于前者，故其合理性存在疑问。

笔者随机在“中国裁判文书网”搜集了涉及故意伤害（重伤一级）事案的裁判文书20份，其中承担民事责任的事案10个，没有承担民事责任的事案10个，并对案件中的相关情节以及最后的刑罚裁量适用后果进行归纳梳理，编制了表格（表4）。

表4　故意伤害罪中造成重伤一级的事案

案例号	审判机关	具体伤害后果	应赔偿金额	已赔偿金额	其他情节	判处刑罚
（2021）赣0123刑初14号	江西省安义县人民法院	一人重伤一级	不明	无	1. 被害人具有过错责任 2. 如实供述犯罪事实 3. 认罪认罚 4. 有犯罪前科	有期徒刑三年六个月
（2020）辽0381刑初373号	辽宁省海城市人民法院	一人重伤一级	事实经济损失6351.3元	7000元（未达成和解协议）	无	有期徒刑三年六个月

续表

案例号	审判机关	具体伤害后果	应赔偿金额	已赔偿金额	其他情节	判处刑罚
(2021)鲁0691刑初114号	山东省烟台经济技术开发区人民法院	一人重伤一级	395683.76元	无	认罪认罚	有期徒刑四年
(2020)陕0116刑初209号	陕西省西安市长安区人民法院	一人重伤一级	24980元	无	1. 积极支付全部医疗费 2. 曾因纵火罪被判处有期徒刑三年，缓刑五年	有期徒刑四年
(2021)粤0605刑初1220号	广东省佛山市南海区人民法院	一人重伤一级	不明	无	1. 自首 2. 认罪认罚	有期徒刑二年十个月
(2020)辽0211刑初157号	辽宁省大连市甘井子区人民法院	一人重伤一级	527653.56元	无	1. 如实供述犯罪事实 2. 认罪认罚	有期徒刑四年六个月
(2020)鲁0282刑初557号	山东省青岛市即墨区人民法院	一人重伤一级	不明	无	1. 自首 2. 认罪认罚 3. 初犯、偶犯	有期徒刑八年
(2020)吉0106刑初173号	吉林省长春市绿园区人民法院	一人重伤一级	不明	无	1. 如实供述犯罪事实 2. 认罪认罚	有期徒刑九年三个月
(2020)粤1581刑初687号	广东省陆丰市人民法院	一人重伤一级	不明	无	累犯	有期徒刑八年
(2020)浙0703刑初374号	浙江省金华市金东区人民法院	一人重伤一级	不明	无	1. 管制刀具 2. 坦白 3. 认罪认罚 4. 初犯、偶犯	有期徒刑三年三个月
(2021)黔2725刑初52号	贵州省瓮安县人民法院	一人重伤一级	不明	全部	1. 与被害人达成谅解协议 2. 自首 3. 认罪认罚	有期徒刑三年，缓刑三年
(2021)川2021刑初77号	四川省安岳县人民法院	一人重伤一级	不明	部分	1. 如实供述犯罪事实 2. 赔偿部分经济损失	有期徒刑三年，缓刑四年

续表

案例号	审判机关	具体伤害后果	应赔偿金额	已赔偿金额	其他情节	判处刑罚
（2021）豫0506刑初19号	河南省安阳市龙安区人民法院	一人重伤一级	不明	全部	1. 积极赔偿被害人经济损失并取得被害人的谅解 2. 认罪认罚 3. 自首	有期徒刑三年，缓刑四年
（2021）冀0402刑初7号	河北省邯郸市邯山区人民法院	一人重伤一级	不明	全部	1. 自首 2. 与被害人家属达成调解协议，取得谅解 3. 致人死亡	有期徒刑五年
（2020）辽0604刑初63号	辽宁省丹东市振安区人民法院	一人重伤一级	不明	12万元（全部）	1. 对被害人进行赔偿，被害人同意从轻处罚 2. 认罪认罚 3. 自首	有期徒刑三年六个月
（2020）苏0703刑初168号	江苏省连云港市连云区人民法院	一人重伤一级	不明	72万元（全部）	1. 自首 2. 认罪认罚 3. 具有前科 4. 构成四级伤残 5. 对被害人积极赔偿并得到被害人谅解	有期徒刑二年四个月
（2020）鲁1082刑初424号	山东省荣成市人民法院	一人重伤一级	不明	全部	1. 对被害人积极赔偿并得到被害人谅解 2. 自首 3. 认罪认罚	有期徒刑二年，缓刑三年
（2020）黑0604刑初151号	黑龙江省大庆市让胡路区人民法院	一人重伤一级	不明	全部	1. 自首 2. 初犯 3. 认罪悔罪	有期徒刑七年
（2020）辽0922刑初96号	辽宁省彰武县人民法院	一人重伤一级	不明	全部	对被害人积极赔偿并得到被害人谅解	有期徒刑五年二个月

续表

案例号	审判机关	具体伤害后果	应赔偿金额	已赔偿金额	其他情节	判处刑罚
(2020) 桂 0323 刑初 74 号	广西壮族自治区灵川县人民法院	一人重伤一级	不明	全部	1. 坦白 2. 对被害人积极赔偿并得到被害人谅解	有期徒刑五年

通过比较分析，笔者就故意伤害（重伤一级）事案中民事责任承担对刑事责任评判的影响作出如下分析与解读。

第一，故意伤害（重伤一级）事案中承担了民事责任的情形比没有承担民事责任的情形所判处的刑罚显著要轻。

本书作者所搜集的故意伤害（重伤一级）的事案中，行为人被判处的刑罚自二年十个月有期徒刑至九年三个月有期徒刑不等。其中，没有承担民事责任的事案被判处的刑罚为二年十个月至九年三个月有期徒刑，而承担了民事责任的事案被判处的刑罚则为三年至七年有期徒刑。从形式上看，没有承担民事责任的故意伤害（重伤一级）事案被判处的最低刑罚为有期徒刑二年十个月，而承担了民事责任的事案所判处的最低刑罚则为有期徒刑三年，似乎没有承担民事责任的事案所判处的最低刑罚更重。尽管如此，承担了民事责任的事案所判处的刑罚在总体上要显著轻于没有承担民事责任的事案。之所以能得出该种结论，理由在于：虽然没有承担民事责任的故意伤害（重伤一级）事案被判处的最低刑罚为有期徒刑二年十个月，但是该判决在故意伤害（重伤一级）事案整体判决中属于极个别，绝大多数事案所判处的刑罚都为四年以上有期徒刑，其中判处最重的是有期徒刑九年。与此相对，承担了民事责任的案件大多数为三年有期徒刑，判处四年以上有期徒刑的属于少数。因此，从所判处有期徒刑的期限长短可以看出，故意伤害（重伤一级）的事案中承担了民事责任的情形比没有承担民事责任的情形所判处的刑罚显著轻微。

第二，故意伤害（重伤一级）事案中承担了民事责任的情形与没有承担民事责任的情形在缓刑适用上存在显著差异。

从本书作者搜集的故意伤害（重伤一级）案件信息来看，对于没有承担民事责任的情形，法院完全排除了缓刑适用。也即，没有承担民事责任的故意伤害（重伤一级）事案，无一例外地都判处了实刑，缓刑适用率为 0。与此相对，承担了民事责任的故意伤害（重伤一级）事案，法院则适用了一定数量的缓刑。被判处三年有期徒刑的同时适用缓刑的案件有 4 个，占到了 40% 的比例。尽管笔者搜集的案件数量有限，以 40% 的缓刑适用比例可能无法保证与司法实践中总体案件的具体比例完全一致，但至少从已搜集的事案中可得管窥，故意伤害（重伤一级）承担了民事责任的情形被判处有期徒刑的同时适用缓刑的事案占据了一定比例。从两类案件缓刑适用的重大差别可知，故意伤害（重伤一级）的事案中，承担了民事责任的情形判处的刑罚要明显轻于没有承担民事责任的情形。

第三，故意伤害（重伤一级）事案民事责任承担需结合其他刑罚裁量情节作出综合评价。

与前述实施故意伤害行为造成受害人轻伤二级、轻伤一级、重伤二级的事案相类似，民事责任承担固属法院裁量刑罚及适用缓刑的重要依据，但是法院也须全盘考量刑罚裁量因素以得出综合性判定结论。有鉴于此，民事责任承担是法院裁量刑罚及适用缓刑的重要但并非唯一的裁量因素，故在造成同种危害结果且都承担民事责任的情形下，可能基于其他刑罚裁量情节的整体性差异致使最终的刑罚裁量结果不同。例如河南省安阳市龙安区人民法院（2021）豫 0506 刑初 19 号判决书、江苏省连云港市振安区人民法院（2021）苏 0703 刑初 168 号判决书，这两个事案同样造成了一人重伤的危害后果，且都系自首、认罪认罚并赔偿了被害人全部经济损失且获得被害人谅解。不过，后者因被告人具有犯罪前科、受害人构成四级伤残，故后者被法院判处有期徒刑二年四个月，而前者被法院判处有期徒刑三年，缓刑四年。另外，《最高人民法院关于常见犯罪的量刑指导意见》认为，造成一人重伤的，可以在三年至五年有期徒刑幅度内确定量刑起点。以特别残忍手段故意伤害致一人重伤，造成六级严重残疾的，可以在十年至十三年有期徒刑幅度内确定量刑起点。尽管笔者搜集的事案中没有被判处十年有期徒刑以上刑罚的，但是伤害行为造成一人重伤且具备同种刑罚裁量情节的情况下，法院所判处的刑罚存在较大差异。例如同样在造成一人重伤一级的情况下，广东省佛山市南海区人民法院所作出的（2021）粤 0605 刑初 1220 号判决书，认定被告人具有自首、认罪认罚情节，在其没有承担民事责任的情形下判处有期徒刑二年十个月。而山东省青岛市即墨区人民法院作出的（2020）鲁 0282 刑初 557 号判决书，认定被告人具有自首、认罪认罚、初犯、偶犯情节，在其没有承担民事责任的情形之下判处其有期徒刑八年。另外，山东省荣成市人民法院（2020）鲁 1082 刑初 424 号判决书认定被告人具有自首、认罪认罚情节，在对被害人积极赔偿并取得被害人谅解的情形下，判处被告人有期徒刑二年，缓刑三年。黑龙江省大庆市让胡路区人民法院（2020）0604 刑初 151 号判决书认定被告人具有自首、初犯、认罪悔罪情节，在对被害人赔偿了全部损失的情形下，判处被告人有期徒刑七年。可见，部分事案的刑罚裁量结果存在差距，是否完全符合刑罚裁量科学合理的要求，值得商榷。

（二）诈骗罪的事案分析

本书特别选择了侵犯财产犯罪中的诈骗罪，因诈骗罪发案率较高，且属于典型的民刑交叉案件。在司法实践中，有的违法犯罪人案发后将所骗取的钱款归还（包括全部归还与部分归还），有的违法犯罪人将所骗取的钱款挥霍殆尽无法归还。因此，通过分析诈骗案件中民事责任承担的不同形态所导致的具体刑罚裁量及缓刑适用等信息，可以总结出司法实务中法院在民事责任承担对刑事责任评判的影响力与作用力这一问题上的具体操作状态。鉴于刑法对于诈骗罪的刑罚裁量主要以诈骗数额作为区分档次的关键标准，故本书也对诈骗罪刑罚适用分类的数额标准展开比较分析。依据《刑法》，诈骗罪的刑罚处罚以诈骗犯罪涉及的资金数额为标准分为三个档次：“数额较大的”“数额巨大的”“数额特别巨大的”。

“两高”出台的《关于常见犯罪的量刑指导意见（试行）》指出，构成诈骗犯罪的，可以根据下列情形在相应的幅度内确定量刑起点：达到数额较大起点的，可以在一年以下有期徒刑、拘役幅度内确定量刑起点。达到数额巨大起点或者有其他严重情节，可以在三年至四年有期徒刑内确定量刑起点。达到数额特别巨大起点或者有其他特别严重情节的，可以在十年至十二年有期徒刑幅度内确定量刑起点。依法应当判处无期徒刑的除外。并且该指导意见还特别指出，在量刑起点的基础上，可以根据诈骗数额等其他影响犯罪构成的犯罪事实增加刑罚量，确定基准刑。而根据 2011 年 3 月“两高”出台的《关于办理诈骗刑事案件具体应用法律若干问题的解释》，诈骗财物价值 3000 元至 1 万元以上、3 万元至 10 万元以上、50 万元以上的，应当分别认定为刑法中诈骗罪条文规定的“数额较大”“数额巨大”“数额特别巨大”。

笔者在“中国裁判文书网”随机选取了涉及诈骗公私财物中属于“数额较大”情形的判决书 20 份，涉及 20 个案件，其中承担了民事责任的案件 10 个，没有承担民事责任的案件 10 个，并且通过表格（表 5）的形式对案件的相关信息进行了梳理和归案，其中特别梳理同属“数额较大”情形个案的具体刑罚裁量情节，并且主要以是否承担了民事责任作为总体分类的标准。

表 5　诈骗数额较大的事案

案例号	审判机关	具体诈骗后果	应赔偿金额	已赔偿金额	其他情节	判处刑罚
（2021）辽0911刑初85号	辽宁省阜新市细河区人民法院	诈骗四人（共计31500元）	不明	无	累犯	有期徒刑一年十一个月，并处罚金人民币一万元
（2021）粤0114刑初1271号	广东省广州市花都区人民法院	诈骗45000元	不明	无	1. 认罪认罚 2. 如实供述犯罪事实 3. 坦白	有期徒刑一年，并处罚金五千元
（2021）川3401刑初454号	四川省西昌市人民法院	诈骗11478元（偷逃高速交通费）	不明	无	1. 认罪认罚 2. 积极退赔犯罪所得	有期徒刑六个月，缓刑一年，并处罚金人民币八千元
（2021）辽1011刑初92号	辽宁省辽阳市太子河区人民法院	诈骗3996元	不明	无	1. 坦白 2. 认罪认罚 3. 全部退赃 4. 未取得被害人谅解	有期徒刑六个月，并处罚金人民币五千元
（2021）冀0624刑初141号	河北省阜平县人民法院	诈骗25000元	不明	无	1. 自首 2. 初犯、偶犯 3. 骗取款项已上缴	有期徒刑六个月，缓刑一年，并处罚金人民币三千元
（2021）冀0624刑初140号	河北省阜平县人民法院	诈骗25000元	不明	无	1. 自首 2. 初犯、偶犯 3. 骗取款项已上缴	有期徒刑八个月，缓刑一年，并处罚金人民币五千元
（2021）陕0326刑初104号	陕西省眉县人民法院	诈骗14000元	不明	无	1. 缓刑考验期内犯新罪 2. 如实供述犯罪事实 3. 认罪态度良好	有期徒刑一年二个月，并处罚金人民币四千元

续表

案例号	审判机关	具体诈骗后果	应赔偿金额	已赔偿金额	其他情节	判处刑罚
(2021)鲁1523刑初246号	山东省聊城市茌平区人民法院	诈骗6万元	不明	无	1. 认罪认罚 2. 坦白	有期徒刑二年三个月，并处罚金人民币一万元
(2021)新0102刑初233号	新疆维吾尔自治区乌鲁木齐市天山区人民法院	诈骗24550元	不明	无	1. 坦白 2. 认罪认罚	有期徒刑一年六个月，并处罚金人民币二万五千元
(2021)津0118刑初853号	天津市静海区人民法院	诈骗17167元（骗借车辆并转卖）	9500元	无	1. 累犯 2. 如实供述犯罪事实 3. 认罪认罚	有期徒刑一年，并处罚金人民币六千元
(2021)豫0923刑初437号	河南省南乐县人民法院	诈骗39846元	39846元	39846元	1. 认罪认罚 2. 退赔被害人经济损失，得到谅解	有期徒刑一年，并处罚金人民币五千元
(2021)吉0192刑初176号	吉林省长春汽车经济技术开发区人民法院	诈骗44000元	44000元	全部（44000元）	1. 如实供述犯罪事实 2. 认罪认罚 3. 向各个受害人退赔被骗钱款并取得谅解	有期徒刑二年，缓刑三年，并处罚金人民币六万元
(2021)湘0502刑初365号	湖南省邵阳市双清区人民法院	诈骗56030元	不明	全部（70000元）	1. 如实供述犯罪事实 2. 认罪认罚 3. 赔偿被害人损失并得到谅解	有期徒刑三年，并处罚金人民币一万元
(2021)辽0102刑初1070号	辽宁省沈阳市和平区人民法院	诈骗17198.1元	不明	全部（17198.1元）	1. 坦白 2. 主动退缴违法所得并得到被害人谅解 3. 认罪认罚	有期徒刑九个月，缓刑一年，并处罚金人民币三万元

续表

案例号	审判机关	具体诈骗后果	应赔偿金额	已赔偿金额	其他情节	判处刑罚
(2021)豫0611刑初379号	河南省鹤壁市淇滨区人民法院	诈骗30000元	不明	全部(30000元)	1. 坦白 2. 认罪认罚 3. 已赔偿被害人经济损失并取得谅解	有期徒刑一年，缓刑二年，并处罚金人民币八千元
(2020)吉0103刑初627号	吉林省长春市宽城区人民法院	诈骗19000元	不明	全部	1. 如实供述犯罪事实 2. 认罪认罚 3. 初犯 4. 已赔偿被害人损失并取得谅解	有期徒刑一年三个月，缓刑二年，并处罚金人民币二万元
(2020)吉0103刑初484号	吉林省长春市宽城区人民法院	诈骗28500元	不明	全部(28500元)	1. 坦白 2. 认罪认罚 3. 已赔偿被害人损失并取得谅解 4. 悔罪	有期徒刑一年，缓刑一年六个月，并处罚金人民币二万八千元
(2020)鲁1621刑初350号	山东省惠民县人民法院	诈骗9107.2元	不明	部分(6000元)	1. 累犯 2. 坦白 3. 已退赔被害人部分经济损失并取得被害人的谅解 4. 认罪认罚	有期徒刑七个月，缓刑一年，并处罚金人民币二千元
(2020)内0603刑初113号	内蒙古自治区鄂尔多斯市康巴什区人民法院	诈骗6700元	不明	全部	1. 如实供述犯罪事实 2. 认罪认罚 3. 悔罪	拘役二个月，缓刑四个月，并处罚金人民币二千元
(2020)苏0303刑初417号	江苏省徐州市云龙区人民法院	诈骗4420元	不明	全部	1. 坦白 2. 认罪认罚 3. 赔偿被害人损失，并取得部分被害人谅解 4. 累犯	拘役四个月，并处罚金人民币三千元

通过比较分析诈骗数额较大财物的事案，就诈骗（数额较大）事案中民事责任承担对刑事责任评判具有影响力与作用力的司法运用得出如下分析结论：

第一，承担了民事责任的诈骗事案（数额较大）所判处的刑罚整体上要轻于没有承担民事责任的情形。

通过对10个诈骗（数额较大）后没有承担民事责任的事案进行梳理后发现，该类案件所判处的刑罚从有期徒刑六个月到二年三个月不等。与其相对，承担了民事责任的诈骗案件（数额较大）所判处的刑罚则从拘役两个月到有期徒刑三年不等。从法院对两种情形诈骗案件（数额较大）所判处的具体刑罚来看，没有承担民事责任案件所判处的最高刑罚为二年三个月，而承担了民事责任的案件所判处的最高刑罚则为三年。从形式上来说，没有承担民事责任的案件被法院所判处的刑罚似乎整体上比承担了民事责任的案件要轻。不过，尽管没有承担民事责任的诈骗案件（数额较大）最高刑罚是有期徒刑二年三个月，承担了民事责任的诈骗案件（数额较大）最高刑罚是有期徒刑三年，但绝大多数承担了民事责任的诈骗案件（数额较大）所判处的刑罚都是有期徒刑一年以下。承担了民事责任的诈骗案件（数额较大）中，法院判处刑罚超过一年的，仅仅属于极少数。笔者搜集的10个承担了民事责任的诈骗案件（数额较大）中，有7个案件所判处的刑罚都在有期徒刑一年（包括有期徒刑一年）以下，占到70%的比例。剩下的3个事案被判处的刑罚分别为：有期徒刑二年、有期徒刑三年、有期徒刑一年三个月。与此相对，没有承担民事责任的诈骗案件（数额较大）中被判处有期徒刑一年以下（包括有期徒刑一年）的案件达到了6个，所占比例为60%，有期徒刑一年以上的案件有4个。并且，承担了民事责任的诈骗案件（数额较大）中所判处的最低刑罚为拘役两个月，而没有承担民事责任的诈骗案件（数额较大）所判处的最低刑罚则为有期徒刑六个月。从整体而言，承担了民事责任的诈骗案件（数额较大）所判处的刑罚整体上要显著轻于没有承担民事责任的诈骗案件（数额较大）。

第二，承担了民事责任与没有承担民事责任的诈骗案件（数额较大）在缓刑适用上存在显著差异。

承担了民事责任与没有承担民事责任的诈骗案件（数额较大），所判处的刑罚都是三年以下有期徒刑，符合刑法所规定的缓刑适用条件。不过，两类案件在缓刑适用上存在显著差异。细言之，在笔者搜集的10个没有承担民事责任的诈骗案件（数额较大）中，只有3个案件适用了缓刑，缓刑适用率仅占30%。与此相对，在另外10个承担了民事责任的诈骗案件（数额较大）中，适用缓刑的案件达到7个，缓刑适用率占到70%。可见，承担了民事责任的诈骗案件（数额较大）缓刑适用率极高，与没有承担民事责任的诈骗案件（数额较大）极低的缓刑适用率形成鲜明对比。

第三，承担了民事责任与没有承担民事责任的诈骗案件（数额较大）所判处的拘役数量明显不同。

在笔者搜集的20个诈骗案件（数额较大）中，没有承担民事责任的事案完全排除了拘役的适用。也即，没有承担民事责任的诈骗案件（数额较大）所判处的刑罚都是有期徒刑，拘役适用率为0；而承担了民事责任的诈骗案件（数额较大）有部分被判处的刑罚为拘役。在10个承担了民事责任的诈骗事案（数额较大）中，有两个案件被判处了拘役，占到20%的比例。例如，内蒙古鄂尔多斯市康巴什区人民法院所作出的（2020）内0603刑初113号判决书，判处被告人两个月的拘役并同时适用了缓刑。江苏省徐州市云龙区人民法院所作出的（2020）苏0303刑初417号判决书则判处被告人拘役四个月。

第四，是否承担民事责任成为诈骗事案（数额较大）刑事责任的重要因素但并非唯一因素。

尽管民事责任承担成为法院裁判刑罚及适用相关刑罚制度的重要因素，不过其并非唯一考量因素。法院对诈骗事案（数额较大）的裁量刑罚，需考量包括民事责任承担在内的多种因素以得出整体性的综合评判结论。例如，辽宁省辽阳市太子河区人民法院所作出的（2021）辽1011刑初92号刑事判决书中，针对被告人诈骗3996元的事案，法院总结了坦白、认罪认罚、全部退赃、未取得被害人谅解这些刑罚裁量情节，并对被告人作出了有期徒刑六个月的判决。值得注意的是，法院在判决中针对被告人是否承担民事责任这一问题的认定上，重点表述为“赔偿被害人损失并得到谅解”。湖南省邵阳市双清区人民法院所作出的（2021）湘0502刑初365号刑事判决书、河南省鹤壁市淇滨区人民法院所作出的（2021）豫0611刑初379号刑事判决书等等，在认定被告人的刑罚裁量情节之时都特别指出被告人赔偿被害人损失并取得谅解。

根据“两高”《关于常见犯罪的量刑指导意见（试行）》，对于诈骗罪，达到数额巨大起点或者有其他严重情节，可以在三年至四年有期徒刑内确定量刑起点。为了探究诈骗犯罪中承担民事责任对刑事责任评判的影响力与作用力，笔者在“中国裁判文书网”随机搜集了诈骗罪中达到诈骗“数额巨大”情形的判决书20份，涉及事案20个。其中承担了民事责任的事案10个，没有承担民事责任的事案10个，并编制了表格（表6）。

表6 诈骗数额巨大的事案

案例号	审判机关	具体诈骗后果	应赔偿金额	已赔偿金额	其他情节	判处刑罚
（2021）鲁1502刑初859号	山东省聊城市东昌府区人民法院	诈骗99105元	不明	无	1. 累犯 2. 认罪认罚	有期徒刑四年二个月，并处罚金人民币三万元
（2021）吉0621刑初143号	吉林省抚松县人民法院	诈骗49.1万元	不明	无	认罪认罚	有期徒刑八年六个月，并处罚金人民币九万元
（2021）浙1081刑初1183号	浙江省温岭市人民法院	诈骗351400元	不明	无	1. 如实供述犯罪事实 2. 认罪认罚	有期徒刑四年六个月，并处罚金人民币五万元
（2021）辽0111刑初406号	辽宁省沈阳市苏家屯区人民法院	诈骗287360元	不明	无	1. 如实供述犯罪事实 2. 认罪认罚	有期徒刑五年七个月，罚金人民币五万元
（2021）湘1002刑初758号	湖南省郴州市北湖区人民法院	诈骗123454元	不明	无	1. 认罪认罚 2. 自首 3. 从犯 4. 累犯	二年六个月，并处罚金人民币一万元
（2020）黑0113刑初259号	黑龙江省哈尔滨市双城区人民法院	诈骗473476.96元	不明	无	1. 自首 2. 认罪认罚 3. 部分诈骗未遂 4. 案发前已退回全部赃款但未获得谅解 5. 骗取国家医疗保险 6. 悔罪	有期徒刑三年，缓刑四年，并处罚金人民币五万元

续表

案例号	审判机关	具体诈骗后果	应赔偿金额	已赔偿金额	其他情节	判处刑罚
(2020) 鄂0113 刑初125号	湖北省武汉市汉南区人民法院	诈骗30万元	30万元	无	1. 坦白 2. 认罪认罚	有期徒刑五年六个月，并处罚金人民币三万元
(2020) 粤0515 刑初528号	广东省汕头市澄海区人民法院	诈骗273240元	不明	无	1. 骗取防疫物资款项 2. 如实供述犯罪事实 3. 认罪认罚	有期徒刑五年，并处罚金人民币五万元
(2020) 内0502 刑初633号	内蒙古自治区通辽市科尔沁区人民法院	诈骗278387元	不明	部分(22500元，仅返还无赔偿)	1. 如实供述犯罪事实 2. 认罪认罚 3. 坦白	有期徒刑六年，并处罚金人民币五万元
(2020) 冀0283 刑初314号	河北省迁安市人民法院	诈骗445166.3元	不明	无	1. 如实供述大部分罪行 2. 认罪认罚	有期徒刑八年零六个月，并处罚金人民币一万七千元
(2021) 湘0502 刑初365号	湖南省邵阳市双清区人民法院	诈骗56030元(高利贷利息)	不明	70000元	1. 如实供述犯罪事实 2. 认罪认罚 3. 积极赔偿被害人的损失，取得被害人的谅解	有期徒刑三年，并处罚金人民币一万元
(2021) 鲁1402 刑初530号	山东省德州市德城区人民法院	诈骗9万元	不明	全部	1. 积极赔偿被害人的损失，取得被害人的谅解 2. 累犯	有期徒刑三年，缓刑四年，并处罚金人民币二万元
(2021) 冀1002 刑初318号	河北省廊坊市安次区人民法院	诈骗3万元	不明	全部	1. 坦白 2. 认罪认罚 3. 积极赔偿被害人的损失，取得被害人的谅解 4. 悔罪	有期徒刑一年二个月，缓刑二年，并处罚金人民币五千元

续表

案例号	审判机关	具体诈骗后果	应赔偿金额	已赔偿金额	其他情节	判处刑罚
(2020)豫1622刑初455号	河南省西华县人民法院	诈骗368344元	不明	全部(分期履行偿还协议)	1. 初犯 2. 亲属代为退赔被害人部分经济损失并取得谅解 3. 当庭认罪	有期徒刑五年，并处罚金人民币二万元
(2020)赣0881刑初73号	江西省井冈山市人民法院	诈骗117250元	不明	全部	1. 失信被执行人 2. 退赔了全部赃款，取得了被害人的谅解 3. 如实供述犯罪事实 4. 认罪认罚 5. 悔罪	有期徒刑三年，缓刑四年，并处罚金人民币8万元
(2020)黑1221刑初149号	黑龙江省望奎县人民法院	诈骗60400元	不明	全部	1. 自首 2. 积极返还全部赃款取得被害人的谅解 3. 认罪认罚	有期徒刑三年，宣告缓刑三年，并处罚金人民币五千元
(2020)赣0732刑初219号	江西省兴国县人民法院	诈骗12万元	不明	全部(退全部，另赔2.5万元)	1. 自首 2. 认罪认罚 3. 初犯 4. 已全部退赃并取得谅解	有期徒刑二年十个月，缓刑三年，并处罚金人民币五万元
(2020)湘0405刑初183号	湖南省衡阳市珠晖区人民法院	诈骗390000元	不明	全部(分期履行)	1. 坦白 2. 认罪认罚 3. 积极退赃，取得被害人的谅解	有期徒刑五年，并处罚金人民币一万元
(2020)辽0911刑初182号	辽宁省阜新市细河区人民法院	诈骗91000元	不明	全部	1. 多次诈骗 2. 如实供述犯罪事实 3. 认罪认罚 4. 主动退赔被害人经济损失并得到谅解 5. 积极缴纳罚金	有期徒刑三年，缓刑三年，并处罚金人民币二万元

续表

案例号	审判机关	具体诈骗后果	应赔偿金额	已赔偿金额	其他情节	判处刑罚
(2020) 鄂1083 刑初332号	湖北省洪湖市人民法院	诈骗24.82万元	不明	全部	1. 自首 2. 与全部被害人及被害人近亲属达成和解协议并退赔全部损失，取得了全部被害人及被害人近亲属的谅解 3. 对象为老年人	有期徒刑三年，缓刑五年，并处罚金人民币三万元

通过比较分析，可以得出如下结论：

第一，承担了民事责任的诈骗事案（数额巨大）所判处的刑罚要轻于没有承担民事责任的事案。

从本书对诈骗案件（数额巨大）所梳理的相关信息来看，承担了民事责任的事案所判处刑罚显著轻于没有承担民事责任的情形。具言之，诈骗案件（数额巨大）没有承担民事责任案件所判处的刑罚，从二年六个月有期徒刑到八年六个月有期徒刑不等。与此相对，承担了民事责任的诈骗案件（数额巨大）所判处的刑罚，则从有期徒刑一年两个月到有期徒刑五年不等。质言之，从两类案件所判处的最低刑罚着眼，后者有期徒刑一年两个月轻于前者两年六个月；将两类案件所判处的最高刑罚比较，后者有期徒刑五年要轻于前者有期徒刑八年六个月。由此可见，承担了民事责任的诈骗事案（数额巨大）所判处的刑罚要明显轻于没有承担民事责任的诈骗事案（数额巨大）。

第二，承担了民事责任与没有承担民事责任的诈骗事案（数额巨大）在缓刑适用上存在显著差异。

从笔者搜集的案件信息来看，法院对两种类型诈骗案件（数额巨大）在缓刑适用上采取了完全不同的态度。质言之，没有承担民事责任的 10 个诈骗案件（数额巨大）案件中仅有 1 个案件适用了缓刑，即黑龙江省哈尔滨市双城区人民法院所作出的（2020）黑 0113 刑初 259 号刑事判决书认定被告人诈骗受害人 473476. 96 元，法院最终判处被告人有期徒刑三年，缓刑四年。可见，没有承担民事责任的诈骗案件（数额巨大）的缓刑适用率仅占 10%。有些案件尽管被判处的刑罚为三年以下有期徒刑，符合缓刑的适用条件，但法院拒绝适用缓刑。例如，湖南省郴州市北湖区人民法院所作出的（2021）湘1002刑初758号刑事判决书对被告人作出了有期徒刑二年六个月的判决，但是并没有适用缓刑。与此相对，对于承担了民事责任的诈骗案件（数额巨大），法院适用缓刑的数量多、比例大。在承担了民事责任的10个诈骗案件（数额巨大）中，适用了缓刑的占了7个。也即，缓刑适用率占到70%。尽管笔者搜集的事案数量有限，70%的缓刑适用率可能与同类案件的整体缓刑适用率有部分误差，但是至少反映了承担了民事责任的诈骗案件（数额巨大）缓刑适用率较高。两类诈骗案件（数额巨大）在缓刑适用上的重大差异，也说明对承担了民事责任的情形所判刑罚要显著轻于没有承担民事责任的情形。

第三，法院综合民事责任承担等各种因素对刑事责任作出综合性判定结论。

影响刑事责任评判的因素多种多样，法院针对具体诈骗案件（数额巨大）刑事责任作出评判结论，需要考量包括行为人是否承担民事责任在内的各种因素以作出综合性判定结论。例如江西省兴国县人民法院所作出的（2020）赣0732刑初219号刑事判决书认定被告人骗取财物的金额为12万元，法院同时认定被告人具有自首、认罪认罚、初犯并且已全部退赃并取得谅解等刑罚裁量情节，故综合全部情节判处行为人有期徒刑二年十个月，缓刑三年。有些案件的判定结论是否合理，值得商榷。例如，根据浙江省温岭市人民法院作出的（2021）浙1081刑初1183号判决书，诈骗金额351400元，行为人如实供述犯罪事实并认罪认罚，法院判处有期徒刑四年六个月，并处罚金人民币五万元。但是，根据湖南省衡阳市珠晖区人民法院所作的（2020）湘0405刑初183号判决书，诈骗金额39万元，行为人坦白、认罪认罚、积极退赃取得被害人的谅解，并与受害人达成了分期履行的赔偿协议。法院判处被告人有期徒刑五年，并处罚金人民币1万元。两个案件的诈骗金额相当，行为人都认罪认罚。不过，相较于前者，后者不仅具有超越坦白的自首情节，积极退赃并且与受害人达成分期履行的赔偿协议，理应被判处的刑罚更轻。但是，法院对后者所判处的刑罚更重，因而该种判决结果是否完全科学合理，值得商榷。

与前述的分析思路及方法相同，笔者在“中国裁判文书网”随机抽取了诈骗他人财物数额特别巨大的案件判决书20份，涉及事案20个，其中承担了民事责任的案件10个，没有承担民事责任的案件10个，并编制成表格（表7）。

表 7　诈骗数额特别巨大的事案

案例号	审判机关	具体诈骗后果	应赔偿金额	已赔偿金额	其他情节	判处刑罚
（2021）苏1282 刑初310 号	江苏省靖江市人民法院	诈骗1340000 元	不明	无	1. 从犯 2. 如实供述犯罪事实 3. 劣迹 4. 认罪认罚 5. 退回违法所得	有期徒刑五年，并处罚金人民币三万五千元
（2021）粤01 刑初 242号	广东省广州市中级人民法院	诈骗13002244元	不明	无	避重就轻，未退赔被害人的经济损失	有期徒刑十二年，并处罚金人民币八十万元
（2021）苏0804 刑初462 号	江苏省淮安市淮阴区人民法院	诈骗948067 元	不明	无	1. 坦白 2. 认罪认罚	有期徒刑十一年，并处罚金人民币二十五万元
（2020）苏0722 刑初126 号	江苏省东海县人民法院	诈骗200 万元	不明	无	退赔被害人的部分经济损失	有期徒刑十一年，并处罚金人民币十万元
（2021）苏1322 刑初96 号	江苏省沭阳县人民法院	诈骗404.8 万元	不明	无	1. 如实供述犯罪事实 2. 认罪认罚 3. 退赔部分被害人经济损失	有期徒刑十二年六个月，并处罚金人民币一百万元
（2020）苏0681 刑初607 号	江苏省启东市人民法院	诈骗4050 万元	不明	无	1. 共同犯罪 2. 次要辅助作用，从犯 3. 犯罪未遂 4. 如实供述罪行 5. 自首 6. 认罪认罚 7. 悔罪	有期徒刑三年二个月，并处罚金人民币五万元

续表

案例号	审判机关	具体诈骗后果	应赔偿金额	已赔偿金额	其他情节	判处刑罚
(2020)京0106刑初1221号	北京市丰台区人民法院	诈骗260余万元	不明	无	1. 自首，但不足以减轻 2. 未实际退赔损失 3. 认罪认罚	有期徒刑十一年，剥夺政治权利二年，并处罚金人民币十一万元
(2020)鲁1322刑初496号	山东省郯城县人民法院	诈骗282.2万元	不明	无	1. 初犯、偶犯 2. 认罪认罚	有期徒刑十二年，并处罚金人民币四十万元
(2020)云0925刑初101号	云南省双江拉祜族佤族布朗族傣族自治县人民法院	诈骗353.42万元	不明	无	1. 自首 2. 认罪认罚	有期徒刑十三年，并处罚金人民币八万元
(2020)粤1972刑初4243号	广东省东莞市第二人民法院	诈骗57万元	不明	无	1. 如实供述犯罪事实 2. 认罪悔罪	有期徒刑十年，并处罚金人民币三万元
(2021)闽02刑初2号	福建省厦门市中级人民法院	诈骗800万元（其中500万元既遂、300万元未遂）	不明	全部（退赔协议）	1. 部分犯罪未遂 2. 退赔被害人部分经济损失，取得被害人谅解 3. 认罪认罚	有期徒刑十一年六个月，并处罚金人民币二十万元
(2020)京02刑初11号	北京市第二中级人民法院	诈骗800余万元	不明	大部分	1. 初犯 2. 如实供述犯罪事实 3. 认罪 4. 悔罪 5. 认罪认罚	有期徒刑十二年，剥夺政治权利二年，并处罚金人民币十二万元

续表

案例号	审判机关	具体诈骗后果	应赔偿金额	已赔偿金额	其他情节	判处刑罚
（2019）京01刑初96号	北京市第一中级人民法院	诈骗700余万元	不明	部分	1. 主动交代办案机关尚未掌握的部分犯罪事实 2. 案发后退赔了部分款项并取得被害人的谅解 3. 认罪态度良好	有期徒刑十二年六个月，剥夺政治权利二年，并处罚金人民币十二万元
（2020）京02刑初2号	北京市第二中级人民法院	诈骗1487万元	不明	部分	1. 又构成伪造公司印章罪，数罪并罚 2. 自首 3. 认罪悔罪 4. 赔偿被害人的部分损失，其家属自愿代为赔偿部分损失，并取得大部分被害人的谅解	有期徒刑十四年，剥夺政治权利三年，并处罚金人民币十四万元
（2019）川08刑初22号	四川省广元市中级人民法院	诈骗160余万元	不明	全部	1. 积极退赔赃款并得到被害人谅解 2. 自首 3. 认罪认罚 4. 主动履行罚金	判处有期徒刑三年，缓刑四年。并处罚金人民币五万元
（2020）京0105刑初2043号	北京市朝阳区人民法院	诈骗60万元	不明	全部	1. 已退赔被害人全部经济损失并取得被害人谅解 2. 悔罪	有期徒刑十年，剥夺政治权利二年，罚金人民币十万元
（2020）陕0623刑初145号	陕西省子长市人民法院	诈骗95万元，实际诈骗70万元	不明	全部	1. 认罪认罚 2. 如实供述犯罪事实 3. 退还被害人部分款项，取得被害人的谅解	有期徒刑十年六个月，并处罚金人民币二万元

续表

案例号	审判机关	具体诈骗后果	应赔偿金额	已赔偿金额	其他情节	判处刑罚
(2020)浙0203刑初1147号	浙江省宁波市海曙区人民法院	诈骗816875.53元	不明	全部	1. 从犯 2. 立功情节 3. 如实供述 4. 认罪认罚 5. 已退赔被害人全部经济损失并取得被害人谅解	有期徒刑三年，缓刑四年，并处罚金人民币六万元
(2020)京0108刑初1854号	北京市海淀区人民法院	诈骗137万元	不明	部分	1. 部分涉案犯罪未遂 2. 如实供述犯罪事实 3. 赔偿部分被害人经济损失并获得被害人谅解	有期徒刑十年二个月，剥夺政治权利二年，罚金人民币十万元
(2020)浙0702刑初547号	浙江省金华市婺城区人民法院	诈骗700余万元	不明	全部	1. 共同犯罪 2. 主犯 3. 被告人家属已代为退赔部分被害人的经济损失并取得被害人谅解	有期徒刑十三年六个月，并处罚金人民币五十二万元

通过对两类诈骗案件（数额特别巨大）具体信息的梳理与比较，可以得出如下分析结论：

第一，诈骗案件（数额特别巨大）承担了民事责任的情形比没有承担民事责任的情形所判处的刑罚要稍轻。

笔者搜集的20个诈骗事案（数额特别巨大）中，没有承担民事责任的案件所判处的刑罚为有期徒刑三年二个月至有期徒刑十三年有期徒刑不等，承担了民事责任的案件所判处的刑罚为有期徒刑三年至有期徒刑十四年。从形式上看，没有承担民事责任的诈骗事案（数额特别巨大）所判处的最低刑罚为三年二个月，承担了民事责任的同类事案所判处的最低刑罚为三年，后者所判处的最低刑罚要轻。根据表7，没有承担民事责任的诈骗事案（数额特别巨大）所判处的最高刑罚为有期徒刑十三年，承担了民事责任的诈骗事案（数额特别巨大）所判处的最高刑罚为有期徒刑十四年，后者所判处的最高刑罚略重。不过，北京市第二中级人民法院所作出的（2020）京02刑初2号刑事判决书之所以对被告人确定十四年有期徒刑刑罚，是因为诈骗金额达到1487万元，并且被告人又构成伪造公司印章罪。基于数罪并罚，该案的整体刑罚处罚达到有期徒刑十四年。因此，从整体上看，诈骗案件（数额特别巨大）承担民事责任的情形比没有承担民事责任的情形所判处的刑罚要稍轻。

第二，承担了民事责任与没有承担民事责任的诈骗事案（数额特别巨大）在缓刑适用上存在显著差异。

从笔者搜集的案件信息来看，法院对两种类型诈骗案件（数额特别巨大）在缓刑适用上采取了完全不同的态度。质言之，在没有承担民事责任的诈骗案件（数额特别巨大）中，没有一个案件被法院适用缓刑，完全排除了缓刑适用。与此相对，承担了民事责任的诈骗案件（数额特别巨大）则存在缓刑适用的空间。在10个承担了民事责任的诈骗案件（数额特别巨大）中，有两个案件适用了缓刑，占据了20%的比例。依四川省广元市中级人民法院作出的（2019）川08刑初22号判决书，诈骗金额160万元，行为人认罪认罚、主动履行罚金、具备自首情节、积极退赔赃款并得到被害人谅解，法院判处被告人有期徒刑三年，缓刑四年。依浙江省宁波市海曙区人民法院作出的（2020）浙0203刑初1147号判决书，诈骗金额816875.53元，行为人系从犯、如实供述、认罪认罚且具有立功情节，赔偿了受害人全部经济损失，法院判处被告人有期徒刑三年，缓刑四年。没有承担民事责任的诈骗案件（数额特别巨大）完全排除了缓刑的适用，而承担了民事责任的诈骗案件（数额特别巨大）则存在20%的缓刑适用率，因而两类案件的刑罚适用存在显著差异。

第三，法院综合民事责任承担等各种因素对刑事责任作出综合性判定结论。

法院对于是否承担民事责任的诈骗案件（数额特别巨大）在刑罚适用上有明显差异，不过刑法中影响刑罚裁量的因素颇多，法院需要考量全部刑事责任评判因素以作出综合性的判定结论。例如，依北京市丰台区人民法院所作出的（2020）京0106刑初607号判决书，诈骗金额260万元，行为人认罪认罚且具有自首情节，但未实际退赔损失，法院判处有期徒刑十一年，剥夺政治权利二年，并处罚金十一万元。不过，部分案件所判处的刑罚是否完全科学合理，值得商榷。例如，依江苏省启东市人民法院所作出的（2020）苏0681刑初607号刑事判决书，虽然法院查明被告人系共同犯罪、在其中起次要辅助作用属于从犯，并且本案属于犯罪未遂、被告人如实供述罪行构成自首、认罪认罚、悔罪，但鉴于被告人诈骗金额高达4050万元，法院最终判处被告人有期徒刑三年二个月，并处罚金人民币五万元。该判决所作出的刑罚裁量结论是否完全合理，也值得商榷。

第三节 侵权类民刑交叉案件民事责任承担对刑事责任评判影响的理论建构

一、侵权类民刑交叉案件民事责任承担对刑事责任评判具有重要影响

在民刑交叉案件中，行为人所实施的危害行为往往在违反民法规范的同时也触犯了刑法，故行为人既要承担民事责任也要承担刑事责任。两种法律责任在引起的原因上存在关联性，系因同一个违法行为而引起，尽管司法实务中普遍认可民事责任承担对刑事责任判定的影响力与作用力，但理论上存在肯定论与否定论的对立。本书认为，肯定民事责任承担对刑事责任评判具有影响力与作用力理由的观点无疑具有合理性。在整体性赞同肯定论理由的基础上，本书特别对几点支持理由作出专门解析。

第一，民刑交叉案件中民事责任与刑事责任同时体现了法律对行为人的非难与谴责。

民刑交叉案件中行为人所实施的危害行为同时触犯了民法与刑法，需要同时承担民事责任与刑事责任。尽管两种法律责任所依据的法律不同，并且彼此之间在内容、属性等方面存在本质差异，但在法律对行为人实施惩罚和责难之上具有共通性。质言之，无论是民事责任履行，还是刑事责任承担，它们作为违法行为所引起的法律后果，都体现出对违法行为的惩戒。也即，作为违法后果所应承担的法律责任，民事责任与刑事责任都是实施相关危害行为所应承担的不利后果，具有惩戒性。“损害赔偿具有刑罚性机能”①，“损害赔偿的制裁功能也不能忽视”②。只不过，以损害赔偿为代表的民事责任与刑事责任在惩戒的具体内容与程度上存在差异而已。具体而言，民事责任以赔偿损失等作为主要内容，而刑事责任以刑罚作为主要内容。并且，与民事

① ［日］佐伯仁志：《制裁论》，丁胜明译，北京大学出版社2018年版，第170页。

② ［日］佐伯仁志：《刑法总论的思之道·乐之道》，于佳佳译，中国政法大学出版社2017年版，第9页。

责任所拥有的意思自主性相比，刑事责任具有绝对的强制性。尽管如此，两者在对行为人主体发挥的惩戒功能等方面具有共通性。也即，无论是通过行为人履行民事责任还是承担刑事责任，都在令行为人承担一定的不利后果，从而使其遭受惩罚。日本学者高桥则夫教授指出，损害赔偿的履行对于加害者而言也是一种财产的剥夺，在这一意义上也被认为是对加害人施加了一定程度的害恶。民法上损害赔偿义务的科赋并不是单纯基于惹起损害，可以说是必须做这样的规范性判断，即这一事项是否可以归属于义务者的行为及责任。也就是说，民法上的损害赔偿义务的基础中也存在一定的无价值判断，民法也是为了回避能够导致损害发生的危险行为而控制人们的行动。于是，民事责任与刑事责任归根结底还是服务于同一社会性目的。其结果，应该说这两种不同责任不应该被相互加算，而应该做减法计算。损害赔偿是对违法行为赋予第一性的惩罚，而刑罚则是对违法行为赋予第二性的惩罚。① 不仅如此，"通过对被害人进行损害赔偿，犯罪人可以明确地认识到自己的责任。而且，通过赔偿损害，被害人可以从过去的犯罪中得到解脱，开始新的生活，完成损害恢复的成就感也能有效地促进犯罪人的社会复归。此外，由于包含被害人在内的周围的人对已经赔偿了损害的犯罪人可能会更加善意地接受，可以想象，犯罪人的社会复归会因此变得更加容易"②。可见，既然民刑交叉案件中因危害行为所引发的民事责任具有惩罚的性质与效果，那么作为与危害行为同时引发的刑事责任，在衡量与评判之时也应考量承担民事责任的该种惩罚性质与效果，肯定其影响力与作用力。

第二，民刑交叉案件中的民事责任与刑事责任都涵盖补救成分。

民事责任与刑事责任都属法律责任，系危害行为所引发的不利后果。从法律责任的基本属性与逻辑出发，民事责任与刑事责任固然首先应发挥惩罚性功能。但是，从民事责任与刑事责任的实际运行效果来看，其又特别涵盖了补救成分。质言之，行为人实施危害行为造成相关侵害后果之后，通过让行为人承担相应的民事责任与刑事责任，意图对业已损害的社会关系或者造成的危害后果等实施补救。"通过对被害人损害的填补希求当事人之间的负担的公平。"③ 也即，民事责任以赔偿损失等为主要内容，而赔偿损失等本身就是对危害行为所造成民事危害后果的补偿与救济。"通过对被害人遭受的现实

① ［日］高桥则夫：《刑法总论》，李世阳译，中国政法大学出版社 2020 年版，第 20 页。
② ［日］佐伯仁志：《制裁论》，丁胜明译，北京大学出版社 2018 年版，第 173 页。
③ ［日］松原芳博：《刑法总论》，日本评论社 2017 年版，第 2 页。

损害进行财产性评价，并让加害人对此进行赔偿的方式，以实现填补被害人遭受的不利益、恢复侵权行为发生之前的状态的目的。”[①] 具体而言，民事责任评判重点考量的是民事违法行为造成的具体危害后果，尔后在此基础上确定行为人所应承担的具体民事责任。例如，甲对乙实施殴打，造成乙轻微伤。甲所承受的民事责任即应以该轻微伤后果为基础，综合客观的医药费、营养费、误工费、交通费等以计算出所应赔偿的具体数额。可见，民事责任具有典型的补救属性。

诚然，刑事责任不可能达到类似于民事责任那般以业已造成的客观损失为确定标准。[②] 在司法实践中，基于长期的历史文化所形成的“杀人偿命”等刑事理念中的“偿”也并非简单等同于民事赔偿中的“偿”。也即，“杀人偿命”中的“偿”在于强调杀人行为罪大恶极，实施故意杀人之后理应判处杀人者死刑，才符合公平正义理念，故其本质上系刑罚报应观念。[③] 只不过，刑事责任评判无法回避甚至应当重视危害后果的补救、救济。不可否认，刑法的重要作用之一即“对犯罪被害人的支援（救济）”[④]。以刑法中故意犯罪的停止形态为例，危害行为实施过程中主动停止犯罪行为的，可构成中止犯。不仅如此，危害行为实施完毕后，行为人只要在危害结果发生之前有效阻止了危害结果发生，也成立中止犯。质言之，中止行为要具备有效性。“这种有效性是行为人犯罪行为社会危害程度降低的客观标志，因而也是成立自动有效地防止犯罪结果发生的犯罪中止的必备特征”[⑤]。由此，即便行为人自动放弃犯罪或者主动采取措施意图防止危害结果发生，若最终仍然发生了危害结果，则不能成立犯罪中止。可见，犯罪中止之所以作为刑罚裁量的重要情节，

---

① ［日］佐伯仁志：《制裁论》，丁胜明译，北京大学出版社 2018 年版，第 214 页。另参见日本最高裁判所昭和 63 年（オ）第 1749 号判决，平成 5 年 3 月 24 日大法庭判决（《民集》第 47 卷第 4 号，第 3039 页）。

② 民事责任的设定主要以权利恢复为导向，但是刑法与此不同。法益侵害产生后，尽管法律惩罚法益侵害者，也不会令业已丧失的利益得以回复，但刑法却是为了期待以后的犯罪抑止。参见［日］桥本正博：《刑法总论》，新世社 2015 年版，第 7 页。

③ 例如康德认为，如果某人杀了人，那么“他就必须死”；对于死刑而言，“没有替代物可以满足正义”。进一步而言，“即便公民社会在所有成员都同意的情形下被解散（例如，居住在一个岛屿上的人民决定分道扬镳，各奔东西），被关押在监狱里的最后一名谋杀犯也必须先被处决，以便每个人都遭受其行为应得的结果”。参见［德］诺伯特·雷斯特：《何以刑罚?》，王芳凯译，北京大学出版社 2023 年版，第 29 页。

④ ［日］半田祐司、木村裕三、觉正丰和：《刑事法学の现代的展开》，八千代出版株式会社 2005 年版，第 263 页。

⑤ 贾宇等编：《刑法学》（上册·总论），高等教育出版社 2019 年版，第 225 页。

在于行为人通过积极的补救性措置堵截既遂的危害性后果。有鉴于此，刑法对中止犯作出了具有奖励性质的刑罚处遇规定。依据《刑法》第二十四条，构成犯罪中止，如果没有造成损害后果，则应免除刑事处罚；造成损害的，应当减轻处罚。与其同理，《刑法》条文固然没有明确将民事责任承担作为刑事责任评判的重要理由，但是民事责任与刑事责任都含有救济（补救）的成分，系"受到破坏的法关系的回复"[①]。在民刑交叉案件中，行为人在案发后所实施的民事责任承担，能体现其对自己所实施危害行为及所致危害后果的积极性主观心理与有效性客观效果。[②] 质言之，行为人在实施危害行为后，通过对因违反民法所引起的民事责任予以承担，一方面体现了行为人对危害行为及危害后果的积极性、补救性的主观心理，"刑罚以责任为前提条件，同时受到责任程度的限制，即刑罚的轻重必须与责任大小相宜"[③]；另一方面客观上也制造了对危害行为及危害后果的救济性效果，"量刑的严厉性主要取决于被告之罪行的'刑罚值'"[④]，综合通过民事责任承担所具有的主观与客观两方面意义，故而能够肯定其对刑事责任评判具有重要影响力与作用力。日本学者高桥则夫认为，如果从规范论的视角出发，刑罚与损害赔偿在制裁规范的层面上是不同的，因此在制裁规范的层面上可以区分刑法与民法。在行为规范的层面上民法与刑法具有同样的内容，通过刑法科赋刑罚的行为规范就成为刑法上的行为规范。因此，刑法与损害赔偿都是为了维持社会中的行为规范而存在的，当存在违反该行为规范的行为时，刑罚与损害赔偿就都共同服务于恢复被违反的行为规范。[⑤] 由此观之，在民刑交叉案件中，民事责任承担不仅能够实现民法的规范目的，亦能发挥刑法的规范作用，"弥补损害的行为所体现的被告人反省的观念导致特别预防的必要性减少"[⑥]。有鉴于此，在行为人承担了民事责任的情况下，应当肯定其积极意义，因而在评判其刑事责任时，应将其作为一个重要的评价因素。

---

① ［日］饭岛畅：《自由の普遍的保障と哲学的刑法理论》，成文堂 2016 年版，第 119 页。

② 德国刑法学家马克思·恩斯特·迈尔主张"性格加罪，动机减罪"。可以被解读为：行为的驱动力源自处境，可罚性降低；行为的驱动力源自行为人的秉性，可罚性增加。参见［德］拉德布鲁赫：《法学导论》，米健译，法律出版社 2012 年版，第 118 页。

③ 梁根林、高艳东、［德］埃里克·希尔根多夫：《责任理论与责任要素》，北京大学出版社 2020 年版，第 3 页。

④ ［德］安德烈亚斯·冯·赫希：《该当量刑概论》，谭淦译，中国人民大学出版社 2023 年版，第 6 页。

⑤ ［日］高桥则夫：《刑法总论》，李世阳译，中国政法大学出版社 2020 年版，第 21 页。

⑥ ［日］小林宪太郎：《刑法总论の理论と实务》，判例时报社 2018 年版，第 21 页。

第三，民刑交叉案件中民事责任承担能够发挥对受害人及其家属的安抚等作用。

民刑交叉案件中的行为人在实施危害行为后，对受害人所实施的民事责任承担，一方面可得解决民事责任的追究问题，有助于实现民法的规制目的；另一方面，行为人通过承担民事责任，客观上能够发挥对受害人及其家属的安抚等作用。众所周知，刑罚的目的固然是为了预防犯罪，只不过该种预防犯罪的目的可以区分为一般预防与特殊预防。刑罚预防犯罪目的的实现，需要发挥刑罚多种功能。刑罚所具有的具体功能中，对受害人及其家属的安抚即属于极其重要的功能。① 在刑法中，无论定罪还是量刑，应适当考虑被害人方面的情况。② 刑事司法制度中改善、强化被害人地位的动向现已成为不可动摇的国际性潮流。③ 质言之，以民刑交叉案件为代表的司法案件中，受害人遭受侵害的状况不仅是犯罪构成的必备要素、社会危害性严重程度评判的重要依据，也属于刑事司法实践所高度关注的议题。在行为人实施的危害行为对受害人造成侵害的情形下，理应对受害人及其家属实施安抚。“那些核心犯罪导致了被害人精神不安和失衡，并使被害人家属和广大社会成员产生了一种古老的情感反应，即报复欲望。”④ 如果不充分发挥刑罚的安抚功能，则会导致受害人及其家属容易产生报复社会的心理，并基于该种心理引发新的犯罪。可见，刑罚的安抚功能具有重要地位及作用，在评估刑事责任尤其是对违法犯罪人适用刑罚时，必须考量该种功能的实现。“以通过刑罚的宣告或者执行来平息被害人及其他社会上的报应情感为中心的犯罪的‘处理’才是刑罚制度的根据。”⑤ 部分学者主张，刑罚功能中安抚与补偿功能紧密连接、融为一体。在该种见解看来，所谓安抚即慰藉精神创伤和愤恨情绪，并且令一般国民的法意识得以平静；补偿，则是依法弥补被害人所受的物质损失。“发挥刑罚的安抚和补偿功能，乃实现刑罚一般目的所必不可少的社会效应。”⑥ 诚然，

① 有见解认为，“刑罚”的正当性不在于使守法者被伤害的感情得到维护，也不在于采取报复行动（道德上是不适当的），而仅仅是要恢复社会的道义平衡。[英] 威廉姆·威尔逊：《刑法理论的核心问题》，谢望原、罗灿、王博译，中国人民大学出版社 2015 年版，第 62 页。

② 何帆：《刑民交叉案件审理的基本思路》，中国法制出版社 2007 年版，第 12 页。

③ [日] 川出敏裕、金光旭：《刑事政策》，钱叶六等译，中国政法大学出版社 2016 年版，第 257 页。

④ [英] 威廉姆·威尔逊：《刑法理论的核心问题》，谢望原、罗灿、王博译，中国人民大学出版社 2015 年版，第 78 页。

⑤ 参见 [日] 松宫孝明：《刑法总论讲义》，成文堂 2018 年版，第 8 页。

⑥ 张明楷：《刑法学》，法律出版社 2021 年版，第 684 页。

“赔偿经济损失并不是刑罚方法”①，“补偿严格来说属于民事制裁措施”②，但是行为人所实施的赔偿经济损失等民事责任承担，使得被害人及其家属“因犯罪行为引发的被害人的愤恨心理无疑也得到了一定程度的平抚”③。故而，民刑交叉案件中，对民事责任承担“仍可理解为刑罚对受害人的一种附带性的功能”④，能够发挥刑罚的安抚功能。有鉴于此，在民刑交叉案件中的行为人承担了民事责任的情况之下，就应当承认其对刑事责任评判具有影响力与作用力。司法机关在办理民刑交叉案件的过程中，应将其作为刑事责任评判的重要因素。

第四，承认民事责任承担对刑事责任评判具有影响力与作用力不必然导致“以钱买刑”等诸多不公平的现象。

针对民刑交叉案件中民事责任承担对刑事责任评价是否具有影响力与作用力，反对论者之所以主张应当否定该种影响力与作用力，主要在于担忧若承认民事责任承担对刑事责任评判的影响力、作用力，可能会导致“以钱买刑”等诸多不公平的现象。反对论者所提出的担忧，从表面上看貌似有一定的根据与理由。毕竟，人与人之间的经济状况等并非完全等同，有的甚至存在难以描述的差距，故承认民刑交叉案件中民事责任承担对刑事责任评判的影响力与作用力，可能会面临对富人有利而对穷人不利的局面，并且司法实践中也确实出现了部分被认为是“以钱买刑”的现象。本书认为，承认民事责任承担对刑事责任评判具有影响力与作用力并不必然导致“以钱买刑”等诸多不公平现象。一方面，民刑交叉案件中民事责任承担对刑事责任评判无疑具有影响力与作用力，但是由此并不意味着只要对受害人及其家属作出了经济赔偿，就能够随心所欲取得绝对的积极性刑事处罚后果。如后所述，民事责任承担对刑事责任评判具有何种影响力与作用力，需要根据每个案件的具体情况作出有针对性的规范评价结论。在某些案件中，即便行为人作出了较大程度甚至全部经济赔偿，可能所获取的积极刑罚效果不及只承担了部分经济赔偿的情形。毕竟，民事责任承担作为民刑交叉案件中影响刑事责任评判的重要因素，所能发挥的影响力与作用力并不单纯取决于经济赔偿。有鉴于此，既然民刑交叉案件中民事责任承担对刑事责任评判影响的结论必须规

---

① 曲新久：《刑法学》，中国政法大学出版社 2016 年版，第 206 页。

② 邱兴隆：《刑罚的哲理与法理》，法律出版社 2003 年版，第 179 页。

③ 赖早兴、孙禹：《刑罚安抚功能重读与考量》，《刑法论丛》2017 年第 2 卷，第 238 页。

④ 邱兴隆：《刑罚的哲理与法理》，法律出版社 2003 年版，第 179 页。

范作出，则不能以行为人经济状况等存在差异为依据认为其必然导致“以钱买刑”等诸多不公平的现象。另一方面，退而言之，基于行为主体之间经济能力的差异，民刑交叉案件案发后的具体民事责任承担情形不同，确实存在出现刑罚处罚后果对富人有利而对穷人不利现象的可能。但是，只要民事责任承担对刑事责任评判影响结论的作出系规范合理，即不违反公平正义理念。质言之，所谓公平公正，意在强调地位、权利与机会的平等，而非意指所处理的结果必须一模一样。从刑罚的实际运行来看，基于行为人自身情况的偏差，致使同一刑罚的实际效果可能存在偏差，但并不能就此认为有违公平正义。以我国刑法中的无期徒刑为例，若法院依法分别对年轻人与老年人适用无期徒刑，鉴于不同主体年龄的差异性，故实际运行上往往被认为违反公平正义。[①] 有见解即对无期徒刑提出批评，认为“人之寿命长短不齐，因此，无期徒刑对长寿者服刑时间长，短命者则时间短，这难体现刑罚的公平性”[②]。但是，“一项一般性规则在根据其内容而应当得到适用的所有场合中都予以严格的适用，这就是正义”[③]。可见，只要法律适用严格依据基本程序和规范内容来展开、不因人而异，就符合公平正义的基本要求。具体到民刑交叉案件，若法院就民事责任承担对刑事责任评判影响的结论系规范作出，即不能以对富人有利而对穷人不利为由对其提出攻击和批评。

第五，承认民事责任承担对刑事责任评判具有影响力与作用力会实现一系列积极的司法效果。

反对论者否定民事责任承担对刑事责任评判具有影响力与作用力，主要是鉴于民事责任与刑事责任这两种法律责任在归责原则、内容、属性等方面存在本质性差异，因而不能简单地将二者融合，故难以肯定民事责任承担对刑事责任评判具有影响力与作用力。其实，承认民事责任承担对刑事责任评判具有影响力与作用力不仅不会对民事责任、刑事责任原有的归责基础、属性等产生冲击，还会对民刑交叉案件的积极推进等具有一系列积极作用。肯定民事责任的承担对刑事责任评判的影响力与作用力，行为人实施危害行为后承担该种民事责任的，无疑能够在刑事责任评判中获得积极性评价，因而

---

① 被判处无期徒刑的犯罪分子，通常都会减刑，甚至部分犯罪分子存在适用假释的可能，故被认为缺乏应有的严厉性。参见高铭暄、楼伯坤：《死刑替代位阶上无期徒刑的改良》，《现代法学》2010 年第 6 期，第 93 页。

② 马克昌：《刑罚通论》，武汉大学出版社 1999 年版，第 149 页。

③ ［美］埃德加·博登海默：《法理学：法律哲学与法律方法》，邓正来译，中国政法大学出版社 2017 年版，第 288 页。

可能对刑罚的适用与裁量起到从轻、减轻的法律效果。有的甚至在通过整体评判可得出“情节显著轻微并且危害不大的”评价结论的情况下，还可以认定该行为不是犯罪。也即，民刑交叉案件中在行为人承担民事责任的情况下，甚至可能结合其他因素起到否定犯罪成立的出罪法律效果。民事责任的承担会对刑罚裁量、刑罚的具体适用等，都产生积极影响。例如，在行为人所触犯的犯罪对应刑罚为三年以下有期徒刑的具体情形下，行为人通过承担民事责任，可得令法官对其适用“缓刑”的法律效果。日本学者井田良即认为，“通过对被害人予以金钱赔偿……犯罪人的该种举动，令通过处罚的犯罪预防必要性得以减少”①。

在充分肯定民事责任承担对刑事责任评判具有影响力与作用力的情形下，行为人作为具有趋利避害本能的主体②，一般会对行为后果所引起的法律责任作出评估分析。③ 在功利主义者看来，“大自然将人类置于两位君王——快乐和痛苦——的宰制之下”④。人们为了增加快乐减少痛苦，会权衡利弊得失以尽量争取对自己有利的结果。⑤ 具体到民刑交叉案件，若承担民事责任能够对刑事责任的评判产生影响力与作用力，则行为人会充分考量该种影响力与作用力，积极主动并有效承担民事责任，以寻求取得降低刑事责任评判值的法律效果。“应得之惩罚并非刑罚的全部内容，有时候刑罚也是为了实现功利。”⑥ 不仅从理论上可得作出该种推论，司法实务中该种功利性的引导也在客观上促使行为人积极努力通过对受害人及其家属实施经济赔偿等民事责任的承担，寻求法院能够作出较轻的刑事处罚。由此可见，承认民刑交叉案件中民事责任承担对刑事责任评判具有积极性司法意义，会成为促使行为人积

---

① ［日］井田良：《讲义刑法学·总论》，有斐阁 2018 年版，第 12 页。

② 刑法学主流立场认为，人具有趋利避害的本能，因而具有自由意识。德国思想家康德可谓该思想的极力倡导者。参见［日］饭岛畅：《自由の普遍的保障と哲学的刑法理论》，成文堂 2016 年版，第 130、131 页。不过，人是否有绝对的自由意识，是否任何行为都是经由行为人权衡利弊之后选择的结果，尚存在争议。司法实践中，有部分犯罪被认为是激情犯罪，行为人在实施犯罪之前根本没有对行为后果进行评估。

③ 英国学者奥斯丁认为，如果行为具有普遍的性质，我们也就必须猜测，这些行为的后果是什么。如果这些行为具有普遍的不良性质，我们同时还必须猜测它们的不利后果是什么。这意味着，我们必须比较这些后果的积极意义以及消极意义，并且，在权衡两者孰轻孰重的基础上，再作出我们的决定。参见［英］约翰·奥斯丁：《法理学的范围》，刘星译，商务印书馆 2022 年版，第 65 页。

④ ［英］杰里米·边沁：《论道德和立法的原则》，程立显、宁文利译，陕西人民出版社 2009 年版，第 2 页。

⑤ 赖早兴、孙禹：《刑罚安抚功能重读与考量》，《刑法论丛》2017 年第 2 卷，第 244 页。

⑥ ［英］威廉姆·威尔逊：《刑法理论的核心问题》，谢望原、罗灿、王博译，中国人民大学出版社 2015 年版，第 71 页。

极承担民事责任的重要依据。

第六，肯定民事责任承担对刑事责任评判具有影响力与作用力不必然违反法律责任的基本原则与属性。

反对者否定民事责任承担对刑事责任评判的重要理由在于民事责任与刑事责任具有不同的性质与内容，两者之间具有明确的界限，故不可生硬地强调民事责任的承担对刑事责任评判具有影响力与作用力。但是，民事责任与刑事责任具有不同的属性和内容并不能成为否定民事责任承担对刑事责任评判的影响力与作用力的重要理由。质言之，民事责任与刑事责任显著不同，不仅由于其各自的根基不同，而且内容与形式等也存在本质差异。但是由此并不能否定两者之间存在一定的关联性。之所以说两者在一定场合存在关联，主要原因在于民刑交叉案件具有特殊性。也即，在民刑交叉案件中，一个行为同时触犯了民法与刑法因而引发了民事责任与刑事责任双重法律责任。质言之，如果某行为主体在实施了民事违法行为的同时，又实施了其他犯罪行为，尽管也需要承担民事责任与刑事责任，但是只要民事责任与刑事责任不是因为同一个行为而引起，即不能牵强地认定民事责任与刑事责任之间存在关联性。也即，对于该种场合所产生的民事责任与刑事责任，应当独立认定、分别追究。但是，民刑交叉案件中的民事责任与刑事责任，具有自身的独特性。此类案件中的民事责任与刑事责任都是因为一个行为所导致，故两者之间存在关联性。“作为现实的问题，对于财产犯的追诉与处罚，行为者对被害人是否实施损害赔偿具有极其重大的意义”①。

民法、刑法有如此密切的联系，在部分内容上甚至有相互衔接、呼应之处，在功能上能够相互配合，实现特定的刑事政策。② 有鉴于此，德国学者罗克辛指出，“刑法与民法在概念上的明确区别，是 19 世纪法学的重大成就。但在今日，我们认为此项严格区别是一个错误的概念，刑法与民法的再接近实有必要”③。当然，罗克辛教授的上述表述并非意指应重新回归到诸法不分的远古时代，而是重在突出强调刑法与民法之间存在高度的融合性，其中就

① ［日］井田良：《讲义刑法各论》，有斐阁 2020 年版，第 204 页。

② 何帆：《刑民交叉案件审理的基本思路》，中国法制出版社 2007 年版，第 8 页。在西欧国家，过去存在加害人向被害人支付赎金这种形式的私刑，随着历史的发展，这种私刑被吸收到国家的刑罚之中。在继受英国法的美国，一直到 19 世纪，损害赔偿都是被当作主要刑种来使用的，此后，损害赔偿也仍然以缓刑的条件的形式残留在美国法之中。参见［日］佐伯仁志：《制裁论》，丁胜明译，北京大学出版社 2018 年版，第 170 页。

③ 转引自王泽鉴：《损害赔偿之目的：损害填补、损害预防、惩罚制裁》，《月旦法学杂志》2005 年 7 月号第 122 期。

包括发挥民事上的赔偿机制，作为刑法上的第三条道路，重建被破坏的法秩序。[①] 民刑交叉案件中民事责任与刑事责任之间存在紧密关联性，尤其是民事责任承担对刑事责任评判具有影响力与作用力，受到广泛认可，甚至在许多国家和地区的法律制度中得到了明确规定。例如在日本的法律制度中，尽管“对犯罪被害人的损害赔偿是民事法上的问题，与刑事司法制度没有直接的关系”，但在司法实务中，行为人对被害人的损害赔偿，对于检察官起诉裁量权的行使和法官的量刑都有重大影响。《日本刑事诉讼法》第二百四十八条作为起诉犹豫的条件而规定的“犯罪后的情况”，就包含了行为人对被害人的损害赔偿。并且在案件的量刑理由中，也经常可以看到法官提及对被害人的损害赔偿问题。[②]《德国刑法典》从 1994 年开始，就部分采纳了赔偿理论，规定如果罪犯努力与受害人达成和解，或者致力于对其损失进行赔偿，或者通过放弃自己的重大利益进行赔偿的，法院可以依照《德国刑法典》第四十九条第一款减轻其处罚。如果可能科处的刑罚不超过 1 年自由刑或者 360 单位日额金的罚金刑，可以免除其处罚。[③] 在瑞典，（刑罚裁量）完全依据与处罚价值有关的事情。首先，依据损害（包含危险）与责任评价处罚价值。其次，评估与处罚价值有关的加重事件或者减轻事件、法律上所列举的事情，确定处罚价值。在此，确定适用的犯罪类型。与处罚价值没有关联的事件，仅为减轻事件，并将其作为犯罪类型。[④]

二、侵权类民刑交叉案件民事责任承担对刑事责任评判影响的风险防范

民刑交叉案件中民事责任承担对刑事责任评判无疑具有影响力与作用力，在行为人承担民事责任的情形下“不可对其轻视对事件作出处理”[⑤]，而应承认其对刑事责任的影响力与作用力具有正当性。不过，民刑交叉案件中以民事责任承担作为刑事责任评判的影响因素，应当根据具体个案作出精确评估以促进其适用结论的合理性。“如果刑罚是犯罪人应得之惩罚，那么我们不仅

---

① 参见［德］冈特·施特拉腾韦特、洛塔尔．库伦：《刑法总论 I ——犯罪论》，杨萌译，法律出版社 2006 年版，第 16 页。

② ［日］佐伯仁志：《制裁论》，丁胜明译，北京大学出版社 2018 年版，第 149 页。

③ 参见冯军：《德国刑法典》，中国政法大学出版社 2000 年版，第 20 页；何帆：《刑民交叉案件审理的基本思路》，中国法制出版社 2007 年版，第 15、16 页。

④ ［日］川端博、浅田和茂、山口厚、井田良：《理论刑法学の探究 2》，成文堂 2009 年版，第 10 页。

⑤ ［日］土本武司：《民事と交错する刑事事件》，立花书房 1997 年版，前言第 7 页。

有必要证明刑罚是应得的根据，还需要证明我们施加给犯罪人的刑罚量没有超过其犯罪危害性程度所要求的比例。”① 当前，民刑交叉案件中以民事责任承担作为刑事责任评判的影响因素，需要防范几种风险。

第一，肯定民刑交叉案件中民事责任承担对刑事责任评判的影响应防范可能违背罪刑法定原则的风险。

承认民刑交叉案件中民事责任承担对刑事责任评判具有影响力与作用力，只是从理论上得出的应然解释结论。在民刑交叉案件的司法操作中，若过高评价民事责任承担的影响力与作用力，可能会导致行为人所受的刑事责任评判结论与案件实际严重不符，从而与刑法条文的相关规定相背离。例如，有见解认为，民事赔偿的司法实践可能存在背离罪刑法定原则的风险。其具体理由为：一方面，从刑法规范层面看，如果不能客观地评价作为酌定量刑情节的民事赔偿，那么就有可能导致违背罪刑法定原则的局面。也就是说，如果未能在赔偿和从宽处罚之间建立规范、科学、公开的评价机制和分析体系，就有可能使“赔偿等于从宽甚至免除处罚”，这无疑是对罪刑法定原则的违背。另一方面，从司法解释层面来看，司法解释的存在并非必然地符合罪刑法定原则的要求。从本源上而言，罪刑法定原则不仅限制个案裁判，而且对司法解释产生约束，然而，关于民事赔偿的司法解释未必符合罪刑法定原则的要求。在没有理顺民事赔偿影响刑事责任与罪刑法定原则之间的关系的时候，司法解释也存在违背罪刑法定原则的可能性。因此，在实践中民事赔偿极易沦为减免犯罪人刑事责任的由头，从而破坏罪刑法定原则。② 在批评者看来，民刑交叉案件中如果就民事责任承担对刑事责任评判的影响力与作用力无法作出科学的评判，那么就容易产生与罪刑法定原则相冲突的危险。退而言之，办理民刑交叉案件过程中即便以“两高”出台的相关司法解释作为依据，司法解释自身也存在背离罪刑法定原则的危险。例如，有见解认为，一方面，存在司法权僭越立法权的风险，即通过不当的司法解释将民事赔偿直接作为从宽处罚的理由，忽略了罪刑法定原则之下酌定量刑情节影响刑事责任的逻辑基础，变相地修订了刑法规范中犯罪认定和处罚的基本标准。另一方面，司法裁判层面的实践风险主要表现为可能导致通过民事责任的承担分

① ［英］威廉姆·威尔逊：《刑法理论的核心问题》，谢望原、罗灿、王博译，中国人民大学出版社2015年版，第63页。

② 王志祥：《民事赔偿与刑事责任》，中国政法大学出版社2021年版，第145页。

担了行为人本应承担的刑事责任。[①] 由此而观之，“量刑判断必须正当化”[②]。

第二，肯定民刑交叉案件中民事责任承担对刑事责任评判的影响应防范可能对罪刑均衡原则的冲击。

罪刑均衡原则也称罪刑相适应原则，意指犯罪与作为其后果的刑罚相适应。简而言之，即重罪重罚、轻罪轻罚、罚当其罪。当然，对罪刑均衡可从立法、司法等不同层面来理解。在立法层面，即主张立法机关设置的刑法规范必须令具体犯罪的刑罚处罚与其严重程度相适应。“某刑罚法令与规定的犯罪（犯罪类型）相比，判处被认为不合理内容及程度（刑种及刑量）的刑罚时，该刑罚法令因缺乏适当性被判定为违宪、无效”[③]。在司法层面，即要求司法机关对具体事案所判处的刑罚与社会危害性相匹配。具体到民刑交叉案件，固然应当肯定民事责任承担对刑事责任评判具有影响力与作用力，但若该种影响力与作用力缺乏精准的评估结论，则可能对罪刑均衡原则产生冲击。有见解指出，罪刑均衡原则是刑事案件中民事赔偿影响刑事责任评判获得公众认同的主要障碍；同时，民事赔偿实践对罪刑均衡可能产生冲击。首先，民事赔偿表明的人身危险性变化对量刑的影响，与传统的罪刑均衡原则有一定冲突，这一点主要是针对公众对罪刑均衡的固有理解而言的。因此，以民事赔偿影响人身危险性变化为由调整刑罚裁量，与罪刑均衡原则冲突，是当下司法机关面临的主要疑问之一。其次，民事赔偿对量刑的影响，会成为一方挟持另一方的令箭，从根本上破坏罪与刑的内在平衡。最后，民事赔偿对量刑的影响，极易使司法裁判忽视被害人可能有重大过错的情况，导致罪责不均衡。[④] 可见，民刑交叉案件中民事责任承担固然对刑事责任评判具有影响力与作用力，但是在具体事案中依据民事责任承担对刑事责任作出评判，应当确保所得出的刑事责任评估及刑罚裁量结果符合罪刑均衡要求。毕竟，“在‘质和量’上，惩罚必须与它所要报应的罪行相等同”[⑤]。

第三，肯定民刑交叉案件中民事责任承担对刑事责任评判的影响应防范可能对人人平等原则的冲击。

平等是宪法和法律的基本原则。无论在民法还是刑法领域，平等都系该法域的基本原则。所谓平等，即主张在法律面前公民的法律地位平等，不得

① 参见王志祥：《民事赔偿与刑事责任》，中国政法大学出版社 2021 年版，第 145 页。
② ［日］小林宪太郎：《刑法总论の理论と实务》，判例时报社 2018 年版，第 2 页。
③ ［日］伊东研祐：《刑法总论》，日本评论社 2010 年版，第 24 页。
④ 王志祥：《民事赔偿与刑事责任》，中国政法大学出版社 2021 年版，第 147 页。
⑤ ［德］诺伯特·雷斯特：《何以刑罚?》，王芳凯译，北京大学出版社 2023 年版，第 31 页。

因财产状况、身份地位等的差异而实施差异化处置。在民刑交叉案件中，肯定民事责任承担对刑事责任评判具有影响力与作用力有现实的理由，但是极易导致差异化的处置后果从而有违反人人平等原则的危险。有见解认为，“在加害与被害的关系中，如果加害人能够给与被害人尽可能多的赔偿，就更有可能获得后者的谅解，促使其向法官求情，请求对犯罪人予以宽大处理。相反，没有足够物质基础的加害人，即便内心对犯罪行为心存懊悔，也未必能在量刑上获得应有的可能性。由此一来，赔偿必然会打破罪刑均衡的严格等量化的阶梯，而在富人与穷人之间划出不平等的沟壑”①。尽管承认民刑交叉案件中民事责任承担对刑事责任评判的影响力与作用力，并不必然导致“以钱买刑”等不公平的现象，但“司法实践中，法官可能会机械地参照当时双方的损害赔偿情况，并以此作为基础来决定如何从宽处罚犯罪人，从而在个人财富状况与刑事责任程度之间搭建某种间接关系，对刑法面前人人平等原则造成冲击”②。可见，在民刑交叉案件中，如果过度依赖民事赔偿的客观状况，完全忽视个体的经济状况差异并以此作为刑事责任评判的关键因素，可能会导致对富人有利对穷人不利的窘境。犯罪发生以后，富人可以“花高价钱来买刑”，即便不是真心悔罪、认罪伏法，也可以被赦免；而穷人即便痛苦懊悔，也会因无法提供赔偿而被判重刑，后果必然是不公正的。③ 有鉴于此，民刑交叉案件中科学认识民事责任与刑事责任之间的关联性，并在此基础上依据具体事案中民事责任承担的具体状况对刑事责任作出科学合理的评判结论，是司法机关的重要使命。“确保‘实施相同严重危害程度的被定罪人……受到相同严厉程度的刑罚……实施不同严重危害程度的被定罪人……所受刑罚的严厉程度也就相应不同’”。④

---

① 王志祥：《民事赔偿与刑事责任》，中国政法大学出版社 2021 年版，第 148 页。

② 白云飞：《量刑中的损害赔偿问题研究》，《求索》2010 年第 11 期，第 163 页。

③ 王瑞君：《“赔偿型”刑事司法的反思》，《河南省政法管理干部学院学报》2010 年第 3 期，第 109 页。

④ ［英］威廉姆·威尔逊：《刑法理论的核心问题》，谢望原、罗灿、王博译，中国人民大学出版社 2015 年版，第 68 页。

第四章 侵权类民刑交叉案件民事责任承担对刑事责任评判影响的评价体系

第一节　侵权类民刑交叉案件民事责任承担对刑事责任评判影响评价体系的意义

一、侵权类民刑交叉案件民事责任承担对刑事责任评判影响评价体系的精细化

无论是理论上的分析与论证还是刑事司法的实践运行，均说明民刑交叉案件中民事责任承担对刑事责任评判具有影响力与作用力。司法机关尤其是法院在办理侵权类民刑交叉案件的过程中，需审查行为人是否承担了民事责任以及承担民事责任的具体状况，并综合其他刑罚裁量情节以作出全盘性、整体性的评判结论。不过，司法实践中民刑交叉案件行为人承担民事责任的情形多种多样：有的是承担全部的民事责任，有的则是承担部分民事责任；有的是自己主动积极承担民事责任，有的则是在司法机关的劝说甚至反复要求之下承担民事责任；有的通过承担民事责任取得了被害人及其家属的谅解，有的尽管承担了民事责任但没有获得被害人及其家属的谅解；有的在法院作出刑事判决之前承担民事责任，有的则是在法院作出刑事判决之后才承担民事责任；有的在承担民事责任的同时认罪悔罪，有的尽管承担了民事责任但行为人并不认罪悔罪。这些存在差异的民事责任承担情形，在侵权类民刑交叉案件的司法实践中比比皆是。“要想实现正义，必须依赖在各种具体情况下作出的各种特殊决定。”① 司法机关面对这些情形各异的事案，需要作出有针

① ［法］莫里斯·奥里乌：《法源》，鲁仁译，商务印书馆 2022 年版，第 45 页。

对性的判定结论和处理意见。办理民刑交叉案件的过程中通常存在的疑问是，应当如何针对具体个案就民事责任承担对刑事责任评判的影响力与作用力作出评判结论。

或许有见解认为，就民刑交叉案件中民事责任承担对刑事责任评判的影响力与作用力而言，只需整体上依据有无承担民事责任以作出是否具有影响力与作用力这类简单评判结论即可，没有必要对各种具体情形作过于细致性的研析。之所以可能存在该种见解，系因为《刑法》中的部分刑罚裁量情节，通常只是单纯的有无问题，并以此作为个案刑罚裁量的重要因素。以《刑法》中的自首为例，司法机关在办理案件的过程中，通常仅需认定行为人有无自首即可。倘若能够认定行为人存在自首情节，则应在裁量刑罚时考量该情节。反之，如果不能认定行为人存在自首情节，则在刑罚裁量环节排除该情节的适用。有鉴于此，民刑交叉案件办理中衡量民事责任承担对刑事责任评判的影响力与作用力时似乎也应持类似的立场，只需整体性查验有无承担民事责任即可。

上述就民刑交叉案件中民事责任承担对刑事责任评判的影响力与作用力的主张及其理由，从形式上看貌似有其自身的合理性。不过，倘若以刑事责任评判的科学性、合理性为基准，可知该种见解的立场及理由难以被赞同。质言之，所谓只需整体性查验有无承担民事责任进而作出是否存在影响力与作用力这种简单评判结论，实际上是主张对刑罚裁量予以粗略化、简单化处理。但是，该种粗略化、简单化的刑罚裁量思维显然不可取。“如果立法者对某个犯罪概念确定量刑幅度的话，他就需要一个标准；法官在刑罚幅度内对具体的犯罪行为确定具体刑罚，同样需要一个标准；刑罚执行官在刑罚执行中给与刑罚以具体的内容，同样也需要一个标准。”① 之所以反对粗略化、简单化处理刑法中的裁量情节，系因为司法实践中的具体事案并不完全等同，需要细致化、区别化对待。“正义是所有法的基础”②，“公正是刑法的首要价值”③。一方面，“在犯罪性质相同的犯罪中，犯罪情节不尽相同，因此犯罪的不法与责任程度也不一样。在刑法规定了不同层次的法定刑的犯罪中，分清各该犯罪行为的情节属于哪个层次，对于正确量刑具有特别重要的意义”。④ 另一方面，即便同处特定犯罪某一层次法定刑幅度内，对刑罚裁量具

① ［德］冯·李斯特：《论犯罪、刑罚与刑事政策》，徐久生译，北京大学出版社 2016 年版，第1页。

② ［德］拉德布鲁赫：《法哲学引导》，雷磊译，商务印书馆 2021 年版，第 37 页。

③ 陈兴良：《刑法的价值构造》，中国人民大学出版社 1998 年版，第 273 页。

④ 张明楷：《刑法学》，法律出版社 2021 年版，第 722 页。

有影响的同一情节之间亦可能存在差异，故需要针对量刑情节的具体状况展开细致的分析评价，才能有助于实现量刑结果的公平正义。更何况，“面对大量刑事案件，法官群体必然面临同时存在的多个情节的选用问题”①。以刑事司法实践中常见的自首为例，其具体含义、认定标准业已由《刑法》条文明确限定，故具体事案中自首情节的认定在司法实践中一般不成为问题。尽管如此，司法实践中的自首情形也不尽相同。刑法中的自首包括两种情形，除通常所论及的一般自首之外还包括特别自首。所谓一般自首，即犯罪之后自动投案并如实供述自己罪行的情形。特别自首，也称准自首，是指被采取强制措施的犯罪嫌疑人、被告人以及正在服刑的罪犯，如实供述司法机关还未掌握的本人的其他罪行的情形。可见，一般自首与特别自首尽管同属自首，两者之间还是存在差异，并不完全等同。应当认为，一般自首系主动归案，而特别自首系在被关押期间因供述司法机关还未掌握的其他罪行，故一般自首的整体表现要优于特别自首。退而言之，即便同属一般自首，有的是积极主动投案，有的尽管也可以被认定为主动投案，但实质是迫于无奈走投无路才投案的；有的是行为人本人亲自投案自首；有的则是公安机关通知犯罪嫌疑人的亲友，或者亲友主动投案后，将犯罪嫌疑人送去投案的；有的投案自首是行为人真诚认罪悔罪，有的则并非出于认罪悔罪。可见，司法实践具体事案中的“自首”情节形态各异。虽然诸多情形都可以被认定为自首，但其对刑事责任评判所具有的影响力与作用力并非完全等同，故《刑法》第六十七条对于自首规定的法律效果是“可以从轻或者减轻处罚”。质言之，刑法条文对于自首所能取得的刑罚评价效果划定了两个方面的“弹性”评价空间。首先，自首作为积极性刑罚评价情节，刑法规定其是“可以”而非“应当”取得从宽处罚的效果。所谓“可以”即表明是否取得从宽效果并无定论，司法机关应根据具体事案中的具体情况作出判断。其次，就自首可能取得从宽的积极性刑罚评价后果来说，既可以是“从轻”处罚，也可以是“减轻”处罚。《刑法》条文之所以作出此种限定，系考量到司法实践中自首的情形多种多样、形态各异，故不可绝对地认定只要认定存在自首情节就必然获得从轻处罚的法律效果或必定导致减轻处罚的法律后果。

由此而观之，粗略化、简单化的刑罚裁量情节处理方法明显不可取，追求刑罚裁量情节处理的精细化乃是今后刑事司法实践所应努力贯彻的方向。所谓精细化，即主张对于刑事司法中的刑罚裁量情节，无论是法定裁量情节

① 白建军：《刑法规律与量刑实践》，北京大学出版社 2011 年版，第 113 页。

还是酌定裁量情节，必须对其展开细致精确的分析，以准确判定其对刑事责任评判所具有影响力与作用力的大小，在此基础上实现刑罚裁量的精准性。① 值得注意的是，最高人民法院于2020年7月27日出台《最高人民法院关于统一法律适用加强类案检索的指导意见》（以下简称“意见”）。该意见的主要内容可以被概括为：类案必须检索、同案必须同判。是否可以依此认为，既然最高人民法院的该项通知明确提出要实现“同案同判”，那么要实现同案同判即不应过分着眼于案件的细小差别而制造刑罚裁量的差异性结果？其实，最高人民法院出台通知所指出的“同案同判”，主要在于追求同种案件在定性与刑罚裁量基准的相同，并非意味着同种案件必须刑罚裁量结果完全一样。之所以得出该种结论，一方面，所谓的“同案”只是意味着案件的性质相同或所具有的刑罚裁量情节大致相同，并非指案件绝对完全一致。“在真实里，永远只有或多或少，较大的相似性及不相似性”②。另一方面，即便是同种性质同种情节的犯罪，在彼此之间存在某些差异性因素的场合，允许司法机关所作出的裁判存在一定的差异。“与其期待对所谓相同案件做出相同的处理，不如追究对个案处理的妥当性。”③ 因此，刑事司法实践中的刑罚裁量需要重视个案细节，以实现裁量结果的精确化。

侵权类民刑交叉案件中，行为人在违反民法的同时也触犯了刑法，故需要承担相应的民事责任与刑事责任。鉴于两种法律责任因同一行为所导致，两者之间存在关联性，因而行为人在实施违法犯罪行为之后承担民事责任无疑对刑事责任的评判会产生影响。不过，司法实践中行为人承担民事责任的情形多种多样。毋庸置疑，并非所有民刑交叉案件中民事责任承担的情形完全一致，对刑事责任评判都具有完全等同的影响力与作用力。因此，需要摈弃粗略化、简单化的评判模式，以刑罚裁量的精细化作为指导方法，务求针对具体民刑交叉事案中民事责任承担的具体状况作出个别化分析，以实现裁判结果的妥当性。

随着法律制度在法的实证化上的结构转换，‘正确的’法的有效性基础，

---

① 参见王燕玲：《大数据精准量刑的实现方法与路径》，《贵州大学学报（社会科学版）》2020年第7期，第90页。

② ［德］亚图·考夫曼：《法律哲学》，刘幸义等译，五南图书出版有限公司2000年版，第122页。德国著名刑法学家李斯特指出，如果同一个事实由同一个法院的不同刑庭科处不同的刑罚，那么，符合“公正”的要求吗？参见［德］冯·李斯特：《论犯罪、刑罚与刑事政策》，徐久生译，北京大学出版社2016年版，第246页。

③ 张明楷：《刑法分则的解释原理》，中国人民大学出版社2011年版，第14页。

不再是规则的预设，而是规则的建构①。为了促进民刑交叉案件中民事责任承担对刑事责任评判结论的妥当性，以刑罚裁量的精细化为指导方向，有必要构建民事责任承担对刑事责任评判影响的评判体系。质言之，通过对民刑交叉案件中民事责任承担对刑事评判影响的相关因素的归纳整理，在此基础上对其作出编排构建民事责任承担对刑事责任影响的评判体系。② 司法机关在办理民刑交叉案件的过程中，在行为人承担民事责任的情况之下，通过运用民事责任承担对刑事责任评判影响的评判体系，以科学准确地评判具体事案中民事责任承担对刑事责任评判所具有的影响力与作用力。③

二、侵权类民刑交叉案件民事责任承担对刑事责任评判影响评价体系的构建意义

对民刑交叉案件中民事责任承担对刑事责任评判影响的相关因素展开归纳整理，并在此基础上对相关因素作出编排整合以构建民事责任承担对刑事责任影响的评判体系，在民刑交叉案件的办理过程中具有重要意义。大体而言，构建民刑交叉案件中民事责任承担对刑事责任评判影响的评价体系具有如下重要意义。

第一，构建民刑交叉案件中民事责任承担对刑事责任评判影响的评价体系有利于推动刑罚裁量的规范化。

刑法适用是将抽象的刑事法律规范运用于具体事案的过程。众所周知，刑事法律规范具有规范性的特点。所谓规范性，意指法律规范的制定并非针对特定主体的特定行为。“法律规定不是为个人制定的，而是具有普遍的适用性。”④ 例如《刑法》条文之所以规定盗窃罪，其目的在于规制盗窃他人财物

---

① ［德］阿图尔·考夫曼、温弗里德·哈斯默尔：《当代法哲学和法律理论导论》，郑永流译，法律出版社 2013 年版，第 278 页。

② 有见解认为，“体系论”与“体系的理论”之间存在区别。参见［日］井田良：《変革の时代における理论刑法学》，庆应义塾大学出版会 2007 年版，第 77 页。

③ 体系性被认为具有减少审查案件的难度、体系性秩序作为平等和有区别地适用法律的条件等优点。参见［德］克劳斯·罗克辛：《德国刑法学 总论》（第 1 卷），王世洲译，法律出版社 2005 年版，第 127 页。

④ ［美］埃德加·博登海默：《法理学：法律哲学与法律方法》，邓正来译，中国政法大学出版社 2017 年版，第 253 页。帕比尼安（Papinian）将法律描述为“一种一般性的命令”。保罗（Paul）则认识到法律规则通常要适用于在数量上并不确定的种种情形，从而指出“立法者并不关注那些只会发生一两次的情形”。让·雅克·卢梭则认为，“法律的对象始终是普遍的”。参见［美］埃德加·博登海默：《法理学：法律哲学与法律方法》，邓正来译，中国政法大学出版社 2017 年版，第 253-254 页。

的这“一类行为”。有鉴于此，刑事法律规范不可避免带有抽象性特征，也即其内容须具有透过具体事案而形成类型化的抽象性。[①] 不仅如此，法律规范还具有相对的稳定性，不能朝令夕改。“法律必须稳定，却不能静止不变。”[②] 毕竟，一部朝令夕改的法律是不会受到人们尊重的。“由于过分变动和时常变化的状况会导致法律的朝令夕改，所以这些状况与真正含义上的法律是不相符合的。”[③] 与此相反，司法实践中需要规制的事案则是具体多变的。一方面，所谓个案即极其具体的事案，特定的行为主体在特定的时间地点所实施的特定行为。另一方面，司法实践中的具体事案变化不居，各种新型的事案层出不穷，甚至远远超出当初立法者的想象空间。[④] 因此，如何将抽象而相对静止的刑事法律规范与具体善变的特定事案有机融合，需要司法工作者具有一定的法律解释能力。[⑤] 特别是，刑法以犯罪与刑罚为内容，因而与民法、行政法等基本法律规范之间具有本质差异。行为人一旦被认定为犯罪，即面临被追究刑事责任的严重后果，故犯罪认定及刑罚裁量必须谨慎规范。所谓谨慎规范，最主要的任务是克服刑事司法的恣意性。日本学者前田雅英认为，“为了防止犯罪而科处刑罚时，个别案件的解决必须从整体出发进行考察以取得平衡。如果只是着眼于个案的处理，那么这种处理不仅会让接受刑罚的人抱有不满，而且会令一般国民对刑罚制度产生不安，进而产生从根基上瓦解刑罚制度的危险性。对刑事司法制度的信赖性而言，与其他案件相比的公平性最为重要”[⑥]。质言之，无论是犯罪认定还是刑罚裁量，都必须严格依据《刑

---

① 日本学者高桥则夫认为，刑法上的侵害行为，存在着得以类型化的特点，但在民法上未得以类型化，故二者之间存在差异。参见［日］高桥则夫：《规范论和刑法解释论》，戴波、李世阳译，中国人民大学出版社 2011 年版，第 19 页。

② Pound, *Interpretation of Legal History*, p. 1. 转引自［美］本杰明·N. 卡多佐：《法律的成长 法律科学的悖论》，董炯、彭冰译，中国法制出版社 2002 年版，第 4 页。

③ ［美］埃德加·博登海默：《法理学：法律哲学与法律方法》，邓正来译，中国政法大学出版社 2017 年版，第 342 页。

④ 美国学者埃德加·博登海默认为，稳定性和确定性本身却并不足以为我们提供一个行之有效的、富有生命力的法律制度。法律还必须服从进步所提出的正当要求。一个法律制度，如果跟不上时代的需求或要求，而且死死抱住上个时代的只具有短暂意义的观念不放，那么显然是不可取的。参见［美］埃德加·博登海默：《法理学：法律哲学与法律方法》，邓正来译，中国政法大学出版社 2017 年版，第 342 页。张明楷教授也主张，刑法具有相对的稳定性，但它同时必须适应社会发展的需要，否则便没有生命力。参见张明楷：《刑法分则的解释原理》，中国人民大学出版社 2011 年版，第 31 页。

⑤ 法典和制定法的存在并不使法官显得多余，法官的工作也并非草率和机械。会有需要填补的空白，也会有需要澄清的疑问和含混，还有会需要淡化——如果不是回避的话——的难点和错误。参见［美］本杰明·卡多佐：《司法过程的性质》，苏力译，商务印书馆第 1997 版，第 4 页。

⑥ ［日］前田雅英：《刑法总论讲义》，曾文科译，北京大学出版社 2017 年版，第 18 页。

法》条文的规定来展开。不仅应将罪刑法定原则贯彻到底，也应努力推进刑罚裁量的规范化。在前部分对刑事司法实务中民刑交叉具体事案的分析中，可明显感知部分事案的刑罚裁量欠缺规范性。也即，部分事案的刑罚裁量过于随意，致使情节基本相同的案件的刑罚裁量结果出现重大偏差。由此，该种规范性欠缺的刑罚裁量方式不仅会导致侵犯行为人人身权利的不利后果，而且会严重损害刑事司法的公平正义，因而存在重大缺陷。

就民刑交叉案件的办理来说，通过构建民事责任承担对刑事责任评判影响的评价体系以使司法机关根据特定操作程序作出判定结论，无疑有助于减少刑事责任评判影响评价的随意性。质言之，基于侵权类民刑交叉案件具有复杂性等多种原因，司法实践中就民事责任承担对刑事责任评判影响的具体运用出现偏差确实情有可原。构建民事责任承担对刑事责任评判影响的评价体系，司法工作者通过该种评价体系无疑有助于就具体个案中民事责任承担对刑事责任评判的影响作出更为精确的判定结论。可见，民刑交叉案件中民事责任承担对刑事责任评判影响评价体系的建构一方面使评价结论的作出有章可循，司法机关不能胡乱或者草率得出某一个评价结论，而必须依据评价的相关步骤来展开；另一方面，评价体系的建构也令所作出的评价结论有据可依。概而言之，民刑交叉案件中民事责任承担对刑事责任评判影响的评价体系的构建，有利于减少刑罚裁量的恣意性，从而促进刑罚裁量的规范性。

第二，构建民刑交叉案件中民事责任承担对刑事责任评判影响的评价体系有利于促进具体事案中评判结论的精细化。

罪刑法定原则的重要性有目共睹，准确认定犯罪属性并且严格依据刑法规定裁量刑罚已然成为刑事司法领域的重要内容。如前所述，促进刑事责任评判的精细化，系刑事司法的重要使命。为了实现刑事责任评判的精细化，一方面需要实现犯罪罪名认定的准确化，另一方面应当促进刑罚裁量的全面性与准确性。质言之，要实现刑事案件具体刑罚裁量结论的科学合理，首先应准确判定行为罪名。只有确定好了具体罪名，才能在此基础上展开刑罚裁量，因为定罪是量刑的前提。倘若连定罪都存在错误，后续的刑罚裁量无疑会出现偏离。其次，准确定了罪名之后，即应依据刑法条文针对具体罪名的刑罚规定展开刑罚裁量。值得注意的是，传统刑事司法过于注重犯罪罪名的确定而相对忽视刑罚的具体裁量。在不少人尤其是司法工作人员看来，准确认定行为的犯罪性质并在此基础上确定犯罪罪名显得无比重要。与此相对，无论是刑法理论研究还是刑事司法实务，刑罚裁量的精准化并没有得到足够的重视。例如，刑法研究的主要成果集中于犯罪构成等犯罪论的议题、罪与非罪、此罪与彼罪界限的划分、特定罪名构成要件的解析等。相对而言，刑罚论等涉及刑罚裁量的问题在刑法学研究中并不成为热点。另外，在刑事司法实践中，司法机关尤其是法院注重对行为人构成何种犯罪作出分析和解释，但对被告人作出特定刑罚裁量结论往往选择简单化处理，甚至一笔带过。其实，在现实的刑事司法实践中，相对于法院所认定的具体罪名而言，犯罪行为可能被判处的刑罚后果往往更为被告人及其家属乃至社会公众所关注。也即，不少案件中，判处何种刑罚、有期徒刑有多长、是否可以适用缓刑等往往也是案件的焦点，刑罚裁量的重要性不言而喻。因此，如何促进刑罚裁量的规范化和精细化，是当前刑法理论研究及刑事司法实务中需要重点关注及着力推进的核心议题。

民刑交叉案件不同于纯粹的民事违法案件亦有异于单纯的刑事案件，其同时牵涉民事责任与刑事责任的追究。鉴于具体案件中民事责任与刑事责任由同一违法行为所导致，故两种法律责任之间存在一定程度的关联性，表现在民事责任的承担对刑事责任的评判具有影响力与作用力。尽管两者之间的关联性在理论上与实务中被确认，但对该种关联性的确认仅仅属于大体上的结论。至于不同场合中民事责任的具体承担对刑事责任的评判具有何种作用力与影响力，需要深入解析、科学论证。“理论应当精细化”[①]，建构民刑交叉案件中民事责任承担对刑事责任评判影响的评判体系，将其作为具体民刑交叉案件的参照标准，可得针对具体事案中民事责任承担对刑事责任评判的影响力与作用力作出更为细致的评估结论进而引导刑法裁量，无疑能够促进刑罚裁量的精细化。

第三，构建民刑交叉案件中民事责任承担对刑事责任，评判影响的评价体系有利于实现罪责刑相适应。

罪责刑相适应原则是刑法中的重要原则。如前所述，罪责刑相适应即主张犯罪行为人所构成的犯罪与其应承担的刑事责任及被判处的刑罚要相适应。行为人所犯的罪越严重，其刑事责任越大，所判的刑罚就越严重。反之亦然。简单地说，就是重罪重罚、轻罪轻罚、罚当其罪，切不可反其道而行之。[②] 如果行为人所犯的罪很严重，所判的刑罚却很轻微，则无疑与公平正义的基本要求相违背。罪责刑相适应原则，常常被理解为罪刑均衡。“刑罚是否正义以

① ［日］前田雅英：《刑法总论讲义》，曾文科译，北京大学 2017 年版，第 19 页。
② 贾宇主编：《刑法学》，高等教育出版社 2019 年版，第 63 页。

及量刑是否公正取决于两点，一是刑罚是否必需，二是刑罚的量是否公正。”[①] 所谓刑罚的必需性，常常与犯罪成立与否的认定联系在一起。某个危害行为之所以被认定为犯罪，通常是因为其存在适用刑罚的必要性。正是在此意义上，犯罪行为通常被认为在具有严重的社会危害性、刑事违法性之外，还具备应受刑罚惩罚性这一重要特征。尽管定罪免刑的情形在刑事司法实践中也存在一定数量，但其在整体犯罪中所占据的比例极小，绝大多数刑事案件都以定罪判刑为模式。因此，某个行为被认定为犯罪的同时也就意味着面临刑罚处罚的法律后果。反而言之，若某个行为不具有值得刑罚惩罚的必要性，则不应将其认定为犯罪。可见，刑罚是否必需，通常是在犯罪成立与否的认定意义上来理解的。所谓刑罚的量是否公正，也可以从两个方面来解读。一方面，刑事立法阶段需要重视犯罪行为与刑罚后果的均衡，立法机关所制定的条文应令个罪的刑罚“量”与犯罪行为的社会危害性相适应。另一方面，在定罪之后的刑罚裁量阶段，司法机关也应注重最终裁量刑罚的“量”与行为人所实际实施的危害行为相匹配，做到量刑公正。因为，“量刑公正是社会民众对人民法院刑事审判的一种价值期待”[②]。

具体到民刑交叉案件，鉴于该种案件本身具有复杂性，并且具体承担民事责任的情形多种多样，从罪责刑相适应的基本原则出发，即应对各种情形作出解析以得出精细化、具体化的评判结论。构建民刑交叉案件中民事责任承担对刑事责任评判影响的评价体系，使司法机关在面对具体事案时，能够运用该评判体系针对具体事案作出个体化的评判结论以准确评估刑事责任进而裁量刑罚，无疑有利于实现罪责刑相适应原则。[③] 例如，行为人实施违法犯罪行为后积极主动承担民事责任，无疑不同于案发后拒绝承担民事责任的情形。即便同样是在承担民事责任的场合，通过承担民事责任取得了受害方谅解的场合无疑不同于未能取得受害方谅解的场合。通过构建民刑交叉案件中民事责任承担对刑事责任评判影响评价体系的运用，司法机关注重针对具体事案作出精准性的评判结论以促进量刑差异化，无疑有助于推进刑事司法中的罪责刑相适应。

第四，构建民刑交叉案件中民事责任的承担对刑事责任评判影响的评价

① 臧冬斌：《量刑的合理性与量刑方法的科学性》，中国人民公安大学出版社 2008 年版，第 53 页。

② 张天虹：《量刑公正及判断标准》，《法学杂志》2011 年第 2 期，第 66 页。

③ 有见解即认为，罪刑相适应原则是否包括刑罚个别化在内，学界存在争论，而罪责刑相适应原则肯定是包括了刑罚个别化内容的。参见贾宇主编：《刑法学》，高等教育出版社 2019 年版，第 63 页。其实，罪刑适应原则与罪责刑相适应原则，通常是在同等的意义上使用。

的体系有利于实现刑罚目的。

刑法与民法虽然都属于国家的基本法律规范，但是两者之间存在本质差异。刑法中的刑罚具有区别于民事责任的功能与目的。“作为本能行为，刑罚是凭直觉的一种符合目的的行为。”① 依据我国刑法学的传统立场，所谓刑罚目的，即“国家制定、适用、执行刑罚所希望取得的效果”②。尽管对于刑罚目的具体内容尚存在部分争论，不过学界一般认为刑罚目的包括根本目的与直接目的两个层次。刑罚的根本目的决定了直接目的，我国制定、适用和执行刑罚的根本目的在于保护广大公民的合法权益和社会秩序，保障具有中国特色的社会主义建设的顺利进行。③ 刑罚的直接目的则在于预防犯罪，只不过其包含一般预防与特殊预防。特殊预防即预防那些已经实施犯罪行为的人不要再次构成犯罪，一般预防则是预防社会上一般的人不要触犯刑法构成犯罪。可见，特殊预防与一般预防主要的区别在于各自所预防的对象不一样，不过其在通过制定、适用以及执行刑罚所希望取得的效果上具有一致性与共同性。刑罚根本目的及直接目的的实现，有赖于充分刑罚功能的充分发挥。所谓刑罚的功能，即“国家制定、裁量和执行刑罚对人们可能产生的积极作用”④。在综合有关刑罚功能不同见解的基础上，我国传统刑法立场主张刑罚功能包含对犯罪人、对社会、对受害人三个不同方面。首先，刑罚对犯罪人的功能主要表现为惩罚功能、改造功能。其次，刑罚对社会的功能包括三种：威慑功能（也称威吓功能）、教育功能以及鼓励功能。最后，刑罚对被害人的功能主要表现为安抚功能。

在民刑交叉案件中，行为人所实施的危害行为既违反了民法又触犯了刑法，因而需要同时承担民事责任和刑事责任。鉴于两种法律责任由同一危害行为所导致，故二者之间存在关联性。通过构建民事责任承担对刑事责任评判影响的评价体系，司法机关能够依据是否承担民事责任以及承担民事责任的不同形态得出细致性、精确性的评价结论，既有助于发挥刑罚的多项功能也有助于实现刑罚目的。之所以主张民事责任承担对刑事责任评判影响评价

---

① ［德］冯·李斯特：《论犯罪、刑罚与刑事政策》，徐久生译，北京大学出版社 2016 年版，第 15 页。康德认为，刑罚本身就可以视为刑事司法目的的一项基本内容，而绝不是达到目的的手段。参见［英］威廉姆·威尔逊：《刑法理论的核心问题》，谢望原、罗灿、王博译，中国人民大学出版社 2015 年版，第 57 页。

② 马克昌主编：《刑罚通论》，武汉大学出版社 1999 年版，第 58 页。

③ 马克昌主编：《刑罚通论》，武汉大学出版社 1999 年版，第 60、61 页。

④ 马克昌主编：《刑罚通论》，武汉大学出版社 1999 年版，第 40 页。

体系的构建有助于实现刑罚目的、发挥刑罚功能，其理由主要在于：首先，民事责任承担对刑事责任评判影响评判体系的构建可以使司法机关准确评估民事责任承担对刑事责任评判的影响力与作用力，从而引导甚至鼓励违法主体在案发后主动积极承担民事责任。质言之，通过建构民事责任承担对刑事责任评判影响的评价体系，使公众得以知晓民刑交叉案件中民事责任承担能够对刑事责任评判产生积极的影响力与作用力。当行为人实施危害行为后，为了获取较轻刑事处罚的后果，往往会产生积极承担民事责任的动力，无疑能发挥刑罚的教育改造功能。毕竟，“损害赔偿的制裁功能也不能忽视”①。其次，民刑交叉案件中民事责任承担对刑事责任评判影响评价体系的构建，能够准确评价民事责任承担对刑事责任评判具有的积极性的影响力与作用力。通过促使行为人积极承担民事责任，能够有效缓解行为方与受害方之间因危害行为所导致的紧张社会关系。尤其是，民刑交叉案件中行为人积极承担民事责任，通常能够取得受害人及其家属的谅解，因而得以有效修复被侵害的法益，使被害人及其家属得到安抚，从而发挥刑罚的安抚功能。最后，民刑交叉案件中民事责任承担对刑事责任评判影响评价体系的建构，能够令公众知晓若民刑交叉案件中一个行为同时触犯民法和刑法、引发民事责任与刑事责任双重法律责任，则民事责任承担对刑事责任评判具有积极性的影响力与作用力，可以作为从轻或者减轻刑事责任的重要理由，从而发挥对公民的教育和鼓励作用。由此观之，构建民刑交叉案件中民事责任承担对刑事责任评判影响的评价体系，不仅对承担民事责任与没有承担民事责任的情形得出不同评价结论，而且对于承担民事责任的各种具体情形可得展开细致而趋向精确的分析与评价，无论是从犯罪人层面还是受害人层面甚至从社会公众的层面，都能发挥刑罚的积极作用。② 借由发挥刑罚的部分功能，民刑交叉案件中民事责任的承担有助于实现刑罚的目的，即不仅有助于实现预防刑罚的目的，而且能够助力于刑罚根本目的的实现。

第五，民刑交叉案件中民事责任承担对刑事责任评判影响评价体系的构建有利于化解矛盾、促进社会和谐稳定等。

民刑交叉案件中民事责任承担对刑事责任评判的诸多作用中，行为人通

---

① ［日］佐伯仁志：《刑法总论的思之道·乐之道》，于佳佳译，中国政法大学出版社 2017 年版，第 9 页。

② 在民刑交叉案件中，民事责任的承担能够替代实现部分本应由刑罚才能发挥的功能。因此，民事责任的承担具有部分刑罚功能的替代角色，因此能够成为从宽处罚的重要理由。

过承担民事责任进而取得受害人及其家属谅解具有极为重要的意义。质言之，民刑交叉案件中行为人实施危害行为，违反民法的主要因素在于其侵犯了他人的民事权益，而触犯刑法的关键原因也在于侵害了受刑法保护的公民人身、财产等法益。可见，无论是构成民事违法的理由还是成立刑事犯罪的依据，受害人民事权益遭受侵害是民刑交叉案件的关键因素。[①] 既然如此，通过追究法律责任以救济、弥补被侵害的民事权益成为民刑交叉案件的重要任务和使命。通过构建民刑交叉案件中民事责任承担对刑事责任评判影响的评价体系，明确民事责任承担对刑事责任评判具有积极的影响力与作用力，令公众知晓民刑交叉案件中民事责任的承担成为重要的从宽刑事处罚事由。之所以强调构建民事责任承担对刑事责任评判影响的评价体系，在于尽管民事责任承担对刑事责任评判具有影响力与作用力已经受到刑法理论与刑事司法肯定，但何种情形下能够获得最大的作用力与影响力进而取得最优的刑罚裁量效果、何种情形下只能取得较小的作用力与影响力因而只能取得较小的刑罚裁量效果，需要进一步明确。构建民刑交叉案件中民事责任承担对刑事责任评判影响评价体系的使命即在此。通过构建该种评判影响评价体系并运用于司法实践中，不仅有助于推进民事责任承担对刑事责任评判影响评价结论的精细化，而且能够促进违法犯罪人积极承担民事责任以取得最优的刑罚裁量效果。毋庸置疑，行为人在实施危害行为之后积极主动与受害人及其家属沟通表达承担民事责任的意愿，不仅现实承担了民事责任而且取得了受害人及其家属谅解，该种状况无疑能对刑事责任评判产生较大的影响力与作用力。在司法实践中，司法机关在裁量刑罚时不仅考虑行为人承担现实的民事责任，而且尤其注重行为人通过承担民事责任取得受害人及其家属的谅解，其宗旨即在于此。通过承担民事责任以取得受害人及其家属的谅解，能够最大程度化解矛盾，促进社会和谐稳定。

概而言之，构建民刑交叉案件中民事责任承担对刑事责任评判影响的评价体系，对于促进民刑交叉案件中法律责任的追究等都具有极其重要的意义。在民刑交叉案件中，行为人在实施违法犯罪行为后，是否承担民事责任以及

---

① 民刑交叉案件中，行为人构成犯罪的理由都是民事权益遭受侵害，学界对此存在争议。有见解认为，刑法有其固有的独特立场，其对于行为属性的判断不应以民法上的相关规定与原理为局限。与此相反，更多的见解则主张法秩序必须保持统一性。也即，刑法对于犯罪的认定必须以基本法律规范为前提。张明楷教授认为，对于侵害财产罪的构成要件的解释，不可能完全脱离民法的相关规定。当然，在顾及法秩序的统一性时，也需要重视刑法的特殊性。张明楷：《刑法分则的解释原理》，中国人民大学出版社 2012 年版，第 71 页。

承担何种程度民事责任的情形并不完全一致。司法系“以具体事件适正解决作为任务”[①]。毋庸置疑，不同民事责任承担的情形对刑事责任评判所产生的影响力与作用力不尽相同。因此，司法机关在办理民刑交叉案件的过程中，不能粗略化、简单化地将所有情形完全等同视之。习近平总书记指出，努力让人民群众在每一个司法案件中感受到公平正义。或许有见解认为，“正义有着一张普罗透斯似的脸，变幻无常、随时可呈不同形状并具有极不相同的面貌。当我们仔细查看这张脸并试图解开隐藏其表面背后的秘密时，我们往往会深感迷惑”[②]。但是，“法律是良序和公正的艺术”[③]，“正义乃使每个人获得其应得的东西的永恒不变的意志”[④]。并且“推行正义的善意，还必须通过旨在实现正义社会的目标的实际措施和制度性手段来加以实施”[⑤]。为了促进刑事司法的公平正义，有必要针对每个民刑交叉案件中民事责任承担的具体情形作出有针对性、精确性的评价结论，以推进刑罚裁量的精细化，促进刑事司法的公平正义。

不过，构建民刑交叉案件中民事责任承担对刑事责任评判影响的评价体系，是一项颇为复杂且艰难的工作，“为了排除判断者的恣意性，体系性思考是必不可少的”[⑥]。英国学者约瑟夫·拉兹指出，在一种法律体系内，不同种类和不同模式的法律之间的内部关系最终依赖于两个因素：（1）个别化的原则；（2）法律体系内容上的丰富性、完整性和多样性。[⑦] 在拉兹看来，个别

---

① ［日］井田良：《変革の时代における理论刑法学》，庆应义塾大学出版会 2007 年版，第 63 页。

② ［美］埃德加·博登海默：《法理学：法律哲学与法律方法》，邓正来译，中国政法大学出版社 2017 年版，第 266 页。

③ ［德］奇佩乌利斯：《法学方法论》，金振豹译，法律出版社 2009 年版，第 13 页。

④ ［美］埃德加·博登海默：《法理学：法律哲学与法律方法》，邓正来译，中国政法大学出版社 2017 年版，第 281 页。

⑤ ［美］埃德加·博登海默：《法理学：法律哲学与法律方法》，邓正来译，中国政法大学出版社 2017 年版，第 282 页。

⑥ ［日］高桥则夫：《刑法总论》，李世阳译，中国政法大学出版社 2020 年版，第 54 页。日本学者前田雅英认为，在确保法的安定性的同时，为了使认定犯罪变得容易并排除恣意性，有必要进行分析性的思考。“依靠直觉来判断犯罪是否成立”十分危险。无论如何，判断者的恣意性很容易变大。参见［日］前田雅英：《刑法总论讲义》，曾文科译，北京大学出版社 2017 年版，第 18-19 页。

⑦ ［英］约瑟夫·拉兹：《法律体系的概念》，吴玉章译，商务印书馆 2018 年版，第 176 页。有见解认为，作为规范体系的法律体系与作为程序体系的法律体系之间存在差异。作为程序的体系，法律体系乃一个基于规则且受规则指引的行动体系，透过这些行动，规范被创设、证立、解释、适用与执行。作为规范的体系，法律体系乃一个规范创设过程——不论这是一个什么样的过程——之结果或产物的体系。参见［德］罗伯特·阿列克西：《法概念与法效力》，王鹏翔译，商务印书馆 2020 年版，第 20 页。

化的若干原则是由法律理论决定的，而一个体系的内容则依赖于与该体系形成有关的偶然因素。个别化的原则使得某种形式的内在关系之存在成为可能，而体系的复杂性则决定着这种内在关系是不是真的存在于该体系之中。当且仅当一种体系具有最低限度的复杂性时，这种规范性体系才是法律体系。尽管上述内容系针对法律体系而展开的论述，但是其对于民刑交叉案件中民事责任承担对刑事责任评判影响评价体系的建构亦具有重要意义。质言之，一种体系的建立，应当有助于就具体事件得出个别化的具体结论。倘若某种体系的建立，无助于得出该种个别化的判定结论，则其价值与意义将备受质疑。另外，体系的建立，也应注重其内部因素的科学合理性。“在一个体系中，‘从某种最终和内在的目的出发’的所有部分都是相互联系的；根据主导性的目的，从而事先确定了‘各个部分的范围以及它们相互间的地位’。因此，整体上是‘体系化而不是堆砌……’。”① 强调内部因素的重要性在于，只有借助于多种因素的组合，方能得出具体判定结论。并且，内部因素的筛选与排列，应当注重合理性与实用性，不可人为增添复杂性。大体而言，“理论体系的建构需要两个阶段：在第一阶段，主要是针对基本要素的提炼和归纳。在第二阶段，则是将各个要素按照一定的认知规律或逻辑方法联结起来，形成体系”②。民刑交叉案件中民事责任承担对刑事责任评判影响评价体系的建构也是如此。就民刑交叉案件中民事责任承担对刑事责任评判影响评价体系的建构来说，首先应当对民刑交叉案件中承担民事责任的各种情形进行归纳和整理，分析承担民事责任的多种情形和因素中，哪些对刑事责任评判具有影响力与作用力，哪些没有影响力与作用力。只有能够真正对刑事责任评判具有影响力与作用力的因素，才能被纳入评价体系之中。与刑事责任评判没有任何关系的因素，则应当排除在评价体系之外。其次，具体事案中民事责任承担能够影响刑事责任评判的因素较多，故应在此基础上对其进行归纳整理。最后，通过逻辑推理以及司法实践的推演，将影响刑事责任评判的民事责任承担相关因素编排成有机科学的体系。

当然，基于不同立场采用不同方法，可以得出多种建构结论，难以认为存在绝对科学、唯一合理的理论体系。只不过，作为评判体系，应当具备评判体系所应具备的基本功能。“把某物称作是‘好的’，是在说：某物符合一

① ［德］米夏埃尔·帕夫利克：《目的与体系——古典哲学基础上的德国刑法学新思考》，赵书鸿等译，法律出版社 2018 年版，第 96、97 页。

② 车浩：《阶层犯罪论的构造》，法律出版社 2017 年版，第 5-6 页。

定的标准，满足一定的标准。这些标准就是‘好’的描述性意义”①。大体而言，构建民刑交叉案件中民事责任承担对刑事责任评判的评价体系，应符合如下标准：

第一，合理性。

“法律是理性”②，司法机关在适用、贯彻法律的过程中也应以理性为指引。“人们所熟悉的理想成分的作用是在适用什么标准时看到的。许多标准都包含一种合理性的观念”③。从体系所应具有的功能出发，不管针对何种问题，也不论具有何种内容、架构，首先其必须具备合理性。之所以强调合理性，意在突出理论体系从逻辑形式到结论推导都符合逻辑性，不可出现谬误。“在某个案件中，究竟哪种方法居于支配地位，这有时也许取决于对便利性和适当性的直觉”④。质言之，民刑交叉案件中民事责任承担对刑事责任评判影响评价体系的构建，不得偏离常识和逻辑。“描述一个体系是合乎理性的，亦即说是这个体系‘由原理所构建，这些原理在相当重要的程度上解释并且正当化（或者合理化）了实践者的行为’”⑤。因此，一方面，从逻辑形式来看，民刑交叉案件中民事责任承担对刑事责任评判影响评价体系遵循基本的逻辑顺序，不应存在判断要素和判断顺序的混乱。以评判体系中判断因素的甄别为例，理应纳入评判体系的判断因素不可或缺，不应纳入评判体系的因素则必须被排除在外，故首先应尽量确保判断因素筛选的科学性与合理性。另外，评判因素的甄别中，也应根据判断的客观需要注意评判因素在评判系统中的先后顺序。也即，体系并非“拾捡而来的材料的堆砌”⑥。某些应当首先予以考量的因素必须置于评价体系的前列，而部分处于后续评判地位的因素则应置于评判体系的后部。另外，民刑交叉案件中民事责任承担对刑事责任评判影响评价体系所推导出来的结论应具有合理性，与公平正义的司法理念相契

---

① ［德］罗伯特·阿列克西：《法律论证理论》，舒国滢译，商务印书馆2020年版，第82页。

② ［英］皮洛克：《普通法的精神》，杜苏译，商务印书馆2016年版，第2页。有见解对此提出反对观点，认为“法律不是理性的而是矛盾的”。参见［英］艾伦·诺里：《刑罚、责任与正义》，杨丹译，中国人民大学出版社2009年版，第28页。

③ ［美］罗克斯·庞德：《通过法律的社会控制》，沈宗灵译，商务印书馆2010年版，第26页。有见解认为：普遍意志的问题仅仅关乎所意求之物的一般性特征，关乎所意求的东西是否有客观正当性。参见［德］施塔姆勒：《现代法学之根本趋势》，姚远译，商务印书馆2018年版，第26页。

④ ［美］本杰明·卡多佐：《司法过程的性质》，苏力译，商务印书馆1997年版，第33页。

⑤ ［英］艾伦·诺里：《刑罚、责任与正义》，杨丹译，中国人民大学出版社2009年版，第28页。

⑥ ［德］康德：《法的形而上学原理》，沈叔平译，商务印书馆1991年版，第202页。

合，“必须具有满足宪法要求的适正内容”①。也即，只有得出科学合理的评价结论，该种评价体系方能作为办理民刑交叉案件过程中处理具体个案的指导理论，“实务上令刑法的判断合理化”②。反之，如果依据该种指导理论，所得出的评价结论违背基本逻辑或者违反公平正义理念，则无疑不可取。毕竟，“结论的合理性、妥当性必须优先于逻辑的整合性”③。

第二，实用性。

所谓实用性，亦可称指导性，意指理论体系必须具有应用于具体事案的可行性。“正义和一般效用，这将是指导我们进程的两个目标。”④ 也即，所建构的相关理论体系能够用于具体事案的判定，有助于推动刑事司法实践，“它可能为判决者提供客观情势判断的标准”⑤。理论不仅要紧密联系司法实际，并且肩负服务实践、推动实践的重要使命，“对实定法水平的法的实践提供正当性基准”⑥。某种理论即便自身论证严密、说理透彻，倘若与实践完全脱节，则其现实意义将备受质疑。民刑交叉案件中民事责任承担对刑事责任评判影响评价体系的建构之所以存在必要性，源自司法实践中民刑交叉案件的办理需要解决民事责任承担对刑事责任评判影响的评价问题。易言之，司法实践民刑交叉案件中承担民事责任的情形各异，何种情形对刑事责任评判具有较大影响力与作用力因而可以取得较大的从宽处罚幅度、哪种情形对刑事责任具有较小影响力与作用力因而只能获得较小的从宽处罚幅度，是司法机关在办理民刑交叉案件时所要面对并审慎处理的问题。“在此形式上法判断被统一，实现法的安定性与事例解决的平等性受到期待。”⑦ 因而，构建民刑交叉案件中民事责任承担对刑事责任评判影响的评价体系具有重要性与紧迫性。有鉴于此，无论基于何种立场依照何种路径，所建构的民事责任承担对刑事责任评判影响评价体系必须具备指导司法实务的现实意义。

---

① ［日］松原芳博：《刑法总论》，日本评论社 2017 年版，第 37 页。

② ［日］井田良：《変革の时代における理论刑法学》，庆应义塾大学出版会 2007 年版，第 78 页。

③ ［日］前田雅英：《刑法总论讲义》，曾文科译，北京大学出版社 2017 年版，第 19 页。日本学者大塚裕史认为，对某个问题的解析主要注重三点，首先，理论的一贯性。从刑法基本原理、原则的视点出发在论理上不能存在矛盾。其次，基准的明确性。判断基准不明确，则不能用来解决具体事例。最后，结论的妥当性。作为刑法作用的法益保护与人权保障被妥当调和，和其他事例之间具有平衡。参见［日］大塚裕史：《刑法各论の思考方法》，早稻田经营出版株式会社 2003 年版，第 20 页。

④ ［美］本杰明·卡多佐：《司法过程的性质》，苏力译，商务印书馆 1997 年版，第 44 页。

⑤ ［德］阿图尔·考夫曼、温弗里德·哈斯默尔：《当代法哲学和法律理论导论》，郑永流译，法律出版社 2013 年版，第 514 页。

⑥ ［日］饭岛畅：《自由の普遍的保障と哲学的刑法理论》，成文堂 2016 年版，第 91 页。

⑦ ［日］井田良：《変革の时代における理论刑法学》，庆应义塾大学出版会 2007 年版，第 63 页。

第二节 侵权类民刑交叉案件民事责任承担对刑事责任评判影响评价体系的因素

一、侵权类民刑交叉案件民事责任承担对刑事责任评判影响评价体系因素初筛

构建民刑交叉案件中民事责任承担对刑事责任评判影响的评价体系，首先需要充分挖掘出民事责任承担对刑事责任评判具有影响力与作用力的因素范畴。只有对刑事责任评判具有影响力与作用力的因素才具有纳入评价体系的可能，不具有影响力与作用力的因素则应被排除在外。“在判决的层面上，具有影响到结果的特点之因素将被考察。”① 例如，在日本司法实务中，检察官在决定量刑建议之际所考虑的因素会列举“被害感情（有无宽恕），被害回复的有无，说合、赔偿的有无”②。民刑交叉案件中民事责任承担对刑事责任评判影响评价体系影响因素范畴的划定，需要以司法实践中丰富的司法案件为素材，通过挑选颇为完整的民刑交叉事案或者尽可能将关联民刑交叉事案中民事责任承担的所有情形作为分析素材，在此基础上提炼出可能影响刑事责任评判的相关因素并对其展开解析与筛选。

以作为民刑交叉案件典型的故意伤害事案为例，某甲与某乙发生争吵后冲突升级，某乙盛怒之下持刀将某甲砍伤。当地公安机关出具的司法鉴定结果显示，某甲遭受的伤害达到轻伤二级。案件发生后，评判某乙是否承担民事责任以及承担的不同形态民事责任，需要综合考虑不同的因素。具体而言，可能影响刑事责任评判的因素包括以下范畴：首先，某乙既可能承担民事责任，也可能不承担民事责任；在承担民事责任的情形下，既可能承担全部的民事责任，也可能只承担部分的民事责任。故行为人是否承担以及承担了何种程度的民事责任，无疑属于影响刑事责任评判的因素。其次，案件发生后，作为侵害方的某乙承担责任的主动性可能存在差异。其既可能是主动承担民

---

① ［德］阿图尔·考夫曼、温弗里德·哈斯默尔：《当代法哲学和法律理论导论》，郑永流译，法律出版社 2013 年版，第 504 页。

② ［日］宗像纪夫：《检察官からみた情状と量刑——检察官は求刑をするに际してどのように情状を考虑するの か》，《自由と正义》1978 年 29 卷 6 号，第 41 页。

事责任，也可能系被动承担民事责任，该种主动性差异是否会对刑事责任评判产生影响值得研究。有鉴于此，探究民事责任承担对刑事责任评判影响评价体系的因素范畴之时，也应对其展开分析评价，论证其是否属于评价体系的组成部分。再次，某乙与某甲及其家属沟通后承担了其应有的民事责任，某甲及其家属可能基于某乙承担民事责任的情况出具谅解书对其犯罪行为予以谅解，亦可能拒绝出具谅解书。需要考量的是，受害人及其家属对于民事责任承担出具谅解书是否成为影响刑事责任评判的重要因素。如果能够确认其对刑事责任评判具有影响力与作用力，则应将其作为评价体系的判断要素。反之，若其对刑事责任评判没有影响力与作用力，则应将其排除在评价体系之外。故论及民刑交叉案件民事责任承担对刑事责任评判影响评价体系建构，也应讨论其是否属于评价体系的判断要素。复次，某乙造成某甲的伤害结果后承担民事责任，主要以赔偿医疗费等相关费用为主要形式。值得注意的是，某乙可能具有完全的赔偿能力，能够支付全部的相关费用；某乙也可能没有赔偿能力，无法支付相关费用。建构民刑交叉案件中民事责任承担对刑事责任评判影响的评价体系，行为人承担民事责任的能力，也是需要审慎处理的问题。也即，应当探究是否应当将承担民事责任的能力作为影响刑事责任评判的相关要素。顺次，某乙造成某甲的伤害后果后承担民事责任的时间存在多种可能，其既可能在侦查阶段承担民事责任，也可能在审查起诉阶段承担民事责任，还可能在审判阶段承担民事责任，甚至可能在一审法院作出判决之后再承担民事责任。在司法实务中，评价民事责任承担对刑事责任评判所具有的影响力与作用力时，往往需要考量行为人承担民事责任的时间。因此，建构民事责任承担对刑事责任评判影响评价体系时应考察其是否属于评价体系的判断要素。最后，某乙对于造成某甲伤害后果的民事责任的承担，可能出于不同的心态。质言之，其既有可能出于认罪悔罪的积极心态承担民事责任，亦有可能并非认罪悔罪而是为了尽量争取对自己有利的从宽处罚结果而“被迫”承担民事责任。在论及民事责任承担对刑事责任评判是否具有影响力与作用力时，亦需要审查行为人的主观状态是否属于民事责任承担发挥影响力与作用力的重要因素。

二、侵权类民刑交叉案件民事责任承担对刑事责任评判影响评价体系因素检视

本书以作为民刑交叉案件典型的故意伤害事案作为素材，初步梳理出了

民刑交叉案件中民事责任承担可能对刑事责任评判产生影响力与作用力的因素。当然，这些只是经由典型事案初步筛选出的粗略因素，就民刑交叉案件中民事责任承担对刑事责任评判影响评价体系的建构而言，上述因素是否必然对刑事责任评判产生影响力与作用力，还需要展开进一步的分析和论证。有鉴于此，本书特对上述因素逐一展开分析评价，就其作为刑事责任评判影响评价体系因素的必要性展开论证。

第一，民刑交叉案件中行为人是否承担以及承担了何种程度的民事责任。

毋庸置疑，行为人在实施危害行为之后是否承担民事责任以及承担何种程度的民事责任，对刑事责任评判具有重要影响力与作用力。以故意伤害案为例，假设甲在砍伤他人之后共造成了受害人医疗费、误工费等相关损失共计 4 万多元。首先，甲是否对因伤害他人造成的相关损失作出赔偿以承担民事责任，对刑事责任评判具有影响力与作用力。也即，甲在案发后向受害人承担民事责任与甲在事后没有承担民事责任，两种情形在刑法上所遭受的评价无疑迥然有异。没有承担民事责任的场合包括无力承担民事责任和拒绝承担民事责任两种情形，前者没有承担民事责任的原因在于行为人客观上没有承担民事责任的能力，后者没有承担民事责任的理由则在于行为人尽管具备承担民事责任的能力但主观上不愿意甚至拒绝承担民事责任。无论基于何种理由，只要行为人在案发后没有承担民事责任，就无法通过民事责任承担这一能够对刑事责任评判产生积极性影响力与作用力的刑罚裁量情节获得与此相对应的特定从宽处罚结果。质言之，如同自首、立功等刑罚裁量情节，民刑交叉案件中只有现实制造了“民事责任承担”这一客观事实，才能取得与该项情节相适应的特定刑罚裁量后果。其次，民刑交叉案件中行为人就其危害行为造成的相关危害后果承担何种程度的民事责任，对刑事责任评判也具有影响力与作用力。例如，甲在案发后向受害人支付了全部赔偿金 4 万多元，与其案发后只向受害人支付了一部分赔偿金 2 万多元即仅承担了部分民事责任，两种情形对刑事责任评判所具有的影响力与作用力存在差异。毕竟，承担全部民事责任与承担部分民事责任所产生的客观效果并不等同，故而需要进行差别化评价。

之所以认定是否承担以及承担了何种程度的民事责任属于民刑交叉案件中刑事责任评判影响评价体系中的重要因素，最关键的理由在于行为人所实施的一个危害行为所引起的民事责任与刑事责任之间具有关联性。行为人通过承担民事责任，能够减少行为所导致的危害性并在客观上减轻危害后果，甚至能够在某种程度上全部或者部分修复被侵害的法益，因而其对刑事责任评判具有重要影响力与作用力。构建民事责任承担对刑事责任评判影响评价体系，首先应当将行为人是否承担以及承担何种程度民事责任作为评判体系的构成要素。当然，行为人承担民事责任的具体情况不一，有的可能承担全部民事责任，有的可能仅承担部分民事责任，故有必要将民事责任承担作为刑事责任评判影响评价体系的要素，以与刑事司法实践中的具体事案有效对应。

第二，行为人通过承担民事责任是否获得受害人及其家属的谅解。

通过司法实践中司法机关处理民刑交叉案件法律责任的基本操作，可得管窥司法机关尤其是法院在裁量刑罚时，除要重点分析行为人对被害人是否承担了民事责任以及承担了何种程度的民事责任之外，往往还需特别在民事责任承担部分重点查验有无“获得受害方谅解”。有鉴于此，构建民刑交叉案件中民事责任承担对刑事责任评判影响评价体系时亦需明确，因承担民事责任获得受害人及其家属的谅解是否应当成为刑事责任评判影响评价体系的构成要素。民刑交叉案件中民事责任承担所涉及的被害方谅解，涉及如下疑问：是否必然将受害方谅解与民事责任的承担关联在一起并将其纳入对刑事责任评判影响的评价体系中？可否认为民事责任的承担与受害方谅解属于民刑交叉案件法律责任评判的两个问题，应当将其视为两个彼此完全独立的刑罚裁量情节？在此问题上可能存在两种对立的结论及解释理由。持否定立场的见解或许主张将受害方谅解从民事责任承担对刑事责任评判影响的评价体系中剔除，令其与民事责任承担并立共同作为两个独立的刑罚裁量情节。否定说的主要理由可能在于：首先，民事责任承担主要体现在行为人对于因自身实施危害行为所导致的危害后果制造民法上的救济性效果。与此相对，受害方所出具的谅解书只是表明受害方单方对于危害行为及行为人的主观态度而已。两者具有完全不同的性质与内容。例如在死刑适用案件中，被害人谅解书通常成为极其重要的政策性因素。[①] 其次，虽说绝大多数民刑交叉案件中受害方之所以对危害行为表示谅解并出具谅解书，主要在于行为人通过承担民事责任等方式令受害方感到满意。但是，“‘将熟悉与必须相混淆’是人们常犯的

① 参见宣刚：《被害人谅解书与死刑适用的困境与出路》，《内蒙古社会科学》2016 年第 9 期，第 98、99 页。

错误"①，通常并不等同于必然。不排除可能会出现如下情况，侵权类民刑交叉案件中行为人在实施危害行为后，尽管并未承担任何民事责任，受害人及其家属基于特殊因素的考量也出具了谅解书。反之，即便行为人事后承担了全部民事责任，受害人及其家属也可能不予谅解拒绝出具谅解书。由此而观之，受害人及其家属是否出具谅解书似乎与行为人是否承担民事责任之间并无必然联系，既然如此就不应将受害方的谅解作为民事责任承担对刑事责任评判影响评价体系的要素。最后，如果将受害方谅解作为民事责任承担对刑事责任评判影响评价体系的要素，则可能会产生诸多负面效应。② 质言之，若将受害方谅解作为民事责任承担对刑事责任评判影响评价体系的构成要素，则得出只有取得受害方谅解方能获得有效的从宽处罚效果，如此可能会导致受害人及其家属对行为人漫天要价甚至恶意要挟。行为人为了获取最有利的评判影响力与作用力，往往只能被迫无奈接受受害人及其家属的漫天要价。如此一来，本来属于保障受害人及其家属的法律责任追究方向被扭曲，某种程度上可能成为纵容受害人及其家属作恶的新途径。③ 笔者作为兼职律师，曾经接受被告人委托担任某故意伤害案件犯罪嫌疑人、被告人的辩护律师。该案的基本情况是，海口市某高级中学两位同学（都系已满 16 周岁未满 18 周岁的未成年人）发生冲突，其中一位同学小王持刀将另外一位同学小丁砍伤，司法鉴定认定构成重伤二级。尽管案发后小王父母支付了全部的医疗费用并且在小丁住院期间实施了全程看护，但是司法工作人员尤其是承办法官的态度非常明确，若欲取保候审乃至最后被判处缓刑，除对受害人小丁作出赔偿之外必须取得其本人及家长的谅解书。然而，受害人小丁的家长漫天要价，直接对小王家长提出了必须另行赔偿 30 万元的要求，并表示，若不能满足该要求，便拒绝出具谅解书。小王家长为了能让小王继续读书并参加高考，无奈只能被迫接受。可见，否定说主张将受害方谅解排除在民事责任承担对刑事责任评判影响的评价体系之外，确实有其现实的理由。并且，在民刑交叉案件的司法实务中，部分法院在判决书中就刑罚裁量也明确表述为"赔偿经

---

① David Nelken, *Contrasting Criminal Justice* , England, Ashgate Publishing Ltd, 2002, p. 241. 参见张明楷：《刑法分则的解释原理》，中国人民大学出版社 2011 年版，序说第 9 页。

② 参见王瑞君：《刑事被害人谅解不应成为酌定量刑情节》，《法学》2012 年第 7 期，第 128 页。

③ 日本学者佐伯仁志认为，民刑交叉案件中过于强调损害赔偿与刑罚制裁的关系，固然有利于合理地协调损害赔偿与刑罚的关系。但是，这种做法存在的一个弊端是，可能会因为受到受害人的压力而提起有悖于刑事政策的诉讼。参见［日］佐伯仁志：《制裁论》，丁胜明译，北京大学出版社 2018 年版，第 175 页。

济损失，且取得被害人谅解”①。

与否定说相对，肯定说则主张将受害方谅解纳入民事责任承担对刑事责任评判影响评价体系，并且作为重要的判断要素。主要理由如下：首先，受害方谅解与行为人所需承担的民事责任之间具有异常紧密的联系。质言之，正是因为民刑交叉案件在构成犯罪的同时具有侵害民事权益的特征，故民刑交叉案件明显不同于危害公共安全犯罪等其他犯罪。在办理民刑交叉案件的过程中，受害方是否出具谅解书，往往以行为人是否承担民事责任作为前提。可见，行为人承担民事责任与谅解书之间具有直接的因果关系。其次，虽然司法实践中部分民刑交叉事案的行为人在没有承担民事责任的情形下，受害方也表示了谅解并出具了谅解书，但是应当注意到，该种在没有承担民事责任的情况下被受害人予以谅解的事案仅仅属于极少数的极端个案。也即，此类案件往往出于极为特殊的原因。在绝大多数案件中，被害方之所以对行为人表示谅解并出具谅解书，根本原因在于行为人承担了应有的民事责任。可见，民事责任承担对于受害方谅解具有极其重要的意义。最后，将受害方谅解作为民事责任承担对刑事责任评判影响评价体系的构成要素具有必要性。否定说所主张的将民事责任的承担与受害方谅解捆绑认定的弊端尽管有其自身的理由，但将受害方谅解作为评价体系的组成要素不仅有理有据，而且能够对民刑交叉案件的办理起到有力促进作用。质言之，否定说担心民刑交叉案件中将民事责任的承担与受害方谅解绑定在一起会导致受害方漫天要价的缺陷问题，并不能成为否定受害方谅解作为刑事责任评判影响评价体系要素的理由。

本书赞同肯定说，主张应当将受害方谅解作为民事责任承担对刑事责任评判影响评价体系的构成要素，主要基于以下理由：

首先，受害方谅解与民刑交叉案件中的民事责任承担之间具有极其紧密的关联性。

之所以在民刑交叉案件中特别强调受害方的谅解，不仅由于受害方谅解在刑民交叉案件的办理中具有特别重要的意义，更由于受害方谅解与刑民交叉案件中的民事责任承担存在极其紧密的联系，“终究的，被害人接受和解，

① 参见湖南省洞口县人民法院（2023）湘0525刑初29号刑事判决书、辽宁省瓦房店市人民法院（2023）辽0281刑初68号刑事判决书、安徽省砀山县人民法院（2023）皖1321刑初128号刑事判决书、辽宁省沈阳市于洪区人民法院（2023）辽0114刑初34号刑事判决书。

在量刑上具有重要意义……由法益侵害所引起的愤怒及被害感情得到极大缓和"①。质言之，刑民交叉案件中之所以存在受害方谅解，前提在于行为人所实施的危害行为侵害了受害人的民事权益，故行为人应承担法定的民事责任。从应然的立场出发，受害人应依据行为人承担民事责任的相关情况作出是否谅解的决定。除极少数极端性的个案之外，行为人取得受害方谅解的前提是其向受害方承担了相应的民事责任。例如，夫妻因琐事发生争吵后妻子将丈夫砍伤，事后经司法鉴定构成轻伤二级。案发后，丈夫对妻子的砍伤行为予以谅解并出具谅解书。笔者在调研中即搜集到一典型事案：海南山区某县符某盗窃郑某财物5000元并挥霍一空，经调查了解到符某系贫困户并且家中有残疾人，全家人都靠其一人打工维持生计。郑某对其深表同情，鉴于其家庭特殊情况，在符某没有承担任何民事责任的情况之下还是对其盗窃行为予以谅解并出具了谅解书。

其次，将受害方谅解纳入民事责任承担对刑事责任评判影响评价体系具有合理性。

将受害方谅解作为民事责任承担对刑事责任评判影响评价体系的组成部分，在部分司法解释中也得到了具体体现。"两高"出台的《关于常见犯罪的量刑指导意见（试行）》"三、常见量刑情节的适用"其中第十一点指出，对于积极赔偿被害人经济损失并取得谅解的，综合考虑犯罪性质、赔偿数额、赔偿能力以及认罪、悔罪程度等情况，可以减少基准刑的40%以下；积极赔偿但没有取得谅解的，可以减少基准刑的30%以下；尽管没有赔偿，但取得谅解的，可以减少基准刑20%以下。其中抢劫、强奸等严重危害社会治安犯罪的应从严掌握。从"两高"出台的指导意见中，可以明显看出指导意见将受害方谅解作为行为人"承担民事责任"这一刑罚裁量情节的具体因素。指导意见还区分了受害方谅解可能呈现的三种形态：承担民事责任并取得谅解、承担民事责任没有取得谅解、没有承担民事责任但取得谅解。并且，该解释根据民事责任承担是否取得受害方谅解的不同情形规定了可得减少基准刑的幅度。如前所述，民刑交叉案件中受害方基本上根据行为人承担民事责任的状况来决定是否予以谅解，故绝对多数案件中行为人承担民事责任是受害人予以谅解的前提。尽管在极少数案件中，在行为人没有承担民事责任的情况下受害方也予以谅解，但这种情况往往由于行为人与受害方之间存在亲属关

① ［日］小林宪太郎：《刑法总论の理论と实务》，判例时报社2018年版，第21页。

系或者其他特殊因素。在该种欠缺实际民事责任承担的情况下，依据受害方谅解等相关评价体系因素，也能对其刑事责任评判影响作出具体评价结论。

最后，将受害方谅解纳入民事责任承担对刑事责任评判影响的评价体系不会导致相关缺陷。

否定说担心将受害方谅解纳入民事责任承担对刑事责任评判影响的评价体系会导致受害方漫天要价等偏离常态的相关弊端，从而否定将其作为评价体系的判断因素。诚然，部分民刑交叉案件中确实存在受害方针对行为人意图通过承担民事责任获得谅解以获取从宽处罚刑罚效果而漫天要价甚至恶意要挟的情形。不过，即便受害方漫天要价甚或恶意要挟，受害方在要求无法被满足的情形下拒绝谅解，依据最高人民法院的司法解释等，行为人也能获得从宽处罚的法律效果。例如在司法实践中，部分故意伤害事案的行为人在支付医疗费等费用后，尽管无法与受害方达成赔偿协议从而承担全部民事责任以取得受害方谅解，但法院也会依据其业已承担民事责任的状况酌情从宽处罚。退而言之，即便受害人在刑事诉讼过程中拒绝与行为人达成民事责任承担协议，致使行为人无法通过承担民事责任而获得其谅解，鉴于该种后果完全由行为人的危害行为所导致，理应由其承担相关危害后果。例如在部分杀人案件中，行为人以极其残忍手段将受害人杀害。鉴于案件性质严重、手段残忍、影响恶劣，受害人家属强烈要求司法机关严惩。尽管行为人家属多次通过司法机关提出赔偿等请求，但是受害人家属明确拒绝，甚至表示不要赔偿只希望司法机关能依法严惩。该类案件之所以造成行为人及其家属愿意承担民事责任，但是受害方对此予以排斥、拒绝甚至完全否定的状况，根源在于行为人对受害人及其家属造成了严重伤害后果。可见，行为人所实施的危害行为对受害人及其家属造成侵害与伤害，是受害方民事责任承担能否推进、可否取得谅解的关键原因，因此需要罪责自负。

概而言之，民事责任承担对刑事责任评判影响的评价体系之所以应将受害方谅解作为重要因素，其核心在于行为人通过承担民事责任以缓冲危害行为所导致的危害结果与敌对情感。“被害人的报应感情应当在修复性正义（司法）体系中得以表明。”① 有鉴于此，不应将受害方谅解剔除在民事责任承担对刑事责任影响评判评价体系之外，而应将其作为评价体系的重要构成要素。

第三，行为人是否具有承担民事责任的能力。

“两高”《关于常见犯罪的量刑指导意见（试行）》“三、常见量刑情节

① ［日］高桥则夫：《刑法总论》，李世阳译，中国政法大学出版社 2020 年版，第 486 页。

的适用”其中第十一点指出，对于积极赔偿被害人经济损失并取得谅解的，综合考虑犯罪性质、赔偿数额、赔偿能力以及认罪、悔罪程度等情况，可以减少基准刑的40%以下。有鉴于此，刑民交叉案件中民事责任承担对刑事责任评判影响评价体系的建构，需要明确行为人的客观民事责任承担能力是否属于评价体系的构成要素。但是，上述司法解释将行为人承担民事责任能力作为评价体系构成要素的做法是否绝对妥当，可能存在疑问。

肯定说主张将民事责任承担能力作为民事责任承担对刑事责任评判影响评价体系要素的重要理由无疑在于，不同主体承担民事责任的能力不尽相同。对于具有赔偿能力等民事责任承担能力的人来说，实施危害行为后对受害人实施民事赔偿等民事责任承担行为显得较为容易。但是，对于经济状况较差的主体来说，其对于危害行为所引发的民事责任只有部分甚至完全欠缺民事赔偿能力。在此状况下，若完全不顾及民事责任承担能力，主张只有对受害方作出了有效民事赔偿才能获取对刑事责任评判有利的影响力与作用力，则会造成对富人有利而对穷人不利的后果，如此一来与司法公平正义的基本理念严重违背。① 并且从应然的立场来说，只有行为人具有民事责任承担能力，随之才具有承担民事责任的可能，在此基础上对其提出承担民事责任的要求才具有合理性。毕竟，“法律不能强人所难”，“法律不强求不可能的事项或法律不强求任何人履行不可能履行的事项”②。民法中之所以提出民事责任能力，刑法中之所以强调刑事责任能力，其根本的原因也在于此。如此一来，从公平正义的角度来说，在评估民事责任承担对刑事责任评判影响力与作用力时，必须将行为人承担民事责任的能力作为考量因素，故也应将其作为评判体系的构成要素。《关于常见犯罪的量刑指导意见（试行）》，即对该种见解持支持立场，“为了促进被告人的社会复归可以在何种程度上考虑被告人的赔偿能力，可以说是刑事政策的考虑和被害人保护这对紧张关系中最重要的问题”③。

理论与实务界鲜有对此展开具体解析，不过本书对肯定说主张将承担民事责任能力作为评价体系判断因素的立场提出怀疑。本书认为，行为人是否具有承担民事责任能力并不影响刑事责任评判，因而不能将其作为刑事责任评判影响评价体系的构成要素。之所以主张民事责任承担能力在民事责任承

① 有见解认为，让某些人获得那些其他所有人都无法得到的好处，这是不公平的。参见［英］艾伦·诺里：《刑罚、责任与正义》，杨丹译，中国人民大学出版社2009年版，第127页。

② 张明楷：《刑法格言的展开》，北京大学出版社2013年版，第396页。

③ ［日］佐伯仁志：《制裁论》，丁胜明译，北京大学出版社2018年版，第188页。

担对刑事责任评判影响评价体系中不具有影响力与作用力、不将其作为评价体系的构成要素，最核心的原因在于民事责任与刑事责任之间具有显著差异。一方面，民事责任具有承担的可替代性，而刑事责任只可由犯罪人本人承担。也即，民事责任系民事违法行为的法律后果，只不过民事责任主要以损害赔偿等为内容。民事责任中诸如赔礼道歉等法律责任原则上应由行为人本人向受害人实施，但实际上由行为人家属代为实施而受害人予以接受的，亦可取得与本人实施等同的法律效果，“第三人弥补损害的场合应该被认同”①。可见，在民事责任中，除少数以人身依附性为内容的法律责任原则上应由行为人本人承担之外，其他以损害赔偿等为内容的民事责任都可以由他人代为承担。与此相对，以刑罚为主要形式的刑事责任“是以对成为处罚对象的犯罪人的利益侵害为内容的”②，他人无法替代。刑事责任追究强调罪责自负，不得株连无辜。可见，是否可以由他人替代实施，是民事责任区别于刑事责任的关键区别。另一方面，民事责任承担能力具有一定的伸缩性，而刑事责任能力则不具备该种特性。所谓伸缩性，意指行为人是否具有承担民事责任的能力，通常难以确定。行为人或许自身确实没有承担民事责任的能力，但也可通过向亲朋好友借贷等方式来承担民事责任。例如，甲持刀将乙砍伤造成其轻伤二级的伤害后果，甲应当承担包括医疗费、误工费、营养费等在内的各种费用共计 3 万元。即便甲确实没有经济能力，依靠自身无法承担 3 万多元赔偿责任，但是其完全可以求助于亲朋好友等对其实施帮助。退而言之，即便行为人本人确实没有承担民事责任的能力，并且亦无法通过向亲朋好友借贷等方式由他人协助承担民事责任，也不能由此将民事责任承担能力作为民事责任承担对刑事责任评判影响评价体系因素的重要理由。毕竟，危害行为由行为人本人实施，理应由行为人承担全部的法律责任。在民刑交叉案件司法实践中，之所以将民事责任承担作为刑事责任评判影响的重要评价因素，理由在于行为人通过民事责任承担这一因素取得现实的积极性效果，因此刑法上有必要将其作为从宽处罚的刑罚裁量情节。也即，承担民事责任如同自首、立功等刑罚裁量情节，属于刑法对于表现好的行为人所给予的激励与表扬。况且，行为人事先能够预见也应当预见危害行为所应承担的法律责任。

---

① ［日］小林宪太郎：《刑法总论の理论と实务》，判例时报社 2018 年版，第 21 页。

② ［日］山口厚：《刑法总论》，付立庆译，中国人民大学出版社 2011 年版，第 394 页。

故而，其在危害行为实施过后，即具有承担民事责任与刑事责任的义务。① 可见，是否具有民事责任承担能力，不应作为民刑交叉案件中适用民事责任承担这种积极性刑罚裁量情节的判断因素。

将行为人的民事责任承担能力作为民事责任承担对刑事责任评判影响评价体系的因素不仅不具有科学合理性，反而会导致诸多不利的法律后果。例如，在行为人实施危害行为后，法院若以行为人没有民事责任承担能力为由给与从宽处罚待遇，无疑不当。并且，若没有民事责任承担能力就可以免除民事责任，则会导致部分违法犯罪人以没有承担民事责任能力为由予以推脱。② 此种操作方式无论是对民事责任的实现还是刑事责任的追究，都会产生诸多不利影响。可见，行为人是否具有以及具有何种程度的民事责任承担能力，不宜作为民事责任承担对刑事责任评判影响评价体系的判断因素。

或许有见解认为，若行为人确实没有承担民事责任的能力，且无法通过向亲朋好友求助等途径获得替代履行等效果，则对此一概不予考量似乎也不尽妥当。尤其是，完全不考量行为人承担民事责任的能力，仅以行为人是否现实承担民事责任来考量其对刑事责任评判的影响力与作用力，会导致对富人有利而对穷人不利的局面。不过，在笔者看来，该质疑不足以成为否定民事责任能力作为评判影响评价体系判断因素的重要理由。首先，刑事责任评判影响评价体系不考量行为人民事责任承担能力并无不妥。若行为人确实没有民事责任承担能力，且无法通过向亲友求助等途径获得替代帮助措施，那么，说明其没有制造“民事责任承担”这一积极性刑罚裁量情节的应有效果，因而不可享受该刑罚裁量情节所导致的从宽处遇。退而言之，即便行为人确实没有民事责任承担能力，倘若该种特殊状况能获得受害方谅解，也可以适用民事责任承担这一从宽处罚情节。其次，将行为人民事责任承担能力排除在民事责任承担对刑事责任能力评判影响评价体系之外，亦不会绝对导致对富人有利而对穷人不利的局面。如前，民事责任承担通常具有可替代性，即便是穷人，也并非完全没有承担民事责任的可能性。况且，民事责任承担作为民刑交叉案件中对刑事责任评判可能产生影响力与作用力的刑罚裁量情节，

---

① 既然行为人在实施危害行为后，应当承担相应的民事责任与刑事责任，那么就应当认为，承担民事责任是其本来就应当肩负的义务。也即，承担民事责任系其理所应当，故不能将其作为从轻或者减轻处罚的依据。

② 在司法实践中，以没有民事责任承担能力为由逃避民事责任的现象屡见不鲜。尽管在民事司法实务中，法院以列入“老赖”名单等方式，敦促相关责任人履行民事法律责任，但责任人采用事先转移财产等方式制造没有履行能力等事由拒绝承担法律责任的情形并不少见。

能否取得以及取得何种从宽处罚的法律效果，不仅依赖于现实的民事责任承担，还取决于受害方谅解等其他因素。以司法实践中常见的杀人案件为例，行为人在实施杀人行为后，即便对受害人家属作出赔偿承担民事责任，也并不会绝对导致死刑及立即执行的免除。对于某些恶性杀人案件，即便行为人承担了民事责任，如果罪大恶极需要判死刑的，也应当判死刑。如果需要立即执行的，法院也不会以承担了民事责任为由作出其他判决。因此，不考虑行为人的民事责任承担能力，以行为人实际承担民事责任的状况及相关考量因素作为刑事责任评判影响评价体系的判断因素，不会绝对导致“花钱买命”“对穷人不利对富人有利”等不合理因素。

第四，行为人承担民事责任的时间。

行为人实施危害行为后，承担民事责任的时间是否可得成为刑事责任评判影响评价体系的构成要素，是应认真研究的问题。既然行为人实施的危害行为同时引发民事责任与刑事责任，只要行为人最终承担了民事责任，就应充分肯定其价值与意义。由此，似乎应当认为行为人承担民事责任的时间对于刑事责任评判没有影响力与作用力，不可将其作为民事责任承担对刑事责任评判影响评价体系的构成要素。①

从民刑交叉案件司法实践来看，民事责任承担时间可以呈现多种样态。不过，从逻辑顺序而言，论及民刑交叉案件中民事责任承担对刑事责任评判的影响力与作用力，无疑存在民事责任承担与刑事责任评判的先后顺序。也即，只有在刑事责任评判结论作出之前，民事责任承担对于刑事责任评判的作用力与影响力才能显现。反之，倘若在法院就被告人的刑事责任已经作出评判结论之后才承担民事责任，鉴于刑事责任的评判结论已经形成，故无法对刑事责任评判产生影响力与作用力。由此可以得出两点结论：一方面，民刑交叉案件中民事责任承担的时间对刑事责任评判具有影响力与作用力，另一方面，决定民事责任承担对刑事责任评判产生影响力与作用力的时间应该被限定为民事责任承担在前、刑事责任评判在后，也即民事责任承担要早于刑事责任评判。当然，若民事责任承担与刑事责任评判同步展开，亦可能对刑事责任评判产生影响，但民事责任承担至少要在刑事责任评判结论作出之前才能产生影响力与作用力。只不过，民事责任承担与刑事责任评判同步展

① 2007年9月河南省郑州市二七区人民法院实施“在判决前赔偿的可以减轻刑罚”的判前赔偿制度，经由新闻报道后尽管引起“花钱买刑”等争议，但其限定了应“在判决作出前”实施赔偿等民事责任承担行为。

开的情形，需要排除法院适用刑事附带民事诉讼判决的情形。[①] 质言之，刑事附带民事诉讼判决的作出，意味着法院已经就刑事责任与民事责任作出了判定结论。或许有见解以刑事附带民事诉讼中民事责任的追究由司法机关启动为由否定民事责任承担对刑事责任评判的影响力与作用力。不过，刑事附带民事诉讼只是意味着司法机关在追究被告人刑事责任的同时应受害方的请求追究其民事责任，行为人（被告人）在刑事责任评判结论作出之前承担民事责任的，都应肯定其积极意义。

民事责任承担的具体时间固然可得对刑事责任评判产生影响力与作用力，不过能否由此认定其必然属于民事责任承担对刑事责任评判影响评价体系的判断因素？或许我们可以认为，尽管民事责任的承担时间对刑事责任评判具有影响力与作用力，但是并不意味必须将其作为评价体系的构成要素。也即，对于刑事责任评判体系的建立，民事责任承担的使命在于就具体民刑交叉事案中民事责任承担对刑事责任的影响力与作用力作出判定。判定结论固然包含了影响力与作用力有无的判断，并且民事责任承担的时间确实决定了影响力与作用力的有无，但为了使评判体系更为简洁并利于司法适用，应将民事责任的承担时间也即是否处于刑事责任评判结论作出之前认定为评判影响评价体系的前提而非构成要素。也就是说，只有行为人在刑事责任评判结论作出之前实施了民事责任承担行为的前提下，才有必要探讨民事责任承担对刑事责任评判的影响力与作用力，在此情况下讨论该问题才具有现实的意义与价值。如同发现死亡事件时，首先应确定系自杀还是他杀。如果属于自杀，则不属于刑事案件，没有必要启动刑事诉讼程序。若经确定属于他杀，属于刑事案件，才会启动刑事诉讼程序以追究刑事责任。与此同理，民刑交叉案件中行为人民事责任的承担时间，是考量该种行为是否对刑事责任评判有影响力与作用力的前提。也即，在民刑交叉案件中，只有行为人承担民事责任的时间发生在刑事责任评判结论作出之前，才有承认其对刑事责任评判存在影响力与作用力的必要。若行为人在刑事责任评判结论作出之后才承担了民事责任，鉴于刑事责任判定结论已经形成，不存在讨论民事责任承担对刑事责任评判影响的可能及必要性。即便行为人就此提出上诉甚或申诉，法院也不会以事后承担了民事责任为由对原依法作出的刑事判决作

---

① 笔者在调研中发现，在刑事附带民事诉讼中，只有在刑事判决作出前行为人承担民事责任的，法院才会将该种情形作为刑事责任评判影响的重要因素。否则，法院会在作出刑事责任评判结论的同时，就民事责任作出判决。

出更改。但是，从应然的逻辑来看，既然行为人承担民事责任的时间能够对刑事责任评判产生影响力与作用力，而民事责任承担对刑事责任评判影响评价体系的意义即在于评判具体的民事责任承担对刑事责任评判是否有以及具有何种影响力与作用力，那么民事责任承担的时间也应成为评价体系的构成要素。

第五，行为人的认罪悔罪表现。

“两高”出台的《关于常见犯罪的量刑指导意见（试行）》针对民事责任承担也指出了“认罪、悔罪程度等情况”，因此，构建民事责任承担对刑事责任评判影响的评价体系，还应考量行为人承担民事责任时是否认罪悔罪以及认罪悔罪的具体程度。也即，行为人在承担民事责任时的认罪悔罪表现是否属于民事责任承担对刑事责任评判影响评价体系的构成要素。从应然的意义上来说，行为人承担民事责任的同时应当对自己所实施的危害行为表示认罪悔罪，才能充分呈现该种行为的价值与意义。如果说以民事责任承担的客观状况呈现的是民事责任承担的客观要素，那么，要求行为人必须出于认罪悔罪的目上的，则是实现民事责任承担对刑事责任评判影响力与作用力的主观要素，损害赔偿等系“被告人自身努力及反省态度的一环”①。如此的主观认罪悔罪与客观的民事责任状况相结合，方能取得刑法上的评价效果。但是，该种见解的合理性和科学性值得质疑。在笔者看来，不应将行为人的认罪悔罪程度及表现作为民事责任承担对刑事责任评判影响评价体系的判断要素，即不能将行为人是否认罪悔罪作为评判行为人是否有效承担民事责任的重要标志。

之所以主张不应将行为人的认罪悔罪表现或者行为人是否真诚认罪悔罪作为民事责任承担对刑事责任评判影响评价体系的构成要素，主要有以下几点理由：首先，刑事诉讼法中专门设置了认罪认罚从宽制度，如果又将行为人的认罪悔罪态度作为民事责任承担对刑事责任评判影响评价体系的构成要素，则会导致行为人的认罪悔罪态度在刑法（包括刑事诉讼法）上遭受重复评价。众所周知，禁止重复评价属于刑法（包括刑事诉讼法）中的一个重要规则。也即，同一事实只能在刑法上遭受一次性评价，不能对其进行两次或者两次以上的评价。“量刑时，虽然要对各种有意义的情节必须全面评价，但也不能重复评价。重复评价导致一罪多罚、轻罪重罚（或者重罪轻罚），违反

① ［日］原田国男：《量刑判断の实际》，立花书房2008年版，第14页。

罪刑法定原则与罪刑相适应原则。”① 具体到认罪悔罪，刑事诉讼法专门设置的认罪认罚从宽，即特别针对认罪悔罪的犯罪嫌疑人、被告人所设定的从宽处罚事由。② 既然认罪悔罪态度已经属于认罪认罚从宽制度的专有考量内容③，就不应再另行将其作为民事责任承担对刑事责任评判影响评价体系的考量要素。其次，刑事司法实务之所以肯定民刑交叉案件中民事责任承担对刑事责任评判的影响力与作用力，主要在于该种行为能够产生多种客观效果。质言之，民事责任承担对刑事责任评判产生影响力与作用力的关键在于其客观效果，至于行为人的主观动机及其他主观心态，对民事责任承担的价值与意义不产生任何影响，“不问损害赔偿的动机如何，原则上都应纳入责任判断”④。有鉴于此，不应将行为人的认罪悔罪态度作为民事责任承担对刑事责任评判影响评价体系的构成要素。

第六，行为人承担民事责任的积极性。

“两高”出台的《关于常见犯罪的量刑指导意见（试行）》针对民事责任承担的情形指出了“对于积极赔偿被害人经济损失的”，不过司法实践中行为人在案发后就民事责任承担呈现出不同的态度。部分行为人在案发后对于民事责任的承担持积极主动态度，主动向受害方提出以支付赔偿金等方式承担民事责任，有的甚至为了令被害人接受其承担民事责任的效果，不惜发动相关人员劝导、说服等。与此相对，部分行为人在实施危害行为后，尽管对其行为所导致的民事责任与刑事责任具有较为明确清晰的认识，但并非主动积极承担民事责任，而是在司法工作人员的反复劝说下甚至善意逼迫下无可奈何承担民事责任。如此一来，需要明确民刑交叉案件中行为人承担民事责任的积极性是否属于民事责任承担对刑事责任评判影响评价体系的构成要素。也有学者主张，只有积极主动承担民事责任的，才能认为其所承担的

---

① 张明楷：《刑法学》，法律出版社 2021 年版，第 746 页。另参见孙万怀：《论禁止重复评价的判断标准及其适用争议问题》，《法治研究》2022 年第 2 期；聂慧苹：《禁止重复评价之刑法展开与贯彻》，《中国刑事法杂志》2015 年第 3 期。

② 具体参见陈卫东：《认罪认罚从宽制度研究》，《中国法学》2016 年第 2 期；陈瑞华：《认罪认罚从宽制度的若干争议问题》，《中国法学》2017 年第 1 期；左卫民：《认罪认罚何以从宽：误区与正解——反思效率优先的改革主张》，《法学研究》2017 年第 3 期；孙长永：《认罪认罚从宽制度的基本内涵》，《中国法学》2019 年第 3 期。

③ 参见董坤：《认罪认罚从宽制度下“认罪”问题的实践分析》，载《内蒙古社会科学》2017 年第 5 期，第 100 页；万毅：《悔罪者方从宽：认罪认罚从宽制度的实质解释——基于规范实务操作的角度》，载《人民检察》2018 年第 21 期，第 36 页。

④ ［日］原田国男：《量刑判断の实际》，立花书房 2008 年版，第 15 页。

民事责任具有从宽处罚意义。反之，若其对于民事责任承担持消极排斥态度，甚至在司法机关反复阐明利害关系之下迫不得已才作出举动，则难以认定其所实施的民事责任承担具有刑法上的重要意义。有鉴于此，似乎应将民事责任承担的积极性作为刑事责任评判影响评价体系的重要组成部分。不仅如此，既然《关于常见犯罪的量刑指导意见（试行）》明确指出了承担民事责任的“积极性”，即应以“积极性”对行为人承担民事责任的行为作出限定。

本书认为，“两高”出台的《关于常见犯罪的量刑指导意见（试行）》提出的“积极性”具有自身的合理性与科学性，只不过对于“积极性”不能作过于狭义的解读。具体而言，首先，不可将民事责任承担的“积极性”理解为“主动性”。质言之，无论是行为人主动承担民事责任还是被动承担民事责任，只要其在刑事责任评判结论作出之前承担了民事责任，即应承认其客观上通过民事责任承担制造了受害人受损权益修复等多种法律效果。无论行为人是积极主动还是消极被动承担民事责任，都不过是行为人主观上的意识差异而已。行为人的主观因素固然在犯罪论体系中占据重要地位，但是民刑交叉案件中民事责任承担之所以对刑事责任评判具有影响力与作用力，其根源在于民事责任承担所制造的多种客观效果。行为人承担民事责任时的积极性与消极性等主观因素，不能被过多赋予刑法上的意义。并且，倘若就民事责任承担对刑事责任评判的影响力与作用力设置过于苛刻的条件，无疑会导致部分承担了民事责任并且制造了客观效果的情形无法受到刑法上的积极评价，这无疑与鼓励行为人承担民事责任的总体性司法导向相违背。① 其次，对民刑交叉案件中民事责任承担“积极性”的理解，应与法律责任的承担方式关联起来。本书认为，民刑交叉案件中民事责任承担的积极性，意指民事责任承担系由行为人实施而非司法机关通过刑事附带民事诉讼判决等形式予以追究。质言之，如果民事责任由司法机关通过刑事附带民事诉讼判决的形式予以追究，则不能被评价为由行为人主动实施，无法作为刑事责任评判的考量因素。如前所述，尽管受害方在刑事诉讼中附带提起民事诉讼，只要行为人在刑事判决作出之前承担民事责任，该种行为也具有刑法上的重要意义。法院可以将该种民事责任承担行为作为刑事责任评判的考量因素，给予行为

---

① 笔者在调研中了解到，以故意伤害为代表的民刑交叉案件中，犯罪嫌疑人、被告人家属通常向司法工作人员尤其是法官明确表示，只有当经济赔偿等民事责任承担能够绝对获得从宽处罚后果时，他们才会考虑承担赔偿等民事责任。

人从宽处罚的效果。另外，倘若在刑事判决作出之前，受害方已经另行提起民事诉讼并通过审判获得了相应的民事赔偿，尽管该种情形下民事责任的实现并非由行为人主动积极实施，但是由于该种民事责任的承担在刑事责任评判结论作出之前，鉴于两种法律责任之间存在密切关联性，故而司法机关在评判刑事责任之时，也应将行为人业已承担的民事责任作为刑罚裁量情节。

由此观之，强调行为人承担民事责任的积极性，其目的在于将由司法机关通过刑事附带民事诉讼判决一并追究民事责任的情况排除在刑事责任评判影响的范畴之外。由此需要面对的问题是，行为人承担民事责任的积极性是否属于民事责任承担对刑事责任评判影响评价体系的构成要素。着眼于《关于常见犯罪的量刑指导意见（试行）》对民事责任承担规定中所强调的“积极”，似乎应该将承担民事责任的积极性作为对刑事责任评判影响评价体系的构成要素。不过，既然将承担民事责任的“积极性”理解为排除司法机关通过刑事附带民事诉讼判决追究民事责任的情形，故其在民刑交叉案件民事责任承担对刑事责任评判影响评价中的作用在于“排除性”。也即，将不符合评判条件的事项排除在评价范畴之外。如果符合“积极性”条件，说明行为人承担民事责任的情形对刑事责任评判具有影响力与作用力，可得利用评价体系对其影响力与作用力的大小展开评价。反之，若行为人承担民事责任并非出于“积极性”，则该种情形对行为人刑事责任评判不会产生影响，不存在适用民事责任承担这一从宽处罚情节的空间。可见，行为人承担民事责任的“积极性”应当作为刑事责任评判体系的构成要素。

第七，承担民事责任的主体。

在民刑交叉案件的司法实务中，在行为人需要同时承担民事责任与刑事责任双重法律责任的情形下，不少案件中的经济赔偿等行为都是由行为人的家属甚至其他有密切关系的人来实施的。因此，论及民事责任承担对刑事责任评判影响评价体系的构建，需要明确民事责任承担是否存在主体限制。也即，是否认为只有行为人亲自承担民事责任的情形才具有刑法上的意义。或者说由其家属代为承担民事责任的也能作为刑事责任评判影响的重要依据，除此之外的其他诸如同学等有密切关系的人代为承担民事责任的，不应认可其对刑事责任评判具有影响力与作用力。质言之，民事责任承担若要发挥对刑事责任评判的影响力与作用力，应当以刑事责任的属性与根基为基础来展开。刑事责任区别于其他法律责任尤其是民事责任的关键在于，刑事责任必须是罪责自负、不能牵连无辜。在民刑交叉案件中，民事责任承担固然可得对刑事责任评判产生影响力与作用力，但是该种承担应当可被评价为令被告人的刑事责任得以减少。也即，只有能够在刑法上被评价为使行为人罪责减少的事实，才能被纳入刑罚裁量情节。有鉴于此，无论是刑法中的法定刑罚裁量情节还是司法实践中的酌定刑罚裁量情节，原则上都被限定为行为人本人所具备或者自己所实施。例如，刑法中的刑事责任年龄、自首、立功乃至认罪认罚等，只有本人所具有或者自己所实施，才具有刑法上的评价意义。有鉴于此，对于民刑交叉案件中的民事责任承担，似乎也应限定为原则上必须由本人或者近亲属实施。

本书认为，不可对民事责任承担主体作过于严格的限制，主要原因在于民刑交叉案件中民事责任承担对刑事责任评判具有影响力与作用力的关键在于其有助于发挥刑罚功能、实现刑罚目的等。不仅如此，民事责任承担自身就具有可替代的属性。质言之，刑法之所以限定刑事责任能力、自首、立功、认罪认罚等必须系行为人本人所具备或者亲自实施，系只有本人具备或者亲自实施这些特定的从宽处罚事由，才能具有刑法上的意义。也即，只有行为人本人具有上述情形或者实施特定行为，才具有减轻刑事责任的可能性，他人不可替代。例如某甲在实施贩毒行为后，其在被关押期间接收了由辩护律师转交的他人重大犯罪线索，并将该线索向司法机关举报。尽管该线索涉及他人重大犯罪，但系由律师所提供而非其本人所掌握，故行为人提交由律师转交的犯罪线索不能视为其本人立功。不过，民刑交叉案件中的民事责任承担却显然不同，其对刑事责任评判的影响力与作用力重在客观效果，更兼民事责任可替代承担，故不论是行为者本人还是其近亲属、甚或同学、朋友等有密切关系的人①，只要其因与行为人存在特定关系而承担民事责任，就应承认其具有刑法上的意义，"由第三者实施赔偿的场合也是同样的"②。当然，不限定承担民事责任的主体并非意味着任何人出于任何意图，只要受害人在权利受到侵害后得到经济赔偿等就足以认定，而不论任何人出于任何意图。

---

① 本书调研组在调研中搜集到数个案例。例如，行为人违规驾驶机动车将受害人当场撞死，涉嫌交通肇事罪。案发后，司法机关敦促行为人对受害人家属实施赔偿以取得从宽处罚的效果。行为人无力赔偿，但是其情人愿意代为赔偿，并且受害人收到赔偿金后出具了谅解书。法院最后作出缓刑的处理结论。

② [日] 城下裕二:《量刑基准の研究》，成文堂 1995 年版，第 224 页。另参见 [日] 冈上雅美:《责任刑の意义と量刑事实をめぐる问题点（二）》，《早稻田法学》早稻田大学法学会第 69 卷 1 号，第 58 页。

以故意伤害为例，某甲被某乙伤害后，固然只造成轻伤一级的危害后果，但手段较为残忍。事件发生后某乙没有承担应有的民事责任，不过该案经由媒体报道后引发社会关注，某乙在短时间内收到了众多热心人士的捐赠。尽管某乙所接受捐赠的财物价值远超其所遭受的损失，但鉴于捐赠行为与实施故意伤害行为的某乙之间没有任何关联，故不应将该种财物捐赠结果认定为某乙承担民事责任的法律效果。不过，能否将行为人及其家属之外的多人筹措资金的行为绝对排除在刑法评价的范畴之外呢？例如，某教师驾驶一辆无牌机动车不慎将一环卫工人撞倒，后该环卫工经抢救无效而死亡。案件发生后，该教师无力对死者家属作出赔偿。该教师的几位学生知晓该案件后，共同筹资 100 万元交予教师家属，通过与死者家属协商后将该 100 万元作为赔偿金予以支付，死者家属出具了谅解书。该案件中，尽管赔偿给死者家属的赔偿金并非行为人及其家属所支付，但是该笔赔偿金的筹措与行为人具有紧密关联性，因而也应被认定为具有刑法上的重要意义。

可见，民刑交叉案件中的民事责任承担主体，对于评价民事责任承担对刑事责任评判影响具有重要作用。一方面，不可将承担民事责任的主体范畴限制过严，否则极易将本应纳入刑事责任评判影响评价体系的民事责任承担行为排除于外。另一方面，不能肯定与行为人没有任何关联的财物给付等都对刑事责任评判具有影响力与作用力，毕竟司法实践中社会公众捐赠等公益行为也颇为常见。可见，只要相关的财物给付行为等能够在法律上被评价为行为人承担民事责任即可，或与行为人本人承担民事责任具有同等法律属性即足以。依此，受害人的民事权益遭受侵害后，行为人本人、其近亲属、朋友等其他具有密切联系的主体所实施的相关财物给付行为，都可被认定为由行为人承担民事责任。在司法实践中，社会捐赠等与行为人没有关联的事案，特别是不以行为人名义所实施的财物给付行为，不属于民刑交叉案件中影响刑事责任评判的民事责任承担。

第八，受害人及其家属是否接受行为人的民事承担。

民刑交叉案件中危害行为发生后，若行为人在刑事责任评判结论作出之前对受害人表示承担民事责任的意愿并实施相关行为，受害人及其家属对此予以接受，无疑可得将民事责任的实际承担情况作为刑事责任评判影响评价体系的重要因素加以考量。问题是，倘若行为人在案发后对受害人表达承担民事责任的意愿，受害人及其家属对此拒不接受，应当如何处理？部分案件中，行为人甚至主动提出将所应承担民事责任的赔偿钱款等交由司法机关，但受害人拒绝接受甚至明确排斥，此类情形下如何判断行为人客观上是否承担了民事责任并评价其对刑事责任评判的影响力与作用力？

毋庸置疑，法律责任是行为人因触犯法律所应承担的相应不利后果。就民刑交叉案件来说，既然行为人应同时承担民事责任与刑事责任，且行为人以实际举动等表达承担民事责任的意愿，即便受害人及其家属对此不予接受甚至表示排斥，似乎也不能因此而完全否定行为人为承担民事责任所付出的积极努力。行为人固然希望主动承担民事责任，但民事责任未能实际承担系出于受害方而非行为人的原因。也即，民事责任承担无法实现系受害方不接受甚至强烈拒绝，不能责怪行为人。本书认为，在行为人希望承担民事责任的情况下，如果受害人方面对此不予接受使其无法实际承担民事责任，则不能认定其承担了民事责任，更不可赋予其刑法上的评价意义将其作为从宽处罚事由。之所以将受害人不予接受的情形排除在刑事责任评判影响的范畴之外，系因为行为人实际上并没有承担应有的民事责任。行为人固然愿意或强烈希望承担民事责任，甚至动员相关组织、人员甚至司法机关发挥积极作用以助力其承担民事责任，但只要受害方对此不予接受、只要其无法实际承担民事责任，就不能认为行为人承担了民事责任。如前所述，民事责任承担之所以能够对刑事责任评判产生影响力与作用力，主要在于其除了令受害人业已受损的权益得以恢复或者修复，还有利于发挥刑罚功能、实现刑罚目的。特别是，受害人及其家属因行为人所实施的民事责任承担而得到安抚，能够有效缓解甚至化解双方之间的矛盾。因此，民刑交叉案件中行为人意欲承担民事责任而受害方对此予以排斥、拒绝的，表明双方矛盾尖锐，无法通过民事责任承担缓解甚至化解矛盾，故不能就此获得刑法的积极性评价，不属于刑罚从宽处罚事由。① 退而言之，即便民事责任无法承担的直接原因系受害方对此不予接受甚至强烈排斥，但是根本原因在于其所实施的危害行为对受害方造成了严重侵害。既然行为人无法通过其实际行为减轻乃至消除违法后果、消除双方之间的矛盾，那么就不能将其作为刑事责任的评判事由。

---

① 例如劳荣枝案、宁波大学生被杀案、重庆两幼童被父亲从 15 楼扔下坠亡案件等，案件被害人家属明确拒绝赔偿等请求，坚决要求司法机关严惩。

第三节　侵权类民刑交叉案件民事责任承担对刑事责任评判影响评价体系的构建

一、侵权类民刑交叉案件民事责任承担对刑事责任评判影响评价体系的架构

如前所述，刑罚裁量的精细化是当前刑事司法所应着力推行的方向。为了有效指导刑事司法中的刑罚裁量，“两高”专门出台了《关于常见犯罪的量刑指导意见（试行）》。并且，“两高”也陆续推出指导性案例等，对具体犯罪量刑具有示范、指导意义。在对民刑交叉案件办理实践中民事责任承担对刑事责任评判影响关联的相关要素予以提炼之后，可以明确民事责任承担对刑事责任评判的影响因素主要包括以下：(1) 行为人是否承担以及承担了何种程度的民事责任；(2) 行为人通过承担民事责任是否获得了受害人及其家属的谅解；(3) 行为人是否具有承担民事责任的能力；(4) 行为人承担民事责任的时间；(5) 行为人的认罪悔罪表现；(6) 行为人承担民事责任的积极性；(7) 承担民事责任的主体；(8) 受害人及其家属是否接受民事责任的承担。

毋庸置疑，行为人的认罪悔罪表现应当作为《刑事诉讼法》中认罪认罚从宽情节的组成部分。质言之，“认罪认罚从宽”作为《刑事诉讼法》新设立的重要制度，其目的在于确认行为人对自己实施危害行为构成犯罪的事实予以承认且甘愿接受刑事处罚，故而可获得从宽处罚的法律效果。认罪认罚之所以能够获得法定的从宽处罚效果，不仅在于认罪认罚能够有效提高司法机关的诉讼效率，而且行为人对自己构成犯罪的事实予以承认且愿意接受司法机关所预计的刑罚处罚后果，故其能够体现行为人认罪悔罪的积极性，因而有必要将其作为从宽处罚的重要事由。而民事责任承担是与“认罪认罚从宽”同类的从宽处罚量刑情节，因此，不应将本属于“认罪认罚从宽”的认罪悔罪情况作为评价体系的构成要素给予重复评价。① 行为人是否具有承担民

① 在司法实践中，部分司法工作人员认为，认罪认罚并非简单地承认构成犯罪愿意接受处罚，在侵害他人权益的场合，也应对受害人的民事权益承担民事责任。因此，民事责任承担作为一个独立的刑罚裁量情节，与认罪认罚从宽之间具有何种关系、如何有效划定其界限，成为司法实践及法学研究领域的重要议题。笔者在调研中即搜集到多个案例。例如，海南省某市县发生一起因土地纠纷而导致的故意伤害案，受害人被对方打成轻伤二级。行为人主动投案，在侦查、审查起诉、审判阶段都对自己的伤害行为供认不讳，并且明确表示认罪认罚。但是，该案的主审法官认为，只有对受害人实施了民事赔偿才能被认定为“认罚”，故在行为人没有承担民事责任的情况下，拒绝认定其具有“认罪认罚”这一刑罚裁量情节。

事责任的能力，属于行为人自身状况，对行为人是否适用“民事责任承担”这一刑罚裁量情节没有影响，因而需要将其排除在评价体系范畴之外。如此一来，从原来民事责任承担对刑事责任评判影响评价体系的八个可能性因素中，筛选出两个不应当作为构成要素的因素之后，对刑事责任评判具有影响力与作用力的民事责任承担的因素还剩下六个。面对这些构建民事责任承担对刑事责任评判影响评价体系的因素，如何将其编排成一个逻辑有序、具有司法指导意义的评价体系，需要审慎思考。本书认为，针对该六个构成要素，构建民事责任承担对刑事责任评判影响评价体系需要完成如下步骤：首先，需要就民事责任承担的上述六个影响要素对刑事责任评判的影响力与作用力展开作用性解析，并在此基础上实现架构与体系建立。其次，在完成上述架构建设的基础上，针对具体要素的影响力与作用力大小作出评估性指导。也即，对于民事责任承担的要素进行分值评估，以对特定民刑交叉事案中的民事责任承担作出具体评价结论。

民事责任承担对刑事责任评判影响的评价因素可重新编排如下：（1）行为人是否承担以及承担了何种程度的民事责任；（2）行为人通过承担民事责任是否获得了受害人及其家属的谅解；（3）行为人承担民事责任的时间；（4）行为人承担民事责任的积极性；（5）承担民事责任的主体；（6）受害人及其家属是否接受民事责任的承担。构建民事责任承担对刑事责任评判影响的评价体系，首先应思考的是如何对构成要素进行编排以形成体系。以刑法的犯罪构成理论为参照，评价体系的构建有两种途径：平面式评价体系、立体式评价体系。所谓平面式评价体系，是将属于评价体系的构成要素不作阶层性区分、全部等同排列，我国传统刑法中的四要件犯罪构成理论就是典型例子。与此相对，所谓立体式评价体系，是主张作为评价体系的构成要素具有层级性或阶层性。也即，在立体式评价体系之下，会根据构成要素在评价体系中的地位与作用对其作出层级性区分。以构成要素的作用、功能为依据，部分构成要素属于优先性评价要素，部分要素只能作为后置性评价要素。至于上述两种不同的体系构建方式孰优孰劣，笔者难以作出绝对性的优劣评价结论。毋庸置疑，体系构建应当以构成要素的地位与作用为基础，如果构成要素的地位与作用等同、不存在评价的先后性，则适宜于构建平面式评价体系。反之，若构成要素的地位与作用显然有别，存在先后的位阶差异，则当构建立体式评价体系。有鉴于此，民刑交叉案件中民事责任承担对刑事责任评判影响评价体系的构建，首先应明确作为影响因子的六个构成要素，其在作为刑事责任评判影响评价体系的民事责任承担这一整体情节中处于何种地位、具有何种作用，然后在此基础上决定采用何种建构模式。

对于民事责任承担对刑事责任评判具有影响力与作用力的六个因素可作以下简要分析。“(1) 行为人是否承担以及承担了何种程度的民事责任”。其中行为人是否承担民事责任通常决定了是否适用“民事责任承担”这一刑罚裁量情节。也即，只有行为人现实承担了民事责任，才有适用“民事责任承担”这一刑罚裁量情节的可能。当然，需要排除一种较为极端的情形，即行为人没有承担民事责任，但是受害方对其予以谅解。与其相对，行为人承担民事责任的程度，则属于确认行为人实施了民事责任承担需适用这一刑罚裁量情节之后进一步考量影响力与作用力大小，故承担了何种民事责任属于刑事责任评判影响大小的因素。“(2) 行为人通过承担民事责任是否获得了受害人及其家属的谅解”。该构成要素并不影响司法机关是否决定适用“民事责任承担”这一刑罚裁量情节，原则上决定民事责任承担对刑事责任评判影响力与作用力大小的，主要是作为影响力与作用力大小的判断因素。本处之所以特别强调“原则上”，意在提及前部所指出的极端情形，即在行为人没有承担民事责任的情况下，受害方也予以谅解。在此意义上，即便没有承担任何民事责任，只要行为人能获得受害人及其家属的谅解，也能适用“民事责任承担”这一刑罚裁量情节，只不过其从宽处罚幅度存在一定程度的限制而已。“(3) 行为人承担民事责任的时间”。如前所述，只有在刑事责任评判结论作出之前，行为人所实施的民事责任承担才能发挥对刑事责任评判的影响力与作用力。可见，行为人承担民事责任的时间作为评价体系构成要素的作用主要在于符合该种条件就存在适用该种刑罚裁量情节的可能性。反之，若不符合该种时间性条件，则应排除民事责任承担这种刑罚裁量情节的适用。有鉴于此，行为人承担民事责任的时间适宜作为民事责任承担对刑事责任评判影响评价体系的前提性因素。从严格的意义上说，行为人承担民事责任的具体时间或许对刑事责任评判具有细微的影响力与作用力。如在案发后立即承担民事责任的情形，与在刑事诉讼过程中甚至审判阶段才承担民事责任的，其对刑事责任评判所产生的影响力与作用力无疑存在差异。只不过，该种差异性过于细微，可以在整体上被忽略。因此，行为人承担民事责任的时间应作为前提性因素而非影响力与作用力大小的判断因素。“(4) 行为人承担民事责任的积极性”。如前所述，行为人承担民事责任的积极性，并非等同于承担民事责任的主动性。之所以在民事责任承担中提及“积极性”，主要在于将不具有“积极性”因素的情形排除在外。也即，只有能够被评价为具有承担民事责任积极性因素的情形，才能对刑事责任评判具有影响力与作用力，将其作为刑罚裁量情节方具有必要性和合理性。反之，即便行为人承担了民事责任，若其不能被评价为具有法律上的“积极性”，则不应将其作为刑罚裁量情节。因此，行为人承担民事责任的积极性，在整个民事责任承担对刑事责任评判影响评价体系中起到“排除性”作用。有鉴于此，民事责任承担的积极性在整个评价体系中属于前置性因素而非大小判断因素。“(5) 承担民事责任的主体”。如前所述，民事责任承担作为民刑交叉中影响刑事责任评判的重要情节，其所包含的民事责任承担的主体性要素，作用也在于把无法被评价为在法律上等同于行为人承担民事责任的情形排除在评价体系之外。也即，只有与行为人自己承担民事责任等同属性的情形，方能认可其对刑事责任评判具有影响力与作用力，将其作为影响刑事责任评判的刑罚裁量情节才具有合理性与必要性。可见，民事责任承担的主体性要素，其作用也在于“排除性”。因此，民事责任承担的主体性因素，属于民刑交叉案件中民事责任承担对刑事责任评判影响评价体系的前置性因素而非大小判断因素。“(6) 受害人及其家属是否接受民事责任的承担”。在民刑交叉案件中，如果受害人及其家属对行为人所提出的民事责任承担不予接受，则不存在“承担民事责任”这一状况，自然也无须考量“民事责任承担”这一刑罚裁量情节。可见，受害人及其家属是否接受民事责任承担，是司法机关决定是否适用民事责任承担这一刑罚裁量情节的前提。因此，受害人及其家属接受民事责任承担，属于民刑交叉案件中民事责任承担对刑事责任评判影响评价体系的前置性因素而非大小判断因素。

经过对上述民事责任承担对刑事责任评判影响评价体系因素的功能性审查，本书得出两点结论。

第一，民事责任承担对刑事责任评判影响评价体系的构成要素存在作用差异。

在民事责任承担对刑事责任评判影响评价体系的构成要素中，对于“(1) 行为人是否承担以及承担了何种程度的民事责任”，可以将其区分为两个要素：“行为人有无承担民事责任”以及“行为人承担民事责任的程度”。其中，“(1) 行为人有无承担民事责任”（行为人尽管没有承担民事责任但取得受害方谅解的情况除外），“(3) 行为人承担民事责任的时间”“(4) 行为人承担民事责任的积极性”“(5) 承担民事责任的主体”“(6) 受害人及其家属是否接受民事责任的承担”这五个因素，属于决定是否适用“民事责任承担”这一酌定刑罚裁量情节的条件，属于前置性条件。与此相对，“(1) 行为人承担民事责任的程度”“(2) 行为人是否获得了受害方谅解”(包含行为人尽管没有承担民事责任但取得受害方谅解的情形)，则属于民事责任承担对刑事责任评判影响大小的要素。也即，上述两个因素并不具有决定是否适用“民事责任承担”这一刑罚裁量情节功能，只是在确定适用“民事责任承担”这种刑罚裁量情节之后下一步所应考量的作用力大小的判断因素。

第二，民事责任承担对刑事责任评判影响评价体系的构建模式初步形成。

以上分成两类的构成要素在评价体系中具有不同的功能与作用，似乎应将其分置于不同的评价地位。不过，建构何种评价体系成为问题。民刑交叉案件中民事责任承担对刑事责任评判影响评价体系的构建可以形成两种路径：平面式评价体系以及立体式评价体系。

首先，所谓平面式评价体系，即将民事责任承担可能影响刑事责任承担的几个因素直接并列排在一起。当然，所谓并列排在一起，并非简单将上述构成要素随意摆列，而是需要遵循一定的逻辑顺序。大体而言，民事责任承担对刑事责任评判影响体系可以呈现如下几种架构。

1. 直接按照逻辑顺序排列

直接按照逻辑顺序排列是主张按照司法实践中处理民刑交叉案件的通常逻辑顺序，将上述作为评价体系的判断要素予以编排。司法实践中处理民刑交叉案件时，对于民事责任承担这一刑罚裁量情节的适用，首先，考量行为人是否实施了承担民事责任的行为。当然，即便行为人没有承担民事责任，但受害方予以谅解的，也能够适用民事责任承担这一刑罚裁量情节。其次，需要考量存在排除“民事责任承担”这一刑罚裁量情节的情形。由此，需要考量“(3) 行为人承担民事责任的时间”“(4) 行为人承担民事责任的积极性”“(5) 承担民事责任的主体”“(6) 受害人及其家属是否接受民事责任的承担”。只要不具备排除适用“民事责任承担”这一刑罚裁量情节即可。反之，如果存在应当排除适用的因素，则判断到此停止。最后，依据行为人承担民事责任的程度以及是否取得受害方谅解，来具体评价该种民事责任承担对刑事责任评判产生多大的影响力与作用力。

该种直接按照逻辑排列的平面式架构表现为：

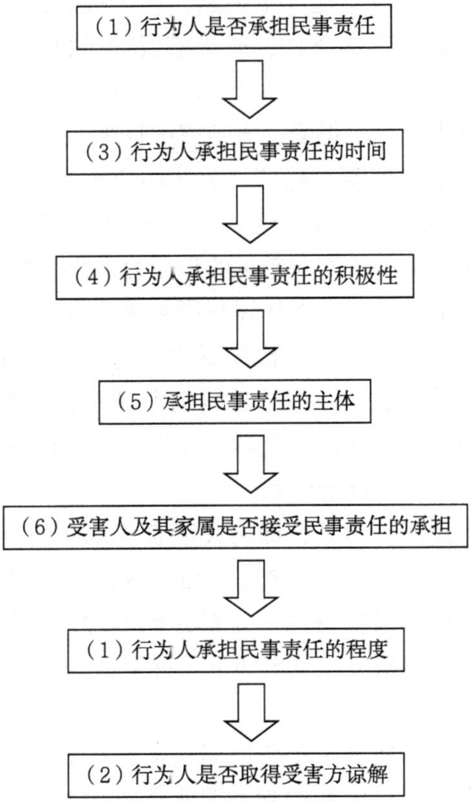

上述程序也可用图序表现为：（1）行为人是否承担民事责任——（3）行为人承担民事责任的时间——（4）行为人承担民事责任的积极性——（5）承担民事责任的主体——（6）受害人及其家属是否接受民事责任的承担——（1）行为人承担民事责任的程度——（2）行为人是否取得受害方谅解。

2. 将作为评价体系构成要素的因素分组排列

所谓将作为评价体系构成要素的因素分组排列，即依照构成要素的不同作用将其区分为不同的种类实施分类处理。质言之，既然“（1）行为人是否承担民事责任”“（3）行为人承担民事责任的时间”“（4）行为人承担民事责任的积极性”“（5）承担民事责任的主体”“（6）受害人及其家属是否接受民事责任承担”这些因素系决定是否适用民事责任承担这一刑罚裁量情节的因素，从正面而言属于适用该情节的积极性因素，从反面来说属于适用该情节的消极性因素。也即，如果上述五个因素都能得出肯定的结论，则表明有适用“民事责任承担”这一量刑罚裁量情节的必要性。反之，若缺乏上述五个因素中任何一个因素，都会导致“民事责任承担”这一刑罚裁量情节不能适用。与上述构成因素相对，“（1）行为人承担民事责任的程度”“（2）行为人是否取得受害方谅解”这两个构成要素则属于确定适用民事责任承担这一刑罚裁量情节之后进一步考量其影响力与作用力大小的问题，因而属于大小变量评估因素。依照该种思路，可将民事责任承担对刑事责任评判影响评价体系的架构划定如下：

第一类，民事责任承担对刑事责任评判影响评价的积极性因素：“（1）行为人是否承担民事责任”“（3）行为人承担民事责任的时间”“（4）行为人承担民事责任的积极性”“（5）承担民事责任的主体”“（6）受害人及其家属是否接受民事责任的承担”。

第二类，民事责任承担对刑事责任评判影响评价的变量因素：“（1）行为人承担了何种程度的民事责任”“（2）行为人是否取得受害方谅解”。

其次，所谓立体式评价体系，即根据民事责任承担这一刑罚裁量情节的适用顺序，先将整个判断过程区分为不同的阶段，再依次将评判影响评价体系的构成要素分置于不同的阶段以形成体系。对于民刑交叉案件中民事责任承担而言，无论是理论逻辑推演上还是司法实务中，其适用判断可以分为两个阶段：首先需要确认是否可以适用民事责任承担这一刑罚裁量情节，在得出肯定结论之后进一步可就其对刑事责任评判影响展开大小评价。有鉴于此，对是否能够适用民事责任承担这一刑罚裁量情节的判断系第一阶段，其包含下列因素：“（1）行为人是否承担民事责任”“（3）行为人承担民事责任的时间”“（4）行为人承担民事责任的积极性”“（5）承担民事责任的主体”“（6）受害人及其家属是否接受民事责任的承担”。只有符合上述五个因素或没有上述五个因素的任何消极条件，方能进入下一阶段的判断。第二阶段对影响力与作用力大小的判断则主要包含两个因素：“（1）行为人承担了何种程度的民事责任”“（2）行为人是否取得受害方谅解”。因此，民刑交叉案件中民事责任承担对刑事责任评判影响评价体系的立体性架构可以呈现如下：

- 第一阶段
  - （1）行为人是否承担民事责任
  - （3）行为人承担民事责任的时间
  - （4）行为人承担民事责任的积极性
  - （5）承担民事责任的主体
  - （6）受害人及其家属是否接受民事责任承担
- 第二阶段
  - （1）行为人承担民事责任的程度
  - （2）行为人是否取得受害方谅解

上述有关民刑交叉案件民事责任承担对刑事责任评判影响评价体系架构的平面式体系与立体式体系都有其理由与根据。在对二者展开比较分析的基础上，本书认为评价体系的立体式架构更为科学合理，主张以立体式作为评价体系的基本架构，理由主要在于：

一是对民事责任承担这一刑罚裁量情节的判断具有阶段性。

正如在解析应采用何种体系性架构的具体理由时所呈现的，民事责任承担作为影响刑事责任评判的重要情节，存在判断的前后阶段性。细言之，民事责任承担对刑事责任评判影响评价体系的具体构成要素并非等同排列，而是处于两个完全不同的阶段。无论是理论逻辑上还是司法实践中，民事责任承担这一刑罚裁量情节的判断都是首先判断行为人是否存在这一情节。只有在确认存在这一情节之后，才会存在后续判定影响力与作用力小大的问题。既然评价体系判断存在前后阶段性，宜采用立体式而非平面式架构，故以所谓判断逻辑为由将所有构成要素予以等同排列的做法不可取。另外，即便在平面式架构下将作为评价体系的构成要素划分为两类：前提性因素、变量因素，但其是否属于平面式架构，是要画问号的。质言之，虽然从形式上看，其似乎满足平面式架构的设定条件，但实质上并不具备平面式体系的属性。质言之，平面式架构下所有的构成要素都处于等同地位，彼此之间不存在先后逻辑关系及阶段性。但是，前述所谓平面式架构下的构成要素分类，两个类别之间具有先后的阶层关系。也即，只有在满足前提性因素的情形下，才会在此基础上考察变量因素。既然两个类别的因素之间存在先后的阶层关系，那就说明其并不符合平面式架构的设置条件。也即，虽然形式上标榜平面式架构，其实质却是立体式阶层架构。

二是民事责任承担对刑事责任评判影响评价体系采立体式架构具有诸多优势。

民事责任承担对刑事责任评判影响评价体系采用立体式架构，不仅具有合理性、正当性，并且具有判断优势。以立体式架构构建民事责任承担对刑事责任评判影响评价体系的显著优点是，该种立体式架构不仅符合人们的逻辑判断和司法操作实际，并且具有经济性等判断优势。在民刑交叉案件实务中，当辩护律师以行为人实施了民事责任承担这一事实为由请求法院考量这一情节予以从宽处罚时，若法院经过审查确认行为人根本没有实施民事责任承担（取得受害方谅解的除外）或者其所实施的民事责任承担具备该刑罚裁量情节的任一消极性要件，即可依法对该辩护意见不予采纳。可见，以立体式架构构建民事责任承担对刑事责任评判影响评价体系，令司法机关在面对辩护律师的相关辩护意见时能够作出合理回应。也即，针对民刑交叉案件中行为人承担民事责任的具体情形，只要能够确认其具有第一阶段相关要素中的任何一种消极情形，即可排除民事责任承担这一刑罚裁量情节的适用，不会存在第二阶段的判断。反之，只有在满足第一阶段判断条件之后，才会存在第二阶段影响力与作用力大小的判断。

最后，民事责任承担对刑事责任评判影响评价体系的具体架构。

民事责任承担对刑事责任评判影响评价体系的因素判断具有显著的阶段性，立体式架构的判断优势颇为明显，但到底是将评价体系分为三个阶段还是两个阶段，值得思考。之所以存在两阶段与三阶段的思维差异，主要在于评价体系中作为最后阶段的影响力大小评价，其独立性不存在异议。但是，在是否应当适用民事责任承担这一刑罚裁量情节的判断上可能会存在两种不同的思路。一种思路将决定是否适用民事责任承担这一刑罚裁量情节的所有因素都归入民事责任承担的积极性判断这一阶段。与此相对，另一种思路则是将全部因素划分为两个阶段：积极性要素判断与消极性因素判断。质言之，首先应查验行为人是否承担了民事责任（没有承担民事责任但获得受害方谅解的场合除外）。除了唯一的极端情形，如果行为人没有承担民事责任的行为，则根本不存在考量民事责任承担这一刑罚裁量情节的必要性。不过鉴于行为人承担民事责任以受害人对该承担民事责任的行为予以接受为前提，所以行为人承担民事责任这一要素，与承担民事责任的主体、受害人及其家属接受承担民事责任的行为这两个要素作为第一阶段的判断因素。确认行为人实施了民事责任承担行为之后，第二步需要审查该民事责任承担行为是否存在需要排除适用的情形。也即，对于作为构成要素的"（3）行为人承担民事责任的时间""（4）行为人承担民事责任的积极性"需要确认行为人所实施的民事责任承担行为是否存在应该排除适用的消极因素。只要行为人所实施的民事责任承担行为满足其中一个因素的消极性，即表明该种民事责任承担不会对刑事责任评判产生影响力与作用力，不具有适用民事责任承担这一刑罚裁量情节的必要性与正当性。

民事责任承担刑事责任评判影响体系的因素判断三个阶段呈现如下：

- 第一阶段
  - (1) 行为人是否承担民事责任
  - (6) 受害人及其家属是否接受民事责任承担
  - (5) 承担民事责任的主体
- 第二阶段
  - (3) 行为人承担民事责任的时间
  - (4) 行为人承担民事责任的积极性
- 第三阶段
  - (1) 行为人承担民事责任的程度
  - (2) 行为人是否取得受害方谅解

本书赞同两阶段的评价体系。其理由在于：一方面，三阶段评价体系所主张的第一阶段与第二阶段的判断因素，实际上都属于是否应当适用民事责任承担这一刑罚裁量情节的判断内容。只不过一个阶段属于民事责任承担刑罚裁量情节的正面判断，另一个阶段属于该情节所应考虑的排除因素判断。况且，将原本属于同一判断内容的因素又划分为两个阶段，与后续影响力与作用力大小的判断阶段并列，在逻辑上也存在重大缺陷。另一方面，英国学者拉兹认为，"当且仅当一种体系具有最低限度的复杂性时，这种规范性体系才是法律体系"①。尽管拉兹的上述见解针对的是法律体系，但是该见解对刑事责任评判影响评价体系的构建也具有重要指导意义。具体而言，民刑交叉案件中民事责任承担对刑事责任评判影响评价体系的构建，也应遵循上述原则，尽量降低整体复杂性，以实现对具体事案操作的指引价值。三阶段评判体系主张的所谓第一阶段与第二阶段判断，系就是否存在民事责任承担这一事实作出前提性判断。只不过前者主要着眼于积极性判断，而后者重点在于排除性判断。也即，两个判断阶段都属于影响力与作用力的前提性评判，具有同等的角色与作用，因而将其作为一个整体性评判阶段具有合理性与正当性。

二、侵权类民刑交叉案件民事责任承担对刑事责任评判影响评价体系的具体因子

明确了民刑交叉案件中民事责任承担对刑事责任评判影响评价体系的架构后，即可知晓民事责任承担作为民刑交叉案件中的刑罚裁量情节，其适用判定划分为两个不同阶段。前一阶段决定具体事案是否存在适用民事责任承

① ［英］约瑟夫·拉兹：《法律体系的概念》，吴玉章译，商务印书馆2018年版，第176页。

担的可能性与必要性。在确认存在适用这一刑罚裁量情节后，后一阶段面临评价其对刑事责任评判影响力、作用力大小的问题。可见，前阶段必要性的判断，只存在肯定与否定两种判断结论。但在后一阶段，是在肯定论基础上所作的变量判定，其目的在于评价行为人所实施的民事责任承担对其刑事责任评判具有多大的影响力与作用力。既然后一阶段属于变量评价，则需针对具体判断因素设定相应的影响因子。

侵权类民刑交叉案件中民事责任承担对刑事责任评判影响评价体系构成要素影响因子的设定，需要解决两个问题：首先，民事责任承担作为民刑交叉案件中酌定的刑罚裁量情节，其自身可得在整体刑罚裁量中达到何种分值。也即，需探明民事责任承担在整体刑罚裁量中最大能发挥多大的从宽幅度。其次，民事责任承担对刑事责任评判影响评价体系中的两个变量因素各自在评价体系中具有何种变动幅度。

第一，民事责任承担作为刑罚裁量情节在整体刑罚裁量中的从宽幅度。

民事责任承担固然属于从宽处罚的刑罚裁量情节，但是该种情节令行为人取得何种从宽处罚幅度，需要明确。参照刑法中的其他刑罚裁量情节，民事责任承担所具有的从宽处罚幅度包括如下内容：

首先，民事责任承担作为刑罚裁量情节取得从宽处罚效果的“应当”与“可以”。

作为具有从宽效果的刑罚裁量情节，民事责任承担是应当取得从宽处罚效果，还是可以取得从宽处罚效果？如果其系“应当”取得从宽处罚效果，则意味着“必须”。① 也即，只要行为人承担了民事责任即属于应受刑法评价的刑罚裁量情节，法院必须给予其从宽处罚的处遇。反之，若民事责任承担作为从宽处罚情节，其所能取得的法律效果属于“可以”，则行为人具有该种情节不必然导致绝对取得从宽处罚的法律效果。也即，行为人承担民事责任，是否会取得从宽处罚的法律效果，应由司法机关根据案件具体情况作出决断。就此问题，有见解主张，“在规范设计上，宜将民事赔偿从宽之规定作为‘可以型’量刑情节，而非‘应当型’量刑情节”。② 该种见解提出的理由主要是考虑到民事赔偿与人身危险性减弱之间并不是必然联系的。加害人对被害人作出赔偿具有各种原因和动机，而只有对那些真诚悔罪、认罪伏法的犯罪人

---

① 英国学者拉兹认为：在法律科学中，“应该”只能是一种描述性的。参见［英］约瑟夫·拉兹：《法律体系的概念》，吴玉章译，商务印书馆 2018 年版，第 60 页。

② 王志祥：《民事赔偿与刑事责任》，中国政法大学出版社 2021 年版，第 165 页。

才有从宽处罚的必要。在该种见解看来，如果将民事责任承担作为应当从宽处罚的情节，就意味着只要行为人承担民事责任就必然从宽处罚。如此则会损害民事责任承担的正当价值，与司法裁判的公平正义相违背。本书赞同该种见解，主张民事责任承担作为民刑交叉案件中对刑事责任评判有重要影响的事实，适宜被设定为“可以型”而非“应当型”从宽处罚情节。之所以作出如此限定，其理由在于：其一，民事责任承担只是民刑交叉案件中的酌定刑罚裁量情节而非法定裁量情节，对于其能否获得从宽处罚的法律效果必须慎重。就我国刑法中现有的刑罚裁量情节来看，仅有部分类似于刑事责任年龄等因素方能取得绝对从宽处罚的“应当性”法律效果，绝大多数刑罚裁量情节都只是取得“可以型”从宽处罚效果。有鉴于此，民事责任承担作为民刑交叉案件中的酌定刑罚裁量情节，宜被设定为“可以型”而非“应当型”从宽处罚情节。其二，民刑交叉案件中民事责任承担能否取得从宽处罚的法律效果，需综合全案以作出综合性的判定结论。也即，行为人即便在案发后实施了经济赔偿等民事责任承担行为，倘若民事责任承担不足以对其所实施的危害行为及损害后果产生抵销性影响，则行为人仍然不能取得从宽处罚的法律效果。例如，在司法实践中，行为人实施连环恶性杀人行为导致数人死亡，即便案发后行为人通过由其家属向受害人家属支付赔偿金、赔礼道歉等方式承担了民事责任并取得受害方谅解，但鉴于行为人的危害行为性质极其恶劣、后果极其严重，民事责任承担无法对危害行为及损害后果产生抵销性效果，故不能得出必然从宽处罚的结论。反之，在绝大多数案件中，行为人在案发后若能积极承担民事责任，通常会显著减轻危害行为业已造成的危害后果，使得部分被侵害的法益受到修复，因而能够取得从宽处罚的法律效果。综合民刑交叉案件中民事责任承担的各种情形，其对刑事责任评判影响宜采“可以型”而非“必然型”。司法工作人员尤其是法官在办理民刑交叉案件的过程中，针对民刑交叉个案中的民事责任承担，应综合具体情况以作出整体性、有针对性的判定结论。

其次，民事责任承担作为刑罚裁量情节能够整体获取的从宽幅度值。

既然民事责任承担系民刑交叉案件中影响刑事责任评判的从宽处罚情节，建构评价体系所面临的另一问题是，其具有何种从宽处罚的幅度值。也即，在基准刑选定之后，能够基于该种情节在何种幅度内实施从宽处罚。

其一，民事责任承担这一刑罚裁量情节可以与自首、立功相比较。

民事责任承担对刑事责任评判影响的从宽幅度，无疑存在限制。应当认为，作为刑罚裁量情节，其所能获得的从宽幅度可以参照自首、立功情节。也即，民事责任承担对刑事责任评判能够实际发挥的影响力与作用力，所具有的量刑从宽幅度可以相较于自首，并且可以参照立功。其理由主要在于：一方面，自首的主要作用限于犯罪行为人与司法机关之间，而民刑交叉案件中民事责任承担的主要作用则在于行为人与受害人之间，但两者都能产生积极的法律效果。刑法中所论及的自首是行为人在实施犯罪行为后自动投案并如实供述罪行的行为，即便准自首也是处于关押期间的违法犯罪人及服刑的罪犯，如实供述司法机关尚未掌握的其他罪行的情形。从自首的成立条件可以看出，自首的核心在于行为人投案的主动性及供述罪行的如实性。质言之，自动投案省却了司法机关抓捕犯罪行为人所需消耗的司法资源；并且，如实供述也呈现了行为人对司法机关追究刑事责任的行为给予有效配合。当然，自首还具备其他意义与功能，只不过就其整体的价值与意义而言，重点体现在犯罪行为人与司法机关的犯罪追诉活动之间。与此相对，侵权类民刑交叉案件具有典型的侵权特征，犯罪成立以相关的民事权益侵害作为前提①，并且都存在特定的受害人。故行为人事后所实施的民事责任承担，能够有效修复受害方被侵损的权益，减轻甚至化解行为人与受害方之间因危害行为所导致的冲突、矛盾，因而能够成为减轻刑事责任的重要理由。由此可见，自首与民事责任承担，两者都能发挥积极性作用。尤其是，民事责任承担由于救济被侵害的民事权益、修复被破坏的法益等，在部分场合具有更为明显的价值与意义。因此，在民刑交叉案件中，民事责任的承担所具有的价值和意义不亚于自首。另一方面，民刑交叉案件中的民事责任承担所能取得的从宽效果能够与刑法中的立功相参照。所谓立功，即提供举报线索，检举、揭发他人犯罪行为经查证属实等情形。立功之所以被设定为法定的从轻、减轻事由，在于立功对于社会具有贡献性。通过实施检举、揭发他人违法犯罪活动等为社会创造贡献，能够有效抵销危害行为及犯罪结果的危害性，因而刑法对立功设定了从轻或者减轻处罚的法律效果。与此相似，民刑交叉案件中的民事责任承担，具有修复业已造成的危害后果等多种积极影响力与作用力，可得抵销危害行为及危害结果的危害性，故而也能取得从宽处

---

① 在此问题上存在违法一元论与违法多元论的对立。参见童伟华：《日本刑法中违法性判断的一元论与相对论述评》，《河北法学》2009 年第 11 期；王骏：《财产罪中违法一元论与违法多元论对立之展开》，《中国石油大学学报（社会科学版）》2013 年第 2 期；王骏：《违法性判断必须一元吗？——以刑民实体关系为视角》，《法学家》2013 年第 5 期。

罚的法律效果。尤其是，立功存在大小的不同，民刑交叉案件中民事责任的承担也具有多种状态，能够与之有效对应。鉴于二者具有大体等同的功能，且具有类似性，故可以将民刑交叉案件中民事责任的从宽幅度与立功相对照。

其二，民事责任承担这一刑罚裁量情节可以与认罪认罚从宽制度相比较。

民刑交叉案件中民事责任的承担与认罪认罚从宽制度相比，何者对刑事责任评判具有更大的作用力与影响力，也是确认其从宽幅度时值得解析的问题。本书认为，民刑交叉案件中民事责任承担对刑事责任评判所具有的影响力与作用力要大于认罪认罚从宽情节。之所以得出上述结论，其理由主要在于，认罪认罚情节所具有的主要作用在于行为人与司法机关的追诉行为之间。众所周知，认罪认罚从宽是《刑事诉讼法》修改之后新近设立的制度。从《刑事诉讼法》对认罪认罚从宽所设定的具体内容来看，其核心在于被告人因实施犯罪被追诉的过程中，对于所触犯的犯罪表示认同并愿意接受相应刑事处罚。认罪认罚对刑事责任评判的影响力与作用力主要体现在与司法机关的犯罪追诉关系上。如前所述，认罪认罚之所以能成为刑事司法中的从宽处罚情节，主要理由与自首相似，都缘于行为人自案发后在犯罪追诉活动中所呈现的积极性表现。只不过，认罪认罚主要展现行为人认罪态度好并愿意接受相应刑事处罚，能够有效提升司法机关的办案效率以节约司法资源。与此相对，民刑交叉案件中民事责任承担则是直接对应于原有危害行为所造成的法益侵害，其主要价值、意义在于通过承担民事责任使被侵害的法益得到修复。如前所述，民刑交叉案件的侵权特性非常明显，民事责任承担行为有利于减少并修复受损的法益侵害。易言之，民事责任承担与民刑交叉案件构成犯罪的法益侵害之间具有直接且紧密的关联性，因而具有重要意义。由此观之，认罪认罚、民刑交叉案件中的民事责任承担都属于行为人在犯罪之后的积极表现，且都有利于整体性降低犯罪行为的客观危害性或主观罪过。就民刑交叉案件中民事责任承担对刑事责任评判影响评价体系的建构而言，其所具有的价值与意义不亚于认罪认罚。本书认为，所谓民事责任承担所具有的价值与意义“不亚于”认罪认罚，是主张民事责任承担对刑事责任评判所发挥的作用要大于、至少等于认罪认罚。

《关于常见犯罪的量刑指导意见（试行）》指出，对于自首，综合各种情形可以减少基准刑的40%以下；犯罪较轻的，可以减少基准刑的40%以上或者免除处罚。另外，一般立功可以减少基准刑的20%以下，重大立功的，可以减少基准刑的20%至50%；犯罪较轻的，减少基准刑的50%以上或者免除处罚。针对民刑交叉案件中的民事责任承担，该指导意见则认为综合犯罪性质等情况，可以减少基准刑的40%以下。由此可见，该指导意见将民事责任承担作为民刑交叉案件刑事责任评判的因素，认可其所能发挥的最大从宽效果为基准刑的40%，与自首基本相当，只不过要略低于重大立功。尤其是，该指导意见针对民事责任承担，没有规定在犯罪较轻的情形下可得免除处罚。本书认为，以民刑交叉案件中民事责任承担所具有的积极性社会效应等多重因素为根基，可将民事责任承担所能发挥的积极性从宽法律效果提升至与重大立功等同的程度。也即，可将民刑交叉案件中民事责任承担所能发挥的最大从宽效果提升至基准刑的50%。特别是，对于比较轻微的民刑交叉案件，如果行为人承担了民事责任，甚至可以免除处罚。

第二，民事责任承担对刑事责任评判影响评价体系中的具体变量因素。

首先，民事责任承担对刑事责任评判影响评价体系两个因素的具体变量。

民事责任承担对刑事责任评判影响评价体系构成要素中具有两个变量因素：行为人承担民事责任的程度、行为人是否获得受害人及其家属的谅解。依据《关于常见犯罪的量刑指导意见（试行）》，积极赔偿但没有取得谅解的，可以减少基准刑的30%以下；尽管没有赔偿，但取得谅解的，可以减少基准刑20%以下。以就针对上述指导意见，可见其对两个变量在整体民事责任承担中所占据的比例值存在如下指导：既承担民事责任又取得谅解的，可以最大获得基准刑40%以下的从宽幅度；仅承担民事责任没有取得谅解的，可以最大获得基准刑30%以下的从宽幅度；仅获得受害方谅解没有承担民事责任的，可以最大获得基准刑20%以下的从宽幅度。依此，单纯存在获取受害方谅解这一因素，在民事责任承担这一刑罚裁量情节中可获得50%的分段值。与此相对，单纯存在民事责任承担这一客观事实的，在民事责任承担这一整体性刑罚裁量情节中可得获取75%的分段值。如果两种因素共存，如何确定各自的比例？从《关于常见犯罪的量刑指导意见（试行）》来看，客观上承担民事责任的程度这一要素所发挥的作用，要大于获得受害人及其家属谅解这一要素。依此，我们似乎应当认为民事责任承担在这一刑罚裁量情节整体中所占据的分段值更大。也即，在承担民事责任与取得受害方谅解两个变量因素之间，承担民事责任这一因素在总体情节中所占据的比例至少要大于50%。依据《关于常见犯罪的量刑指导意见（试行）》，单独取得受害方谅解这一要素可得获得50%的分段值，单独存在民事责任承担这一要素可获得 75% 的分段值。有鉴于此，同时存在民事责任承担与受害方谅解的，可以将民事责任承担这一部分的分段值调整在 60% 左右，取得受害方谅解这一部分的分段值设定在 40% 左右。当然，法律规范及其适用不同于数学等领域，无法达到类似于数学的精确性。尽管如此，在法律解释及法律适用之上，多方仍然可以达成共识。

一种观点认为，《关于常见犯罪的量刑指导意见（试行）》之所以将客观的民事责任承担作为这一刑罚裁量情节的主要成分，其主要理由可能在于：既然民事责任承担作为独立的刑罚裁量情节，其重点即在于行为人是否实施了承担民事责任的行为。并且，民事责任承担作为独立的刑罚裁量情节，其核心也在于民事责任承担具有客观的现实意义。质言之，无论是希求减轻危害行为所造成的危害后果，还是缓冲业已造成的法益侵害，都需要行为人实施民事责任承担行为。退而言之，取得受害方谅解尽管属于民事责任承担这一刑罚裁量情节的重要构成要素，能够发挥其对于刑事责任评判的影响力与作用力，但其在民事责任承担这一刑罚裁量情节中只能占据从属地位。毕竟，除唯一极端情形外，受害方是否予以谅解，有赖于行为人是否实施经济赔偿等民事责任承担行为。可见，原则上，只有行为人实施了承担民事责任的行为，受害方才会出具谅解书予以谅解。可见，受害方谅解属于行为人承担民事责任所引发的后果。故而，不应将受害方谅解作为民事责任承担这一刑罚裁量情节的主要组成部分，赋予其超过 50% 的分段值。另外，受害方谅解在民刑交叉案件民事责任承担的认定中并非可有可无。毕竟，民刑交叉案件中行为危害性判定等主要以受害方权利侵害作为重要标准。与此相适应，民刑交叉案件中的法律责任追究，也以恢复被侵害的权益尤其是有效缓解双方因危害行为所导致的矛盾为重要使命。有鉴于此，最高人民法院认定，在极端情形之下即便行为人没有承担民事责任，但能取得受害方谅解的场合，也应认可其在刑法上的重要意义。因此，也不能在民事责任承担这一刑罚裁量情节中对取得受害方谅解设置过低的分段值。

另一种观点认为，最高人民法院将承担民事责任的具体状况作为评价体系变量评价部分的主要因素、获取受害人家属谅解作为次要因素，该种处理方法是否绝对合理，值得思考。可能在部分人看来，相对于行为人所实施的民事责任承担，受害方谅解在民事责任承担这一刑罚裁量情节中占据更为重要的地位，理应取得主导性的分段值。民事责任承担之所以作为重要刑罚裁量情节，其核心在于能够有效缓解危害行为所导致的行为人与受害人之间的紧张关系。行为人实施民事责任承担固然重要，但是作为行为后果的受害方谅解更为关键。毕竟，行为为结果提供服务。也即，民事责任承担作为刑罚裁量情节，其对刑事责任评判所能发挥的作用主要体现在行为所导致的社会效果上。因而，受害方谅解应当在民事责任承担对刑事责任评判影响评价体系的变量评价中占据主导地位，其所取得的分段值应当大于民事责任承担这种客观行为因素。因而，取得受害方谅解应当在评价体系中占据不少于50%的分段值。

本书认为，相较于客观上承担民事责任的状况，取得受害方谅解具有极其重要的意义。如在诈骗案件中，行为人诈骗受害人10万元。案发后行为人只返还给受害人5万元，但其与受害人签署了后续还款协议并且取得了受害人谅解。行为人在刑事责任评判之前固然只承担了部分民事责任，但是鉴于该承担部分民事责任的行为获得了受害方谅解，故法院能由此认定其对刑事责任评判具有重要影响力与作用力。与此相对，部分案件中即便行为人承担了部分民事责任，但是若其未能取得受害方谅解，则其承担民事责任的行为对刑事责任评判所能发挥的作用极其有限。甚至，法官可能对该情节轻描淡写。以生活中常见的故意伤害案件为例，行为人与受害人发生争吵之后升级为打斗，将受害人打伤构成轻伤一级。受害人在医院住院期间，行为人家属支付了全部的医疗费，并且安排家人前往医院为受害人实施看护。该案以故意伤害罪起诉到法院后，辩护律师与法官沟通，表示对检察院指控的事实没有任何异议，希望能判处缓刑。法官明确向辩护律师表示，若想判处缓刑，必须取得受害方谅解。若无法取得受害方的谅解书，则不存在适用缓刑的空间。可见，民刑交叉案件中行为人是否取得受害方谅解，对刑事责任的评判具有重要影响，其影响力与作用力不亚于行为人所实施的民事责任承担行为。有鉴于此，民事责任承担与取得受害方谅解这两个评价体系的变量因素，其各自可得发挥的作用各占一半。也即，民事责任承担占50%，取得受害方谅解占50%。

其次，民事责任承担对刑事责任评判影响评价体系两个因素的具体应用。

既然能够确认民事责任承担对刑事责任评判影响评价体系两个变量因素的分段值，在具体事案中即应依据客观情形，对其评判影响作出评价结论。

其一，行为人客观上承担了多大程度的民事责任。

行为人客观上承担民事责任的具体状况，存在变量因素。如有的民刑交叉事案中行为人可能承担了100%的民事责任，而有的案件中行为人可能只承担了50%或者30%的民事责任。之所以得出该种结论，在于绝大多数民事侵权案件都以侵权损害赔偿作为民事责任的主要内容与形式。民事赔偿以受害人遭受的权利损失为标准，具有相对明确的赔偿标准，故能确定具体赔偿数额。因此，司法实务中，适用民事责任承担这一刑罚裁量情节，需要根据行为人承担民事责任的具体状况来作出评判结论。例如，若行为人对受害人实施伤害行为，构成故意伤害罪的同时，应当承担10万元赔偿金的民事责任。如果行为人向受害人支付了6万元的赔偿金，则表明其承担了60%的民事责任，法官应根据承担民事责任的分段值乘以60%，而后得出实施承担民事责任这一行为所能获得的分值。

其二，行为人承担民事责任是否获得了受害方的谅解。

在侵权类民刑交叉案件司法实务中，行为人是否获得受害方谅解存在两种情形：获得谅解及没有获得谅解。因而，本部分不存在具体变量因素，只是根据受害方谅解的有无作出简单区分即可。细言之，在存在受害方谅解的场合，依行为人承担民事责任的具体状况计算出该部分所应取得的分段值，再加上受害方谅解所应获得的分段值，而后共同计算出民事责任承担这个整体量刑情节所能取得的从宽幅度。反而言之，若未能取得受害方谅解，则只能依据行为人承担民事责任的具体状况计算出该部分的分段值，在此基础上就民事责任承担作为刑罚裁量情节计算出整体的从宽幅度。特别说明的是，作为民刑交叉案件中民事责任承担这一刑罚裁量情节的唯一极端状况，行为人未承担民事责任但获得了受害方谅解，也能适用该评价体系计算出其对刑事责任评判的影响。例如，行为人故意毁坏他人财物，造成财物经济损失10万元。案件发生后，行为人没有赔偿能力故没有承担民事责任，不过受害人对其表示同情并出具了谅解书。对此，既然其没有承担民事责任，只需计算获得受害方谅解这部分所能获得的50%的分值，然后乘以民事责任承担作为刑罚裁量情节总体所能获得的50%的从宽幅度。整体而言，行为人能够获取50%乘以50%共计25%的从宽幅度。司法机关在确定该案的量刑基准刑后，乘以25%的从宽幅度，即能计算出行为人最后的宣告刑。

民事责任承担对刑事责任评判影响评价体系可作如下呈现：

- 民事责任承担对刑事责任评判影响评价体系
  - 第一阶段
    - （1）行为人是否承担民事责任
    - （3）行为人承担民事责任的时间
    - （4）行为人承担民事责任的积极性
    - （5）承担民事责任的主体
    - （6）受害人及其家属是否接受民事责任承担
  - 第二阶段
    - （1）行为人承担民事责任的程度（50%）× 变量
    - （2）行为人是否取得受害方谅解（50%）

说明：

第一，民事责任承担作为民刑交叉案件中的刑罚裁量情节，整体上可得获取基准刑 50% 以内的从宽幅度；

第二，行为人即便没有承担民事责任，但获得受害方谅解的，跳过第一阶段判断，直接进入第二阶段，可获得整体评价体系 50%分值，然后乘以从宽幅度。

第五章

侵权类民刑交叉案件法律责任的追究模式

第一节 侵权类民刑交叉案件法律责任追究的现实困境

依据《民法典》侵权责任编，侵权行为及侵权责任存在多种具体类型。[①] 侵权行为在造成侵权损害结果的同时，往往可能同时又触犯刑法构成犯罪，故因实施侵权行为而导致需要同时适用民法与刑法是司法实践中常见的现象。[②] 法律责任是违法行为的必然后果，民刑交叉案件发生后，如何准确判定法律责任并促进法律责任得以充分承担，是摆在司法机关面前的两大具体任务。一方面，对于民刑交叉案件所关涉的两种法律责任，司法机关应作出准确评判结论。另一方面，民刑交叉案件法律责任评判的过程中，如何同时促进法律责任得以充分承担，也是民刑交叉案件司法实务中应重点关注的问题。

当前，我国侵权类民刑交叉案件法律责任追究面临着一些较为突出的现实困境，主要体现为实体性困境与程序性困境。

一、侵权类民刑交叉案件法律责任追究的实体性困境

侵权类民刑交叉案件中的“民刑交叉”表明了该种事案同时涉及民法与刑法的适用。之所以需要适用民法，在于侵权行为违反了民法规范，因而应运用民法规范认定其民事责任。之所以需要适用刑法，在于侵权行为可能触犯刑法构成犯罪，故应依据刑法判定其是否构成犯罪，并在确定构成犯罪的情形下判定其刑事责任。所谓“可能”，意指该种事案具有构成犯罪的“可能

① 侵权责任具体可以细分为：产品责任、机动车交通事故责任、医疗损害责任、环境污染责任、高度危险责任、饲养动物责任、物件损害责任。

② 参见龙宗智：《刑民交叉案件中的事实认定与证据使用》，《法学研究》2018 年第 6 期，第 3 页。

性”，存在适用刑法作出犯罪成立与否评判结论的必要性。倘若某个侵权行为仅仅属于轻微的民事违法行为，则不会关涉犯罪与刑法，无疑不属于“民刑交叉”的范畴。可见，明显不涉及犯罪与刑罚的轻微侵权行为，应当被排除在“民刑交叉”的范畴之外。明显构成犯罪的侵权行为，由于能够确定其同时触犯民法与刑法，故其法律责任评判通常不存在问题。在民刑交叉案件法律责任追究司法实务中，经常面临的困境是部分事案上存在罪与非罪的判定疑问。

民刑交叉案件犯罪成立与否的判定结论极其重要，“某个行为是否能够被评价为犯罪是刑法学的核心对象”①。之所以强调犯罪成立与否评判结论的重要性，主要在于：首先，犯罪成立与否的评判结论对侵权行为当事人有重要影响。一方面，犯罪成立与否的评判结论对侵权行为人具有重要影响。倘若侵权行为被得出不构成犯罪的结论，则意味着侵权行为人仅需承担民事责任。反之，如果侵权行为被认定同时构成犯罪，则侵权行为人在依法承担民事责任的同时，还应承担刑事责任，而刑事责任通常以刑罚为内容。另一方面，犯罪成立与否的评判结论对侵权受害人亦具有重要影响。如果侵权行为被判定同时成立犯罪，则意味着受害人既可以通过民事诉讼等途径维护民事权益，也能在刑事诉讼过程中借助国家机关公权力以寻求司法救济。反之，若侵权行为被作出不构成犯罪的判定结论，则受害人只能寻求民事诉讼等途径以实现民事权益保护。其次，犯罪成立与否的评判结论决定刑事责任的有无。刑事责任是犯罪的直接法律后果。简言之，“没有犯罪就没有刑罚，没有刑罚就没有犯罪”②。明显同时构成犯罪的民刑交叉案件，由于触犯刑法构成犯罪的结论较为明确，故刑事责任判定及追究不存在疑问。成为问题的是，对是否构成犯罪存在重大疑问的民刑交叉案件。只有首先作出成立犯罪的判定结论，才能在此基础上论及刑事责任追究的问题。最后，犯罪成立与否的评判结论影响民刑交叉案件的诉讼程序。明显不涉及犯罪与刑法的侵权行为，属于单纯的民事违法行为，故其民事责任追究仅仅涉及民事诉讼程序。侵权行为同时明显触犯刑法构成犯罪的民刑交叉案件，鉴于两种法律责任的判定结论明确，故追究法律责任的诉讼程序较为清晰。例如，公安司法机关针对犯罪行为无疑要启动刑事诉讼程序追究刑事责任，受害人可依法提起刑事附带民事诉讼，或者依法单独向法院提起民事诉讼。但是，对是否构成犯罪存在重大

---

① ［日］高桥则夫：《刑法总论》，李世阳译，中国政法大学出版社2020年版，第13页。

② 张明楷：《刑法格言的展开》，北京大学出版社2013年版，第186页。

疑问的民刑交叉案件则存在诸多不确定因素，致使诉讼程序呈现多种形态。例如，侵权行为涉嫌犯罪需要动用刑法作出评判结论，倘若公安机关在立案阶段即作出了不予立案的审查结论，即表明案件无须启动刑事诉讼程序。公安机关立案启动刑事诉讼程序后，针对民刑交叉案件的具体案情，可能作出撤销案件的决定以终止刑事诉讼程序，也可能在侦查终结后将案件移送检察院审查起诉。检察机关在审查起诉阶段，针对民刑交叉案件的具体案情可能作出起诉决定，也可能作出不起诉决定。在审判阶段，法院针对民刑交叉案件的具体案情可能作出有罪判决，也可能作出无罪判决。可见，民刑交叉案件犯罪成立与否的判定结论以及与此相关的附随结论，是刑事责任追究的前提。

在民刑交叉案件法律责任追究司法实务中，通常面临罪与非罪的判定困境。当然，造成该种法律责任判定困境具有多重原因，主要归因于法律规范的抽象性、案件事实的法律归纳、司法工作人员的法律解释技术。具言之，首先，法律规范的抽象性容易导致罪与非罪的判定困境。法律规范是抽象的行为规范表述[①]，“没有哪项具体命题或条文是不证自明的”[②]。鉴于其具有高度的抽象性，故容易产生理解上的分歧。以诈骗类犯罪为例，刑法条文仅表述“诈骗”。何为“诈骗”？容易产生理解分歧。[③] 其次，案件事实的法律归纳也容易导致罪与非罪的判定困境。尽管具体事实较为清晰，但是如何将其提炼作出法律归纳，可能存在多种路径及结论。[④] 例如，在向银行贷款存在困难的情况下，私营企业主使用虚假产权证明向他人高息借款，将部分借款用于生产经营，后基于多种原因企业破产致使其无法偿还借款。对于该种事实，有的将其归纳为虚构事实骗取财物，有的则将其归纳为采用欺骗手段向他人借款。无疑，不同的法律归纳方法及结论，会导致行为人面临不同的法律适用结论。细言之，如果将案件事实归纳为虚构事实骗取财物，则无疑应当依《刑法》条文认定其构成诈骗罪。反之，如果将案件事实归纳为采用欺骗手段向他人借款，则只是借款手段存在一些欺骗因素而已，仅仅属于单纯的民事

① 凯尔森即将法律定义为：规范性的强制秩序。参见［德］罗伯特·阿列克西：《法概念与法效力》，王鹏翔译，商务印书馆 2020 年版，第 16 页。

② ［美］霍姆斯：《法学论文集》，姚远译，商务印书馆 2021 年版，第 161 页。

③ 参见张明楷：《诈骗犯罪新论》，法律出版社 2021 年版，第 65 页。

④ 德国学者拉伦茨认为，法条要适用在实际事件，即事实上发生的案件事实上。这只有在已发生的案件事实被陈述之后，才有可能。在判决的事实部分出现之“案件事实”，是作为陈述的案件事实。基于此项目的，事实必须被陈述出来，并予以整理。参见［德］卡尔·拉伦茨：《法学方法论》，陈爱娥译，商务印书馆 2003 年版，第 160 页。

违法行为，不涉及刑法与犯罪。最后，司法工作人员的法律解释技术也容易导致罪与非罪的判定困境。“潜藏在逻辑形式背后的判断，关乎相互竞争的各种立法性根据的相对价值和重要性，这判断固然经常是不明不白和浑然无觉的，却正是整个诉讼活动的根基和命脉之所系。”① 法律解释技术是理解法律规范并将其适用于具体事案的专业性技术。不同的解释主体基于自身的专业素养、思维习惯等，无疑具有不同的法律解释技术。即便是作为专门从事司法工作的公安人员、检察官、法官，他们的法律解释水平也参差不齐。退而言之，同属法官，可能面对同一案件也会作出不同的判定结论。正因为如此，才有必要在诉讼程序中设置一审、二审及审判监督程序。“当两个解释者分别对所及规范的目的抱有不同的看法时，那么该规则就可能导致彼此不统一的结果。”② 尤其是，民刑交叉案件涉及民法与刑法两大法域，科学解析具体犯罪的犯罪构成并实现具体事案与刑法规范的完美契合，有赖于司法工作人员具有较高的法律解释水平。由上可知，在多重因素的综合作用下，民刑交叉案件法律责任追究经常面临罪与非罪的判定疑问。

民刑交叉案件法律责任追究所面临的罪与非罪的判定困境，容易导致多种弊端。首先，民刑交叉案件司法实务经常面临罪与非罪的判定困境有损司法公信力。如前所述，民刑交叉案件之所以经常面临罪与非罪判定疑问，既有客观因素的作用，也有主观原因。倘若由于客观因素的作用，致使罪与非罪的判定疑问在所难免，或许情有可原。但在民刑交叉案件的司法实务中，经常出现犯罪成立与否的判定结论不一致甚至严重冲突的情形，这无疑对司法公信力会造成严重损害。本书第一章、第二章所列举的部分典型案例中，有的先行被判定构成犯罪，后续又被宣告无罪；有的先行被判定构成此罪，后续又被改判构成他罪。或许有见解认为，若前后都被判决有罪，只是前后所判决的罪名不同，似乎并不属于民刑交叉案件法律责任追究所面临的罪与非罪判定困境，也不至于对司法公信力造成损害。本书认为，在刑事诉讼前后都判决有罪的情形下，即便只是犯罪罪名认定有偏差，也会造成司法判定结论的前后不一致，从而损害司法公信力。之所以得出该种结论，一方面在于法院前后判处的具体罪名不一致，也会令公众得出“司法机关办错案”的结论。另一方面，既然前后所判处的罪名不一致，与其相适应的刑罚处罚后

---

① ［美］霍姆斯：《法学论文集》，姚远译，商务印书馆 2021 年版，第 160 页。

② ［德］罗伯特·阿列克西：《法律论证理论》，舒国滢译，商务印书馆 2020 年版，第 12 页。

果通常也会存在差异。“刑罚是表达谴责的实体”[1]，尤其是，不同犯罪之间刑罚处罚后果差距过大，在所判罪名发生改变的情况下，刑罚处罚后果通常会面临重大差异。由此观之，前后犯罪罪名认定的不一致，也会损害司法公信力。至于民刑交叉案件司法实务中所发生的犯罪判定结论完全不一致的情形，无疑对司法公信力会造成更为严重的损害。其次，民刑交叉案件司法实务经常面临罪与非罪的判定困境容易造成侵犯行为人权利的危害后果。民刑交叉案件司法实务中存在的罪与非罪判定困境，若将原本认定有罪的判定结果更改为无罪判定结论，虽然从形式上说令行为人摆脱了错误追诉、错判有罪的状态，发挥了司法保护公民权利的作用，但行为人曾遭受不当刑事追诉、面临有罪的错判，本身就是权利遭受侵害的过程。其他类型的罪与非罪判定错误，更容易造成侵害行为人权利的客观危害。可见，民刑交叉案件司法实务中只要面临罪与非罪的判定困境，就容易造成不当刑事追诉及犯罪成立与否判定结论冲突，存在侵犯行为人权利的风险及危害后果。与此同时，民刑交叉案件司法实务经常面临罪与非罪的判定困境也容易造成不能及时保护受害人民事权益的弊端。若行为人实施的侵权行为应追究刑事责任，但司法机关在犯罪成立与否的判定上存在重大分歧，致使对应刑事立案的事案不予立案、应追究刑事责任的不追究刑事责任，则会导致受害人原本可以通过借助刑事诉讼实现权益保护的救济遭受阻碍。最后，民刑交叉案件司法实务经常面临罪与非罪的判定困境可能对诉讼程序及法律责任追究产生消极影响，导致应否追究刑事责任及犯罪成立与否的判定结论不准确，容易对不应追究刑事责任的事案启动刑事诉讼予以刑事追诉，或者将应追究刑事责任的事案排除在刑事诉讼程序之外。如此，会造成刑事诉讼程序的不当运作，进而对法律责任追究产生消极性影响。

二、侵权类民刑交叉案件法律责任追究的程序性困境

侵权类民刑交叉案件法律责任追究的程序性困境，主要着眼于民刑交叉案件司法实务中办案程序上所存在的相关疑问或者冲突。大体而言，侵权类民刑交叉案件法律责任追究的程序性困境主要表现在以下几点。

---

① ［德］安德烈亚斯·冯·赫希：《该当量刑概论》，谭淦译，中国人民大学出版社 2023 年版，第 4 页。

（一）侵权类民刑交叉案件所涉诉讼程序的困境

侵权类民刑交叉案件不仅涉及两种法律责任，而且通常需要运用民事诉讼与刑事诉讼两种诉讼程序，因而呈现出较强的复杂性。司法实践中通常存在诉讼程序的选择性难题。有的主张先行启动刑事诉讼程序，待刑事诉讼程序终结后再另行提起民事诉讼；有的主张先行提起民事诉讼，待民事诉讼程序终结后再启动刑事诉讼程序；有的则主张民事诉讼、刑事诉讼互不干涉、各自独立。《全国法院民商事审判工作会议纪要》对民刑交叉案件程序作出了部分规定，但尚未涉及刑事处罚后民事侵权责任追究问题，而司法实践对此也一直争议较大。

侵权类民刑交叉案件法律责任追究的司法实务中，“先刑后民”程序处理模式备受推崇。司法工作人员在处理民商事类纠纷案件或者经济纠纷类案件的过程中，倘若发现侵权行为可能涉嫌触犯刑法构成犯罪，一般都会裁定驳回起诉，将案件移送至公安机关。司法实践中部分民刑交叉案件的民事诉讼审理甚至以该案所涉的刑事诉讼审判结果为审理依据。当然，部分民刑交叉案件采取“先刑后民”处理模式的理由在于，民事诉讼需要以刑事诉讼的审查结果作为判定依据。以（2016）最高法民申字 793 号案件为例，红海公司总经理王某以公司名义向赵某借了 300 万元，后来王某因为涉嫌合同诈骗罪被公安机关立案侦查。赵某到法院提起民事诉讼诉请红海公司归还借款。但是，红海公司声称王某没有代表权及代理权，并且认为赵某对这一事实知情。本案审理中，法官认为赵某对王某无权代理的事实是否确实不知情与是否应当知情的事实决定了王某是否成立表见代理影响涉案合同的效力。最高人民法院在判决书中指出，该案审理应以涉嫌犯罪的刑事案件审理结果为依据。①

侵权类民刑交叉案件所涉诉讼程序的困境主要表现在：首先，司法机关对于民刑交叉案件所涉两种诉讼程序的处理从整体上看没有统一标准。在民刑交叉案件司法实务中，面对所涉法律责任追究的难题，司法工作人员对部分同类事案的处理可能采用不同的处理方法。例如，当事人以经济纠纷为由向法院提起民事诉讼，在案件审理过程中当事人一方声称该案可能涉嫌犯罪。

---

① 当然，有的民事案件的审理不需要等待刑事案件的审理结果。在（2016）最高法民申 3016 号案中，最高人民法院认为，本案的借款担保法律关系所涉法律事实与案外人的犯罪事实并非同一事实，也没有充分证据证明上述事实足以影响担保合同的效力和担保人的责任承担，因此，本案的审理不需要等待刑事案件的审理结果。

部分法院可能以涉嫌经济犯罪为由，依据《最高人民法院关于在审理经济纠纷案件中涉及经济犯罪嫌疑若干问题的规定》第十一条裁定驳回起诉并将案件移送至公安机关；但是部分法院可能认为该案不涉嫌经济犯罪从而继续审理。质言之，对于何为“涉嫌经济犯罪”，不同法院可能存在不同的判定标准及判定结论。或许有见解认为，可凭公安机关的立案决定书认定是否“涉嫌经济犯罪”。诚然，如果公安机关出具了正式的立案决定书，法院无疑可以依此裁定驳回起诉。问题是，法院在审理过程中发现“涉嫌经济犯罪”的时间，通常要早于公安机关的立案决定书作出的时间。退而言之，即便公安机关接到涉嫌经济犯罪的报案线索，面对同一案件事实可能作出不同的立案审查决定。笔者在调研中即了解到一案例：老家位于海南省某市的王某，其哥哥系省直单位正厅级干部。王某多次向他人宣称，其哥哥作为省管正厅级干部，每年有5个公务员岗位指标，只要大学本科毕业，年龄不超过30岁，即能通过购买公务员岗位指标获取公务员岗位及身份。在王某多次游说下，其老家同村6名大学毕业生家长向王某各交纳了20万元的公务员岗位指标费。王某还曾数次以通知去海口市政府办公楼面试为由，将6名大学毕业生带至海口市政府大院门卫处，之后又以领导临时要参加重要会议等为借口声称面试改期。6名大学生迟迟未能接到上班通知，家长感觉受骗，要求王某退还所交纳的公务员岗位指标费共计120万元。王某却称已将公务员岗位指标费交给了领导，无法退还。6位家长到当地公安机关报案，公安机关以“公务员岗位指标费”明显不符合常理、不存在刑法上的客体侵害等为由认定该案仅系普通经济纠纷，要求当事人向法院起诉。其后，6位家长聘请律师，律师以王某长期住在海口、每个岗位指标费的一半都在海口交纳作为管辖依据，向海口市公安机关提交报案材料。海口市公安机关经审查后认定该案涉嫌犯罪，遂以诈骗罪立案。由此可见，同一案件事实，向不同地区公安机关报案，所获得的审查结论完全相反。主张以公安机关对民刑交叉案件的审查结论认定“涉嫌经济犯罪”及采用“先刑后民”追究模式的依据，在部分场合可能面临冲突。可见，何种情况下必须“先刑后民”，何种情形下不得实施该种限制，有必要进一步规范明确。其次，民刑交叉案件刑事诉讼程序的启动及运行往往存在冲突。所谓刑事诉讼程序的启动及运行存在冲突，意指民刑交叉案件中刑事诉讼的实际启动及其运行状态与法律规范的应然性之间存在不一致。具体表现为：应当启动刑事诉讼程序的未能启动、不应启动刑事诉讼程序的却启动；应当撤销的刑事诉讼案件未能撤销、不应撤销的刑事诉讼案件却予以撤销。民刑交叉案件的司法实务中，同种案件面临的刑事诉讼程序可能存在重大差异。

侵权类民刑交叉案件所涉诉讼程序困境的原因主要在于：首先，侵权类民刑交叉案件所涉诉讼程序的处理法律依据不足。当前司法机关对民刑交叉案件启动诉讼程序的依据主要有《民事诉讼法》第一百二十四条、第一百五十四条，《最高人民法院〈关于适用中华人民共和国民事诉讼法〉的解释》，《最高人民法院关于在审理经济纠纷案件中涉及经济犯罪嫌疑若干问题的规定》。但是，《民事诉讼法》及其司法解释只是笼统规定了法院可以作出相关处理决定，缺乏针对民刑交叉案件的专门性规定。即便最高人民法院出台的规定具有专门性，但是针对民刑交叉案件的诉讼程序规定的内容极少。作为重要的“第十一条”，只是规定法院审理经济纠纷，在发现涉嫌经济犯罪时应当作出裁定并移送公安机关。如前所述，该条规定的内容过于笼统，容易导致矛盾和冲突。其次，民刑交叉案件刑事立案审查等刑事司法工作质量有待提高。侵权类民刑交叉案件刑事诉讼程序之所以面临多种处理结论的冲突，既存在客观因素，也有主观原因。从客观方面来说，刑事立案审查水平不高、民刑交叉案件过于复杂等，容易造成民刑交叉案件刑事诉讼程序的冲突；从主观方面而言，未能认真领会、没有认真把关甚至明知不符合《刑事诉讼法》的相关规定而恶意实施刑事诉讼行为，都会造成民刑交叉案件刑事诉讼程序的冲突。

（二）侵权类民刑交叉案件所涉两种诉讼程序的冲突

侵权类民刑交叉案件所关涉的两种法律责任涵盖了两种诉讼程序。从应然的角度说，无论是民事诉讼还是刑事诉讼，都服务于法律责任追究，两者不应该存在冲突。尤其是，民刑交叉案件的两种法律责任因同一侵权行为所导致，两者之间存在极其紧密的联系。有鉴于此，侵权类民刑交叉案件所涉两种诉讼程序应当围绕一个同一的司法目标进行，似乎彼此之间不应存在冲突。但是，侵权类民刑交叉案件所涉的两种诉讼程序在司法实务中存在部分冲突。

第一，侵权类民刑交叉案件所涉两种诉讼程序的证明标准存在冲突。

以事实为根据、以法律为准绳，是司法领域的座右铭。无论是民事诉讼中还是刑事诉讼中都有证明标准，只有符合证明标准的事实方能被确认为法律事实。民事诉讼与刑事诉讼都表现为针对案件事实适用法律，但是，刑事诉讼法与民事诉讼法所规定的证明标准存在重大差异，刑事诉讼证明标准被认为高于民事诉讼证明标准。[①] 质言之，《最高人民法院关于适用〈中华人民共和国民事诉讼法〉的解释》（简称《民事诉讼法解释》）第108条[②]采取了“高度盖然性”的标准。所谓“高度盖然性”，即要求案件当事人一方所提出的证据能够证明案件事实存在的概率比不存在的概率大。以当事人提起的离婚诉讼为例，一方要求取得孩子抚养权，对于其提出的“与其生活更有利于孩子成长”的理由及依据，法院对于该事实的审查标准即“高度盖然性”。与此相对，刑事诉讼程序证明标准则更高，不仅要达到“犯罪事实清楚、证据确凿充分”之状态，并且要“排除合理怀疑”。可见，除了从正面确认犯罪事实存在，还应从反面排除合理怀疑。依此，“疑罪从无”成为刑事诉讼的当然结论。在此意义上说，既然刑事诉讼的证明标准远高于民事诉讼的证明标准，经由刑事诉讼程序确认的案件事实，似乎可以直接被民事诉讼所接受。反之，经由民事诉讼程序确认的案件事实，不可直接被刑事诉讼所接受。在民刑交叉案件司法实务中，普遍存在民事诉讼直接援引刑事诉讼审查结论的现象，甚至法院在审理经济纠纷过程中，若认为案件涉嫌经济犯罪，通常作出驳回起诉的裁定并将案件移送公安机关处理。但是，该种处理是否绝对科学合理，值得反思。质言之，即便从应然的角度认定刑事诉讼程序对案件的审查更为严格、证明标准更高，但是司法实务中民刑交叉案件经常发生的刑事判决结论冲突表明“办错案”现象在刑事诉讼领域并不是新闻。

第二，侵权类民刑交叉案件所涉两种诉讼程序的诉讼制度存在冲突。

民事诉讼以起诉的民事权利义务关系为审查对象，鉴于包含诉权在内的民事权益属于公民意思自由的范畴，故缺席审判被认为是民事诉讼的应有内容。我国民事诉讼法即明确规定了缺席审判的具体内容。依此，民事诉讼的原告、被告都可以拒不到庭，或者未经许可中途退庭。法院根据具体情形依法作出不同的处理决定。如原告不按时出庭，法院可以按照撤诉处理；被告经传唤拒不到庭的，法院可以缺席判决。与此相对，刑事诉讼以审查违法犯

---

① 主要原因也是因为刑事诉讼程序最终对犯罪嫌疑人作出的刑罚比民事诉讼程序中的处理结果更严酷，因而刑事诉讼的证明标准要比民事诉讼的证明标准更高一些。

② 第一百零八条的具体规定为：对负有举证证明责任的当事人提供的证据，人民法院经审查并结合相关事实，确信待证事实的存在具有高度可能性的，应当认定该事实存在。

对一方当事人为反驳负有举证证明责任的当事人所主张事实而提供的证据，人民法院经审查并结合相关事实，认为待证事实真伪不明的，应当认定该事实不存在。

法律对于待证事实所应达到的证明标准另有规定的，从其规定。

罪事实、追究刑事责任为使命。对于犯罪事实的审查，原则上必须有犯罪嫌疑人、被告人亲自参与。或许有见解认为，依据《刑事诉讼法》，即便没有犯罪嫌疑人、被告人口供，其他现有证据能够足以证明的，也能认定犯罪事实；相反，如果只有犯罪嫌疑人、被告人口供，便不能认定犯罪事实。由此可见，犯罪嫌疑人、被告人是否亲自参与刑事诉讼，似乎并非刑事诉讼程序的必备要件。但是，该种见解的合理性值得商榷。本书认为，既然刑事诉讼的目的在于审查犯罪事实以依法追究刑事责任，尤其是在确认存在犯罪事实的情形下必须追究刑事责任，那么从程序正义的基本原理出发，原则上犯罪嫌疑人、被告人本人必须亲自参与刑事诉讼。我国《刑事诉讼法》对审判阶段特别设立的被告人最后陈述，即赋予被告人诉讼主体地位保障人权的重要体现。刑事诉讼中的缺席审判原则上不被允许。之所以强调“原则上”，系因为我国《刑事诉讼法》通过修改设定了三种可以缺席审判的情形。①

民事诉讼法与刑事诉讼法在缺席审判制度上的差异，致使民刑交叉案件所涉两种诉讼程序的运行存在冲突。如在民刑交叉案件司法实务中，侵权行为人可能在实施违法行为后携款潜逃。无论该种民刑交叉案件采用何种诉讼程序处理模式，都会因“缺席审判”的制度差异产生诉讼冲突。质言之，侵权违法行为人携款潜逃，即便案件经由刑事立案启动刑事诉讼程序，鉴于侵权违法行为人尚未被抓获，所以刑事诉讼程序只能暂时中止。如果案件涉嫌经济犯罪，法院只能裁定驳回起诉。在此情况下，待刑事诉讼程序终结后才可依法提起民事诉讼。由于刑事诉讼原则上不允许缺席审判，故只有抓获犯罪嫌疑人、被告人之后，才能继续推进刑事诉讼程序。若长时间内犯罪嫌疑人、被告人没有被抓获，则意味着受害人不仅不能通过刑事诉讼程序寻求司法保护，而且无法依靠民事诉讼途径寻求司法救济。退而言之，即便民刑交叉案件并不涉嫌经济犯罪，违法行为人携款潜逃，受害人也能依法向法院提起民事诉讼。在此状况下，刑事诉讼因违法行为人潜逃暂时中止，法院不能缺席审判。司法实务中，经由刑事诉讼程序采取的冻结账户、扣押物品等刑事强制措施，对民事诉讼程序的推进通常会产生消极性影响。

第三，侵权类民刑交叉案件所涉两种诉讼程序的协同配合等存在短板。

民刑交叉案件涉及民法与刑法的适用，不仅涉及民事责任与刑事责任的

---

① 依据我国《刑事诉讼法》，刑事诉讼中可以缺席判决的三种情形包括贪污贿赂犯罪案件、严重危害国家安全犯罪、恐怖活动犯罪案件嫌疑人在境外、被告人患有严重疾病无法出庭、被告人死亡。详见《刑事诉讼法》第二百九十一条、第二百九十六条、第二百九十七条。

评判，在确认构成犯罪的前提下还需追究两种法律责任，故对司法工作人员的实务操作水平提出了较高的要求。其中最为重要的，即公、检、法等司法机关的协同配合。但是，在民刑交叉案件司法实务中，协同配合往往面临诸多短板。以民刑交叉司法实务中常见的经济类事案为例。若法院在审理经济纠纷的过程中，发现案件涉嫌经济犯罪，则会裁定驳回起诉并将该案件整体移交至公安机关。如果公安机关经审查后认定涉嫌经济犯罪证据不足，以达不到刑事立案条件为由将案件退回至法院，则法院将处于极其尴尬的两难境地。可见，在经济型民刑交叉案件的司法实务中，法院与公安机关在法律责任追究上通常存在衔接困难问题。① 当然，导致法院与公安机关在民刑交叉案件诉讼程序中衔接困难的原因，包括案件移送标准不统一、衔接程序规范不完善，以及部分民刑交叉案件刑事立案水平不高等。

民刑交叉案件法律责任追究具有复杂性。尤其是随着民刑交叉案件数量日益增多，且一些新情况、新特点不断呈现，为了有效应对司法实践中的疑问与难题，需要司法工作人员具备较高的专业化办案水平。例如，性质难以界定的民刑交叉案件对公安机关工作人员正确处理案件的能力要求考验很大，应着力克服接警处置程序不规范以及部分分工不够明确等问题。② 民刑交叉案件司法实务中，对案件办理具有重要影响的“‘同一事实’‘同一法律事实’‘同一法律关系’等诸多较为模糊的概念通常使得基层法院的部分法官感到无所适从”③。民刑交叉案件法律责任追究困境归因于多种因素。其中，包括法官在内的部分司法工作者未能准确把握、合理适用民刑交叉案件诉讼程序转换的相关条件，未能提升民刑交叉案件办理的专业化水平，是导致民刑交叉案件法律责任追究面临困境的重要原因。“对于疑难复杂的民刑交叉案件，往往鉴于民刑边界不清、相关法律规范适用面临困惑，故司法工作者对案件具体定性通常依赖于自身的经验与逻辑判断，因此主观性较强，不同主体得出的结论很可能不相同。”④

概而言之，我国侵权类民刑交叉案件法律责任追究面临着一些较为突出

---

① 参见王亚明：《民刑交叉案件法院与公安衔接机制新探》，《社会科学家》2021 年第 1 期，第 100-101 页。

② 参见李竺芸、农学谦：《公安机关接处刑民交叉案件的困境及其出路——基于广西基层公安机关执法的实证分析》，《广西警察学院学报》2022 年第 6 期，第 75 页。

③ 参见汪明亮：《刑民交叉案件的处理规则与原则》，《法律适用》2019 年第 16 期，第 14 页。

④ 参见姜涛、张子炎：《刑民交叉案件处理的宪法路径》，《江苏行政学院学报》2021 年第 6 期，第 117 页。

的现实困境。本部分所提出的实体性、程序性困境，系民刑交叉案件司法实务中较为突出的疑难议题。针对困境的有效破解，需要对侵权类民刑交叉案件法律责任追究的现有模式展开评析，从中发现产生困境的具体原因及需要采取的提升策略。

第二节　侵权类民刑交叉案件法律责任追究的现有模式评析

大体而言，我国侵权类民刑交叉案件法律责任追究共有三种模式。具体表现为："先刑后民""先民后刑""刑民并行"。每一种法律责任追究模式均非完美无瑕，在具有自身优势的同时，难免存在缺陷与不足。有鉴于此，本书对侵权类民刑交叉案件法律责任追究的具体模式展开具体介评。

一、"先刑后民"责任追究模式评析

"先刑后民"责任追究模式，即主张民刑交叉案件中在刑事诉讼程序与民事诉讼程序产生交叉竞合时，优先适用刑事诉讼程序而非民事诉讼程序。具有代表性的见解主张，启动与推进刑民交叉案件的诉讼程序，应以"先刑后民"为原则，以"刑民并行"或"先民后刑"为补充或例外。① 在部分人看来，"先刑后民"② 在民刑交叉案件中成为案件处理的一般原则③。

主张民刑交叉案件法律责任追究采用"先刑后民"的主要理由在于：

第一，重刑轻民传统法律思想的影响。

针对民刑交叉案件法律责任关涉的两种诉讼程序，"先刑后民"模式倡导刑事诉讼的优先地位，主张先行启动刑事诉讼程序，只有刑事诉讼终结之后才允许提起民事诉讼，被认为一定程度上是受到"重刑轻民"传统法律思想

---

① 参见黄祥青：《刑民交叉案件的范围、类型及处理原则》，《法律适用》2020 年第 1 期，第 65 页。

② 1985 年和 1987 年最高人民法院、最高人民检察院、公安部先后两次联合发布了《关于及时查处在经济纠纷案件中发现的经济犯罪的通知》（已于 2013 年废止）与《关于在审理经济纠纷案件中发现经济犯罪必须及时移送的通知》，客观上强化和固定了处理刑民交叉案件的"先刑后民"思路。1998 年出台的《最高人民法院关于在审理经济纠纷案件中涉及经济犯罪嫌疑若干问题的规定》（于 2020 年 12 月修正），在坚持刑事优先原则的基础上，有限度地提出了刑民分开处理的某些情形。

③ "先刑后民"在实践中适用的范围广，对案件审理的影响很大，但实际上除了部分司法解释对此有所提及，并没有哪一条法律明确将其规定为一项司法指导原则。

的深刻影响而形成的。[①] 众所周知，在我国传统法律制度中，刑法占据主导地位。与此相适应，我国传统法律思想也突出刑法的重要性。尽管改革开放以来，伴随社会经济的飞速发展，民商事法律规范占据越来越重要的地位，但是重刑轻民的传统法律思想仍然具有较强的影响力。在该思想的影响下，“先刑后民”责任追究模式无疑倾向于强调刑法及刑事诉讼的优势地位。

第二，刑事诉讼具有介入国家公权力的相对性办案优势。

相较于民事诉讼，刑事诉讼具有介入国家公权力的相对性办案优势。质言之，民事诉讼是法院解决民事纠纷的活动，尽管民事诉讼由法院作为审判机关主导，且明显有别于仲裁、民间调解等纠纷解决途径，但是，法院作为审判机关，只是依法对民事争议作出裁决而已。除非法律有明确规定，法院不会利用公权力过多介入民事纠纷。例如，法院对民事诉讼案件可以调解，调解不成的，法院只能依法作出判决，而不可强迫当事人必须接受调解。与此相对，刑事诉讼是司法机关追究刑事责任的法定程序。为了实现追诉犯罪、保护人民的目的，法律赋予司法机关侦查权、审查起诉权等权力。由于国家公权力介入，司法机关能够对涉案的人、财、物等行使国家强制力。例如，刑事诉讼中公安司法机关具有采取刑事强制措施的权力，可得对犯罪嫌疑人、被告人适用刑事拘留、逮捕、监视居住等刑事措施；[②] 司法机关对涉案财物具有查封、冻结、扣押等权力。但是，该种国家权力并不为民事诉讼所具备。即便当事人认为有必要采取诉讼保全措施等，也只能向法院提出申请，由法院作出决定。民刑交叉案件关联到刑法与民法的同时适用，鉴于刑事诉讼有国家公权力的介入，故通常能借助国家公权力取得相对明显的办案优势。具体而言，首先，“先刑后民”责任追究模式先行启动刑事诉讼程序，有利于及时固定违法犯罪证据。刑事诉讼经由立案启动后，侦查机关即对案件展开侦查。与民事诉讼主要依靠当事人搜集证据相比，侦查机关行使侦查权无疑在证据搜集等方面具有优势。[③] 其次，“先刑后民”责任追究模式先行启动刑事诉讼程序，有利于及时控制违法犯罪嫌疑人。民刑交叉案件经由刑事立案后，公安机关可以对犯罪嫌疑人、被告人采取强制措施。对于逃避刑事诉讼的，

---

① 张永江、曹岚欣：《论刑民交叉案件中被害人的保护》，《湘江法律评论》2020年第16卷，第109页。

② 公安机关不具有决定适用逮捕强制措施的权力，若公安机关认为犯罪嫌疑人具有逮捕的必要性，只能申请检察院批准逮捕。

③ 民事诉讼中的举证责任在于诉讼当事人。与此相对，刑事诉讼中的举证责任则在于司法机关。检察机关向法院提起公诉后，代表国家承担举证责任。

公安机关还可以通过发布通缉令或者网上追逃等方式，敦促其尽早归案。再次，“先刑后民”责任追究模式先行启动刑事诉讼程序，有利于及时对涉案财物采取控制措施，有效减少甚至避免财物转移情形的发生。例如，民刑交叉案件经由刑事立案后，公安机关可得对涉案财物实施查封、扣押等，能够有效防范犯罪嫌疑人、被告人转移资产，从而取得促进维护当事人民事权益的法律效果。最后，“先刑后民”责任追究模式先行启动刑事诉讼程序，有助于司法机关取得维护社会稳定的效果。正如本书第二章所论及的，某些涉嫌经济犯罪的民刑交叉案件受害人众多，在此状况下先行启动刑事诉讼程序，能够有效平息受害人情绪，有助于维护社会稳定。“倘若基于打击犯罪与维稳的需要以及对社会法益优先予以保护的考量，先刑后民原则的确与当前的社会利益与司法需求相契合。”[①] 因此，有见解认为，刑事优先原则的成立，有法益考量的社会优先、法律责任的举重明轻以及事实认定的刑事优位这三点法理予以支撑。[②]

民刑交叉案件法律责任追究采“先刑后民”的处理模式固然有其自身的理由与优势，但是该种处理模式是否绝对正当合理，不无疑问。大体而言，“先刑后民”的处理模式面临如下质疑或批评。

第一，作为“先刑后民”责任追究模式基础的重刑轻民思想存在缺陷。

“先刑后民”责任追究模式被认为以重刑轻民的传统法律思想为基础。不过，重刑轻民思想有其特殊的根据和理由，是特定历史时代的产物。在强调改革开放、重视经济发展的社会主义新时代，重刑轻民的传统法律思想显然已不合时宜。以其为基础主张民刑交叉案件法律责任推行“先刑后民”的处理模式，容易引发诸多负面效应。在部分学者看来，“先刑后民”造成了刑民界限的模糊化，并对惟刑化与重刑化的倾向进行了强化；“先刑”观念对刑法是二次违法规范形式的基本刑法原理构成了违背，在一定程度上造成了对前置法权威的损害；助长了社会猎奇心理，造成司法资源浪费较为严重且效果不佳；使得犯罪总量增加，导致监狱的关押压力增加；还会使得某些人进行哀情表演，利用社会舆论对司法机关进行绑架；“先刑观念”还很有可能造成对刑法进行片面解释，对刑法技术的正确运用不利。[③] 刑事优于民事的实质是

---

① 王智杰：《刑民交叉案件现实困境的突破——以先刑后民原则为视角》，《中共郑州市委党校学报》2020 年第 4 期，第 41 页。

② 龙宗智：《刑民交叉案件中的事实认定与证据使用》，《法学研究》2018 年第 6 期，第 6 页。

③ 参见杨兴培：《刑民交叉案件中“先刑观念”的反思与批评》，《法治研究》2014 年第 9 期，第 68-71 页。

重视公权惩罚，轻视私权利保护，导致受害人的民事权利被剥夺；而且在一定程度上否定了法院审判权的同一性以及裁判的权威性。①

第二，“先刑后民”责任追究模式存在不当使用甚至滥用国家公权力的危险。

依据最高人民法院的相关规定，经济类民刑交叉案件法律责任追究是“先刑后民”处理模式可得适用的主要领域。民刑交叉案件司法实务中，司法机关有时基于保障受害人民事权益等因素的考量采取“先刑后民”的处理模式，或者在刑事附带民事诉讼中敦促行为人先行承担相应民事责任。这样一来，尽管可能有利于对受害人遭受侵害的权利进行有效救济，但如此之举也会使得潜在的法治风险升高。② 并且，鉴于“先刑后民”责任追究模式所介入的国家公权力在证据搜集等方面的资源优势，部分司法机关在办理民刑交叉案件时容易对这一处理模式予以不合理适用甚至滥用，即不管何种类型的案件，只要涉及“民刑交叉”，均一律适用“先刑后民”的处理模式。这样的处理方法不仅破坏了正常的诉讼秩序，甚至使部分根本不构成犯罪、无须适用刑事诉讼程序的案件也被纳入刑事诉讼的适用范畴，从而引发不当使用司法资源等消极性后果。“一切法律问题皆源于某些司法谬见或法律滥用”③，尤其是，采取“先刑后民”的处理模式会导致司法机关产生非法插手经济纠纷的违规违法现象，而且也构成了对法院依法独立行使审判权的司法原则的违背。④ 更为极端的是，个别司法机关存在以“以刑代民”恶意追究法律责任的现象。譬如，2018 年发生的“鸿茅药酒案”，无疑严重损害了司法公信力。退而言之，即便某些民刑交叉案件可能具有构成犯罪的表象但实质上仅违反民法规范，如果不对案件实施严格审查即直接启动刑事诉讼程序，无疑会导致民事违法行为人被错误追究刑事责任，严重侵害当事人合法权益的同时，也会对司法公平正义造成严重损害。

第三，“先刑后民”责任追究模式可能不利于保护公民权利。

“先刑后民”处理模式容易造成侵害公民权利的危险及后果。首先，在民

---

① 参见张永泉：《法秩序统一视野下的诉讼程序与法律效果的多元性——以竞合型刑民交叉案件为视角》，《法学杂志》2017 年第 3 期，第 48-50 页。

② 夏伟：《在程序与实体之间：财产犯罪中的刑民交叉问题研究》，东南大学 2019 年博士学位论文，第 135 页。

③ ［英］亨利·萨姆纳·梅因：《早期制度史讲义》，冯克利、吴其亮译，商务印书馆 2022 年版，第 35 页。

④ 参见张永江、曹岚欣：《论刑民交叉案件中被害人的保护》，《湘江法律评论》2020 年第 1 期，第 107 页。

刑交叉案件法律责任追究的司法实务中，采用“先刑后民”责任追究模式通常是司法机关出于公共利益优先等因素的考量。对此，陈兴良教授即指出，“先刑后民”体现了公权优先的价值观念，实际上其与现代法治理念并不相符。当发生刑事与民事相竞合的情形时，应遵循私权优先的原则，倘若采用刑事优先的原则则是对当事人选择权的一种剥夺。[①] 在部分学者看来，“先刑后民”在民刑交叉案件的处理中被当作一项司法原则，被认为极易导致公权对私权进行压制、司法腐败以及地方保护主义等问题。[②] 其次，“先刑后民”责任追究模式对民刑交叉案件所关涉的民事诉讼与刑事诉讼作出限定，只有在刑事诉讼程序终结后，才允许当事人提起民事诉讼，因而为被害人、其他民事权利人获取民事救济制造了阻力。在司法实务中，部分民刑交叉案件启动刑事诉讼程序后因犯罪嫌疑人潜逃等原因长时间不能结案，“刑事案件的推进进程严重影响了民事案件的审理，由此导致当事人的民事权益无法实现及时有效保护”[③]。司法实务中甚至出现了部分民刑交叉案件采用“先刑后民”模式，因刑事诉讼久拖不决致使被害人无法获取民事救济以得到救治而死亡、受害企业因资金缺乏导致破产等现象。虽然我国已经建立了刑事附带民事诉讼制度，受害人可以在刑事诉讼中附带提起民事诉讼，但这一制度在民事权益保护方面也存在短板。例如，刑事附带民事诉讼的赔偿标准即低于民事诉讼的赔偿标准。

第四，部分民刑交叉案件不适宜采用“先刑后民”责任追究模式。

以“先刑后民”作为民刑交叉案件法律追究模式，确实有其自身优势。但是该种责任追究模式并非适用于所有的民刑交叉案件。以侵害商业秘密民刑交叉案件为例，首先应当允许权利人提起民事诉讼，由法院审查商业秘密的具体权利归属以及实际侵害状况。“先刑后民”的处理模式不符合商业秘密的私权属性，而且与刑事法律的谦抑精神不符。[④]

概而言之，民刑交叉案件法律责任的追究，“先刑后民”的处理模式尽管有其自身的理由及部分相对性办案优势，但该种处理模式存在部分风险及薄

---

① 陈兴良：《关于“先刑后民”司法原则的反思》，《北京市政法干部管理学院学报》2004 年第 2 期，第 16 页。

② 参见何帆：《刑民交叉案件审理的基本思路》，中国法制出版社 2007 年版，第 198-200 页。

③ 参见赵文艳：《先刑后民原则的异化与扬弃——兼论刑民交叉案件的处理模式》，《福建警察学院学报》2009 年第 1 期，第 85 页。

④ 参见黄亮：《商业秘密刑民交叉案件处理模式的困境及其破解》，《时代法学》2015 年第 3 期，第 111 页。

弱之处。因此，倘若民刑交叉案件法律责任追究中机械适用“先刑后民”处理模式，无疑会引发诸多弊端。也即，民刑交叉案件的司法实践应慎重适用该种处理模式，以避免对司法的公正、权威等造成损害。不能不考察实际情况就一味适用“先刑后民”原则，而是应当从合法性、合理性、正当性、可行性等多角度对个案的特性进行综合考察，对正确的处理模式展开探讨分析。①

二、“先民后刑”责任追究模式评析

“先民后刑”责任追究模式，意指民刑交叉案件中应当优先由当事人提起民事诉讼，待民事诉讼程序终结后再启动刑事诉讼程序以追究刑事责任。在民刑交叉案件司法实务中，即便具体事案已经先行启动刑事诉讼程序，倘若对违法犯罪事实的审查依赖民事诉讼的审理结果，特别是以民事审判结果为根据的情形，也被认为属于“先民后刑”责任追究模式的范畴。诚然，民刑交叉案件法律责任追究的“先民后刑”处理模式，并没有明确的法律条文依据。理论上，有见解即认为“先民后刑”的处理模式首先是针对刑事附带民事诉讼进行反思而提出来的，目的是防止过度适用附带民事诉讼而影响民事诉讼的基本功能与作用发挥。② 不过，在长期的民刑交叉案件法律责任追究实务中，司法机关通常在下列民刑交叉案件采用“先民后刑”责任追究模式：(1) 知识产权犯罪案件中发生了权属争议，侵权事实是否存在尚未确定；盗伐林木犯罪案件中，林木资源的具体权属尚没有具体确定；财产确权纠纷的具体结果能够对财产类犯罪的具体认定产生影响；其他民事审判结果能够影响刑事犯罪具体认定的情形。(2) 行为人实施刑事犯罪后在逃，但被害人已有充足证据证明行为人侵害了自身权益，而且行为人又有一些财产可供执行的。(3) 刑事案件审理须以民事案件所审理的具体结果作为基本前提的。

“先民后刑”模式之所以倡导民刑交叉案件法律责任追究应将民事诉讼置于前置性地位，强调民事诉讼具有优先于刑事诉讼的属性，主要基于如下理由：

第一，“先民后刑”责任追究模式有利于促进民事权益保护。

---

① 参见张永江、曹岚欣：《论刑民交叉案件中被害人的保护》，《湘江法律评论》2020 年第 1 期，第 113 页。

② 参见刘少军：《论“先民后刑”刑事附带民事诉讼程序的构建——兼论〈刑事诉讼法修正案〉对附带民事诉讼制度的改革》，《政治与法律》2012 年第 11 期，第 145 页。

“先民后刑”责任追究模式被认为有利于促进民事权益保护的理由在于：首先，在长期的历史环境下，国家公权力占据主导地位，故“重刑轻民”传统法律思想有其根基与理由。不过，伴随社会的不断变迁与持续发展，“公”与“私”这两者在传统法学意义上决然分野的基本状态被逐渐打破，开始强调公权与私权的协调以及协作，甚至强调私权优先保障。在对犯罪进行惩罚的同时，也十分注重对受害人的保护与救济。[①] 质言之，公民民事权益的重要性日益凸显，故无论是立法范畴还是司法领域，都应重视民事权益保护。“在刑民交叉类疑难案件的处理过程中，我们极有必要破除对‘先刑观念’思维模式所存在的迷信以及依赖。”[②] “从经验视角来看，国家的刑罚权并不是一定要优于个人的私权。民刑交叉案件中公权与私权之间的冲突与协调较为常见。以人民为中心的理念，使私权在很多情形下应当高于刑罚权。这种私权集中体现于民事侵权救济（包括附带民事诉讼）中原告、被告的诉权以及所依附的求偿权。”[③] 可见，“先民后刑”责任追究模式的适用，有助于破除我国长久以来一直存在的重刑、重典观念，因而有利于维护民事权益。其次，“先民后刑”责任追究模式能够发挥民事诉讼的制度优势，促进民事权益保护。如前所述，民刑交叉案件启动刑事诉讼程序后，部分犯罪嫌疑人、被告人可能因携款潜逃等多种原因一直无法归案，在此状况下刑事诉讼通常只能被迫中止。相较于“先刑后民”责任追究模式，“先民后刑”的推进使得法院在此情况下可通过缺席判决等推进民事诉讼。因此，该种责任追究模式有利于提高司法效率，促进民事权益保护。再次，民刑交叉案件法律责任追究采“先民后刑”处理模式，有利于促进解决民事执行难的问题。质言之，民刑交叉案件法律责任追究通过优先启动民事诉讼程序，权利人可采取向法院申请财产保全等措施以防范违法行为人转移财产。并且，“先民后刑”处理模式也能防范被告人企图通过承担刑事责任等方式规避民事责任。最后，“先民后刑”处理模式有利于促进行为人民事责任的承担。民刑交叉案件法律责任追究采“先民后刑”的处理模式，受害人通过先行提起民事诉讼寻求民事权益司法救济，故能够促进行为人承担民事责任。

第二，部分民刑交叉案件民事诉讼的判定结论对刑事诉讼具有重要影响。

---

① 参见石春玲：《先刑事后民事原则之评价与修正》，《现代法学》2008 年第 2 期，第 175-176 页。

② 杨兴培：《刑民交叉案件中“先刑观念”的反思与批评》，《法治研究》2014 年第 9 期，第 72 页。

③ 印波、郑肖垚：《认罪认罚从宽与民事责任解决之协调——以民刑交叉案件为背景的解析》，《人民论坛·学术前沿》2019 年第 5 期，第 77 页。

民刑交叉案件需要动用刑法与民法对法律责任作出评判结论，部分事案中民事诉讼判定结论对刑事诉讼具有重要影响。基于该类民刑交叉案件中民事诉讼与刑事诉讼之间存在影响与被影响的关系，故应当树立民事诉讼的优先地位，采用“先民后刑”的责任追究模式。例如，“先民后刑”模式在侵犯商业秘密民刑交叉案件法律责任追究上即体现了合理性与重要性。细言之，侵犯商业秘密类的民刑交叉案件，司法机关在启动刑事诉讼程序之前，宜由当事人先行提起民事诉讼对涉案信息的权利属性以及具体归属状况予以认定。也即，办理商业秘密刑民交叉案件要遵循“先开展民事确权，判断是否属于商业秘密，然后认定是否构成民事侵权，最后才认定是否构成刑事犯罪”的司法认知与基本逻辑。① 可见，若民刑交叉案件中民事诉讼的判定结论对刑事诉讼具有重要影响，采用“先民后刑”的处理模式比较符合该类案件的基本特征，并且可及时有效对受害人进行保护。②

第三，“先民后刑”责任追究模式有利于促进民事诉讼与刑事诉讼的协调。

“先民后刑”责任追究模式被认为有利于促进民事诉讼与刑事诉讼的协调。具言之，首先，既然刑法是民法等基本法律规范的保障法，则意味着民刑交叉案件中刑事责任的判定应当以民事责任认定结论为前提。并且，刑法谦抑性倡导，只有在民法等基本法律规范无法作出有效规制的场合，才具有动用刑法予以规制的必要。有观点即认为，倘若危害行为“性质没有超出民法和其他刑法前置性法律规定的调整范畴，那么此类案件没有必要引入刑法领域予以评价，这个时候就应遵循‘先民后刑’或‘有民无刑’的破解方法和处理原则”③。可见，“先民后刑”的责任追究模式有利于促进民事诉讼与刑事诉讼的协调。其次，“先民后刑”处理模式的推进，强调民事诉讼审判结果对刑事责任评判的重要意义，无疑能够强化民事诉讼与刑事诉讼的关系，有利于减少甚至消除两大诉讼审理结论的冲突。以前述的侵犯商业秘密民刑交叉案件为例，“在民事案件确定为商业秘密侵权之后再对案件刑事部分进行审判，既有助于对案件基本情况进行准确判断，也能有效避免发生同案不同

---

① 黄亮：《商业秘密刑民交叉案件处理模式的困境及其破解》，《时代法学》2015 年第 3 期，第 111 页。

② Mark D. Seltzer, Angela A. Burns: Criminal Consequences of Trade Secret Misappropriation: Does the Economic Espionage Act Insulate Trade Secrets From Theft and Render Civil Remedies Obsolete. Boston College Intellectual Property & Technology Forum, 1999, (5): 60.

③ 杨兴培：《刑民交叉案件的类型分析和破解方法》，《东方法学》2014 年第 4 期，第 5 页。

判的情况”①。

诚然，“先民后刑”的案件处理模式所倡导的“重视民事权益”等观念具有正当性与合理性，并且有利于促进民事权益保护。尤其是，部分民刑交叉案件中民事诉讼审理结果对刑事诉讼具有重要影响，“先民后刑”的处理模式有利于促进法律责任评判与承担。不过，该种责任追究模式在逻辑前提等方面存在部分疑问和短板。

第一，“先民后刑”与刑法谦抑性等之间并不存在必然的对应关系。

刑法固然是民法等基本法律规范的保障法，只有在民法等基本法律规范无法作出有效规制的场合，才具有刑法规制的必要性，但由此并不决定民刑交叉案件中必须采用民事诉讼优先于刑事诉讼的责任追究模式。质言之，主张刑法的保障法地位、刑法谦抑性，意在强调刑法与民法等基本法律规范在规范范畴、整个法律体系中的地位等方面存在差异。刑法固然被认为对民法具有从属性，但是并不能由此认为民刑交叉案件所关涉的两种诉讼程序也具有从属性。主张刑法对民法具有从属性，只是意味着一个行为只有首先在民法上属于违法行为，才能在此基础上被判定是否构成犯罪。反言之，如果一个行为不属于民事违法行为，则根本不可能构成犯罪行为。民刑交叉案件所关涉两种法律责任的判定结论，固然应当遵从上述判断规则，但是由此并不意味判定法律责任的诉讼程序也存在该种限制。事实上，要求每个民刑交叉案件必须先经民事诉讼作出民事判决，其后才能启动刑事诉讼程序，也不符合民刑交叉案件司法实践的现状。例如，我国刑事诉讼中的刑事附带民事诉讼制度，即允许受害人在刑事诉讼过程中附带提起民事诉讼。可见，“先民后刑”责任追究模式与刑法谦抑性等之间并不存在必然的对应关系。

第二，“先民后刑”责任追究模式存在助推“以钱买刑”或“赔钱减刑”的嫌疑。

民刑交叉案件“先民后刑”法律责任追究模式所涵盖的民事诉讼优先地位，不仅在理论上彰显民事权益保护的重要性，并且在客观上有利于促进民事权益保护。尤其是，先行追究民事责任的结论能够作为后续刑事诉讼中刑事责任评判的重要影响因素。因而，“先民后刑”责任追究模式要求先行提起民事诉讼以促进行为人民事责任的承担，承担民事责任的客观状况会在后续的刑事诉讼中成为刑罚裁量情节，承担了民事责任的则能取得从宽处罚等积

① 冯晓青、涂靖：《商业秘密案件民刑交叉问题研究》，《河南大学学报（社会科学版）》2020年第6期，第46页。

极性法律后果。如此，“先民后刑”处理模式难免被认为存在助推“以钱买刑”“赔钱减刑”的嫌疑。

第三，“先民后刑”责任追究模式在部分民刑交叉案件中可能存在证据搜集难、办案效率低等方面的短板。

“先民后刑”责任追究模式，固然被认为整体上更有利于促进民事权益保护，但是与“先刑后民”等责任追究模式相比，“先民后刑”责任追究模式在法律责任追究、民事权益保护方面并非具备绝对的办案优势。“先民后刑”处理模式强调先行启动民事诉讼程序，民事诉讼的证明责任由当事人而非法院承担，固然法院可以签发调查令、采取财产保全措施等，但是必须由当事人提出申请并且还要经依法审查。该种责任追究模式在部分民刑交叉案件中可能存在证据搜集难、办案效率低等方面的短板。如前所述，涉众经济型民刑交叉案件不仅涉案经济数额巨大，且受害人众多，在此状况下若采用“先民后刑”的处理模式，可能导致行为人闻风潜逃、提前销毁证据等多种妨害诉讼的危害后果。相反，在此场合采用“先刑后民”的责任追究模式，先行启动刑事诉讼程序，由国家公权力介入，在搜集违法犯罪证据、抓获违法犯罪人等方面能发挥相对优势。

由此而观之，“先民后刑”的责任追究模式在促进民事权益保护等方面具有多重优势，但是也被认为在部分民刑交叉案件中可能存在证据搜集难、办案效率低等方面的短板，并且在逻辑前提等方面存在疑问。尤其是不能以“先民后刑”责任追究模式在促进民事权益保护等方面所具有的优势为根基，对“先刑后民”责任追究模式予以完全否定绝对排斥。“当然，我们也不应当就以此针对‘先刑后民’的理念与模式作出过犹不及式的严厉批判，科学理性的做法应是融合二者之长进行良好结合，从而更好地指导刑民交错案件的具体处理。”①

三、“刑民并行”责任追究模式介评

“刑民并行”② 案件处理模式通常是指民刑交叉案件法律责任追究中，两种法律责任评判分别对应两种诉讼程序，彼此不存在顺序先后限制。也即，两种诉讼程序分别推进，两种审理结果也互不影响。具有代表性的见解即认为，民刑交叉案件法律责任追究“既要尊重刑事审判权、民事审判权独立性

① 于改之：《刑民交错案件的类型判断与程序创新》，《政法论坛》2016 年第 3 期，第 148-149 页。

② 也可称为“刑民分立”或“刑民并举”模式，虽然表述不同，但这几个概念所表达的意思一致。

与专业性，也需要对诉讼效率进行兼顾，‘先刑后民’与‘先民后刑’并非绝对的，‘并行审理’才是基本原则”①。“刑民并行”处理模式，被认为属于牵连型民刑交叉案件法律责任追究的必然选择。例如，部分律师协会业务操作指引即指出，“刑民并行”是指当事人因不同事实导致产生民事纠纷和涉嫌刑事犯罪的牵连型刑民交叉案件。假设民事案件的审理，没必要以刑事案件的具体审理结果作为依据，那么民商事案件与刑事案件则应分别按照不同程序进行审理。②

“刑民并行”责任追究模式之所以主张民刑交叉案件所涉的两种诉讼程序彼此独立、互不干涉，其理由主要在于：

第一，民刑交叉案件中的民事责任与刑事责任评判具有独立性。

尽管民刑交叉案件需要同时适用刑法与民法评判两种法律责任，并且该种法律责任评判由同一侵权行为所引发，但是两种法律责任评判具有自身的独立性。也即，民事诉讼以评判民事责任为内容，而刑事诉讼以追诉犯罪为使命。两种法律责任的评判依据、运行规则各自独立，彼此不存在约束与被约束的关系。“民刑交叉案件中所涉的民事诉讼与刑事诉讼，是一种‘桥归桥、路归路’的关系，对这样的情况应当适用‘刑民并行’的司法原则”③。在“刑民并行”责任追究模式的支持者看来，“居中裁判的法官，主要是对犯罪惩罚、人权保障与受害人救济进行权衡”④，不能强制性限定民刑交叉案件必须先启动一种诉讼程序，待该种诉讼程序终结后方能启动另一种诉讼程序。

第二，“刑民并行”责任追究模式有利于促进民刑交叉案件法律责任追究。

部分民刑交叉案件法律责任的追究，无论是采“先刑后民”责任追究模式先行启动刑事诉讼程序，还是以“先民后刑”责任追究模式先行提起民事诉讼，均有可能会使另一程序受到影响而被迫延迟。此时，倘若采取“刑民分立”的责任追究模式则更有利于提升两个诉讼程序的诉讼效率，以促进民刑交叉案件的法律责任追究。有见解即认为，“刑民并行”既能保障民事法与刑事法在违法性判断上的相对独立性，避免交叉程序中很有可能衍生的既判力问题、证据问题以及执行问题等，又能在特殊的情况下对“先刑后民”或

① 参见纪格非：《论刑民交叉案件的审理顺序》，《法学家》2018 年第 6 期，第 157 页。

② 参见 2022 年 9 月 14 日北京市律师协会发布的《律师办理刑民交叉法律业务操作指引》。

③ 杨兴培：《刑民交叉案件的类型分析和破解方法》，《东方法学》2014 年第 4 期，第 9 页。

④ 夏伟：《在程序与实体之间：财产犯罪中的刑民交叉问题研究》，东南大学 2019 年博士学位论文，第 135 页。

者“先民后刑”的处理模式进行适用，因而可以最大限度地实现法律效果与法律秩序的有机统一。① 在“刑民并行”责任追究模式的支持者看来，或许部分民刑交叉案件采取“先刑后民”或者“先民后刑”的责任追究模式具有特殊理由。但是，只要两种程序之间不存在特殊的限制性事由，即应适用“刑民并行”的责任追究模式。也即，“在追究模式的选择上，应首先具体判断实体问题是否会受到审理程序先后的影响。倘若存在一定的影响，那么则应具体依据两个案件之间的影响与被影响的关系确定审理顺序；倘若不会产生影响，则应采取‘刑民分立’的处理模式”②。

第三，“刑民并行”责任追究模式也有利于促进民事权益保护。

相较于“先刑后民”，“刑民并行”责任追究模式被认为有利于促进民事权益保护。首先，“刑民并行”责任追究模式的提出，其本身是对“重刑轻民”传统法律思想的抵触。该种责任追究模式强调民事诉讼与刑事诉讼程序各自的独立性，在强调保护国家与社会公共利益的同时，重视对个人合法权益的及时救济与有效保护。其次，“刑民并行”的责任追究模式将民事诉讼与刑事诉讼予以分离，有利于当事人通过民事诉讼维护民事权益。一方面，“刑民并行”责任追究模式有效降低了刑事诉讼对民事诉讼的影响，更有利于保护受害人合法利益。另一方面，“刑民并行”责任追究模式的适用，令民事诉讼的启动等不受已进行的刑事诉讼程序约束与限制，只要满足了法定条件受害人即能向法院提起民事诉讼，如此则充分保障了民刑交叉案件中受害人的诉讼权利。有观点即指出，我国一直以来都没有摆脱管理及处罚优先的基本思维模式，倘若实施“民刑并行”的处理模式可有效促使司法者摒弃“管理者”思维，使其明确其应进行居中裁判，进而为经济秩序的有序形成与良好发展营造温和的环境。③

“刑民并行”责任追究模式的提出不仅具有理论支撑，而且在民刑交叉案件司法实务中得到有效运用。如在韦某、晟某集团有限公司借款合同纠纷案中，上诉人韦某经人介绍与晟某集团江西分公司原负责人徐某某相识。2013年至 2014 年期间，徐某某以晟某江西分公司名义向韦某多次借款共计本金 26990 万元，月息 4%，载明用途均是用于晟某江西分公司工程项目投标保证

① 陶加培：《论刑民交叉案件的程序处理》，《浙江工商大学学报》2022 年第 7 期，第 7-8 页。

② 夏伟：《在程序与实体之间：财产犯罪中的刑民交叉问题研究》，东南大学 2019 年博士学位论文，第 46 页。

③ 参见廖钰、张璇：《民刑交叉案件处理机制之探索——以统一法秩序的司法立场为视角》，《法律适用》2015 年第 1 期，第 40 页。

金。借条上均由徐某某加盖了刻有“晟某集团有限公司江西分公司”字样的印章。该公章系徐某某为方便开展经营业务刻制，由其本人保管。后晟某集团有限公司向公安机关报案，该案经由检察院审查起诉后，法院判决认定徐某某以非法占有为目的，以个人名义或假冒晟某江西分公司名义，虚构参与工程项目招投标、建设工程需要周转资金等事实，骗取被害人韦某等人员集资款共计人民164754.6万元，至案发仍有39096万元未能归还。韦某因此向法院起诉晟某集团，要求返还借款本金及利息。该案一审判决认为，刑事诉讼裁判文书所作出的责令退赔决定，并不妨碍当事人对刑事诉讼被告人就刑事判决之外的财产损失另行提起民事诉讼主张赔偿的民事权利。韦某对超出刑事诉讼责令退赔部分的损失，依法有权向晟某公司另行提起民事诉讼。① 又如在吴某某诉陈某某等民间借贷、担保合同纠纷中，二审法院判决认为，尽管被告涉嫌非法吸收公众存款罪，但其与合同效力认定是两个不同的问题，单个民事行为不会由于可能涉嫌犯罪而无效。②

概而言之，“刑民并行”责任追究模式同时兼顾社会利益与个人利益，特别是对民事诉讼的独立地位予以重视及尊重，具有自身合理性。该种责任追究模式的适用，使得民刑交叉案件民事诉讼的推进无须唯刑事诉讼马首是瞻。也即，两种诉讼程序独立运行，两种法律责任追究各行其道，有助于及时解决民事纠纷，保护权利受害人合法权益，提升司法效率。

当然，有一个问题是，“刑民并行”模式是否适宜于各种民刑交叉案件？大体而言，民刑交叉案件法律责任追究采用“刑民并行”模式，被认为存在如下疑问。

第一，“刑民并行”责任追究模式存在割裂民刑交叉案件中两种诉讼程序关系的危险。

“刑民并行”责任追究模式主张民刑交叉案件两种诉讼程序各自具有独立性，整体上固然具备自身的正当性与合理性，不过可能存在割裂两种诉讼程序关系的危险与弊端。首先，“刑民并行”责任追究模式的适用，令民刑交叉案件关涉的民事诉讼、刑事诉讼完全按照各自独立的程序、规则等运行，两种诉讼程序处于完全独立、彼此分离、互不影响的状态。然而，民刑交叉案件两种诉讼程序之间并非毫无关联、完全割裂。一方面，既然民刑交叉案件

---

① 参见最高人民法院（2018）最高法民终509号民事判决书。

② 具体案情参见《最高人民法院公报》（2011年第11期）刊载的吴某某诉陈某某、王某某及德清县中建房地产开发有限公司民间借贷、担保合同纠纷案。

中“交叉”的核心在于一个侵权行为同时引发两种法律责任评判，那就意味着两种法律责任评判之间并非绝对完全割裂的关系。如前所述，民刑交叉案件中民事责任承担对刑事责任评判具有重要的影响力与作用力。另一方面，民刑交叉案件两种法律责任评判所依据的民法与刑法之间，存在行为规范的关联性，对刑事责任的评判不能脱离民法规范。例如，部分民刑交叉案件中刑事责任评判通常要借助于民事诉讼的审理结论。其次，民刑交叉案件法律责任追究中民事诉讼与刑事诉讼确实具有自身的独立性。但是，过于强调两种诉讼程序的独立性，尤其是主张绝对独立、完全分离，可能引发两种诉讼程序之间的矛盾与冲突。质言之，民事诉讼与刑事诉讼在证明标准、诉讼规则、诉讼架构等方面存在差异，可能导致两种诉讼程序在判定结论上存在冲突。尤其是，若先前的诉讼审理结论等存在错误，鉴于“刑民并行”责任追究模式所强调的两种诉讼程序的完全独立性，后续诉讼程序的法院只能“视而不见”“装聋作哑”。从应然的角度而言，在后审理案件的法院，不应对先前诉讼程序的错误审理结论等置之不理，而应通过法定程序予以纠正。可见，“刑民并行”处理模式的适用，容易引发两种诉讼程序的冲突，从而损害司法公信力。

第二，“刑民并行”责任追究模式可能脱离促进法律责任追究的整体目标。

“刑民并行”责任追究模式的重点在于，希求减少对民刑交叉案件所涉诉讼程序的不当限制，通过两种诉讼程序的独立运行以实现法律责任追究尤其是民事权益保护的目标。但是，“刑民并行”责任追究模式可能存在脱离促进法律责任追究整体目标的疑问。质言之，民刑交叉案件同时引发的两种法律责任评判之间具有高度关联性，故而以评判并追究法律责任为使命的两种诉讼程序自然也存在紧密联系。为了实现案件办理的政治效果、法律效果、社会效果，民刑交叉案件的办理必须以促进两种法律责任充分承担为整体目标。民刑交叉案件所涉的两大诉讼程序固然具有自身的独立性，但是其实际的运作必须服务于这一整体目标，而这一整体目标的实现需要高度重视两种诉讼程序的关联性。例如，民刑交叉案件民事责任承担对刑事责任评判的影响力之所以受到理论与实务的高度肯定，其能有效激励违法行为人充分承担民事责任是极其重要的原因。然而，“刑民并行”责任追究模式主张民刑交叉案件所涉的两大诉讼程序具有绝对独立性，将其完全隔离开来、各行其是，无疑与促进法律责任追究的整体目标相脱离。

第三节　侵权类民刑交叉案件法律责任追究模式的规范适用

侵权类民刑交叉案件法律责任追究模式主要包括“先刑后民”“先民后刑”“刑民并行”。从前述介评可知，每种法律责任追究模式都具有其自身优势，同时也存在部分疑问及弊端。可见，侵权类民刑交叉案件法律责任追究模式不能简单地一刀切或者机械适用。为了促进民刑交叉案件法律责任追究，本书在前述介评的基础上，就法律责任追究模式的规范适用展开研析。

一、侵权类民刑交叉案件法律责任追究模式适用的基本原则

为了有效促进法律责任及时有效追究，侵权类民刑交叉案件法律责任追究模式适用应遵循相关原则。鉴于民刑交叉案件涉及民法与刑法两大法域，故侵权类民刑交叉案件法律责任追究模式的适用无疑应当遵循法秩序统一性原则。除此之外，还被认为应遵循整体协调裁判原则、充分合理救济原则、诉讼经济便民原则这三项基本处理原则。①

（一）法秩序统一性原则

法秩序统一性原则，即主张对某一件事情进行处理时，涉及的规范秩序之间不能存在相互矛盾与冲突。倘若民法上合法的行为被错误地认定成立犯罪，那么公众将对应当如何实施行为不明确，国民的预测可能性则难以得到保障。法秩序统一性原则是处理不同部门法之间存在的矛盾时所应遵循的基本规则，因而所有部门法的执行均应自始至终贯彻该原则。②

民刑交叉案件法律责任追究模式的适用之所以需要坚持法秩序统一性原则，盖因“同一法律事实产生的法律关系可能会被涵摄到不同的法域内，导致法律内部产生一定的矛盾。法律内部一旦出现了规范层面的冲突，则无法为民众提供明确的行为规范，还会在一定程度上破坏对法律的完整体系结构。所以，法律部门之间有必要进行良性有效的对话沟通，在刑事案件中认定犯罪构成时，有必要对相关民事法律法规进行参考，或者运用相关民事法律法规对规范构成的要件进行解释。此外，对于民事案件涉及侵权行为的具体认

① 当然，法律责任追究区分为实体与程序，还有一些具体的原则需要遵守。

② 周光权：《“刑民交叉”案件的判断逻辑》，《中国刑事法杂志》2020 年第 3 期，第 4 页。

定及责任归属时，也有必要参考借鉴相关刑事法律规范的具体规定。这可以说是法秩序统一性原理的内在要求与必然选择”①。或许有见解认为，民刑交叉案件法律责任追究模式的适用，主要涉及诉讼程序的先后议题，不会影响法律责任的评判结论。但是，“‘先民后刑’与‘先刑后民’的处理模式一般会产生不同的司法效果，所以有必要厘清违法判断方法对裁判统一性所产生的具体影响，在此基础上积极构建合理有效的诉讼处理机制”②。质言之，“侵权行为一般没有进行类型化的塑造，所以对行为违法性予以肯定就存在困难。在阶层体系论的背景下，刑事违法判断具有递进式的特征，通过对构成要件符合性的判断实现刑法规范目的，通过违法阻却事由的判断对刑法与其他法领域的规范冲突予以均衡，从而最终实现法秩序的真正统一”③。以法律体系的基本架构为根基，可知民法处于基础性地位，刑法被视为保障法。民刑交叉案件法律责任追究司法实务中，在民刑判定结论等方面可能存在不协调。“在保证行为指引统一的基本前提之下，允许不同法域依据自身的目的作出相对判断”④，其中的原因之一在于：各个法领域的目的，从根本上来说也是为了整体法秩序而服务的。但各个法领域自身又都存在着不同性质的固有目的。⑤

民刑交叉案件法律责任追究模式以“法秩序统一性”为指引，重在强调行为规范的统一性。法秩序的统一性可从逻辑、体系以及目的的统一性进行理解。⑥ 当一个行为受到多个部门法的调整与规制时，各部门法评价后所得出的结果并没有对法秩序的统一构成违反，而且可适用多个部门法且在没有违反“重复评价”以及“一事不二罚”原则的基本前提之下，那么行为人也应承担其应当承担的相应的多种法律责任；当各部门法评价得出的结果之间可能产生一定的冲突或矛盾时，则有必要对法目的之间的利益进行衡量，然后作出合适妥当的法律选择。⑦

---

① 邱润根：《商标案件刑民交叉责任的界分步骤》，《政治与法律》2021 年第 10 期，第 56 页。

② 简爱：《从刑民实体判断看交叉案件的诉讼处理机制》，《法学家》2020 年第 1 期，第 125 页。

③ 简爱：《从刑民实体判断看交叉案件的诉讼处理机制》，《法学家》2020 年第 1 期，第 124 页。

④ 陈文涛：《犯罪认定中的法秩序统一性原理：内涵澄清与规则构建》，《华东政法大学学报》2022 年第 2 期，第 49 页。

⑤ ［日］京藤哲久、王释锋：《法秩序的统一性与违法判断的相对性》，《苏州大学学报（法学版）》2020 年第 7 期，第 150 页。

⑥ 王昭武：《法秩序统一性视野下违法判断的相对性》，《中外法学》2015 年第 1 期，第 176 页。

⑦ 简爱：《从“分野”到“融合”：刑事违法判断的相对独立性》，《中外法学》2019 年第 2 期，第 453 页。

（二）整体协调裁判原则

整体协调裁判原则通常是指无论对违法事实的审查，还是对法律责任的认定，均应当将民刑交叉案件所关涉的两个部分作为一个整体进行观察与考量。而且，最终所作出的认定与裁判需要进行相互照应，并求得彼此相宜①。就民刑交叉案件法律责任追究的司法实践而言，倘若缺乏整体协调裁判观念，则容易导致下列弊端。其一，可能导致对案件民事部分的认定不符合事实真相，例如，倘若行为人通过合法的经济活动形式实施侵害他人财产的危害行为时②，如果民事诉讼仅仅针对案件涉及的经济活动纠纷进行审理，则会导致违法犯罪事实真相被掩盖，行为人可能得以逃避刑事责任追究。其二，对于部分新型或者疑难复杂的危害行为，在事实认定上可能流于表面。例如，侧重于对相关危害后果的认定，而忽视行为方式的法律分析，由此难以对整体违法犯罪事实作出准确认定。其三，针对同一事实，鉴于刑事诉讼与民事诉讼在证明标准等方面存在较大差异，故可能得出不同的裁判结论。由上可见，民刑交叉案件中的危害事实由于多种原因可能形成判定结论上的冲突。建立整体协调裁判观念，则有助于缓解两者在事实认定上的冲突。例如，整体协调裁判原则即重视对先决关系③原则的恪守。在民刑交叉案件法律责任追究司法实务中，民事侵权纠纷的处理对于刑事诉讼的推进能够起到提供前提依据等作用。笔者在调研中即了解到一事案：海南省某县王某与赵某原来是渔场养殖合作伙伴。后因经营不善，渔场倒闭，王某与赵某对债务与财产进行了清点。其中每人各分得钢制网箱 5 套，后双方各自前往海口、三亚等地经营其他生意。两年后王某欲出售其留在海边渔场的 5 套养殖网箱，赵某得知后声称现场所留的 5 套养殖网箱属于其所有，并对王某出售网箱的行为予以干扰破坏。双方发生争吵后，王某一气之下雇人将现场的 5 套养殖网箱破坏。赵某报警后，公安机关以涉嫌故意毁坏财物罪立案。王某将赵某起诉至法院，要求法院确认现场 5 套养殖网箱归其所有。法院经过审查，确认赵某已于一年前将其所有的 5 套养殖网箱运走，遂判决现场所留的 5 套养殖网箱归王某所有。既然经由法院判决现场所留的 5 套养殖网箱属于王某所有，则其雇人

---

① 黄祥青：《刑民交叉案件的范围、类型及处理原则》，《法律适用》2020 年第 1 期，第 62 页。

② 司法实践中存在大量“以合法形式掩盖非法目的”的行为。

③ 所谓先决关系，是指民事法律关系问题或民事争议的解决必须以另一案件的审理结果为前提。大体上有两种情形：（1）民事诉讼的损害赔偿请求是基于犯罪成立这一前提。譬如，犯罪行为导致了财产损失和人身损失。（2）民事案件中的事实涉及犯罪，犯罪成立与否关系到民事案件基本事实的认定。

将养殖网箱破坏的行为属于毁坏自己所有的财物，故不能构成故意毁坏财物罪。然而，在侵权类民刑交叉案件法律责任追究司法实务中，民事诉讼与刑事诉讼之间通常存在脱节现象。例如，故意杀人事案中提起的刑事附带民事诉讼，法院一般认为死亡赔偿金不在物质损失范畴之内，故而对被害方的相关诉讼请求不予支持。但是，若被害方另行提起民事诉讼，则法院所作出的民事判决一般会支持其相关诉讼请求。又如，在部分民刑交叉案件法律责任追究过程中，可能经由刑事诉讼程序已经实现了追赃挽损，但当事人另行提起民事诉讼又就同一损害结果经由法院判决赔偿。尽管经由民事诉讼、刑事诉讼所作出的处理决定有理有据，但两个诉讼程序基于民刑交叉的性质具有高度关联性。若刑事责任和民事责任的追究上存在冲突，则无疑对司法的公正、权威、效率等诸方面都会造成损害。由此而观之，民刑交叉案件所关涉的两种法律责任之间存在关联性，法律追究模式的适用应注重整体协调裁判，不可进行人为割裂。

（三）充分合理救济原则

充分合理救济原则意指若当事人合法权益遭受不法侵害，一方面要依法对其给予充分的保护或救济，另一方面也应当慎守畛域、恪守填平原则，保持必要的合理限度。[①] 司法实践中涌现的大量民刑交叉事案中，即便已经追究了违法行为人的刑事责任，司法机关还应考量是否对被害人合法权益实施了充分保护。

在司法实务中，类似以合同诈骗等方式骗取他人财物的民刑交叉事案，司法机关无疑会依法追究其刑事责任，并且通过刑事追赃或责令退赔等方式以保护被害人财产权益。但是，由此并不意味着无须再对被害人所遭受损害的民事合法权利予以进一步救济。有见解即认为，对于被害人与犯罪行为人之间的刑事法律关系，应采用刑事追赃以及责令退赔等程序予以解决，一般没有必要另行向法院提起民事诉讼。即使在追赃、退赔程序中未能使受害人获得全面的救济，由于追赃以及退赔程序已清查了行为人的财产情况，如果受害人另行向法院提起民事诉讼也获得了胜诉判决，但是对犯罪行为人的其他财产也难以执行到位，从而使得民事诉讼司法资源造成了浪费。[②] 但是，该

① 黄祥青：《刑民交叉案件的范围、类型及处理原则》，《法律适用》2020 年第 1 期，第 63 页。

② 胡新华、娇冰玉：《刑民交叉案件中非同一法律关系的民事案件应继续审理》，《人民法院报》2020 年 6 月 4 日，第 7 版。

种见解的合理性值得商榷。民刑交叉案件法律责任追究模式的适用，以促进民事责任与刑事责任承担为使命。尤其是，在尊重民事权益主体意思自由的前提下，促进民事责任的充分承担。故在民刑交叉案件责任追究的司法实务中，刑事诉讼程序的推进应鼓励违法行为人积极承担民事责任，采用追赃、退赔等方式尽力弥补受害人的财产损失。在刑事追赃、责令退赔等措施不足以充分保护受害方民事权益的场合，应允许受害方提起民事诉讼以对不足部分提出赔偿。因此，有观点即主张，“倘若能够在刑事程序中获得救济，那么就可以通过刑事程序予以解决，若不能通过刑事追赃程序而获得相应救济，则应通过民事诉讼程序给予合理合法救济，从而实现司法公正与效率两者的统一”①。由此观之，侵权类民刑交叉案件法律责任追究模式的适用，应以促进民事责任及刑事责任的充分实现为目标，注重实现充分合理救济。

（四）诉讼经济便民原则

诉讼经济便民原则，意指民刑交叉案件法律责任追究模式的适用，刑事诉讼、民事诉讼程序的启动与积极推进，应着眼于运用最少的司法资源力求使需要获得司法救济的当事人达至最佳的保护与救济效果。② 在民刑交叉案件法律责任追究的司法实务中，鉴于危害行为引发侵权损害结果，原则上不能对民事诉讼与刑事诉讼的启动顺序实施不合理限制，一般应允许同时或相继启动两种诉讼程序。尤其是，若刑事诉讼程序已经启动，并且出现犯罪嫌疑人、被告人患病、潜逃等导致诉讼程序必须中止的情形，受害人又亟须获得医疗救治费用进行救治，或者生活陷入重大困难等亟须救助，民刑交叉案件法律责任追究模式的适用应当允许受害人启动民事诉讼程序，以保障受害人的合法权益。有见解指出，一般情况下只有针对受害人采取刑事救济仍然不足以获得足够赔偿的部分，才适宜推进民事诉讼寻求补充救济，如此可以有效避免重复过度救济。如果是由于犯罪行为而继发民事诉讼类的案件，则可允许民事诉讼与刑事诉讼并行或者先行推进民事诉讼。而且这类民事诉讼通常要以刑事诉讼中认定的犯罪结果事实作为具体归责的依据，所以需要及时推进，从而有利于对当事人的合法权益进行充分维护。③ 总之，在司法实践中

---

① 李玉林：《民刑交叉案件并行处理原则的理解与适用——以〈九民会议纪要〉第1条的规定为中心》，《法律适用》2022年第8期，第92页。

② 黄祥青：《刑民交叉案件的范围、类型及处理原则》，《法律适用》2020年第1期，第65页。

③ 黄祥青：《刑民交叉案件的范围、类型及处理原则》，《法律适用》2020年第1期，第65页。

处理侵权类民刑交叉案件时，应遵循诉讼经济便民原则。民刑交叉案件法律责任追究模式的适用，应充分考量经济、便民因素，以更好地维护民众尤其是受害人的合法权益，彰显“司法为人民”“以人民为中心”的基本理念。

二、侵权类民刑交叉案件法律责任追究模式适用的规范展开

侵权类民刑交叉案件法律责任追究司法实务中所采用的“先刑后民”“先民后刑”“刑民并行”等处理模式，均具有一定的局限性或短板。如果不顾及具体侵权类民刑交叉案件的个案状况，简单地一刀切或者机械性适用一种处理模式，则容易导致浪费司法资源、引发民事权益保护缺漏等诸多负面效应。既然侵权类民刑交叉案件具有不同的类型和特点，针对不同类型的民刑交叉案件采用不同的法律责任追究模式，具有正当性与必要性。

理论界及实务界对民刑交叉案件分类的观点不一而足，异彩纷呈。① 具体而言，民刑交叉案件的分类，主要有“二分说”② “三分说”③ “四分说”④ “五分说”⑤，且不同学说之下具体观点也存在差异。当前，主流观点认为，

---

① 于改之：《刑民交错案件的类型判断与程序创新》，《政法论坛》2016 年第 3 期，第 143 页。

② 有学者将司法实践中的刑民冲突归为两类：第一类是“因同一法律事实同时侵犯了刑事法律关系和民事法律关系，从而构成刑民案件交叉”。（牵连型）第二类是“因同一法律事实涉及的法律关系一时难以确定是刑事法律关系还是民事法律关系而造成的刑民交叉案件”。（竞合型）还有学者提出以法律事实的个数为标准的“二分说”：一是基于多个不同法律事实的关联性而引发的刑民交叉案件，称为“多个事实关联型”；二是基于同一法律事实的不同法律属性判断而引发的刑民交叉案件，称为“同一事实竞合型”。

③ 有学者从法律关系的角度出发，把刑民交叉案件分为三种类型：一是案件事实在表象上具有刑民交叉的形式，但只具有单一的民事法律关系，其行为性质并未超出民法或其他刑法前置性法律规定的调整范围，无须进入刑法领域进行评价的案件；二是案件事实在表象上具有刑民交叉的形式，但这一刑民交叉所具有的相互关系在本质上是一种纵向的、属于刑事包容民事的法律关系；三是案件在表象上具有刑民交叉的形式，但刑民交叉的法律关系是一种横向的、同位并列的关系。

④ 有学者将刑民交叉案件分为四种情况：第一种是指不同行为分别侵犯了刑事法律关系和民事法律关系，但不同行为之间具有一定的关联；第二种是同一行为同时侵犯的法律关系一时难以确定是刑事法律关系还是民事法律关系；第三种是部分法律事实相同；第四种是指案件民事部分与刑事部分系同一法律事实，因同时侵犯了刑事法律关系和民事法律关系，从而构成的民刑交叉案件。

⑤ 有学者认为应以法律事实为标准进行分类，具体可以分为五类刑民交叉案件：第一种是由同一法律事实引起的，只能归属于刑事或民事范畴，但刑、民违法性难以定性的案例；第二种是由同一法律事实引起的，同时引发了刑事法律关系与民事法律关系的案件，通常会带来刑事附带民事诉讼；第三种是由不同法律事实引起的刑民交叉案件中行为主体交叉：某法律主体既是某一犯罪行为的施行者，也是另一民事行为的行为人；第四种是由不同法律事实引起的刑民交叉案件中行为对象交叉：某人或某项财产既是犯罪行为的侵害对象，同时也是另一民事侵权行为的侵害对象；第五种是由不同法律事实引起的刑民交叉案件中行为内容交叉：某行为既是刑事法律事实的组成部分，也是民事法律事实的构成要素。

民刑交叉案件主要包括竞合型、牵连型以及疑难型。[①] 鉴于“疑难型”意指对犯罪成立与否判定在实体法上存在定性困难的问题，不直接涉及法律责任追究模式的适用，故比较有影响力的见解倡导二分法，主张民刑交叉案件主要包括竞合型交叉案件与牵连型交叉案件两类。[②]

（一）牵连型民刑交叉案件的处理模式

牵连型民刑交叉案件是指引起民事责任、刑事责任追究的事实并非源自同一事实，而仅是在某个或者某些构成要素上出现了交叉。这种事实交叉通常表现为行为主体、行为内容或者行为对象等方面的交叉。实践中常见的情形主要有：（1）主合同当中的债务人涉嫌犯罪或刑事判决书认定其构成犯罪，而债权人针对担保人请求承担相应民事责任的；（2）行为人采用法人、组织或他人名义与他人订立合同的行为涉嫌犯罪，或刑事判决书认定其构成犯罪，但合同相对人针对该法人、组织或他人请求承担相应民事责任的；（3）法人或组织的法定代表人、负责人或其他工作人员的职务行为涉嫌犯罪或刑事判决书认定其构成犯罪，受害人针对该法人或组织请求承担相应民事责任的；（4）侵权行为人涉嫌犯罪或刑事判决书认定其构成犯罪，被保险人、受益人或其他赔偿权益人请求保险人履行支付保险金义务的；（5）受害人针对涉嫌犯罪的行为人之外的其他主体请求承担相应民事责任的；（6）涉嫌集资诈骗、非法吸收公众存款罪等涉众型经济犯罪中，当事人因租赁、买卖、金融借款等与上述涉众型经济犯罪无关的民事纠纷，请求上述主体承担相应民事责任的；（7）在行为人伪造银行卡继而骗取存款人银行存款案中，存款人要求银行承担相应赔偿责任的；（8）其他存在牵连关系的刑民交叉案件。

牵连型民刑交叉案件仅仅是由于某个或者某些构成要素上出现了交叉，并非基于同一违法事实导致的交叉。从严格意义上说，其不属于本书所探究的“侵权类民刑交叉案件”，但是鉴于论及民刑交叉案件法律责任追究模式的适用时该种事案通常成为分类的重要依据，故本书也一并将其作为法律责任追究模式选择的解析内容。有见解指出，当前民刑交叉案件程序处理的观点事实上是采用了一种依据案件事实类型化的基本思路，也就是根据已经划分

① 也有观点认为按照刑民法律事实所涉及的刑民法律关系的不同将刑民交叉类案件分为竞合型、牵连型及疑难型。参见江伟、范跃如：《民刑交叉案件处理机制研究》，《法商研究》2005 年第 4 期，第 31 页。

② 李晓明、张鑫：《刑民交叉案件分类及其对未来研究的影响》，《河北法学》2016 年第 2 期，第 13 页。

好的不同交叉类型继而采取不同的案件处理模式。譬如，一般认为牵连型民刑交叉案件适用“刑民并行”的模式审理较为适当，如此更加能够体现民事裁判与刑事裁判的独立性。但此种以案件类型来判定程序处理模式的方式，并不是十分妥善与精细。在类型化与程序适用之间，不应这样直接，还应引入实质性的判断标准。① 诚然，在牵连型民刑交叉案件中，民事程序与刑事程序的法律事实不是“同一客观事实”，所以两种法律事实所引发的法律关系不同，当事人应承担的法律责任也不同，故而一般情况下此类民刑交叉案件的民事部分和刑事部分可分开进行诉讼。也即，牵连型民刑交叉案件民事责任、刑事责任的追究互相并不抵触与冲突，民事诉讼与刑事诉讼两者可并行不悖。在此状况下，采用“刑民并行”的责任追究模式更能体现民事诉讼与刑事诉讼的独立性，并且有利于实现法律责任的追究。首先，牵连型民刑交叉案件采用“刑民并行”模式有助于提高办案效率。“刑民并行”法律责任追究模式有助于更好地查明案件事实，进一步提升司法效率。在牵连型刑民交叉案件中，两种法律责任的事实及依据相互独立，在此状况下采用“先刑后民”或“先民后刑”模式会人为设置障碍，妨碍诉讼程序顺利进行。而采用“刑民并行”的处理模式，令追究法律责任的两种诉讼程序独立运作、各自进行，无疑有利于提升法律责任追究的司法效率。其次，牵连型民刑交叉案件法律责任追究适用“刑民并行”模式有利于促进民事权益保护。既然牵连型民刑交叉案件的两种法律责任彼此独立，以“刑民并行”的责任追究模式实现两种法律责任各自依法追究，因而有助于促进当事人的民事权益保护。

（二）竞合型民刑交叉案件法律责任的追究模式

竞合型民刑交叉案件是指同一事实中涉及民事与刑事两种不同的法律关系，而且行为主体、相对人以及行为本身等具体情况完全一致，呈现出一种纵向的包容重合关系的交叉。实践中常见的情形主要有：（1）金融活动类案件中，民事纠纷可能又触犯犯罪的案件。例如，民间贴现业务中不具备法定资质的人以贴现为业涉嫌非法经营类刑事犯罪，票据清单交易、封包交易案件中实际用资人、直贴行、出资行的工作人员涉嫌骗取承兑汇票、伪造印章等刑事犯罪；（2）在民间借贷类案件中，民间借贷纠纷可能涉嫌集资诈骗罪、非法吸收公众存款罪等犯罪的案件；（3）涉及市场交易的案件中，经济合同民事纠纷可能涉嫌合同诈骗罪的案件；（4）普通侵权案件中，普通民事侵权

---

① 陶加培：《论刑民交叉案件的程序处理》，《浙江工商大学学报》2022 年第 7 期，第 8 页。

行为涉嫌犯罪的案件；（5）其他存在竞合关系的民刑交叉案件。从最高人民法院发布的有关竞合型民刑交叉案件的指导性案例来看，大体上也存在上述前四种常见情况。

本书认为，尽管竞合型民刑交叉案件因危害行为同时引发民法与刑法的适用，需要在认定民事责任的同时作出刑事判定结论。尤其是在确认行为人同时触犯民法与刑法应当承担两种法律责任的情况下，如何有效促进两种法律责任的充分承担是法律责任追究模式所应涵盖的基本目标。有鉴于此，原则上不能对民刑交叉案件法律责任追究诉讼程序的先后作出严格限制或施强制性干预。整体而言，竞合型民刑交叉案件法律责任追究模式的适用，包含如下要点。

第一，对竞合型民刑交叉案件法律责任追究诉讼程序的先后不可作出严格限制或强制性干预系原则。

尽管竞合型民刑交叉案件系因同一侵权行为引发两种法律责任判定，但是该种事案所引发的两种法律责任原则上应依各自的实体法与程序法作出评判。之所以得出该种结论，主要理由在于：

首先，对竞合型民刑交叉案件法律责任追究模式实施限制缺乏正当性及合理性。

尽管在司法实务中，司法机关针对部分案件采用了“先刑后民”或者“先民后刑”等责任追究模式，并且提出了采取该种责任追究模式的理由，但是无论是“先刑后民”还是“先民后刑”，都系对民刑交叉案件法律责任追究模式的限制或者干预。如前所述，“先刑后民”是强调刑事诉讼在前、民事诉讼在后，“先民后刑”则是要求民事诉讼在前、刑事诉讼在后。既然是对同一危害行为所涵盖的两种诉讼程序实施限制或干预，则必须具备正当性及合理性。但是，上诉两种法律责任追究模式都不具备充足的根据及理由，因而缺乏正当性及合理性。例如，在部分场合，司法机关以有利于保护当事人民事权益为由选择“先刑后民”的法律责任追究模式，但是“先刑后民”模式也可能存在不利于保护民事权益的疑问。再如，在部分场合，司法机关以节约司法资源为由选择“先民后刑”法律责任追究模式，但是“先民后刑”模式也可能具有浪费司法资源的危险。既然“先民后刑”“先刑后民”责任追究模式缺乏绝对有力的支撑性理由，即不能对竞合型法律责任追究模式实施严格限制或强制性干预。

其次，竞合型民刑交叉案件法律责任追究模式的选择原则上应尊重当事人意愿。

竞合型民刑交叉案件需要同时适用民法与刑法对法律责任作出评判，其所涉及诉讼程序的选择权应归属于当事人而非司法机关。质言之，民刑交叉案件发生后，危害行为所引发的法律责任关涉两种诉讼程序。在此状况下，是先追究民事责任后追究刑事责任，还是先追究刑事责任，原则上应由当事人尤其是受害人自主选择。其既可以选择先行向法院提起民事诉讼，而后向公安机关报案请求追究刑事责任；也可先行选择向公安机关报案请求启动刑事诉讼，之后再另行提起民事诉讼以追究民事责任；还可以在刑事诉讼中附带提起民事诉讼要求追究民事责任；甚至可以在向司法机关报案请求启动刑事诉讼的同时，向法院提起民事诉讼。既然法律设定民事权利的同时也赋予公民诉权等相关权利，只要当事人的起诉符合法定条件并且不违反法律的强制性规定，司法机关即应尊重当事人意愿。

或许有观点认为，若司法机关针对民刑交叉案件经由刑事立案已经启动刑事诉讼程序，此种情况下当事人不存在选择空间，故不存在尊重当事人意愿的可能性与必要性。尽管刑事诉讼经由刑事立案业已启动，当事人无法自行采取措施令刑事诉讼程序停止，以选择“先民后刑”或者其他模式。不过，当事人仍然可以基于诉权行使自由选择权。例如，受害方既可以选择刑事附带民事诉讼的处理模式，也可以选择待刑事诉讼终结后再另行向法院提起民事诉讼。由此观之，只要当事人具有行使诉权的空间，甚至具有向司法机关刑事报案的自由选择权，司法机关即应当尊重当事人的意思自由。例如，司法实践中经常发生的诈骗型民刑交叉案件，受害人感觉被骗后，有的直接向公安机关以行为人涉嫌诈骗罪为由报案；有的则不急于报案，先要求行为人限期返还财物，在返还请求遭到拒绝的情况下，受害人仍然仅以民事纠纷为由先行向法院提起民事诉讼；有的则在返还请求遭到拒绝的情况下，以行为人涉嫌诈骗罪为由向公安机关报案。应当认为，上述各种具体选择都是受害人行使诉权、报案权的结果，司法机关不得严格限制或者强制干预。

或许有见解主张，法律固然赋予当事人诉权、报案权等权利，但是当事人权利的行使并非绝对自由。例如，行政法领域即对行政诉讼的起诉、行政复议的申请作出了部分限制。具体而言，除法定情形之外，行政诉讼与行政复议属于自由选择关系。[①] 当事人不仅可以选择，并且该选择权非常自由。尽

① 行政诉讼与行政复议的关系主要有三种：自由选择、限制选择、复议前置。

管如此，行政诉讼的起诉与行政复议的申请也受到限制，两者不能同时提起。也即，当事人不能在提起行政复议的同时向法院提起行政诉讼，“不能两边同时开炮”。同理，对竞合型民刑交叉案件所关涉的民事诉讼、刑事诉讼似乎也应作出部分限制。依此，“先行后民”“先民后刑”等责任追究模式的采用似乎不足为奇，甚至有理有据。但是，该种见解的合理性值得商榷。质言之，行政诉讼与行政复议的启动之所以存在部分限制，不仅具有避免行政资源及司法资源浪费、提升行政争议解决效率等多种正当理由，更有《行政复议法》的明确条文依据。既然行政诉讼的起诉、行政复议的申请所受的部分限制系由法律明文规定，那么行政诉讼的起诉、行政复议的申请则必须严格遵守《行政复议法》的明确规定。与此相对，对于竞合型民刑交叉案件法律责任追究模式，现有法律规范并没有明确的条文规定，因此，司法机关出于特定理由选择“先刑后民”“先民后刑”处理模式对诉讼程序实施限制或干预，无疑不当。

近年来，最高人民法院和一些地方法院在审理竞合型民刑交叉案件的实践中，有采用“刑民并行”审理的趋势，对属于“同一法律事实”且同时涉及民事纠纷与刑事犯罪时，允许多元诉讼程序的进行，通过审理裁判产生不同的法律效果，在依法惩罚犯罪的同时，也可有效保障民事主体所享有的合法私权利，如此才有助于真正实现法秩序的统一性。①

第二，特定竞合型民刑交叉案件的法律责任追究模式具有限制或干预的必要性。

诚然，原则上不应对竞合型民刑交叉案件法律责任追究诉讼程序的先后作出严格限制或强制性干预。本书之所以特别强调“原则上”，即主张责任追究模式应排除对民事诉讼、刑事诉讼的限制或干预，属于“原则”。但是，“原则”总会存在“例外”。所谓例外，即对于某些特殊的民刑交叉案件具有实施限制或干预的必要性。对“例外”情形，应当作如下解读。

首先，能够作出限制或干预的例外情形仅限于涉众经济型民刑交叉案件等特殊情形。

通过前文的分析，我们已经知晓涉众经济型民刑交叉案件具有特殊性。质言之，涉众经济型民刑交叉案件涉案受害者人数众多，而且涉案金额巨大甚至特别巨大。司法机关对此类案件的办理不仅面临及时尽力挽回受害人经

---

① 张永泉：《法秩序统一视野下的诉讼程序与法律效果的多元性——以竞合型刑民交叉案件为视角》，《法学杂志》2017年第3期，第54页。

济损失的压力，还有违法行为人转移资产等逃避责任追究的风险。尤其是，由于该种民刑交叉案件涉案受害者人数众多，可能产生多人上访等危害社会稳定的群体性事件。相较于其他责任追究模式，对该类案件采“先刑后民”的责任追究模式，先行启动刑事诉讼程序，有助于取得良好的政治效果、法律效果与社会效果。有鉴于此，将该类案件作为“原则的例外”，司法机关可以采取“先刑后民”的责任追究模式，对诉讼程序实施限制或干预，具有正当性与合理性。另外，类似于侵犯商业秘密等侵权类民刑交叉案件，若刑事诉讼的推进依赖于民事诉讼的审理结果，则该类案件适合采用“先民后刑”的责任追究模式。

其次，作为“原则的例外”允许司法机关作出限制或干预应以受害人同意为条件。

涉众经济型民刑交叉案件具有自身的特殊性，作为“原则的例外”，司法机关可得在此场合采用“先刑后民”的责任追究模式先行启动刑事诉讼程序，以充分利用刑事追诉的国家公权力介入优势，实现促进法律责任充分承担的司法目标。不过，该种作为“原则的例外”由司法机关对诉讼程序实施的限制或干预，应当以受害人同意为条件。也即，只有受害人同意适用该种责任追究模式的，司法机关才能采用。反之，若受害人拒绝适用该种责任追究模式，则司法机关不能强制推行。之所以强调受害人同意的重要性，一方面是基于受害人享有诉权等权益，司法机关实施限制或干预不能对受害人的诉权等权益造成侵害，“社会秩序或许只有通过人的自由行为才能实现，尽管秩序并不需要自由行为，但却曾引起自由行为”①。另一方面，既然该种限制或干预是受害人同意的结果，那么司法机关对诉讼程序实施限制或干预所引发的相关司法结果，受害人应当予以配合并接受。因此，以受害人同意为条件允许司法机关作出限制或干预，有利于相关诉讼程序的推进，并且具有促进维护社会稳定等诸多积极性作用。

最后，作为“原则的例外”允许司法机关作出限制或干预以符合刑事立案标准为前提。

作为“原则的例外”，司法机关对特定类型民刑交叉案件诉讼程序实施限制或干预，以“先刑后民”的责任追究模式先行启动刑事诉讼程序，应当以案件符合刑事立案标准为前提。也即，只有符合刑事立案标准的，才能经由刑事立案启动刑事诉讼程序。否则，倘若根本不符合刑事立案标准，便强行

---

① ［法］莫里斯·奥里乌：《法源》，鲁仁译，商务印书馆2022年版，第73页。

立案启动刑事诉讼程序，违反法律规定的同时还会造成侵犯人权等诸多弊端。因民刑交叉案件极其复杂，部分案件具有触犯刑法构成犯罪的形式表象，其是否符合刑事立案标准处于不确定状态，所以，应当作出严格的实质性审查结论。另外，“先刑后民”的责任追究模式，要求先行启动刑事诉讼程序，由国家公权力介入，容易为违法插手经济纠纷制造机会和理由。有鉴于此，作为“原则的例外”允许司法机关对诉讼程序作出限制或干预，仅限于形式与实质上都符合刑事立案标准的案件。

reference

参考文献

一、中文文献

（一）著作类

[1] 张明楷．刑法学［M］．北京：法律出版社，2021.
[2] 朱铁军．刑民实体关系论［M］．上海：上海人民出版社，2012.
[3] 张明楷．刑法格言的展开［M］．北京：北京大学出版社，2013.
[4] 许玉秀．当代刑法思潮［M］．北京：中国民主法制出版社，2005.
[5] 蔡福华．刑民关联案件的法理展开［M］．北京：法律出版社，2022.
[6] 郭宁．现代刑法的生存空间［M］．北京：知识产权出版社，2013.
[7] 刘凤科．刑罚在现代法律体系中的地位与特征［M］．北京：人民法院出版社，2007.
[8] 张晋藩．中国法律的传统与近代转型［M］．北京：法律出版社，1997.
[9] 陈航．民刑关系基础理论研究［M］．北京：商务印书馆，2020.
[10] 张明楷．法益初论［M］．北京：商务印书馆，2021.
[11] 周光权．刑法各论讲义［M］．北京：清华大学出版社，2003.
[12] 程龙．法哲学视野中的程序正义：以程序正义研究中的分析模式为主的考察［M］．北京：科学文献出版社，2011.
[13] 于同志．刑事实务十堂课［M］．北京：法律出版社，2020.
[14] 高铭暄．刑法学原理：第1卷［M］．北京：中国人民大学出版社，1993.
[15] 马克昌．犯罪通论［M］．武汉：武汉大学出版社，1999.
[16] 马克昌．刑罚通论［M］．武汉：武汉大学出版社，1999.
[17] 王志祥．民事赔偿与刑事责任［M］．北京：中国政法大学出版社，2021.
[18] 徐彰．刑民交叉视野下的民间借贷问题研究［M］．北京：法律出版社，2018.
[19] 张卫平．民事诉讼法［M］．5版．北京：法律出版社，2019.
[20] 陈光中．刑事诉讼法［M］．7版．北京：北京大学出版社、高等教育出版

社，2021.
［21］刘宪权，李振林．集资类案件中的刑民交错现象及其归宿［M］．北京：法律出版社，2017.
［22］邓子滨．斑马线上的中国［M］．3版．北京：法律出版社，2016.
［23］张坚．涉众型经济犯罪案件疑难问题研究［M］．北京：法律出版社，2017.
［24］何帆．刑民交叉案件审理的基本思路［M］．北京：中国法制出版社，2007.
［25］冯军．德国刑法典［M］．北京：中国政法大学出版社，2000.
［26］陈兴良．刑法的价值构造［M］．北京：中国人民大学出版社，1998.
［27］白建军．刑法规律与量刑实践［M］．北京：北京大学出版社，2011.
［28］张明楷．刑法分则的解释原理［M］．北京：中国人民大学出版社，2011.
［29］贾宇．刑法学［M］．北京：高等教育出版社，2019.
［30］臧冬斌．量刑的合理性与量刑方法的科学性［M］．北京：中国人民公安大学出版社，2008.
［31］车浩．阶层犯罪论的构造［M］．北京：法律出版社，2017.
［32］童德华．刑法中客观归属论的合理性研究［M］．北京：法律出版社，2012.
［33］张明楷．外国刑法纲要［M］．北京：法律出版社，2020.
［34］黄宗智．中国的新型正义体系：实践与理论［M］．广西：广西师范大学出版社，2020.
［35］桑胜建．刑事和解与刑法基本原则［M］//赵秉志．新中国刑法60年巡礼：上卷．北京：中国人民公安大学出版社，2009.
［36］葛林．刑事和解研究［M］．北京：中国人民公安大学，2008.
［37］童德华，李文．刑法的现代化：刑民交叉问题研究［M］．北京：中国法制出版社，2022.
［38］张明楷．诈骗犯罪论［M］．北京：法律出版社2021.
［39］王作富．刑法分则实务研究：中［M］．北京：中国方正出版社，2010.
［40］徐彰．刑民交叉视野下的民间借贷问题研究［M］．北京：法律出版社，2018.
［41］王泽鉴．民法学说与判例研究：第一册［M］．北京：中国政法大学出版社，1998.
［42］林山田．刑罚学［M］．台北：台湾商务印书馆，1985.

［43］张明楷．刑法的私塾［M］．北京：北京大学出版社，2017．
［44］许玉秀．当代刑法思潮［M］．北京：中国民主法制出版社 2005．
［45］张明楷．刑法的基本立场［M］．北京：商务印书馆，2019．
［46］陈兴良．口授刑法学［M］．北京：中国人民大学出版社，2010．
［47］张明楷．刑法的私塾［M］．北京：北京大学出版社，2014．
［48］邓子滨．中国实质刑法观批判［M］．北京：法律出版社，2009．
［49］高鸿钧．清华法治论衡：第三辑［M］．北京：清华大学出版社，2002．
［50］张红昌．财产罪中的占有研究［M］．北京：中国人民公安大学出版社，2013．
［51］于世忠．刑法与民法交叉问题研究［M］．厦门：厦门大学出版社，2018．
［52］王泽鉴．民法思维：请求权基础理论体系［M］．北京：北京大学出版社，2009．
［53］刘志伟．侵占罪的理论与司法适用［M］．北京：中国检察出版社，2000．
［54］刘明祥．财产罪专论［M］．北京：中国人民大学出版社，2019．
［55］张军，姜伟，郎胜，陈兴良．刑法纵横谈［M］．北京：北京大学出版社，2008．
［56］王世柱．论刑法上的占有［M］．北京：中国法制出版社，2018．
［57］马长生．刑事法治的多方位思考［M］．北京：法律出版社，2012．
［58］曲新久．刑法的逻辑与经验［M］．北京：北京大学出版社，2008．
［59］樊崇义．刑事诉讼法学［M］．北京：法律出版社，2004．
［60］桂梦美．刑事诉讼管辖制度研究［M］．北京：中国政法大学出版社，2019．
［61］罗结珍．法国刑事诉讼法精义［M］．北京：中国政法大学出版社，1998．
［62］樊崇义．刑事诉讼法再修改理性思考［M］．北京：中国人民公安大学出版社，2007．
［63］曾根威彦．刑法学基础［M］．黎宏，译．北京：法律出版社，2005．
［64］佐伯仁志，道垣内弘人．刑法与民法的对话［M］．于改之，张小宁，译．北京：北京大学出版社 2012．
［65］平野龙一．刑法的基础［M］．黎宏，译．北京：中国政法大学出版社，2016．
［66］日高义博．违法性的基础理论［M］．张光云，译．北京：法律出版社，2015．
［67］伊东研祐．法益概念史的研究［M］．秦一禾，译．北京：中国人民大学出

版社，2014.
［68］宗冈嗣郎．犯罪论与法哲学［M］．陈劲阳，吴丽君，译．武汉：华中科技大学出版社，2012.
［69］松宫孝明．刑法总论讲义［M］．钱叶六，译．北京：中国人民大学出版社，2013.
［70］佐伯仁志．刑法总论的思之道·乐之道［M］．于佳佳，译．北京：中国政法大学出版社，2017.
［71］佐伯仁志．制裁论［M］．丁胜明，译．北京：北京大学出版社，2018.
［72］宗冈嗣郎．犯罪论与法哲学［M］．陈劲阳，吴丽君，译．武汉：华中科技大学出版社，2012.
［73］大谷实．刑法讲义总论［M］．黎宏，译．北京：中国人民大学出版社，2008.
［74］平野龙一．刑法的基础［M］．黎宏，译．北京：中国政法大学出版社，2016.
［75］西田典之．日本刑法各论［M］．刘明祥，王昭武，译．北京：中国人民大学出版社，2007.
［76］松宫孝明．刑法各论讲义［M］．王昭武，张小宁，译．北京：中国人民大学出版社，2018.
［77］松原芳博．消费者保护与刑事法［M］．高铭喧，赵秉志，译．中日经济犯罪比较研究［M］．北京：法律出版社，2005.
［78］田口守一．刑事诉讼法［M］．5 版．张凌，于秀峰，译．北京：中国政法大学出版社，2010.
［79］谷口安平．程序正义与诉讼：补订本［M］．王亚新，刘荣军，译．北京：中国政法大学出版社，2002.
［80］高桥则夫．规范论和刑法解释论［M］．戴波，李世阳，译．北京：中国人民大学出版社，2011.
［81］高桥则夫．刑法总论［M］．李世阳，译．北京：中国政法大学出版社，2020.
［82］川出敏裕，金光旭．刑事政策［M］．钱叶六，等译．北京：中国政法大学出版社，2016.
［83］前田雅英．刑法总论讲义［M］．曾文科，译．北京：北京大学出版社，2017.
［84］山口厚．刑法总论［M］．付立庆，译．北京：中国人民大学出版社，2011.

[85] 大塚仁. 犯罪论的基本问题 [M]. 冯军, 译. 北京: 中国政法大学出版社, 1993.
[86] 泷川幸辰. 犯罪论序说 [M]. 王泰, 译. 北京: 法律出版社, 2005.
[87] 冈田朝太郎. 刑事诉讼法 [M]. 汪有龄, 译. 北京: 中国政法大学出版社, 2012.
[88] 松尾浩也. 日本刑事诉讼法: 上卷 [M]. 丁相顺, 译. 北京: 中国人民大学出版社, 2005.
[89] 兼子一, 竹下守夫. 民事诉讼法 [M]. 白绿铉, 译. 北京: 法律出版社, 1995.
[90] 星野英一. 民法劝学 [M]. 张立艳, 译. 北京: 北京大学出版社, 2006.
[91] 大谷实著. 刑事政策学 [M]. 黎宏, 译. 北京: 法律出版社, 2000.
[92] 亚图·考夫曼. 法律哲学 [M]. 刘幸义, 等译. 台北: 五南图书出版有限公司, 2011.
[93] 齐佩乌利斯. 法学方法论 [M]. 金振豹, 译. 北京: 北京: 法律出版社, 2009.
[94] 克劳斯·罗克辛. 德国刑法总论: 犯罪原理的基础构造 [M]. 王世洲, 译. 北京: 法律出版社, 2005.
[95] 克劳斯·罗克辛. 德国刑法学总论: 第1卷 [M]. 王世洲, 译. 北京: 法律出版社, 2005.
[96] N·霍恩. 法律科学与法哲学导论 [M]. 罗莉, 译. 北京: 法律出版社, 2005.
[97] 阿图尔·考夫曼, 温弗里德·哈斯默尔. 当代法哲学和法律理论导论 [M]. 郑永流, 译. 北京: 法律出版社, 2013.
[98] 冈特·施塔拉腾韦特、洛塔尔·库伦. 刑法总论Ⅰ: 犯罪论 [M]. 杨萌, 译. 北京: 法律出版社, 2004.
[99] 约翰内斯·韦塞尔斯. 德国刑法总论 [M]. 李昌珂, 译. 北京: 法律出版社, 2008.
[100] 汉斯·海因里希·耶塞克, 托马斯·魏根特. 德国刑法教科书 [M]. 许久生, 译. 北京: 中国法制出版社, 2001.
[101] 冯·李斯特. 论犯罪、刑罚与刑事政策 [M]. 徐久生, 译. 北京: 北京大学出版社, 2016.
[102] 拉德布鲁赫. 法学导论 [M]. 米健, 译. 北京: 法律出版社, 2012.
[103] 诺伯特·雷斯特. 何以刑罚? [M]. 王芳凯, 译. 北京: 北京大学出版

社 2023.
[104] 安德烈亚斯·冯·赫希. 该当量刑概论［M］. 谭淦，译. 北京：中国人民大学出版社，2023.
[105] 克劳斯·罗克辛. 德国刑法学总论［M］. 王世洲，译. 北京：法律出版社 2005.
[106] 乌尔斯·金德霍伊泽尔. 刑法总论教科书［M］. 蔡桂生，译. 北京：北京大学出版社，2015.
[107] 冈特·施特拉腾韦特，洛塔尔. 库伦. 刑法总论Ⅰ：犯罪论［M］. 杨萌，译. 北京：法律出版社，2006.
[108] 拉德布鲁赫. 法哲学引导［M］. 雷磊，译. 北京：商务印书馆，2021.
[109] 冯·李斯特. 论犯罪、刑罚与刑事政策［M］徐久生，译. 北京：北京大学出版社，2016.
[110] 罗伯特·阿列克西. 法概念与法效力［M］. 王鹏翔，译. 北京：商务印书馆，2020.
[111] 米夏埃尔·帕夫利克. 目的与体系：古典哲学基础上的德国刑法学新思考［M］. 赵书鸿，等译. 北京：法律出版社，2018.
[112] 罗伯特·阿列克西. 法律论证理论［M］. 舒国滢，译. 北京：商务印书馆，2020.
[113] 施塔姆勒. 现代法学之根本趋势［M］. 姚远，译. 北京：商务印书馆，2018.
[114] 康德. 法的形而上学原理［M］. 沈叔平，译. 北京：商务印书馆，1991.
[115] 克劳斯·罗科信. 刑事诉讼法［M］. 24 版. 吴丽琪，译. 北京：法律出版社，2003.
[116] 安东尼·刘易斯. 言论的边界［M］. 徐爽，译. 北京：法律出版社，2010.
[117] 本杰明·卡多佐. 司法过程的性质［M］. 苏力，译. 北京：商务印书馆，1997.
[118] 本杰明·N. 卡多佐. 法律的成长　法律科学的悖论［M］. 董炯，彭冰，译. 北京：中国法制出版社，2002.
[119] 斯蒂芬·布雷耶. 法官能为民主做什么［M］. 何帆，译. 北京：法律出版社，2012.
[120] 罗伯特·萨默斯. 大师学述：富勒［M］. 马驰，译. 北京：法律出版社，2010.

[121] 卡多佐. 演讲录　法律与文学［M］. 董炯，彭冰，译. 北京：中国法制出版社，2005.
[122] 霍姆斯. 法律的生命在于经验：霍姆斯法学文集［M］. 明辉，译. 北京：清华大学出版社，2007.
[123] 罗克斯·庞德. 通过法律的社会控制［M］. 沈宗灵，译. 北京：商务印书馆，2010.
[124] 霍姆斯. 法学论文集［M］. 姚远，译. 北京：商务印书馆，2021.
[125] 乔治·弗莱彻. 反思刑法［M］. 邓子滨，译. 北京：华夏出版社，2008.
[126] 埃德加·博登海默. 法理学：法律哲学与法律方法［M］. 邓正来，译. 北京：中国政法大学出版社，2017.
[127] 米尔伊安·R. 达玛什卡. 司法和国家权力的多种面孔：比较视野中的法律程序［M］. 郑戈，译. 北京：中国政法大学出版社，2004.
[128] 约翰·罗尔斯. 正义论［M］. 何怀宏，何包钢，等译. 北京：中国社会科学出版社，2005.
[129] 约瑟夫·拉兹. 法律体系的概念［M］. 吴玉章，译. 北京：商务印书馆，2018.
[130] 威廉姆·威尔逊. 刑法理论的核心问题［M］. 谢望原，罗灿，王博，译. 北京：中国人民大学出版社，2015.
[131] 葛德文. 政治争议论：第二、三卷［M］. 何慕李，译. 北京：商务印书馆，1980.
[132] 边沁. 论一般法律［M］. 毛国权，译. 上海：上海三联书店，2008.
[133] 韦恩·莫里斯. 法理学［M］. 侯建，等译. 武汉：武汉大学出版社，2002.
[134] 约翰·奥斯丁. 法理学的范围［M］. 刘星，译. 北京：商务印书馆，2022.
[135] 杰里米·边沁. 论道德和立法的原则［M］. 程立显，宇文利，译. 西安：陕西人民出版社，2009.
[136] 边沁. 道德与立法原理导论［M］. 时殷弘，译. 北京：商务印书馆，2000.
[137] 鲁伯特·克罗斯. 英国刑法导论［M］. 赵秉志，等译. 北京：中国人民大学出版社，1991.
[138] 吉米·边沁. 立法理论［M］. 李贵芳，等译. 北京：中国人民公安大学出版社，2004.
[139] 安东尼·奥格斯. 规则：法律形式与经济学理论［M］. 骆梅英，译. 北

京：中国人民大学出版社，2008.
［140］约瑟夫·拉兹. 法律体系的概念［M］. 吴玉章，译. 北京：商务印书馆，2018.
［141］皮洛克. 普通法的精神［M］. 杜苏，译. 北京：商务印书馆，2016.
［142］艾伦·诺里. 刑罚、责任与正义［M］. 杨丹，译. 北京：中国人民大学出版社，2009.
［143］维克托·迈尔-舍恩伯格，肯尼斯·库克耶. 大数据时代：生活、工作与思维的大变革［M］. 盛杨燕，等译. 杭州：浙江人民出版社，2013.
［144］［意］杜里奥·帕瓦多尼. 意大利刑法学原理［M］. 陈忠林，等译. 北京：中国人民大学出版社，2004.
［145］卢梭. 社会契约论［M］. 何兆武，译. 北京：商务印书馆，2003.
［146］亨利·莱维·布律尔. 法律社会学［M］. 许钧，译. 上海：上海人民出版社，1987.
［147］莫里斯·奥里乌. 法源［M］. 鲁仁，译. 北京：商务印书馆，2022.

（二）论文类

［1］张明楷. 妥善对待维权行为　避免助长违法犯罪［J］. 中国刑事法杂志，2020（5）：3-19.
［2］李拥军. 法律责任概念的反思与重构［J］. 中国法学，2022（3）：226-245.
［3］陈兴良. 刑民交叉案件的刑法适用［J］. 法律科学，2019（2）：161.
［4］黄祥青. 刑民交叉案件的范围、类型及处理原则［J］. 法律适用，202（1）：59-65.
［5］杜邈. 刑民交叉型诈骗犯罪的司法认定［J］. 中国刑事法杂志，2020（3）：37-50.
［6］张明楷. 刑法学中的概念使用与创制［J］. 法商研究，2021（1）：3-22.
［7］张明楷. 许霆案的刑法学分析［J］. 中外法学，2009（1）：30-56.
［8］刘明祥. 许霆案的定性. 盗窃还是信用卡诈骗［J］. 中外法学，2009（1）：57-66.
［9］梁根林. 许霆案的规范与法理分析［J］. 中外法学，2009（1）：5.
［10］顾培东. 公共判意的法理解析：对许霆案的延伸思考［J］. 中国法学，2008（4）：167-178.
［11］张赞宁. 许霆案的要害在于罪与非罪：质疑许霆案有罪判处［J］. 南京医科大学学报（社会科学版），2008（2）：115-117.

[12] 朱如曾．愿区区十七万元成为社会进步的推动费：许霆无罪以及许霆案正确判决的深远意义［J］．西部法学评论，2008（2）：12-14.

[13] 张明楷．论财产罪中的非法占有目的［J］．法商研究，2005（5）：69-81.

[14] 刘宪权，吴允峰．论金融诈骗罪中的非法占有目的［J］．法学，2001（7）：36.

[15] 刘明祥．刑法中的非法占有目的［J］．法学研究，2000（2）：44-53.

[16] 王泽鉴．损害赔偿之目的．损害填补、损害预防、惩罚制裁［J］．月旦法学杂志，2005（122）.

[17] 何荣功．非法占有目的与诈骗案件的刑民界分［J］．中国刑事法杂志，2020（3）：21-36.

[18] 付立庆．论金融诈骗罪中的非法占有目的［J］．法学杂志，2008（4）：11-14.

[19] 徐凌波．金融诈骗罪非法占有目的的功能性重构：以最高人民检察院指导案例第40号为中心［J］．政治与法律，2018（10）：31-42.

[20] 陈璇．财产犯罪中非法占有目的要素之批判分析［J］．苏州大学学报（法学版），2016（3）.

[21] 尹晓静．财产犯罪中的非法占有目的之否定："侵害占有、建立占有"客观分析之提倡［J］．政治与法律，2011（11）：36-46.

[22] 张红昌．论可罚的使用盗窃［J］．中国刑事法杂志，2009（5）：54-61.

[23] 张红昌．财产罪中规定非法占有目的的质疑［J］．中南大学学报（社会科学版），2009（6）：764-770.

[24] 张红昌．诈骗罪处分意识的构造［J］．海南大学学报（社会科学版），2011（3）：37-43.

[25] 付立庆．财产损失要件在诈骗认定中的功能及其判断［J］．中国法学，2019（4）：265-284.

[26] 蔡桂生．论诈骗罪中财产损失的认定即排除：以捐助、补助诈骗案件为中心［J］．政治与法律，2014（9）：48-59.

[27] 冯春萍，张红昌．财产罪中财产损失的现代展开：兼论刑法与民法的界限［J］．江西社会科学，2013（12）：177-183.

[28] 张明楷．实质解释论的再提倡［J］．中国法学，2010（4）：49-69.

[29] 陈兴良．形式解释论与实质解释论．事实与理念之展开［J］．法制与社会发展，2011（2）：3-9.

[30] 苏彩霞．实质的刑法解释论之确立与展开［J］．法学研究，2007（2）：

38-52.
[31] 劳东燕. 刑法解释中的形式论与实质论之争 [J]. 法学研究, 2013 (3): 122-139.
[32] 刘艳红. 走向实质的刑法学: 刑法方法论的发端、发展与发达 [J]. 中国法学, 2006 (5): 170-179.
[33] 杨兴培. 形式解释论与实质解释论的透析和批评 [J]. 法学家, 2013 (1): 30-47.
[34] 欧阳本祺. 走出刑法形式解释与实质解释的迷思 [J]. 环球法律评论, 2010 (5): 33-42.
[35] 程红. 形式解释论与实质解释论对立的深度解读 [J]. 法律科学, 2012 (5): 79-86.
[36] 周详. 刑法形式解释论与实质解释论之争 [J]. 法学研究, 2010 (3): 57-70.
[37] 谢望原. 谨防刑法过分工具主义化 [J]. 法学家, 2019 (1): 87-100.
[38] 刘艳红. 我国应该停止犯罪化的刑事立法 [J]. 法学, 2011 (11): 108-115.
[39] 付立庆. 论积极主义刑法观 [J]. 政法论坛, 2019 (1): 99-111.
[40] 梁根林. 刑法修正. 维度、策略、评价与反思 [J]. 法学研究, 2017 (1): 42-65.
[41] 周光权. 转型时期刑法立法的思路与方法 [J]. 中国社会科学, 2016 (3): 123-146.
[42] 孙国祥. 新时代刑法发展的基本立场 [J]. 法学家, 2019 (6): 1-14.
[43] 黄云波, 黄太云. 论稳健性刑法立法观 [J]. 中国刑事法杂志, 2019 (3): 46-62.
[44] 黄金富, 黄曙. 盗窃、诈骗犯罪中的客体问题研究 [J]. 中国刑事法杂志, 2006 (6): 29-37.
[45] 柏浪涛. 侵占罪的保护法益是返还请求权 [J]. 法学, 2020 (7): 130-143.
[46] 柏浪涛. 构成要件符合性与客观处罚条件的判断 [J]. 法学研究, 2012 (6): 131-146.
[47] 张明楷. 骗取自己所有但由他人合法占有的财物构成诈骗罪 [J]. 人民检察, 2004 (10): 26-32.
[48] 王亚明. 民刑交叉案件法院与公安衔接机制新探 [J]. 社会科学家, 2021 (1): 98-105.

[49] 秦伟. “原告就被告”原则的反思与重构：以当事人中心主义为视角 [J]. 法学论坛，2009（1）：94-98.

[50] 孙邦清. 为何原告就被告?：关于地域管辖为谁而设之辩 [J]. 法学家，2011（5）：148-154，179-180.

[51] 李晓明，李文吉. 跨国网络犯罪刑事管辖权解析 [J]. 苏州大学学报（哲学社会科学版），2018（1）：89-100.

[52] 刘艳红. 民刑共治. 中国式现代犯罪治理新模式 [J]. 中国法学，2022（6）：27-46.

[53] 刘文斌，孟健. 跨辖区刑民交叉案件管辖权冲突研究：以民事欺诈与刑事诈骗互涉类案件为切入点 [J]. 山东法官培训学院学报，2018（4）：79-91.

[54] 万毅. 刑事被害人诉讼权利保障若干问题研究 [J]. 兰州学刊，2016（12）：127-134.

[55] 霍晓丹，赵波. 刑民交叉案件的司法处理原则与规则：以诈骗行为和民间借贷行为为例 [J]. 社会科学动态，2021（10）：98-103.

[56] 李蓉. 民刑交叉案件中管辖权异议制度探析 [J]. 政治与法律，2010（6）：90-97.

[57] 高艳东. 诈骗罪与集资诈骗罪的规范超越. 吴英案的罪与罚 [J]. 中外法学，2012（2）：411-439.

[58] 印仕柏. 民刑交叉案件管辖问题研究 [J]. 中国刑事法杂志，2009（6）：45-51.

[59] 张曙. 刑事诉讼中的管辖错误及其处理 [J]. 法学家，2020（3）：114-125，194-195.

[60] 陈瑞华. 刑事诉讼中的重复追诉问题 [J]. 政法论坛，2002（5）：115-132.

[61] 庞正. 法治秩序的社会之维 [J]. 法律科学（西北政法大学学报），2016（1）：3-15.

[62] 崔志伟. 积极刑法立法背景下前科消灭制度之构建 [J]. 现代法学，2021（6）：162-179.

[63] 何荣功. 我国轻罪立法的体系思考 [J]. 中外法学，2018（5）：1202-1221.

[64] 杨兴培. 刑民交叉案件中“先刑观念”的反思与批评 [J]. 法治研究，2014（9）：64-74.

[65] 赵子强，袁登明. 刑民交叉案件的诉讼模式问题研究 [J]. 法律适用，2009（2）：2-6.

［66］贺辉，张鹏．既判力视角下刑民交叉案件中的事实认定［J］．法律适用，2020（14）：131-140.

［67］徐少波．论民事裁定的既判力［J］．法律科学（西北政法学院学报），2006（6）：120-126.

［68］邢会丽．刑民交叉案件中刑事判决效力问题研究［J］．河北法学，2019（6）：190-200.

［69］王晓东．论《北京反腐败宣言》背景下的境外追逃追赃［J］．法学论坛，2015（6）：111-117.

［70］王金耀．公安、检察机关不应插手经济纠纷［J］．中国监察，2002（17）：53.

［71］江必新，胡云腾等．刑行民交叉疑难问题研究［J］．中国法律评论，2021（6）：1-23.

［72］王和平，朱邦义．关于陨阳山区拐卖人口犯罪问题的剖析［J］．公安大学学报，1989（3）：67-70.

［73］王晓东．论涉众型经济犯罪案件中的维权：以与维稳的衡平为视角［J］．法学论坛，2017（5）：77-82.

［74］纪格非．我国刑事判决在民事诉讼中预决力规则的反思与重构［J］．法学杂志，2017（3）：31-43.

［75］姚磊．刑事诉讼条件研究［J］．国家检察官学院学报，2018（3）：94-115，173.

［76］龙宗智．刑民交叉案件中的事实认定与证据使用［J］．法学研究，2018（6）：3-20.

［77］郝延婷．集资诈骗案被害人权利救济的“刑民分立”研究［J］．西南民族大学学报（人文社科版），2020（6）：83-89.

［78］陈兴良等．关于“先刑后民”司法原则的反思［J］．北京市政法管理干部学院学报，2004（2）：16-19.

［79］陶加培．论刑民交叉案件的程序处理［J］．浙江工商大学学报，2022（6）：149-160.

［80］莫纪宏，张毓华．诉权是现代法治社会第一制度性人权［J］．法学杂志，2002（4）.

［81］任瑞兴．诉权的权利属性塑造及其限度［J］．当代法学，2020（2）：3-5.

［82］张文显．法理：法理学的中心主题和法学的共同关注［J］．清华法学，2017（4）：5-40.

[83] 任瑞兴. 公民权利质量的意义之维 [J]. 河南大学学报（社会科学版），2019（2）：68-76.
[84] 姜建明. 论作为基本人权的公民诉讼权 [J]. 学海，2004（2）：76-83.
[85] 张泽涛. 行政违法行为被犯罪化处理的程序控制 [J]. 中国法学，2018（5）：198-215.
[86] 马忠红. 论刑事案件的构成要素 [J]. 中国人民公安大学学报（社会科学版），2012（5）：91-99.
[87] 张泽涛. 规范对民营企业家刑事立案的制度设置 [J]. 法学，2020（9）：153-165.
[88] 刘茂林. 警察权的合宪性控制 [J]. 法学，2017（3）：65-76.
[89] 刘启川. 我国交通警察权力配置：价值维度与改革框架 [J]. 政治与法律，2016（5）：26-37.
[90] 陈永生. 冤案为何难以获得救济 [J]. 政法论坛，2017（1）：31-45.
[91] 田圣斌. "以审判为中心"诉讼制度背景下我国检察工作转型研究 [J]. 新疆大学学报（哲学·人文社会科学版），2017（6）：52-56.
[92] 赵震，曹克亮. 诉讼诈骗的行为性质研究 [J]. 中国刑事法杂志，2012（8）：54-61.
[93] 曹金璇，黄淑华. 公安信息资源共享管理体系研究 [J]. 中国人民公安大学学报（自然科学版），2008（1）：44-47.
[94] 赵美娜. 大数据赋能刑事监督立案线索发现的实践路径 [J]. 中国检察官，2022（12）：19-22.
[95] 张泽涛. 构建监察调查与刑事诉讼中的管辖异议制度 [J]. 法学家，2023（1）：115-129，194-195.
[96] 郭沙沙，郝世坤. 探讨我国刑事回避及管辖权异议制度：以王成忠案件为例 [J]. 西安文理学院学报（社会科学版），2019（2）：84-88.
[97] 王一超. 论国家教唆之下被教唆人的诉讼救济：以刑事诉讼条件理论为视角 [J]. 中国刑事法杂志，2014（3）：86-97.
[98] 陈卫东. 刑事诉讼管辖权异议的解决：韩风忠、邵桂兰贩卖毒品一案的思考 [J]. 法学，2008（6）：51-57.
[99] 桂梦美，刘成江. 构建刑事诉讼管辖权异议制度之逻辑展开 [J]. 河北法学，2019（5）：189-200.
[100] 熊秋红，余鹏文. 我国刑事诉讼管辖体系之完善 [J]. 法学杂志，2022（4）：53-72，2.

[101] 张曙. 被追诉人的管辖程序性权利研究 [J]. 法治研究，2020（1）：118-134.

[102] 桂梦美. 刑事诉讼管辖异议之诉的模式选择 [J]. 政法论坛，2018（6）：77-86.

[103] 龙宗智. 论司法改革的相对合理主义 [J]. 中国社会科学，1999（2）：130-140.

[104] 庄绪龙. 道德权利理论与敲诈勒索罪的教义学限缩 [J]. 中外法学，2022（2）：485-503.

[105] 周少华，董晓瑜. 集资诈骗罪的司法认定 [J]. 人民检察，2010（16）.

[106] 胡启忠. 集资诈骗罪“非法占有”目的的认定标准的局限与完善 [J]. 法治研究，2015（5）：85-95.

[107] 张天虹. 量刑公正及判断标准 [J]. 法学杂志，2011（2）：66-69.

[108] 白云飞. 量刑中的损害赔偿问题研究 [J]. 求索，2010（11）：161-163.

[109] 赖早兴，孙禹. 刑罚安抚功能重读与考量 [J]. 刑法论丛，2017（2）：235-263.

[110] 张杰. 集资诈骗罪中“非法占有目的”的认定 [J]. 中国检察官，2019（2）：70-74.

[111] 卞建林，张璐. “排除合理怀疑”理解与适用 [J]. 国家检察官学院学报，2015（1）：93-101，174-175.

[112] 路诚. 股份能否认定为侵占罪中“代为保管”的财物及对普通侵占罪犯罪圈的限定：对乔某侵占罪案的评析 [J]. 天津法学，2019（1）：101-106.

[113] 王瑞君. 赔偿在刑事司法中的理性定位：兼论被害人救济难题的破解 [J]. 内蒙古社会科学（汉文版），2010（5）：22-27.

[114] 李玉林. 民刑交叉案件并行处理原则的理解与适用：以《九民会议纪要》第1条的规定为中心 [J]. 法律适用，2022（8）：85-92.

[115] 任华哲，李青. 刑事和解与量刑公正 [J]. 法学评论，2010（5）：126-131.

[116] 陈兴良. 从归因到归责：客观归责理论研究 [J]. 法学研究，2006（2）：70-86.

[117] 吕鸿雁. “赔钱减刑”的合理性分析 [J]. 科技咨询导报，2007（18）：112.

[118] 魏晓娜. 完善认罪认罚从宽制度：中国语境下的关键词展开 [J]. 法学研究，2016（4）：79-98.

[119] 庄绪龙. “法益恢复”刑法评价的模式比较 [J]. 环球法律评论，2021（5）：133-148.

[120] 刘科."法益恢复现象":适用范围、法理依据与体系地位辨析 [J]. 法学家，2021 (4): 158-171, 196.

[121] 刘东根. 论刑事责任与民事责任的转换 [J]. 中国刑事法杂志，2004 (6): 37-46.

[122] 翟中东. 缓刑刑种化问题的思考 [J]. 天津法学，2021 (3): 37-46.

[123] 陈卫东. 认罪认罚从宽制度研究 [J]. 中国法学，2016 (2): 48-64.

[124] 魏治勋. 当然解释的思维机理及操作规则 [J]. 法商研究，2018 (3): 105-114.

[125] 李翔. 论我国刑法中的当然解释及其限度 [J]. 法学，2014 (5): 139-145.

[126] 张松. 我国刑法解释立场之选择：以形式和理性与实质合理性的统一为视角 [J]. 山东社会科学，2019 (3): 137-141.

[127] 肖瑛. 苏国勋的韦伯论题及其超越：形式合理性与实质合理性 [J]. 北京工业大学学报（社会科学版），2023 (1): 59-70.

[128] 崔志伟. 刑事司法的"回应型"转向：寻求处罚实质合理性的基点 [J]. 河北法学，2019 (2): 166-177.

[129] 王瑞君."赔偿型"刑事司法的反思 [J]. 河南省政法管理干部学院学报，2010 (3): 106-111.

[130] 高铭暄，楼伯坤. 死刑替代位阶上无期徒刑的改良 [J]. 现代法学，2010 (6): 89-97.

[131] 宣刚. 被害人谅解书与死刑适用的困境与出路 [J]. 内蒙古社会科学，2016 (9): 98-103.

[132] 王瑞君. 刑事被害人谅解不应成为酌定量刑情节 [J]. 法学，2012 (7): 128-136.

[133] 孙万怀. 论禁止重复评价的判断标准及其适用争议问题 [J]. 法治研究，2022 (2): 148-160.

[134] 聂慧苹. 禁止重复评价之刑法展开与贯彻 [J]. 中国刑事法杂志，2015 (3): 48-58.

[135] 陈瑞华. 认罪认罚从宽制度的若干争议问题 [J]. 中国法学，2017 (1): 35-52.

[136] 左卫民. 认罪认罚何以从宽：误区与正解：反思效率优先的改革主张 [J]. 法学研究，2017 (3): 160-175.

[137] 孙长永. 认罪认罚从宽制度的基本内涵 [J]. 中国法学，2019 (3):

204-222.
[138] 董坤. 认罪认罚从宽制度下"认罪"问题的实践分析 [J]. 内蒙古社会科学, 2017 (5): 97-102.
[139] 万毅. 悔罪者方从宽: 认罪认罚从宽制度的实质解释: 基于规范实务操作的角度 [J]. 人民检察, 2018 (21): 35-38.
[140] 童伟华. 日本刑法中违法性判断的一元论与相对论述评 [J]. 河北法学, 200 (11): 169-172.
[141] 王骏. 财产罪中违法一元论与违法多元论对立之展开 [J]. 中国石油大学学报 (社会科学版), 2013 (2): 38-43.
[142] 王骏. 违法性判断必须一元吗?: 以刑民实体关系为视角 [J]. 法学家, 2013 (5): 131-147, 179.
[143] 李竺芸, 农学谦. [J]. 广西警察学院学报, 2022 (6): 69-75.
[144] 姜涛, 张子炎. 刑民交叉案件处理的宪法路径 [J]. 江苏行政学院学报, 2021 (6): 115-123.
[145] 张永江, 曹岚欣. 论刑民交叉案件中被害人的保护 [J]. 湘江法律评论, 2020 年第 16 卷. 105-116.
[146] 王智杰. 刑民交叉案件现实困境的突破: 以先刑后民原则为视角 [J]. 中共郑州市委党校学报, 2020 (4): 39-44.
[147] 张永泉. 法秩序统一视野下的诉讼程序与法律效果的多元性: 以竞合型刑民交叉案件为视角 [J]. 法学杂志, 2017 (3): 44-54.
[148] 陈兴良. 关于"先刑后民"司法原则的反思 [J]. 北京市政法干部管理学院学报, 2004 (2): 16-19.
[149] 赵文艳. 先刑后民原则的异化与扬弃: 兼论刑民交叉案件的处理模式 [J]. 福建警察学院学报, 2009 (1): 80-87.
[150] 黄亮. 商业秘密刑民交叉案件处理模式的困境及其破解 [J]. 时代法学, 2015 (3): 107-114.
[151] 刘少军. 论"先民后刑"刑事附带民事诉讼程序的构建: 兼论《刑事诉讼法修正案》对附带民事诉讼制度的改革 [J]. 政治与法律, 2012 (11): 139-148.
[152] 石春玲. 先刑事后民事原则之评价与修正 [J]. 现代法学, 2008 (2): 172-178.
[153] 印波, 郑肖垚. 认罪认罚从宽与民事责任解决之协调: 以民刑交叉案件为背景的解析 [J]. 人民论坛·学术前沿, 2019 (5): 76-79.

[154] 杨兴培. 刑民交叉案件的类型分析和破解方法［J］. 东方法学，2014（4）：2-9.

[155] 冯晓青，涂靖. 商业秘密案件民刑交叉问题研究［J］. 河南大学学报（社会科学版），2020（6）：44-48.

[156] 于改之. 刑民交错案件的类型判断与程序创新［J］. 政法论坛，2016（3）：142-153.

[157] 廖钰，张璇. 民刑交叉案件处理机制之探索：以统一法秩序的司法立场为视角［J］. 法律适用，2015（1）：36-42.

[158] 王充. 刑民交叉三论［J］. 华东政法大学学报，2021（6）：17-27.

[159] 周光权. 法秩序统一性与犯罪认定［J］. 华东政法大学学报，2022（2）：5.

[160] 周光权. "刑民交叉"案件的判断逻辑［J］. 中国刑事法杂志，2020（3）：3-20.

[161] 马春晓. 法秩序统一性原理与行政犯的不法判断［J］. 华东政法大学学报，2022（2）：33-45.

[162] 王勇. 法秩序统一视野下行政法对刑法适用的制约［J］. 中国刑事法杂志，2022（1）：124-138.

[163] 周光权. 法秩序统一性的含义与刑法体系解释：以侵害英雄烈士名誉、荣誉罪为例［J］. 华东政法大学学报，2022（2）：6-19.

[164] 简爱. 从刑民实体判断看交叉案件的诉讼处理机制［J］. 法学家，2020（1）：16-129，194-195.

[165] 邱润根. 商标案件刑民交叉责任的界分步骤［J］. 政治与法律，2021（10）期. 54-64.

[166] 陈文涛. 犯罪认定中的法秩序统一性原理：内涵澄清与规则构建［J］. 华东政法大学学报，2022（2）：46-58.

[167] 于改之. 法域冲突的排除：立场、规则与适用［J］. 中国法学，2018（4）：84-104.

[168] 陈少青. 刑民交叉实体问题的解决路径："法律效果论"之展开［J］. 法学研究，2020（4）：73-91.

[169] 陈少青. 民法规范的属性与刑民交叉的判断逻辑［J］. 北大法律评论，2020（2）：55-62.

[170] 陈兴良. 民法对刑法的影响与刑法对民法的回应［J］. 法商研究，2021（2）：26-43.

［171］周光权．法秩序统一性原理的实践展开［J］．法治社会，2021（4）：1-12.
［172］刘艳红．法秩序统一原理下侵害英雄烈士名誉、荣誉罪的保护对象研究［J］．法律科学，2021（5）：110-123.
［173］王昭武．法秩序统一性视野下违法判断的相对性［J］．中外法学，2015（1）：170-197.
［174］简爱．从“分野”到“融合”：刑事违法判断的相对独立性［J］．中外法学，2019（2）：433-454.
［175］江伟，范跃如．民刑交叉案件处理机制研究［J］．法商研究，2005（4）.
［176］李晓明，张鑫．刑民交叉案件分类及其对未来研究的影响［J］．河北法学，2016（2）：10-17.
［177］京藤哲久，王释锋．法秩序的统一性与违法判断的相对性［J］．苏州大学学报（法学版），2020（7）：145-160.

（三）报纸类

［1］弗朗西斯·培根．论司法［N］．蒋惠岭，译．人民法院报，2019-8-30.
［2］肖建国．管辖制度与当事人制度重构［N］．人民法院报，2004-2-11.
［3］白云山等．坚持打防并举，妥处涉众经济犯罪案件：北京市第二中级人民法院关于处置涉众经济犯罪案件的调研报告［N］．人民法院报，2010-11-4.
［4］孙航．如何保护民营企业和企业家权益？依法！平等！［N］．人民法院报，2019-5-19.
［5］新华社．坚持政治建警改革强警科技兴警从严治警　履行好党和人民赋予的新时代职责使命［N］．人民日报，2019-5-8.
［6］刘卉．刑民交叉案件：争议难点与司法处理［N］．检察日报，2019-8-19.
［7］胡新华，矫冰玉．刑民交叉案件中非同一法律关系的民事案件应继续审理［N］．人民法院报，2020-6-4.

二、外文文献

［1］［日］山川一阳．犯罪と民法［M］．东京：现代法律出版，2003.
［2］［日］大塚裕史．刑法各论の思考方法［M］．东京：早稻田经营出版株式会社，2003.
［3］［日］船山泰范．刑法の役割と过失犯论［M］．东京：北树出版株式会社，2007.

[4] [日] 山中敬一．刑法各论 [M]．东京：成文堂 2009.
[5] [日] 山口厚，井田良、佐伯仁志．理论刑法学の最前线Ⅱ [M]．东京：岩波书店，2006.
[6] [日] 本江威憙．民商事と交错する经济犯罪Ⅰ [M]．东京：立花书房，1994.
[7] [日] 大塚裕史．刑法各论の思考方法 [M]．东京：早稻田经营出版株式会社，2003.
[8] [日] 关哲夫．刑法解释の研究 [M]．东京：成文堂，2006.
[9] [日] 浅田和茂．刑法总论 [M]．东京：成文堂，2019.
[10] [日] 井田良．讲义刑法各论 [M]．东京：有斐阁，2020.
[11] [日] 大塚仁等编．大コンメンタール刑法》（第12卷），东京：青林书院，2003.
[12] [日] 阿部泰隆．立法论の必要性に关しては [M]．东京：弘文堂，1996.
[13] [日] 佐久间修、桥本正博、上岛一高．刑法基本讲义：总论・各论 [M]．东京：有斐阁，2019.
[14] [日] 井田良．讲义刑法学总论 [M]．东京：有斐阁，2018.
[15] [日] 土本武司．民事と交错する刑事事件 [M]．东京：立花书房，1997.
[16] [日] 佐伯仁志．刑罚としての损害赔偿 - アメリカ合众国连邦法を素材として [J]．内藤谦等编．平野龙一先生古稀祝贺论文集（下）[C]．东京：有斐阁，1991.
[17] [日] 伊东研祐．刑法讲义总论 [M]．东京：日本评论社，2010.
[18] [日] 奥村正雄．刑法における损害回复论の检讨：イギリスの议论を中心に [J]．宫泽浩一先生古稀祝贺论文集编辑委员会编．犯罪被害者论の新动向・宫泽浩一先生古稀祝贺论文集（1）[C]．东京：成文堂，2000.
[19] [日] 横田信之．被害者と量刑 [M]．大阪刑事实務研究会编《量刑实务大系（犯情等に关する诸问题）[M]．东京：判例タイムズ社，2011.
[20] [日] 松宫孝明．刑法总论讲义 [M]．东京：成文堂，2018.
[21] [日] 松原芳博．刑法总论 [M]．东京：日本评论社，2017.
[22] [日] 桥本正博．刑法总论 [M]．东京：新世社，2015.
[23] [日] 半田祐司，木村裕三、觉正丰和．刑事法学の现代的展开 [M]．东京：八千代出版株式会社，2005.
[24] [日] 饭岛畅．自由の普遍的保障と哲学的刑法理论 [M]．东京：成文堂，2016.

［25］［日］小林宪太郎．刑法总论の理论と实务［M］．东京：判例时报社，2018．

［26］［日］川端博，浅田和茂，山口厚，井田良．理论刑法学の探究 2［M］．东京：成文堂，2009．

［27］［日］井田良．变革の时代における理论刑法学［M］．东京：庆应义塾大学出版会，2007．

［28］［日］宗像纪夫．检察官からみた情状と量刑：检察官は求刑をするに际してどのように情状を考虑するの か［J］．自由と正义，1978：29（6）．

［29］［日］原田国男．量刑判断の实际［M］．东京：立花书房，2008．

［30］［日］城下裕二．量刑基准の研究［M］．东京：成文堂，1995．

［31］［日］冈上雅美．责任刑の意义と量刑事实をめぐる问题点（二）［J］．早稻田法学，1993：69（1）．

postscript

后 记

承蒙国家社科基金管理中心和评审专家的厚爱，本研究课题如期顺利结项，特致以衷心的感谢！研究过程中，得到了中国人民大学法学院刘明祥教授、武汉大学法学院莫洪宪教授、吉林大学法学院徐岱教授、海南大学法学院童伟华教授等诸位老师的指点，深表谢意！课题调研过程中，还得到了澄迈县政协吴清宝副主席、海南省司法厅律师工作局童晟局长、海口市人民检察院路美玲处长和唐莉君检察官、秀英区人民检察院钱晶晶检察长、屯昌县人民检察院宁丽检察长、定安县人民检察院吴孜繁检察长、澄迈县司法局符芳松局长、万宁市司法局莫积仁局长、文昌市司法局陈辉局长、保亭县司法局陈立强局长、琼中县司法局黄程局长、王俊美副局长等诸多领导的帮助，在此一并致以谢意！

民刑交叉既是司法实务中的热点，也是难点问题。鄙人才疏学浅，尽管形式上完成了课题研究任务，但是对相关问题的解析只能算得上浅尝辄止，仅触及皮毛而已，更遑论有深入独到的见解。鉴定专家不辞辛苦，提出了一些非常中肯的修改意见，令我受益匪浅。感激之情、无以言表！由于出版时间紧迫，目前仅按其中的部分意见作了修改。其他涉及架构、研究方法等宏观性问题、值得深入研究的重要议题，留待今后再开展专门性研究。

我所在的海南师范大学法学院，积极为教工创造良好的教学科研环境。在平时的工作、生活中，也多受益于原院长赫然教授、现院长张霞教授、王承毅书记等诸位同人贤达的关心与帮助！深表谢意！

张红昌

2023 年 12 月于海口